日本古代官僚制の研究

日本古代官僚制の研究

早川庄八著

岩波書店

序文

本書は、ここ一〇年ほどのあいだに発表した、律令太政官制と古代官僚制に関する論文を集めて、一書としたものである。なかにはそれより古いものもあるが、多くは最近数年のあいだに世に問うたものである。本書に収めるにあたり、主として太政官制についてのものを第Ⅰ部「律令太政官制と天皇」に集め、官僚制にかかわるものを第Ⅱ部「律令官僚制の特質」に集めて二部構成としたが、しかしのちに述べるような私の研究課題からする当然の結果として、第Ⅰ部と第Ⅱ部の相互にかかわりあう場合が多い。また用語や表記などはできるだけ統一し、論文発表後気づいた誤りは訂正したが、批判の対象にとりあげられたものなどは旧態を残しておいた方がよいと考えたので、内容にかかわる訂正は小幅にとどめ、そうした箇所には〔補注〕を施して、現在の私の見解を附記した。

このように本書は、一つの構想がさきにあって、それに基づいて書かれたものではなく、そのときそのときの関心の赴くままに書いた論文を集めたものであるから、それぞれの論文で扱った題材はさまざまであるし、関心のもちかたも違っていて、全体としてみれば不統一の憾みをまぬがれない。ただ、ここ数年来私が一貫して研究課題として自分に課してきたのは、日本古代律令制における官僚制の特質を解明することであったし、本書に収めた諸論文はすべてこの課題のもとに書かれたものであるので、そうした意味ではある種の統一はとれているのではないかと思っている。

私がこのようなことをみずからの研究課題として設定したのは、随分古いことになる。大学を卒業してのちしばらくのあいだ、私は正倉院文書のなかの国衙上申文書の検討に熱中していた。そしてそれがきっかけとなって公式令の解読に進み、やがて律令制のもとでの公文書制度を全面的に再検討する必要のあることを自覚するにいたるのだが、それを達成するためには、公文書制度存立の前提である官僚制の成立の過程、および日本律令官僚制の構造的特質を明らかにしなければならない。これがそのような課題を設定した理由であって、はじめにとり組んだのが、律令官僚制機構の中核である太政官制の成立過程を明らかにすることであった。本書第Ⅰ部第二章として収めた「律令太政官制の成立」がそれである。だが太政官の権能を論ずるということは、同時に、天皇の権能を論ずることでもある。律令制下の天皇制の問題を避けて通ったのでは、律令太政官制を考えることはできない。第Ⅰ部「律令太政官制と天皇」に収めた諸論文は、このような観点から書かれたものである。

こうした作業と並行して、私は古代官僚制と公文書制度とのかかわりについての検討を進めるうち、日本古代の官僚制のもとでは、公文書制度が重要な意味をもっていたことは間違いないけれども、それと同じように、ある場合にはそれ以上に、口頭による宣布・伝達が重要な意味をもっていたことに気づくようになった。そうした観点から書かれたのが第Ⅱ部「律令官僚制の特質」に収めた諸論文である。そのためこのような経緯を反映して、第Ⅱ部の諸論文の発表年次はみな新しい。

本書によって、上に述べたようなみずから設定した課題に答えることができたかどうかは、いささか心もとない。ただ私としては、そもそもの課題である律令公文書制度の解明にとり組むための一つの区切りをつける意味もあって、このようなかたちでではあるが、本書をまとめてみた次第である。大方のご批正を仰ぐことができれば、幸いである。

一九八五年三月

早川庄八

目　次

目　次

第Ⅰ部　律令太政官制と天皇

第一章　律令制と天皇

はじめに

日本古代の大王ないし天皇が、日本国の唯一の統治者としての地位と正当性を、いついかにして獲得し、これをどのように維持したかという問題は、古代史のみならず日本史全体の根本問題である。したがってこれの解明には、多面的かつ綜合的な考察が要請されるが、とりあえずここでは、七世紀の後半に、日本国全土の統治の体制として、古代天皇制と密接なかかわりのもとに形成された律令制と、その体制のなかでの天皇の権力およびその位置づけについて、若干の私見を述べることにする。

いうまでもないことだが、日本国全土の統治者としての天皇の地位ならびに権力の確立と、律令国家の形成とは、相即の関係にあった。もちろん、ヤマトを中心とする政治勢力が日本列島内の各地にその勢力を拡大したのは、律令制の形成にさきだつ二〜三世紀以前のことであったが、そこにおける王権は、基本的には「ヤマトの王権」、つまりヤマト地方ないし畿内地方を中心とする政治勢力の、その支配者集団の内部における王権であったと考えられる。その意味でこの王権は、いわば「地域的王権」と称しうるものであるが、かかる地域的王権が、七世紀後半の律令制の形成を画期として、日本国の王すなわち天皇としての「国家的王権」に拡大されたのであった。すなわち、日本における律令制の形成とは、ヤマトないし畿内を中心とする政治勢力の支配者集団が、中国から継受した律令法を武器として、いかにしてみずからを組織し、いかにして全国に対する権力の拡大と浸透をはかったかの過程であったが、この過程において、地域的王権としての「ヤマトの王権」もまた、律令国家の王権すなわち国家的王権へと拡大ないし昇格したのである。

古代における天皇権力の拡大と律令制の形成との関係をこのように理解した場合、当然問題となるのは、律令国家の内部で、その両者がいかなる形態と質とを以て結合ないし統合されたかという問題である。そして、この問題に関しては、すでにいくつかの見解が示されている。たとえば、(イ)律令制下の政治形態にみられる貴族制的要素の存在を重視し、天皇権力をこれに対立するものとして位置づける関晃氏の見解[(1)]、これとは逆に、(ロ)律令制を天皇権力の拡大したものとしてとらえ、それ自体、天皇の専制体制として形成されたとする高橋富雄氏の見解[(2)]、あるいはまた、(ハ)律令制のもとで天皇が独自に保有する権能と、これに対立する貴族制の機能との、両者のもつ独自の意義を認めたうえで、律令制とは「天皇制が国家を包摂したのではなく、逆に国家が天皇制の一部を機構内に編成した」ものとみなす石母田正氏の見解[(3)]などは、その代表的なものといえる。

私見はこのうちの、第一の関氏ないし第三の石母田氏の見解に近い。日本の律令国家は、天皇制がそれ自体として拡大して成立したのではなく、旧来の地域的王権が国家機構の内部に組み入れられることによって形成されたものと考える。以下、こうした問題について、はじめに律令国家の支配者集団内部における貴族制的要素の存在を公式令論奏式条の検討を通じてたしかめたうえで、つぎに、神祇祭祀を手がかりとしながら、国家と天皇との関係を考えることにしたい。(4)

一 太政官合議制と天皇権力

律令官僚機構の中枢を占める機関は、いうまでもなく太政官である。太政官は百官を統轄し、また百官すべてに対して行政命令を発しうる最高官庁であった。なかでも重要なのは、そのなかに存する、太政大臣・左右大臣・大納言(のち中納言・参議が加わる)のいわゆる議政官によって構成される組織であって、この組織は、天皇の諮問に応じて国政を審議し、またその合議によって政策を決定しうる、国政の最高決定機関であった。したがって、この組織のもつ権能をいかように考えるかということは、直接に律令制下の天皇権力の評価にかかわってくる。従来多くの研究者がこのことに注目してきたのも、こうした理由による。(5)そこでこの問題についての私見を、公式令3論奏式条の検討を通じて述べることにしたい。論奏とは、太政官内の議政官組織が独自に発議した国政上の案件について、天皇の裁可を求める場合に用いられる文書の様式であるが、〔補注〕これの検討はすでに石母田正氏によって行なわれている。(6)しかし若干新たに知りえたところもあるので、私なりの意見を述べることにする。なお、論奏について述べるにさきだち、太政官が天皇に奏上するさいに用いられる三つの文書の様式、すなわち論奏・奏事・便奏の三者について、その相違を簡単に説明しておく。

(イ)論奏　太政官内の議政官組織がみずから発議した案件を奏上するさいに用いられる。この論奏に対しては、天皇は、承認したことを示す「聞」(大宝令では「可」)を画く。だが、天皇が否認した場合の処置については、令文に何も規定がない。この点は奏事・便奏と著しく異なるところであって、ことによると論奏は、天皇が否認しないことを暗黙の前提としていた可能性がある。

(ロ)奏事　諸司つまり下級官司から太政官に上申された案件を、議政官組織が合議した結果、天皇の裁可を必要とすると判断された場合に用いられる。したがって案件の発議の主体は下級官司であるが、これに議政官の合議意見が附記される場合もある。これを天皇が承認すれば「奉レ勅、依レ奏」としてただちに下達され、天皇に異議があれば「勅語」が附記される。なお、議政官による合議の結果、天皇への奏上の必要なしと認められた案件は、「官裁」あるいは「官判」がこれに附記されて、ただちに下達される。

以上の論奏・奏事を天皇に奏上するのは、大納言の任である。

(ハ)便奏　日常的な政務について、少納言が奏上するさいに用いられる。したがって文書様式も簡略で、議政官の合議を経ることなく奏上される。天皇が承認すれば、奏事と同じく「奉レ勅、依レ奏」として施行されるが、異議あるときは、天皇はこれを拒否し、「勅処分」すなわち天皇独自の処置を命じうる。

右は養老令の規定に基づいて述べたものであるが、このように論奏は、議政官組織がみずから発議した案件を天皇に奏上する場合に用いられたものであった。しかも令文のたてまえとしては、天皇がこれを否認することは想定されていなかった可能性のあるものである。したがってこの条文に、論奏によって奏上しうるものとして規定している(1)~(9)の九事項(別表参照)は、いわば議政官組織の保有する発議権の枠組みとしての意味をもっている。それゆえこれの検討を通じて、議政官組織の権能と天皇固有の大権事項との接点を知ることができる。そこでまず、これの唐制との比較からはじめよう。

すでに指摘されているように、養老公式令の論奏式条文は、唐の発日勅と奏抄式とを統合して作られたものであった。そのことはこれらを対照すれば一目瞭然である。だが母法たる唐制にあっては、奏抄式はたしかに臣下が天子に奏上するさいに用いられるものであったが（正確にいえば尚書省から提出された案件を門下省が奏上する場合に用いられる）、発日勅は「王言之制有レ七」（冊書・制書・慰労制書・発日勅・勅旨・論事勅書・勅牒）の第四位のものであり、したがってそこに挙げられている諸事項は、本来は天子の大権に属するものであった。その発日勅に定める諸事項をも養老令では太政官の論奏事項のなかに含めたのであるから、その意味では、日本の議政官の発議しうる事項の範囲は唐にくらべてより拡大されており、逆に天皇の権能は唐の天子にくらべてより縮小されていたことになる。[7]

つぎに、養老令の論奏式条に定める九つの論奏事項の個々についてみると、そのなかには、天皇の権能が議政官組織の権能に優越していたことの明らかな事項とともに、逆に、議政官組織が天皇大権に介入しえた事項が含まれてい

論奏事項の対照

養老令規定の論奏事項	復原しうる大宝令の字句	唐、発日勅	唐、奏抄式
(1) 大祭祀	「大祭祀」		祭祀
(2) 支度国用	「支度国用」		支度国用
(3) 増減官員	（古記なし）	増減官員	
(4) 断流罪以上及除名	「断流罪以上及除名」	処流以上罪、除免官爵	断流罪已下罪及除名官当
(5) 廃置国郡	（古記なし）	廃置州県	
(6) 差発兵馬一百匹以上	（古記なし）	徴発兵馬	
(7) 用蔵物五百端以上…	（古記なし）	用庫物五百端……	
(8) 勅授外応授五位以上	「授五位以上」	授六品已上官	授六品已下官
(9) 律令外議応奏	「律令外応論」		

（注） 唐発日勅は六典巻九に，唐奏抄式は『唐令拾遺』による．

る。石母田正氏は、前者の事例として(3)「増減官員」を、後者の事例として(6)「差発兵馬一百匹以上」を挙げられたが、ここで注目したいのはもちろん後者である。而して私は、その事例としてさらに(8)「勅授外応授五位以上」を挙げたいと思う。

律令制下の官人の授位には、勅授・奏授・官判授の三つの区別がある。勅授は五位以上の授位、奏授は六位以下内八位・外七位以上の授位、官判授は外八位および内外初位の授位をいうが、五位以上の授位に適用される「勅授」がいかなる意味のものであったかといえば、成選の年にあたりその者を何階昇叙するかは——選叙令に定める結階法にかかわることなく——天皇の意志による、という意味での「勅授」であった。すなわち五位以上の授位は、このかぎりで、天皇の大権事項であった。ところが論奏式条によれば、こうした「勅授」のほかに、議政官組織は五位以上の授位を発議しうるという。令集解の諸注釈は、その官人に特別の功績がある場合に論奏によって奏上するのだと説くが、いずれにせよ議政官組織は、天皇の意志で行なう「勅授」とは別個に、五位以上の授位を発議する権限を有していたのである。このことは畢竟するに、律令制下での、天皇権力に対立する存在としての支配者集団内部の議政官による合議ないしその意志が、無視しえない存在であったことを示すものであり、このことを通じて、支配者集団内部に存する貴族制的側面をうかがうことができるであろう。

このような推測は、大宝令の論奏式条(大宝令では「論事奏式」と称されていた可能性が大きい)を復原し、それと養老令条文とを比較することによって、よりたしかなものとなる。今は散逸して伝わらない大宝令の条文を復原するための最大の資料は、令集解に載せられた古記であるが、これによって確実に復原しうる字句は、五項目についてのものである(前掲別表参照)。ところでこの五項目のうち(9)を除く四項目をみると、それらはいずれも、唐の奏抄式そのままか(1)と(2)、修正したものか(4)と(8)にかぎられることに気づく。後者は、事項の性質としては、唐では発日勅と奏抄式にまたがる事項である。これに対して、発日勅のみに挙げられた事項に該当する箇所(3)(5)(6)(7)の令集解には、例外なく古記は引用されていない。

もちろん一般論としては、令集解の令文の或る箇所に古記が引用されていないからといって、大宝令にその令文ないし字句が存在しなかったとは断定できない。しかし右に見たような、古記の引用のありかたと発日勅・奏抄式の諸事項との整然とした対応は、単なる偶然とも思われない。それに加えて、つぎのような傍証も存する。(3)「増減官員」の実例を六国史・類聚三代格等によってみると、大宝令施行期間中の官司の廃置、定員の増減は、例外なく勅ないし勅旨によって行なわれているのに、養老令施行後のそれには論奏によるものが含まれている。つまりこの項目は、養老令の施行を境として、天皇の大権事項から太政官の論奏事項に変更された可能性が大きいのである。したがってこれにより、つぎのような推測が可能となる。すなわち、養老令の論奏式条文は唐の発日勅と奏抄式とを統合して作られたものであったが、大宝令条文は主として奏抄式を継受し一部分発日勅を勘案して作られたものであったのではないか、と。

もしこうした推定が認められるとすると、然らばなにゆえに養老令は大宝令条文を大幅に修正したのかが、改めて問われなければならない。この推定にしたがえば、大宝令制での天皇の権能は唐の天子のもつ権能に近いものであったのに、養老令はこれを大幅に縮小したことになるのであるから、事は重大である。而して私は、これについてつぎのように考えている。

論奏事項についてみられる養老令による大宝令条文の大幅な修正は、戸令23応分条の場合と同じような性質のものであったと思われる。戸令23応分条は、唐の家産分割法を換骨奪胎して、日本独自の遺産相続法に作り変えた事例としてあまりにも有名であるが、しかしこれまた周知のように、同じ日本令でありながら、大宝令と養老令とでは著しくその規定を異にしていた。而してその、養老令による大宝令条文の修正は、現実に存する日本の「家族」の実態、あるいはそこにおいて行なわれた相続の実情を考慮してなされたものと推定されている。論奏式条の修正も、おそらくこれと同じであろう。養老令は、大宝令でのあまりに唐制に近似した規定を、日本の実情に合せて修正したのである。然らばその修正をうながした実情とはなにか。それはいうまでもなく、支配者集団の内部に存在した貴族制的要素である。この貴族制的要素は、大宝令条文を修正して、天皇の権能を大幅に縮小せしめるほどに強固であったのである。ここにいたって、これまで付してきた「唐制との比較のうえで」という限定は、もはやとりはらってさしつかえないものと思われる。そこで以上の所論をまとめて、つぎのように整理しておく。

律令制下の天皇権力の強大さを認めるにやぶさかではないが、この天皇を含めた支配者集団の内部には、豪族による貴族制的要素が強固に存在した。

ではこうした天皇は、国家のなかでどのような位置を占め、いかなる機能を有したか。この点をつぎに、神祇祭祀を通じてみてゆくことにする。

二　神祇祭祀にみられる国家と天皇

神祇令の冒頭には、国家が執行すべき祭祀として種々のものが規定されている。そのなかで殊に重視されたのは、つぎの諸祭祀である。

第一。天皇の即位後に行なわれる一代一度の大嘗祭。これは延喜式では唯一の大祀とされる。

第二。ほぼ同等の重要性ありとされた四種の祭祀。①毎年二月（実例では二月四日）の祈年祭。②毎年六月・十二月

(実例では六月・十二月の十一日)の二度の月次祭。③毎年九月の神嘗祭。④毎年十一月中卯日の新嘗祭。この四種は延喜式ではいずれも中祀(延喜式ではこのほか中祀として賀茂祭を挙げるが、これは神祇令に載せない後出のものであるから除外する)。

しかしこのうちで、最も重視された大嘗祭は、一代一度の臨時の祭祀でもあり、またその実質は新嘗祭と等しく、その規模の拡大されたものでもあったから、まずこれを除外し、つぎに九月神嘗祭も、伊勢神宮で行なわれた神事であった(但し奉幣にさいし天皇は大極殿に行幸する)という理由でこれを除けば、毎年中央で国家が執行する重要な祭祀は、祈年・月次・新嘗の三種四度の祭祀となる。そこでこの三種四度の祭祀について、その当日および前後の行事をみると、月次・新嘗の二種三度の祭祀が共通の性格をもつ祭祀であったのに対し、祈年祭のみ種々の点で異なっていたことが知られる。そこで、これらの祭祀がどのような行事をともなうものであったかを略述しながら、その相違点を指摘することにしたい(8)。

㈠祈年祭

祈年祭は二月四日に神祇官において行なわれる。しかしその当日以前に、天皇がどのような予備行事を行なったかについては所見がない。これは、祈年祭が月次・新嘗二祭と著しく異なることの第一点である。当日、大臣以下百官人が神祇官に参集する。そして中臣が祝詞を宣べたのち、忌部が、この場に集められた諸社の祝部等に幣帛を頒つ。これは岡田精司氏も指摘しておられるように、伊勢神宮に対する「奉幣」(奉幣使が立つ)を除けば、すべて「頒幣」ないし「班幣」であって、「奉幣」ではない(9)。ところで、この祈年祭の班幣に与る神社について、延喜式はその数を記して三一三二座としている。この三一三二座が具体的にどのような神社であったかというと、それは神名式に記載されたすべての神社である。神名式に載せる神社すなわち官社は、国家が掌握し神祇官の管轄下に置かれていた神社であるから、したがって祈年祭の班幣は、国家が掌握している全神社に対して行なわれたことになる。このことが、月次・新嘗の二祭と異なる第二点である。

なおここで、祈年祭の班幣に与る神社について、若干補足しておく。延喜式によれば、三一三二座は(A)神祇官祭神七三七座と(B)国司祭神二三九五座の二種に分けられる。(A)がいわゆる官幣、(B)がいわゆる国幣だが（ただしこの官幣と国幣との別は延暦十七年に始まるとみられており、それ以前はすべて官幣であったといわれる）、祈年祭当日に神祇官で班幣を受けるのは(A)の七三七座の祝部等である。この両者はまた、さらに、(A)については①「奠㆓幣案上㆒神」三〇四座と②「不㆑奠㆓幣案上㆒神」四三三座に、(B)は大社一八八座と小社二二〇七座に分けられている。そして(A)での①・②の区別は、①が宮中・京中・畿内の全大社と畿外の特定大社であるのに対し、②が畿内の全小社であるというところにある。のちに再び触れるが、月次・新嘗二祭の班幣の対象となるのは、このうちの(A)—①三〇四座のみである。

さて祈年祭の行事にもどって、つぎに、二月四日の当日に、天皇がどのようなことを行なうかを調べてみる。ところが意外なことに、祈年祭が全国のすべての官社に対して幣帛を頒つ大規模な国家的祭祀であったにもかかわらず（全官社に幣帛を頒つのは、このほかには、一代一度の大嘗祭にさきだって行なわれる「大奉幣」があるのみである）、当日の天皇の行なう行事についてはほとんど知ることができないのである。少なくとも神祇官での班幣行事に天皇が出席しないのはたしかであり、またその夜、月次・新嘗祭で行なうような神事のともなわなかったこともたしかである。私のわずかに知りえたのは、建武年中行事の「その日、南殿にて御拝あり、巽の間に、巽にむけて御座をしく、（中略）伊勢太神宮を拝し給ふ」との神宮遥拝の記述だけであるが、これとても、平安時代中期に祈年祭の代替として始められた「祈年穀奉幣」行事を祈年祭と混同したものとみられている。しかしこれは、おそらく私の怠慢だけによって記事が発見されなかったのではないであろう。というのは、寛平御遺誡には年間の天皇親祭の祭祀として、十一月の新嘗祭、六月・十二月の月次祭、九月の伊勢奉幣(さきに述べたように神嘗祭の奉幣にさいしては天皇は大極殿に出御する)が挙げられていて、そこには祈年祭は含まれていないからである。この点が、月次・新嘗二祭と異なることの第三点である。

なお「祈年祭」の語の文献上の初出は天武四年である(年中行事秘抄所引官史記)。

㈡月次祭

月次祭は、六月十一日と十二月十一日の、年に二回行なわれる祭祀である。そして古くから指摘されているように、この祭祀は十一月新嘗祭ときわめて類似した祭祀であったが、祈年祭とは多くの点で異なっている。なお、六月と十二月の行事はほとんど同じであるから、ここでは六月の場合について記す。

まず月次祭には、天皇の厳重な予備行事がともなう。六月一日に、忌火御飯といって、新しくおこした火で炊いた食事をとることによって、天皇は物忌の生活に入る。また六月一日から八日までの間、御贖物《ミアガモノ》という特殊な行事が行なわれる。天皇の吐く息とともに体内にある邪気を吐き出し、これを特殊な容器に封じ込める儀式である。さらにこれと並行して、神祇官では御卜《ミウラ》の神事が行なわれる。亀甲を用いて御体《オホミマ》の安からんことを卜占する神事であって、卜占の結果は祭祀の前日十日に天皇に奏上される。[10]

当日の行事は、(イ)神祇官で行なう班幣と、(ロ)その夜半から翌十二日未明にかけて行なわれる神事との、二つによって構成される。但し、狭義の月次祭は(イ)の班幣のみを指し、(ロ)の神事は特に神今食《カミイマケ》といわれるが、両者が不可分の一体のものであったことは、なんらかの理由(たとえば穢)によって神今食が中止されると、月次祭も同時に中止される事例が多数存することによって、たしかめうる。

まず、(イ)神祇官で行なわれる班幣の行事は、祈年祭の場合と全く同じである。大臣以下百官人が神祇官に参集し、中臣が祝詞を宣べ、忌部が幣帛を頒つ。ただ異なるのは、班幣の対象とされた神社の範囲が著しく縮小されていたことである。

月次祭で班幣の対象とされた神社は、延喜式では三〇四座である。而してこの三〇四座は、実は祈年祭の班幣において「奠二幣案上一神」とされた三〇四座(A)―①と全く同じものであった。ところでこの三〇四座を神名式によってみると、それは宮中・京中・畿内にあるすべての大社と、これに畿外の特定の大社四〇座(二九社)が加わったものであることが知られる。この畿外の四〇座(二九社)は、岡田精司氏によれば、伊勢と、畿内から畿外へ向う諸道の出口に位置する神社とに、中臣・忌部・紀等の特定氏族ゆかりの神社が加わったものであるといわれる(11)。いずれにせよ、畿内ならびにその周辺の大社が班幣の中心であった。

つぎに、(ロ)神今食と呼ばれる、月次祭の当日の夜半から翌十二日の未明にかけて行なわれる神事について。十一日夜の戌の一刻に、天皇は中和院内の神嘉殿に行幸し、身を清めたのちに神殿に入り、「夕神膳」「夕御膳」と称する秘事を行なう。これは神と酒食を共にする神事であって、この共食に用いられる稲と粟は、畿内官田の収穫物である(大炊寮式)。同様に白酒・黒酒も、畿内官田の稲で醸ったものと推定される(12)。畢って天皇はいったん控えの間にもどったのち、寅の一刻に再び神殿に入り、「暁神膳」「暁御膳」(または朝神膳・朝御膳)と称する二度目の神との共食を行なう。なおこの神との共食のほかに、傍らに敷かれた八重畳の上でいわゆるマトコオブスマの秘儀が行なわれた筈であるが、その詳細は知りえない。

これらの神事を畢えて天皇は御所に還御するが、この還御の間に神祇官は御所の大殿祭《オホトノホガヒ》を行なって殿舎内の邪気を払い、内膳司では忌火・庭火の儀が行なわれる。天皇は還御ののち解斎の御粥を食して、通常の生活にもどる。

以上の月次祭の行事のなかで注目しておきたいことは、つぎの諸点である。(イ)月次祭の班幣は、畿内とその近傍の大社と、畿外の特定の大社に対してのみ行なわれた。(ロ)月次祭には、神今食という天皇みずからが行なう神事がともなう。(ハ)神今食には、神との共食とマトコオブスマとの二つの秘儀が行なわれた。(ニ)神との共食に用いられる米と粟は、畿内官田の旧穀である。同様にそこで用いられる白酒・黒酒も畿内官田の稲で醸造したものと推定される。

なお「月次祭」の語の文献上の初出は大宝二年(続紀)、同じく「神今食」の初出は霊亀二年(本朝月令所引高橋氏文)である。

(三)新嘗祭

新嘗祭の祭儀は月次祭と共通するところが多いから、まず共通するものを挙げ、つぎに相違点を挙げることにする。

共通点　(1)十一月一日に忌火御飯を食して、天皇は物忌の生活に入る。(2)一日より八日まで、御贖物の儀がある。(3)当日卯日神祇官で班幣の儀が行なわれる。班幣される神社は、月次祭のときと全く同じである(A)—①の三〇四座)。(4)卯日夜半から翌辰日未明にかけて、天皇は中和院内神嘉殿において、二度にわたり神と共食する。またこれとともにマトコオブスマの秘儀が行なわれた筈である。(5)御所への還御にあたり、大殿祭・忌火庭火祭が行なわれる。以上が月次祭との共通点である。つまり新嘗祭においても、神祇官と神嘉殿において、月次祭と全く同じ行事が行なわれたのである。

相違点　(1)予備行事として、神祇官による御体御卜と御卜の奏がない。しかしそれに代って前日寅日に宮内省において鎮魂祭が行なわれる。(2)神嘉殿での神との共食に用いられる稲と粟は、畿内官田の新穀である。而してこの新穀は、毎年十月二日以前に、大炊寮において宮内省の官人立会いのもとに神祇官人が卜定した国郡の官田で収穫したものである(宮内省式、実例では稲の国郡と粟の国郡を卜定している)。同様に白酒・黒酒も畿内官田の穫稲を以て醸造したものを用い、この官田も九月二日に造酒司において宮内省官人立会いのもとに神祇官人が卜定する[13](宮内省式)。(3)神事の畢った日すなわち辰日には、百官人を豊楽院に集め、天皇出御のもとに節会が行なわれる。そしてこの辰日節会までが「新嘗祭」である。つまり新嘗祭は、(イ)班幣、(ロ)神嘉殿での神事、(ハ)辰日節会の三つの行事により構成される。

以上によって、同じく国家の祭祀(延喜式ではいずれも中祀)でありながら、その行事と天皇のかかわりかたにおいて、祈年祭と月次・新嘗祭とでは、著しく異なっていたことが知られた。然らばこの相違をどのように考えたらよいであろうか。結論をあらかじめ述べれば、私はこの相違を、各祭祀の宮廷祭祀としての成立の新古に由来するものと考える。端的にいえば、月次・新嘗の二祭はヤマトを基盤とする地域的王権が古来執行してきた祭祀であったのに対し、祈年祭は律令国家の成立過程において新たに国家の祭祀として設けられたがために生じた相違と考えるのである。ところでこうした考え方は、実はすでに西山徳氏によって提示されている[14]。しかし氏の場合は「天皇即国家」の観点からのみ祈年祭の意義を考察したため、天皇と国家との関係は思慮の外に置かれてしまっている。そこで私なりの判断を示すことにしたい。

大王ないし天皇の執行する宮廷祭祀として、いずれが古くかつ根源的な祭祀であったかといえば、それはいうまでもなく、天皇みずからの神事ないし秘事の挙行される月次・新嘗の祭祀であったとみて誤りない。用いられる稲・粟に新穀と旧穀の別はあっても、天皇一人、深夜神嘉殿にこもって神とこれを共食し、祖神と結合することによって、王としての新たな生命を獲得したのであった。だから、神事を畢えて神嘉殿を出て、その外に居並ぶ官人の前に姿をあらわした天皇は、もはやそれまでの天皇ではなく、新たに再生した王であった筈である。然らばそこに、原始素朴な王の姿を見出し、またその王権の執行する祭儀を見出すことは、決して無理な推測ではないであろう。

ではこのような祭儀を執行した王権とは、なにを、そしてまたいかなる地域を基盤として成立していた王権であったのか。ここで私が、その地域の問題について注目するのは、つぎの三点である。

第一。月次・新嘗祭が、神祇令に定める国家の祭祀であったにもかかわらず、その班幣の対象となる神社は限定されていたこと。かつその神社は、畿内とその周辺を中心とするものであり、これに畿外の特定の大社が加えられていたこと。第二。天皇と神とが共食する稲・粟は畿内官田の稲・粟であり、また白酒・黒酒も畿内官田の穫稲を以て醸成したものであったこと。以上は、月次・新嘗二祭に共通する。第三。月次祭の班幣にさいして宣べられる祝詞に特色があり、この祝詞で称辞《タタヘゴト》を申す対象の神が、宮室からはじまり地理的に拡大しながらも、しかしその範囲はヤマト盆地を出ないこと。

以上三点のうち、第一・第二のものはすでに詳しく述べたので、ここでは、これまでほとんど言及することのなかった第三の祝詞の問題について、多少の私見を加えることにしたい。

すでに多くの研究者によって注目されてきたことであるが、延喜式の祝詞式に載せられている月次祭の祝詞は、一部を除いて、祈年祭の祝詞とほとんど同一である。すなわち、祈年祭の祝詞から御年神への称辞を除いたものが月次祭の祝詞であり、逆にいえば月次祭の祝詞に御年神への称辞を加えたものが祈年祭の祝詞なのである。そのため両者の関係をめぐっては、古くから議論が重ねられてきたが、今日では、御年神への称辞をもつ祈年祭の祝詞の方が基本であって、月次祭の祝詞はこれから派生したものとみる考え方が、一般的なようである(15)。私見はこうした考えとは逆に、月次祭の祝詞の方が古形であったと思うのであるが、その理由は後述することにして、とりあえず月次祭の祝詞がどのような構成のものであるかをみることにする。

月次祭の祝詞はつぎのような順序で宣べられる。

①序文＝天神地祇への称辞……班幣のことを宣べる。

（祈年祭の祝詞ではここに御年神への称辞が入る）
②大御巫の斎く神（神祇官西院八座すなわち神魂神・高御魂神・生魂神・足魂神・玉留魂神・大宮売神・御膳都神・辞代主神）への称辞……皇孫の御代のさきわいを祈る。
③座摩御巫の斎く神（神祇官北舎の五座すなわち生井神・栄井神・津長井神・阿須波神・婆比伎神）への称辞……皇孫の殿舎の安泰を祈る。
④御門御巫の斎く神（神祇官北舎の八座すなわち櫛磐間門神・豊磐間門神の二神がそれぞれ四面に座す）への称辞……宮中四方の門の安泰を祈る。
⑤生嶋御巫の斎く神（神祇官北舎の二座すなわち生国神・足国神）への称辞……国の安泰を祈る。
⑥伊勢に坐す天照太御神への称辞……国の繁栄と皇孫の長久を祈る。
⑦御県に坐す神（高市・葛木・十市・志貴・山辺・曾布の「倭六県」の神）への称辞……皇孫の食膳についての感謝を述べる。
⑧山の口に坐す神（飛鳥・石村・忍坂・長谷・畝火・耳無の六神）への称辞……皇孫の殿舎と四方国の安泰を祈る。
⑨水分に坐す神（吉野・宇陀・都祁・葛木の四神）への称辞……豊穣を祈る。
⑩結文

月次祭の祝詞の右のような構成をみてまず気づくことは、称辞を申す諸神の意味するものまたはその所在が、地理的に次第に拡大されていることである。それは、天皇の守護神からはじまり、殿舎の守護神―宮門の守護神―クニの守護神―御県の神―山口の神―水分の神と拡がり、その中間に皇祖神が挿入されている。そしてこの地理的な拡大についていま一つ気づくことは、拡大しながらも後半三段（⑦・⑧・⑨）の諸神は、いずれもヤマト盆地を出ていないということである。つまり月次祭の祝詞は、宮室を中心に、その四方のヤマト盆地内の諸神に対して称辞を宣べる祝詞なのである。[16]

このような祝詞の構成においてみられる特徴と、さきに挙げた第一(班幣の対象が畿内とその周辺の大社を中心とすること)・第二(神との共食に用いる稲・粟および白酒・黒酒が畿内官田の収穫物によるものであること)の二点を併せ考えていいうることは、嘗て宮廷祭祀として月次祭を執行した王権は、地域的には、ヤマトを中心とし、その周辺(畿内)に勢力を及ぼしていた王権であったということである。そのうえでさらに、ここに一つの臆測を加えることが許されるならば、月次祭の原始の姿において、王と神との共食に用いられた稲・粟・白酒・黒酒は、「倭の六御県」の産する稲・粟によるものではなかったかと推測されるのである。[17]

しかしここで最も注目しなければならないことは、このような、嘗て地域的王権が執行した宮廷祭祀が、律令制のもとでもほとんど原型を変えないままに、国家の祭祀として位置づけられていることであろう。そしてこのことは、本稿の最初にみた、律令国家の支配者集団内部における強固な貴族制的要素の存在と、決して無関係ではないと思われる。すなわち、日本の律令国家は、嘗て地域的王権のもとに存した支配者集団の組織ないし組織原理を、ほぼそのままの形で国家の内部にとりこんだのと同じように、その王権の執行する宮廷祭祀をもまた、ほぼ原型のまま国家の祭祀のなかにとりこんだのであった。[18]

然らば祈年祭はどうか。月次・新嘗の二祭がこのようにヤマトの地域的王権に起源を有する宮廷祭祀であったのに対し、祈年祭は、後出の、律令国家の形成とともに国家の祭祀として設けられた新しい祭祀であった、と私は考える。その理由としては、つぎのような諸点を挙げることができる。

第一に、祈年祭は、中央では神祇官に百官人を召集して挙行され、また同時に諸国の国庁においても国司の主宰のもとに執行されたという意味で(もちろんいわゆる官幣と国幣の分離以前は神祇官でのみ行なわれた。たとえば続日本紀大宝二年二月庚戌条参照)、まさに国家的祭祀であったが、しかしこの祭祀の本義は「班幣」にあったのであって、天皇の祭祀への参加をともなわなかったこと。この点に着目すれば、祈年祭が、旧来の地域的王権の執行する宮廷祭祀とは別個に、ある時期に、なんらかの目的を以て、新たに国家の祭祀として設けられたものであると推測することは、充分に可能であろう。

第二に、祈年祭の班幣の対象は、国家の掌握する全官社であったが、このことは、右の第一点の、国家の祭祀としての祈年祭の意義とまさに対応している。このように全国の大小の官社すべてに対して幣帛を頒つのは、すでに述べたように、通常の年ではこの祈年祭以外になく、このほかには一代一度の大嘗祭にさきだって行なわれる「大奉幣」があるにすぎない。

第三に、祈年祭という祭祀の名称自体が、すでに指摘されているように、中国に由来する可能性が大きい。「祈年」の語は中国古典にみえ(たとえば毛詩・礼記)、漢書によれば天子が年穀の豊穣を祈る祭事を挙行するにあたり「祈年宮」を設けたと伝えられている。[19] また中国において、孟春(正月)に、天子が年穀の豊穣を祈願する「祈穀郊」の行なわれたことも、周知の如くである。したがって日本全土の豊穣を祈る「祈年祭」は、中国の儀礼の影響のもとに設けられた可能性を否定できない。

第四に、祈年祭の班幣にさいして宣べられる祝詞は、月次祭の祝詞全文の前に御年神への称辞を置いたものであるが、祝詞全体としてみると、そこには一つの重複がみられる。すなわち、この御年神への称辞は、いうまでもなく年穀の豊穣の神である御年神に対して日本全土のこの年の豊作を祈ったものであるが、すでに述べたように、実は最後の段の水分に坐す神への称辞(月次祭祝詞の⑨)もヤマト盆地に流入する河川の水源に位置する神々に対して年穀の豊穣を祈ったものであった。一つの祝詞の中で、同一性質のものを二種の異なる神に対して祈るというのはいかにも不自然であって、これはおそらく、祈年祭を国家の祭祀として新たに設けるにさいして、普遍的・一般的な豊穣の神としての御年神への称辞を加上したため生じた重複であろうと考えられる。

第五に、この御年神は、当時民間で一般に信仰されていた農業神であったことは間違いないであろうが、しかしそれがヤマト王権の奉斎する神であったかどうかに疑問がある。というのは、この神の名は、記紀神話の中では古事記だけにあらわれ、しかもいわゆる出雲系諸神の神統譜のなかに見出されるものだからである(スサノヲ―大年神―御年神、別に大年神の孫に若年神)。而して石母田正氏によれば、いわゆる出雲系神話が記紀神話に「増補」ないし「添加」されたのは天武朝またはそれに近い時期であったと推定されており[20]、岡田精司氏の近業でも同様の見解が強調されている[21]。然りとすれば、御年神は民間の農民一般の信仰の対象であったとしても、ヤマト王権が独自に奉斎する神ではなかった可能性が大きく、したがってこの点からも、祝詞のこの神についての一段は、祈年祭を新たに設けるにあたってつけ加えられたものと考えられるのである。

以上のような理由によって、私は、宮廷祭祀としての祈年祭の成立は新しく、それは、七世紀後半に、律令国家の形成にともなって国家の祭祀として新たに設けられたものと考えるのであるが、ここで誤解のないようつぎのことを附言しておきたい。というのは、ここに私が問題としているのは宮廷祭祀ないし国家の祭祀としての祈年祭の起源であって、民間の農耕儀礼としての、これに類する予祝行事の存在を問題としているのではないということである。そうした民間での春の予祝行事ならば、むしろ広範に行なわれていたとみるべきであって、たとえば(イ)伊勢神宮において、二月に祈年祭とは別個に、上の子の日に御刀代田始め(神饌に供する神田の耕作始め)が厳重に行なわれ、これを契機として神郡内の神田の耕作が一斉に行なわれること、(ロ)儀制令19春時祭田条がどれほど日本の実情を反映しているかに疑問はあるが、この条の令集解の古記が農村での予祝行事らしきものを述べていることなどは、その一端を示すものというべきであろう。同様にまたさきの御年神に対する信仰も、たとえば(ハ)上述の出雲系神統譜にみられる大年神・御年神・若年神の存在、(ニ)古語拾遺に記された御歳神をめぐる農耕予祝行事の伝承、あるいはまた(ホ)神名式に見出される各地の御年神社・大歳神社・若御歳神社等の存在などによって、広範に存したことがうかがいうる。そして私は、こうしたものの存在まで否定しているのではない。否むしろ、このような民間での行事なり信仰の存在を積極的に肯定しているのであって、そうであればこそ、律令国家が、旧来の王権による祭祀とは別個に、国家の祭祀として祈年祭を新たに設定することも、容易に実現しえたのだと考える。

おわりに――地域的王権と律令国家――

以上の、太政官論奏事項と宮廷祭祀の検討を通じて知りえたところを、地域的王権と律令国家との関係を中心に、つぎのようにまとめておく。

日本の律令国家は、嘗てのヤマトを中心とする地域的政治権力が全国に拡大されたという形態をとってあらわれたが、その内部には、旧来のヤマト政権のありかたと、そこにおける王権のありかたとが、ほとんど原理的に変更されないままに包摂されていた。論奏事項の検討を通じてみた支配者集団内部における貴族制的要素の存在は、嘗ての地域的権力内部における王権のありかたを律令国家が継承したことを示すものであったし、その王権が執行した月次・新嘗の祭祀は、ほぼそのままの形で国家の祭祀としてとり入れられたのであった。その意味では、日本律令国家の権力の中核をなしたものは、依然としてヤマトを中心とする地域的権力であったといわなければならず、したがって律令国家の王権=天皇権力の主要な基盤も、その地域的権力にあったということができる。

だが律令国家は、いうまでもなく日本国統治のための国家であった。したがってその国家は、旧来の地域的権力とそこにおける王権とを国家の内部にとりこみつつも、この地域的権力による日本国統治の正当性を新たに主張しなければならない。そのために設けられたものの一例が、神祇祭祀における祈年祭であった。この祈年祭は、中国の儀礼に範をとり、同時に日本の民間で行なわれていた農耕予祝行事を基礎として、旧来の王権の執行する祭祀とは別個に、国家の祭祀として律令国家によって新たに設定せられたものであったが、この祭祀には少なくとも二つの機能が付与されていたと考えてよい。第一は、「班幣」という行為を通じて行なわれる諸国神社・諸国祭祀の統制と、その中央集権化である。そしてこのことは、律令制的な中央集権的行政組織の形成すなわち統治組織の形成(具体的には天武朝における太政官・大弁官・六官・国宰の設置および国・評(郡)・里の設定)に、まさに対応している。そして第二は、同じく「班幣」という行為を通じて全国にひろめられる、地域的権力による日本国統治の正当性の宣布である。思うに、嘗ての地域的権力内部の王権の神的権威は、その権力の構成員みずからが、月次・新嘗等の祭祀で挙行される大王の神事・秘事を見聞することによって維持されえたものと思われるが、地域的権力による支配の地理的かつ質的拡大にともなって、かかる神事・秘事のみでは王権の神的権威を主張できなくなったところに、国家の祭祀として祈年祭の設定された真の理由があったのだと思われる。

このようにして日本の律令国家における王権=天皇権力は、旧来の地域的王権としての性格をほとんど変えぬままに、国家的王権へと昇格した。しかし、祈年祭が旧来の地域的王権にかかわりなく国家の祭祀として新設されたことが端的に物語っているように、国家と地域的王権とは、実は原理と基盤とを異にしていたのである。つまりいささか比喩的にいえば、律令国家の天皇権力は、一方の足を旧来の地域的王権に置き、他方の足を抽象的な「国家」に置いていたといえる。しかもこの「国家」は、決して天皇と同体ではない。これまた祈年祭が天皇の祭祀でなく国家の祭祀であったことが端的に示すように、「国家」とはヤマトの支配者集団が全体として造りだしたものであった。

私は律令国家における国家と天皇との関係を以上のように考えるが、いずれにせよこれによって、地域的王権は国家の内部に編成され、結果として国家的王権へと昇格した。そのためこの前後を通じて、さまざまな形でその王権の正当づけが行なわれることになるのであるが、その具体的様相を検討することは、今後の課題である。

(1) 関晃「律令支配層の成立とその構造」(新日本史大系第二巻『古代社会』所収、一九五二年、朝倉書店)、同「大化改新と天皇権力」(『歴史学研究』二二八、一九五九年)、同「大化前後の天皇権力について」(『歴史学研究』二三三、一九五九年)。
(2) 高橋富雄「律令天皇制の構造とその成立」(『歴史学研究』二三三、一九五九年)。
(3) 石母田正『日本の古代国家』(一九七一年、岩波書店)。引用文は同書二一八頁。
(4) ここにいう「貴族制」とは、きわめて曖昧な表現である。私としては他に適当な語が見あたらないままに、便宜この語を用いたのであるが、要するに、天皇の(専制的)権力に対立する存在として豪族(の首長)等による意志決定機関が別個に設定されており、これの制度的保証の保たれている体制を意味している。
(5) 佐藤宗諄「律令太政官制と天皇」(『大系日本国家史』1古代所収、一九七五年、東京大学出版会)参照。
(6) 石母田正『日本の古代国家』(前掲)第三章第三節。
(7) 石母田正『日本の古代国家』(前掲)。
(8) 以下に述べる行事は延喜式・儀式等のほか平安時代初期・中期のいわゆる公事の書あるいは年中行事に拠っている。したがって律令制的祭祀の草創期である天武・持統朝ないし八世紀の行事とは異なっていた可能性があるが、止むをえない。
(9) 岡田精司「律令的祭祀形態の成立」(『古代王権の祭祀と神話』所収、一九七〇年、塙書房)。
(10) これらの天皇の予備行事のうち、御贖物は、年中行事秘抄・師光年中行事によれば弘仁五年(八一四)にはじまるとされる。したがって月次祭に本来的に附随する行事ではないが、ここでは平安時代の行事として述べた。後述の新嘗祭の場合も同じである。

(11)　岡田精司「律令的祭祀形態の成立」(前掲)。

(12)　神今食で用いる白酒・黒酒が畿内官田の穫稲を以て醸造したものであるということは、延喜式には明文がない。しかし後述の新嘗祭に用いる白酒・黒酒の場合と、上述の稲・粟の例より推して、そのように推定して誤りないと思う。なお共食の神事については、儀式・匡房卿大嘗会記・賀茂氏人保隆所伝年中行事等参照。

(13)　相違点の(2)に関して、天武五年の新嘗祭では、ユキ・スキの二国郡とも畿外に設定されている(書紀)。この特例については、注(17)参照。なお「新嘗」の文献上の初出は神代紀にさかのぼるが、宮廷祭祀としての新嘗祭の初例をいつに求めるかには問題があるので、言及するのは避けておく。ただ皇極元年十一月紀に「天皇御ニ新嘗一、是日、皇太子大臣各自新嘗」とあるのは、新嘗が天皇の独占的祭祀でなかったことを示す事例として注目しておきたい。

(14)　西山徳「祈年祭の研究」(『日本学士院紀要』七—二・三、一九四九年、のち『神祇と祭祀』〈一九六五年、至文堂〉・『増補上代神道史の研究』〈一九八三年、国書刊行会〉所収)。

(15)　次田潤『祝詞新講』(一九二七年、明治書院)、武田祐吉校注「祝詞」(日本古典文学大系『古事記　祝詞』所収、一九五八年、岩波書店)。

(16)　②・③・④・⑤については、神祇官に坐す諸神ということに注目して本文のように解したが、しかしここでは、⑤生国神・足国神(生嶋神・足嶋神)が本来は難波に坐す神であったことについての配慮に欠けるところがある。しかもこの二神が河内大王家の奉斎する神であったとすれば(直木孝次郎「応神王朝論序説」〈『日本古代の氏族と天皇』所収、一九六四年、塙書房〉、岡田精司「天皇家始祖神話の研究」・同「八十嶋祭の原形と変遷」〈ともに『古代王権の祭祀と神話』所収、前掲〉)、本稿のように、月次祭の祝詞の称辞の対象はヤマト盆地内の諸神であると断定できないことになる(但し少なくとも畿内の範囲は出ない)。この点はさらに検討してゆきたいと考えているが、今のところ、この祝詞についてはつぎのように考えられはしまいかと思っている。

この祝詞は、内容からみて、三つに分けて考えることができる。㈠神祇官に坐す神に対する称辞②・③・④・⑤、㈡皇祖神に対する称辞⑥、㈢ヤマト盆地内の諸神に対する称辞⑦・⑧・⑨がそれであるが、そのうち㈠と㈢との間には、たとえば③と⑧のように重複がある(「皇御孫命瑞乃御舎仕奉氐、天御蔭日御蔭登隠坐氐、四方国乎安国登平久知食須故、皇御孫命乃宇豆乃幣帛乎、称辞竟奉久登宣」の句は③と⑧に共通する)。したがって今日われわれが知りうる祝詞式の月次祭の祝詞は、異なる意図のもとに宣べられた三つの祝詞が、いつの時か結合してできたものであると推測する余地があるのである。そうした場合、三者のうちいずれが月次祭に本来的なものであったかということが新たな問題として提起されるが、少なくとも、本稿で重視する㈢が、宮廷祭祀としての祈年祭の成立する以前からのものであることは、間違いないものと思われる。これに対して㈠は、神祇官(神官)という機構の成立と関係があるのではなかろうか。

(17) 天武五年の新嘗祭にあたっては、ユキの国郡に尾張国山田郡、スキの国郡に丹波国訶沙郡と、いずれも畿外の国郡が卜定された。だが、この時期以前には、いまだ毎年の新嘗祭と即位後の大嘗祭との別が不分明であったとすれば(岡田精司「大化前代の服属儀礼と新嘗」〈『古代王権の祭祀と神話』所収、前掲〉)、これが古型であったとは思われない。むしろ、新嘗祭の稲・粟等を畿外に求めたことは、億計・弘計二王についての伝承を除けばこのとき以外に所見しないということ、そしてさらに、天武朝の律令国家形成過程に占める特異な位置(拙稿「律令制の形成」〈『岩波講座日本歴史』2所収、一九七五年、岩波書店〉参照)を考えれば、この事例は、律令国家の草創期に、一時的に、稲・粟等の国郡を畿外に拡張したものとみなすべきである。而して、月次祭の祝詞の後段⑦・⑧・⑨の述べるところより推せば、毎年挙行される月次祭ならびに新嘗祭で用いる稲・粟等について、つぎのような変遷があったと推測することができる。すなわち、畿内官田(屯田)の設定時期は不明だが、官田(屯田)設定以前のこれらの祭祀には「倭六県」所産の稲・粟等が用いられたのではないか。ついで後の畿内にあたる地域内の各地にミタ(屯田・官田)が設定されると(私見では推古十五年紀是歳冬条の「亦毎レ国置二屯倉一」がこれに該当する可能性があると考えている。というのは、この記事の前段に述べる造池はみないわゆる畿内のものであって、したがって後段の「毎レ国」も畿内の国と解しうるからである)、それ以後はこのミタ所産の稲・粟等が用いられるにいたったが、天武朝に一時新嘗祭について畿外に拡大され、やがて浄御原令によって即位儀礼としての大嘗祭が確立すると、大嘗祭のユキ・スキ国郡は畿外に、毎年の新嘗・月次二祭の国郡は旧来の如く畿内のミタに、という形態が定着したのではないかと考えるのである。

(18) ここで月次祭と新嘗祭との関係について附言しておく。すでに述べたように、月次祭と新嘗祭とは、その行事をみるかぎり、ほとんど同じ性質の宮廷祭祀であったが、この両者の関係をどのように考えるかは、実はきわめて困難な問題である。そのことはたとえば、祭祀の性格はほとんど異なるものではないのに、班幣のさいの祝詞が相違している理由を説明できないことによっても、知ることができる。そしてこの問題の解決は、ひとえに「月次祭」という祭祀名の理解にかかっているように思われる。而して私は、この点を、現在のところ、つぎのように考えている。月次祭の「月次」とは『祝詞考』・『玉勝間』以来の通説の如く、やはり素朴に、文字通りの「毎月の」の意味に解すべきものではないか、したがってこの祭祀は、嘗ては一年を通じて毎月行なわれたのではないか、と。もしそうとすると、古くは、大王は一年を通じて毎月神と共食し再生したのであったが、そのうちで新穀を嘗《ココロ》みる十一月の神事のみ特に新嘗祭と称され、他の旧穀を嘗みる神事が月次祭と称されたことになる。しかしこの問題については、(イ)毎月の行事が六月・十二月の二回になった時期と理由が不明なこと、(ロ)月次祭は十一日に行なわれるのに新嘗祭は中卯日であって、祭日が一致しないこと、など未解決の問題があるので、ここではとりあえずの私見を述べておくにとどめる。

(19)　次田潤『祝詞新講』(前掲)。

(20)　石母田正「国作りの物語についての覚書」(『日本古代国家論』第二部所収、一九七三年、岩波書店)。

(21)　岡田精司「記紀神話の成立」(『岩波講座日本歴史』2所収、前掲)。

〔補　注〕

論奏と奏事の別については、私は公式令3論奏式条と4奏事式条に示されている書式に基づいて、本文に記したように、「論奏とは、太政官の議政官組織が独自に発議した国政上の案件について、天皇の裁可を求める場合に用いられる文書の様式」と解し、また奏事についても、後文のように、「諸司つまり下級官司から太政官に上申された案件を、議政官組織が合議した結果、天皇の裁可を必要とすると判断された場合に用いられる」と解した。だがこのような私の理解に対して、飯田瑞穂氏は、「太政官奏について」(『日本歴史』三八一、一九八〇年)において厳しい批判を加えられた。氏は、第一に、公式令に挙示されている各種公文書の様式は、いずれも単なる例示にすぎないものであるのに、太政官奏についてのみその書式に基づいて論奏と奏事の別を論ずるのは不当であること、第二に、天皇みずからが「聞」と書き入れる論奏の場合と、臣下である奏官が「奉勅依奏」と記入する奏事の場合との、手続上の大きな差違を無視すべきでないこと、第三に、史料上に「論奏」と記されている太政官奏のなかには、諸司が上申した案件を奏上したものが存することの、以上三点に基づいて私見を批判され、「結局、論奏・奏事・便奏の三者を分つ原理は、詔と勅の場合と同じやうに、事の大小・軽重であり(公式令論奏式条集解に「釈一云、律令内応奏諸事、大者為論奏、中者為奏事、小者為便奏」、同奏事式条集解に「古記云、此是中事」とある)、具体的には、それぞれの式に示されてゐる項目が基準となつたであらう」と結論づけられた。

飯田氏が指摘された三つの批判点は全く正当であって、私も謙虚にこれをうけいれなければならない。殊に第三点は、私の怠慢を白日にさらすものであって、恥じ入るほかない。ただ、裁可の形式の違い、すなわち論奏である可能性の大きい「聞」とするものと、奏事である可能性の大きい「奉勅依奏」あるいは「奉勅……」とするものとによって、現存する太政官奏を分類し、そのそれぞれについて検討してみると、やはり論奏式条の九項の枠組みはかなり強く意識されており、また議政官の発議と「聞」との関係も密接であったと考えられるので、こうした点を述べて飯田氏の批判に対する回答としたい。

飯田氏が指摘されるように、史料上で「論奏」とされている太政官奏の実例には、(イ)太政官の議政官組織が発議した案件の奏上、(ロ)天皇の諮問に対する議政官組織の合議結果の奏上、(ハ)諸司・官人から上申された案件の奏上の、三種のものがあった。そしてこの三種は、裁可の形式を「聞」とする太政官奏の実例においても、「奉勅」とする太政官奏の実例においても、ともにみられるものである。例を類聚三代格に収める太政官奏にとって、この点をみることにする。

管見によれば、類聚三代格所収の太政官奏は、五二点を計える(狩野文庫本類聚三代格によって知られるものも含む)。そのうち、「聞」とするものは三五点、「奉勅」とするものは一七点である。そこでまず「奉勅」とするものからみると、(イ)議政官の発議案件と推定されるもの九点、(ロ)天皇の諮問に答えたもの三点、(ハ)諸司・官人の上申によるもの四点、欠文のため不明のもの一点に分けることができる。奏事である可能性の大きい「奉勅」とする太政官奏に、(イ)(および(ロ))が存することは、飯田氏がいわれるように、議政官発議の案件についても、事の大小・軽重によって論奏と奏事が使い分けられたことを示している。

つぎに裁可を「聞」とする太政官奏をみると、その三五例は、(イ)議政官の発議案件と推定されるもの二四点、(ロ)天皇の諮問に答えたもの三点、(ハ)諸司・官人の上申によるもの七点、文章が省略されているため不明のもの一点(狩野文庫本所収)となる。(イ)が多数を占めることにまず注目しておきたいが、問題は(ハ)であって、この七点はみな、つぎに示すように、論奏式条の九項目のいずれかに該当している。

大同三年五月十六日太政官奏「省二大宰府監典各二員一置二筑前国司一事」――大宰府解による上申
天長七年閏十二月二十六日太政官奏「増二加出羽国官員一事」――出羽国守解による上申
承和七年九月二十三日太政官奏「廃二品官一員一」「置二品官二員一」――大宰府〔宰〕解による上申
仁寿三年六月八日太政官奏「加二増駿河安芸紀伊三箇国目各一員一事」――「国掌執申」による

右の四例は論奏式条の(3)「増二減官員一」に該当する。

弘仁十四年二月三日太政官奏「割二越前国江沼加賀二郡一為二加賀国一事」——越前国守解による上申

天長元年九月三日太政官奏「停二多祢嶋一隷二大隅国一事」——大宰大弐解による上申

右の二例は論奏式条の(5)「廃二置国郡一」に該当する。

弘仁十三年十二月十八日太政官奏「郡司初擬三年後乃預二銓例一事」——中納言解による上申

これは論奏式条の(9)「律令外議応レ奏」に該当するものと考えられる。

こうしてみると、諸司・官人から上申された案件の内容が論奏式条の規定にかかわるものであるときに、裁可を「聞」とする形式の太政官奏すなわち論奏が用いられたことが知られよう。わずかな事例に基づく推測ではあるが、これによって、論奏式条の九項の規定がかなり強く意識されていたことを知ることができる。そして、そうしたものを除く多数のこの形式の太政官奏が、議政官の発議した案件についてのものであることは、論奏と議政官の発議案件との関係が、きわめて密接であったことを示していると思われる。たしかに、議政官の発議案件でも、大事・重事でないものの場合は奏事が用いられた。しかし大事・重事の場合は論奏が用いられるのである。その大事・重事がいかなるものであるかを定めたのが、論奏式条の九事項であった。それゆえ、その意味でこの九事項は、「いわば議政官組織の保有する発議権の枠組みとしての意味をもっている」のである。

〈補説〉律令法と天皇

律令国家の統治者すなわち日本国の国政総攬者は、天皇である。だが、天皇の称号がどのようなものに由来し、いつごろから正式に用いられはじめたかについては、今日のところかならずしも意見の一致をみるにいたっていない。嘗て津田左右吉氏は、天皇の称号は道教に由来すると説いたが、[1]これに対して近年宮崎市定氏は、天皇の称号は、中国の五胡の諸王が天王と称していたのが日本に導入されたのに発し、その天王が天皇に転じたのであるとして、道教との関係を否定する見解を発表している。[2]また正式な称号として採用された時期についても、これを推古朝とみる通説的見解に対して、天武朝からとする見解も提出されている。[3]しかし天皇の称号がなにに由来し、いつごろ始用されたにせよ、嘗てのヤマト朝廷の政治的首長が、その地位を脱して日本国の国政総攬者となり、かつ天皇としてその地位が法的に確立したのが、律令制の形成過程においてであったことは、間違いのないところである。畿内を中心とする支配者集団の長は、律令制を採用することによって日本国全人民の上に君臨する王となり、旧来の伝統的かつ神的権威に加えて、律令制そのものによってみずからの権力を強化し拡大したのである。

律令には、天皇の意志あるいは行為を拘束する条項は、全く存しない。それどころか律令は、「勅裁」「勅断」によって天皇が律令の規定を破る権利を有することを、保証している。そもそも中国において、皇帝(天子)は律令に拘束されず、律令を改廃するのも可であるというのが、中国律令法の大原則であった。なぜならば、皇帝は律令のみならずあらゆる法の制定者であり、それゆえに法を超越した存在であって、さらには法の妥当性に根拠を与える窮極的権威であったからである。つまり皇帝は、臣下ならびに全人民に対し、みずからの制定した律令を含むすべての法の遵守を強制するが、皇帝自身はそれらの法から自由であったのである。(4) もっとも現実問題としては、皇帝はいかにみずからの制定した法に対し自由であるとはいえ、皇帝自身がいたずらに法を破るならば、王権に動揺をきたす恐れがある。したがって王権の安定をはかるためには、いったん制定した律令に皇帝みずからもしたがうことが望ましい。しかしそうしたことはあくまでも政治的な配慮にすぎないのであって、皇帝は律令を超越した存在であるという大原則を否定するものではなかった。

日本の律令法もまた、こうした中国律令法の大原則をそのまま継受している。日本の律令に、天皇の意志あるいは行為を拘束する条項がないのはそのためであり、律令制のもとで天皇がその権力を強化し拡大しえた理由もここにある。だがそうした律令法のいわばたてまえのみを以て律令制下の天皇の権威あるいは権力を評価したとすれば、その評価は一面的なものにすぎず、実相に迫るものではないとしなければならないであろう。なぜならば、そのような権威あるいは権力は、上に述べたことから明らかなように、律令法を継受したことにより必然的に付与された中国皇帝のもつ権威あるいは権力であって、本来日本で独自に生起したものではないからである。

律令制のもとでの天皇をどのような性格のものとしてとらえるかは、そうした意味で非常に困難な問題だといわざるをえない。そもそも律令制下の天皇は、律令国家の統治権の総攬者としての側面と、支配階級全体の利害を代表する政治的首長としての側面との、二つの側面を併せ持っている。そしてそのうちの前者の側面を中心にみるならば、おそらく天皇を以て専制君主とみなさざるをえないであろう。なぜならば上述のように、この側面は中国皇帝の専制君主としての原則をほぼそのまま継承したものであったからである。石母田正氏は、天皇のもつこうした側面について、天皇とは、第一に官制大権、第二に官吏任命権、第三に軍事大権、第四に臣下に対する刑罰権、第五に外交および王位継承に関する大権の、五つの固有の大権を有する存在であり、支配階級の権力がこのような大権として一個の人格に集約され、その人格によって代表されるという形態をとる国家は、いわゆるアジア的専制国家の類型に属する国家であるとされたが、[5] しかしここに挙げられた五つの大権事項のそれぞれが、どの程度日本固有のものであったかは、実はかならずしも明らかではない。同様に、「律令国家における天皇の制度上の法的位置は、いわば「根本規範」の根源、主権の存するところ、正当性の根源」であることにあり、「律令法治体制において、天皇は、法を超越した、法の妥当性に根拠を与える、究極的権威として位置づけられている」のであるから、「天皇という法超越的契機を前提としないではこの国家権力は存続しない」とする見解[6]も、引用文中の「天皇」を中国の「皇帝」に置きかえてみれば諒解されるように、中国皇帝の法的位置づけについていうものであれば全く正しいが、これによって日本の天皇の実相にどれほど迫りうるかは疑問である。

日本の律令国家を以て専制国家の一類型とみることは、おそらく誤りのないことと思われる。そのことはたとえば、支配階級がその共同利害を守るために作りあげた支配機構すなわち国家の公民に対する支配がきわめて専制的であったという面からも、いいうることであろう。だが上述のように、律令法上の天皇の位置づけの多くが中国律令法の原則に依拠したものであったとすれば、律令制下における天皇の権力のありかたを探るにあたっては、天皇のもついま一つの側面、すなわち支配階級全体の利害を代表する政治的首長として位置づけられた側面が、無視できないものとなる。なぜならば、支配階級の形成される歴史的過程そのものが中国と日本で異なっていたことが自明であるとすれば、この側面での中国皇帝のありかたを継承することは、困難であったとみられるからである。

本書における天皇のありかたやその権力についての言及は、基本的に右のような観点からのものである。つまり、天皇が律令法上に有した権力あるいは権能と現実に有したそれとをいったん区別し、主として後者を検討することによって、律令制下の天皇の実相に迫ろうとする試みを通じての言及である。とはいえ、天皇のもつ前者の側面も決して無視あるいは軽視してはならないのであって、律令法上での専制君主としての天皇の位置づけが、現実における天皇の権威および権力を飛躍的に強化し拡大する契機となったこともまた、たしかなのである。要は、いったん区別したものを、いかにして再び結合させ、統一的に理解するか、であろう。

(1) 津田左右吉「天皇考」(『日本上代史の研究』所収、一九四七年、岩波書店)。
(2) 宮崎市定「天皇なる称号の由来について」(『思想』六四六、一九七八年)。
(3) 東野治之「天皇号の成立年代について」(『正倉院文書と木簡の研究』所収、一九七七年、塙書房)。
(4) 池田温「律令官制の形成」(『岩波講座世界歴史』5所収、一九七〇年、岩波書店)。
(5) 石母田正『日本の古代国家』(一九七一年、岩波書店)第三章第三節。
(6) 山尾幸久「古代天皇制の成立」(『天皇制と民衆』所収、一九七六年、東京大学出版会)。

第二章　律令太政官制の成立

はじめに

大宝・養老両令にいたってほぼ完成をみた日本の太政官制(1)の成立過程については、すでにさまざまな見解が提示されている。就中この問題を、日本の固有法と大陸からの継受法との融合という観点から論じた石尾芳久・八木充・井上光貞等の諸氏の研究(2)は、単に太政官という一令制官司の形成過程の問題を超えて、日本律令制の本質に迫る労作であったといってよい。本稿もまた、これらの諸氏とほぼ同一の関心のもとに、同一のテーマについての私見を述べようとするものであるが、かかる問題についての既往の研究は著しく精緻の度を深めており、もはや後進の介入すべき余地はほとんど残されていないかの観を呈している。にもかかわらず、本稿において屋上屋を架す所以は、もっぱら私の個人的な理由に存するのであって、ただただこの問題に関する私見を先学の業績(3)に導かれながら整理し、今後のみずからの課題設定の足がかりとしたいと念願するからにほかならない(4)。

一　予備的考察——四つの課題——

1　太政官の語義

太政大臣以下多数の官職を擁する令制太政官の基本的官職構成を、どのようなものとして理解するかについては、これまでにも多くの見解が示されているが、それらの学説には、その視点の置きかたにおいて、二種のものがあったように思われる。その一つは、日本の太政官は唐官制をどのように継受しているかという比較法制史的な関心を中心に、具体的問題としては太政官における四等官制がいかなる形態で貫徹しているかを追求し、その四等官を以て令制太政官の基本的官職構成とみなす立場である。たとえば中田薫・石井良助・石尾芳久等の諸氏の見解がこれに該当する。(5) いま一つは、右の如く四等官制が日本の太政官にも貫徹していたということを前提として考えることは、日本官制の特殊性を捨象する結果をもたらすとして、各官職の機能とその歴史的性格を通じてこの問題を考えようとする八木充・井上光貞等の諸氏によって示された立場である。(6) しかしこの両氏にあっても、八木氏が「㈠大納言以上(それに少納言と外記)——これをかりに「太政官」とよぶ——と、㈡左右弁・左右史——これを「弁官」であらわす——とに大別することができるのではあるまいか」とされるのに対し、井上氏の場合は、令制太政官を三つの要素に分けて、「第一は大臣・納言からなる狭義の太政官で、これは国政の合議機関である。第二は少納言局であって、これは侍奉官ともいうべきものである。そして第三は左右の弁官局で、これは太政官の事務官庁ともいうべきものである」とされていて、理解はかならずしも一致していない。

本稿はこのうちの第二の観点を是とする立場に立つが、その場合の問題解決の糸口を、大宝令施行以後における太政官の語の用例に求めたいと思う。

はじめに、最も多様な用例を残している延喜式をみると、そこにはつぎのようなものが見出される。まず、①太政官を構成する全官職ないし一官の機構全体を指して太政官と称する場合がある。この用例については説明を加えるまでもあるまい。つぎに、②弁官(官職としては弁と史、以下これに倣う)を除く太政官官職のうちの、大納言ないし中納言以上を指して太政官と称する場合。たとえば太政官式第1条の「凡内外諸司所レ申庶務、弁官惣勘、申二太政官一」、第2条の「凡庶務申二太政官一、若大臣不レ在者、申二中納言以上一」などがその例であって、ここでの太政官は弁官に対置される存在であり、第2条によればそれは中納言以上のいわゆる議政官をいうのである。③弁官を除く太政官の全官職ないしその機構をいう場合。これもまた弁官に対置される太政官の用法であるが、その意味するところは②よりも拡大されていて、少納言・外記も含まれる。これは、延喜式にあってはいちいち挙示するに遑のないほどの一般的な用法であって、太政官式第59条「凡太政官幷左右弁官史生召使等」、第121条「凡太政官及弁官年料雑物」などの場合がこれにあたる。④弁官のみを指して太政官と称する場合。これは③とは全く逆の用法であるが、延喜式では一般に弁官はそれと明記するのが通例であるため、この用法に該当するものは概ね「官」とのみ記される。たとえば民部式下第14条「凡進二正税帳一者、皆限二二月卅日以前一、並申二送官一」、主税式上第6条「其出挙帳、附二大帳使一、申二送官一」などがその例である。その「官」が実態としては弁官を指すものであることは、天平六年出雲国計会帳の「弁官解文」との対応によって知りうるであろう。さらに⑤稀な用法として、大納言・中納言・少納言のみを指して太政官と称する場合がある。たとえば太政官式第143条の注記「太政官曹司、弁・外記候所、大臣曹司及厨等類」の太政官は、そのように解釈せざるをえないものである。そしてこのような用法が延喜式に存するということは、後に天武・持統朝の太政官の組織と性格を考えるにさいしてきわめて示唆的であるが、ここでは、そうした用例が存するということを指摘するだけにとどめる。
このような延喜式にみられる太政官の語の用法は、⑤を除いて、養老令の条文にもほぼ同様に見出される。[7] そしてこれらを整理すれば、つぎのように考えてよいであろう。まず太政官の語の最も広義の用法として、太政官の構成官職のすべてないし一司の機構全体を指す場合がある。これはいうまでもなく最も通則的かつ基本的な用法である。これに対して狭義の太政官には対立する二つの用法があった。その一つは(1)弁官以外の官職の全部または一部を指す場合であり、これはさらに、(a)少納言・外記以上のすべてを指す場合、(b)大納言ないし中納言以上を指す場合、(c)例外的にではあるが大納言・中納言・少納言のみを指す場合、の三通りに分けられる。そしていま一つの狭義の太政官は、(2)弁官のみを指して太政官と称するものである。

太政官という語の用法はこのように多様かつ複雑であったのであるが、問題は、これらの用語法のなかで、太政官の官職構成の基本を示すものがどれであるかを判定し、そしてまたいかなる理由でこのような複雑多様な用語法が生じたのであるかを解明することであろう。その前者の問題について、私は大宝公式令(養老公式令では68条)授位任官条の用例に注目したいと思う。この条文は関晃氏によって、

凡授位任官之日喚辞(中略)、唯於二太政官一、三位以上称二大夫一、四位称レ姓、五位先名後姓、其於二弁官八省一、五位以上惣称二大夫一、

の如く復原されているが、[8] ここでの「太政官」は明らかに「弁官」に対するものであり、その「太政官」に七位相当の大・少外記が含まれたかどうかに確証はないとしても、少なくとも五位相当の少納言が含まれることはたしかであろう。[9] つまり大宝令のこの条文は、養老令の相当条文より[10] 一層明確に、「太政官」と「弁官」とを対置する立場をとっているのであって、これが同令における重要な用語法であったことを示しているように思われる。この用法は上述

の狭義の太政官のうちの(1)の(a)にほぼ相当するが、これはまたたとえば職員令の「官史生」と「左右史生」、天平十七年の「十一月大粮継文」[11]にみられる「太政官仕丁」と「左弁官仕丁」「右弁官仕丁」の区別にも対応する。それゆえ私は、諸多の用語例のうちで、令制太政官の基本的な官職構成を示すものは、この用法に求めるのが最も妥当なのではないかと考える。

だが、それならばなにゆえにそれ以外の各種の用法が生じたのであろうか。それはおそらく、広義の用法としての太政官の形成のされかた、あるいは各構成官職のもつ歴史的な条件に拠るものと思われる。その歴史的な条件とはなにか。これが本稿の第一の、そして基本的な課題である。

2　慶雲二年の中納言「再置」

慶雲二年四月、勅によって「敷奏、宣旨、待問参議」を職掌とする令外の中納言三人が置かれ、引続き正四位下粟田真人・正四位下高向麻呂・従四位上阿倍宿奈麻呂の三名がこれに任命された(三代格・続紀)。この「敷奏、宣旨」は、大納言の職掌として職員令(おそらくは大宝官員令も同じ)に挙示するものと同一の字句であり、「待問参議」もまた大納言の「参議庶事」に類似する。それゆえに、この勅に応えて奏された太政官奏において、はやくもこの官を位置づけて「其職近二大納言一、事関二機密一」と述べているのであって、こうした理解は今日においてもほぼ継承され、中納言を以て、一面では侍奉官としての性格を有する官としながらも、それ以上に、大納言に次ぐ議政官ないし国政参議官としての性格に重きを置いて理解するのが、一般であるように思われる[12]。

而して中納言という名称の官が置かれたのは、この時がはじめてではない。これよりさき、浄御原令の施行期に同名の「中納言」があり、その官は大宝元年三月に、新令によって官名位号が改制されたときに廃止されたのであった

(続紀)。それゆえ、これまた今日における一般的な理解によれば、浄御原令施行期の中納言と慶雲二年設置の中納言とは、その実質において異ならず、両者は系譜的に連続するものであり、したがって後者は前者の「復活」であり「再置」であったと考えられている。(13) だが反面では、然らば中納言は、四年間の中断ののちになにゆえに復活せねばならなかったのか、という問題についての説明が、かならずしも充分に施されていないのが実情であろう。(14) 本稿第二の課題は、このような従来一般に行なわれてきた理解に対する、一つの素朴な疑問に端を発している。後述の如く、浄御原令施行期に中納言に任じた二人の人物の官歴には、大宝令の施行を境として、このような単純な中納言復活説では理解し難い不連続が存する。果して慶雲度の中納言は浄御原令施行期の中納言に連続するものなのであろうか、この場合の「復活」とは、同一の官の再置にすぎないものなのであろうか、という疑問である。(15)

浄御原令の施行されていた時期に中納言の任にあり、大宝令の施行以後も生存していた人物として今日知りうる者は、三輪(大神)高市麻呂(持統六年二月・三月紀)・石上麻呂・藤原不比等・大伴安麻呂・紀麻呂(いずれも大宝元年三月紀)の五名である。このうち石上麻呂・藤原不比等・紀麻呂の三名は、大宝元年三月の新令による官名位号の改制が行なわれたさいに、定数四員からなる新制の大納言に補せられている。したがってもし旧制大納言と新制大納言とが同一の性質の官であるならば、この三名は中納言から大納言に昇任したと解することができるであろうし、このことから逆に、旧制中納言と慶雲度の新制中納言もほぼ同一の官であったと類推することも、あながちに無理な解釈とはいい難い。だがこうした類推を妨げるものが、残る二名の事例なのである。

壬申の功臣三輪高市麻呂が中納言としてその名をあらわすのは、直大弐の冠をささげて持統の伊勢行幸を諫止しようとした持統六年である。その後かれは、大宝令施行後の大宝二年正月に長門守に任じ、同三年六月に左京大夫に転じたのち、慶雲三年二月その任にあって卒した。かれが卒したのはいうまでもなく中納言が「復活」「再置」されたのちである。いわれるように、旧制中納言が新制中納言とほぼ同一の官であり、したがって新制太政官におけると同じように旧制太政官において議政に参与すべき官であったとするならば、単純素朴な理解として、大宝度の改制で議政に参与する官に移って然るべきように思われ、さらには、慶雲度の「復活」にあたっても、嘗てその任にあった高市麻呂が復任してよさそうにさえ思われるのに、かれは終生新しい太政官の中枢部には関与していない。(16)もちろんこの高市麻呂には、持統朝に冠をささげて天皇に諫言したという特殊な事情があるのであるから、そのさいに官を辞したか、(17)そうでないとしてもその事件がかれの官歴に影響を及ぼしたのではないかとする想定も否定できない。だが他方では、大宝令が施行されて以後は、いったん太政官の中枢の官に任じた者のなかに、特殊な事情によって貶せられて官を去った者はあっても、あるいはまた他官を兼任することは広く行なわれても、高市麻呂のように他官に転出したような事例のないことも、想起すべきであろう。〔補注1〕

大伴安麻呂が旧制中納言としてその名がみえるのは、上記の石上麻呂・藤原不比等・紀麻呂と同じく、新令によって官名位号が改制された大宝元年三月甲午条であるが、その任官時期は不明である。そして同じ日に、安麻呂を除く三名は、新制大納言に「昇任」したのであった。すなわちこの安麻呂の場合は、明らかに、旧制太政官機構の一員であり、従来の見解にしたがえば新制中納言と同じく議政に参画したとされる中納言の任にあった者が、新制太政官の構成から除外されたのであって、かれが再び太政官組織の一員としての地位を獲得するまでには、以下のような曲折があった。

大宝二年正月、安麻呂は式部卿に補せられた。ついで同年五月、勅によって粟田真人・高向麻呂・下毛野古麻呂・小野毛野の四人とともに「参議朝政」せしめられた。これがいわゆる参議の前身であるが、(18)このときはいまだ正官ではなく、したがって安麻呂はその直後に兵部卿に補せられている。そして中納言「復活」後四か月を経た慶雲二年八月にいたってようやく「大納言」[19]となったのであった。中納言の「復活」にさいしてただちに復任しなかったのは、三輪高市麻呂の場合と同様である。すなわち、大伴安麻呂は、旧制中納言の任を去って以後、「参議朝政」という権制によって太政官における議政に参画するまでの少なくとも満一年、「大納言」に補せられるまでならば満四年間、新制太政官組織の外にあったわけである。このような事態の生じた理由は、果して大宝元年三月の人事が「安麻呂にとって不遇な人事」[20]であったことに求めらるべきなのであろうか。だが政治的関係が人事に反映したとしても、嘗て国政に参画した人物がその組織から除外されるためには、それだけの理由がなければならず、またそれ相当の軋轢をともなうであろう。しかしこの前後の続日本紀の記事を通覧するかぎりでは、大宝・慶雲の間に、大伴安麻呂についてそのような特殊な事情の存したことを推察せしめる材料は見出せず、むしろ、氏族相互の政治的関係を重視するならば、大宝元年正月の兄大納言御行の死は、安麻呂が新制大納言に転ずるに好材料ではなかったかとさえ思われる。

結論をさきに述べれば、大伴安麻呂および三輪高市麻呂の官歴をめぐって私が疑念を抱いた根源は、浄御原令施行期における中納言を律するに慶雲度の中納言を以てした、前提そのものに存するのではないかと思われる。それは、いわれるように、新制中納言は第一義的には議政官ないし国政参議官であり、第二義的に侍奉官としての性格を有する官とし、それをそのまま旧制中納言に投影したがゆえに生じた疑念なのではないか。こうした前提に依拠するかぎり、これら両名にみられるいわば官歴の中絶ともいうべき事態は、氏族としての、あるいは個人としての「不遇」に解消されざるをえないであろう。だが、かかる前提そのものに問題があり、旧制中納言と新制中納言は、官制として不連続であったとしたらいかがであろうか。つまり、両名に官歴の中絶をもたらした理由は、官制そのもののなかに存したと考えるわけである。

この想定は、当然、浄御原令施行期における中納言と慶雲度の中納言とは質的に異なるものであったとする予測に立つものであるから、前者の性格はそれ独自に、あるいはその歴史的条件のもとに考えられなければならないということをも意味する。しかしすでに述べたことのなかに、一つの見通しがかたちづくられている。すなわち、浄御原令制下の中納言は、新制中納言と異なり、その議政官あるいは国政参議官としての性格をほとんどもたないか、あるいはきわめて稀薄な官であったのではないか、という見通しである。然らばその見通しの是非はどうか。またその見通しが可能である場合、浄御原令制中納言は全太政官機構のなかにどのように位置づけられ、またなにゆえにそうならざるをえなかったのか。これが本稿の第二の課題である。

3　勅符の性格

養老公式令に太政官が発する公文として規定するものを、その内容によって大別すれば、つぎの三種に分けて考えることができる。第一は、天皇の意志すなわち勅命をうけて太政官が発する公文である。詔書式・勅旨式として定めるものがこれにあたり、また特殊な場合のものではあるが、飛駅下式もこれに含まれる。第二は、官議あるいは諸司の上申する解などを奏して勅可・勅処分を仰ぐ場合のもので、論奏式・奏事式・便奏式がこれにあたる。第三は、諸司諸国に行政命令等を伝達する場合のもので、いわゆる太政官符である。但し第三の太政官符については、つぎの点に留意しておく必要がある。というのは、太政官符はかならずしも太政官独自の意志を伝達するさいにのみ用いられたのではなく、第一の詔書・勅旨、第二の勅可・勅処分の結果を諸司諸国に伝達・施行するにあたっても、これが用いられたということである[(21)]。これらのうち本稿で特に問題としたいのは、第一の、天皇の意志・勅命をうけて太政官が公文を発する場合の、その起草・奏可の段階における手続きである。いささか煩雑ではあるが、養老公式令における詔書・勅旨の作成の過程を簡単にみておくことにしたい。

まず詔書について。詔書は天皇の内意をうけて中務省の品官である内記が「御所」においてこれを草し（詔書式条義解・同条集解令釈・古記）、「御画日」を加えたうえで別に写一通を作り、中務卿を召してこれを給う。中務卿は受けて中務大輔に「宣」し、大輔これを「奉」じて中務少輔に付し、少輔はこれを「行」する。この間に少輔以上は前記の写一通に各々位署を加える。少輔の行なう「行」とは、太政官に送付することをいう（令釈・義解）。このとき、「御画日」のある正文は中務省に留められ、卿以下の位署のある写一通が太政官に送られる。太政官ではこれをうけて、まず外記が「太政大臣」の官署以下の案を草し、これに大臣以下が署を加えたのち、大納言が覆奏する。天皇はこれを検して「可」を画く。この正詔書は案として太政官に留め置かれ、さらに同文一通が書写されて、これが弁官を経て実際に施行される詔書となる。[22] その施行にあたっては、詔の対象が在京諸司であれば官符一通が副えられ、在外諸司であれば謄詔官符として施行される。すなわち詔書の発布にさいして弁官が介入するのは、最終の施行の段階においてである。[23]

勅旨の場合にはこれとは若干異なった手続きがとられる。まず「受勅人」[24]が勅の旨を中務省に伝達する。中務省ではこれをうけて、内記が草案を作り、中務がこれを覆奏する。覆奏訖って、中務少輔以上が位署を加えて、これを案として中務省に留め、同文一通を写して「太政官」＝弁官に送付する。[25] 弁官ではこれをうけて、史が、附加すべき文章ならびに大弁以下の署の部分の案を草し、史みずからこれに位署を加えたうえで大・中・少弁が加署し、これを案として弁官に留める。施行にさいしてはさらに一通を写す。そのさい、内官に対しては別に官符を副え、外官に対しては謄勅官符として施行することは、詔書の場合と同じである。[26] このように、勅旨の場合は、詔書とは逆に、大納言以上は起草に直接関与せず、中務省よりただちに弁官に送られるのである。

いま一つの飛駅式に関しては、公式令の規定はきわめて簡略であって、手続上の詳細は知り難い。しかし穴記の

「此条似二詔書一故、直召二中務一写二一通一、留為レ案耳」、また穴記師説の「但中務受給二少納言一令レ付耳」等の注釈より推せば、主として中務省および少納言がその起草に関与したようであり、そのことは少納言および中務省の飛駅についての職掌よりみて、首肯すべきものと思われる。事実、多少時期のうえでは後代の史料に属するが、延喜中務式では「其報二下飛駅一者、少納言幷輔已上一人、内記二人、共入二内裏一行レ事」とし、儀式、巻十、飛駅儀でも、飛駅の勅符は内記がこれを作り、少納言が勅符を納めた飛駅函を、主鈴が鈴を、それぞれ直接使者に授けて赴かせるという。而して「官史」が関与するのは、詔書の場合と同じように、「副《ソヘノ》官符」を作成するときのみにすぎない。

以上が養老令の規定において、天皇の意志・勅命を太政官が諸司諸国に伝達するさいに発せられる公文の作成手続きの概略であるが、大宝令においてはこれら三種のほかに、飛駅の勅符とは異なる勅符があり、また詔書・勅旨においても養老令と若干異なるところがあった。

まず詔書式において大宝令が養老令と異なる重要な点は、案成後の施行の段階において「宣訖付レ省施行」と記されていたことである(27)。この部分の養老令文は、単に「誥訖施行」とするにすぎず、それゆえに古記以外のこの部分に施された令集解の諸注釈は、弁官に下して官符を副え、あるいは謄詔官符となして施行すると述べているのであるが、大宝令文は明らかに「付レ省施行」とするのであるから、詔書は案成後ただちに八省に下達さるべきであって、令文上、弁官を経て施行されると解する余地は残されていない。そしてこれに類似する事柄は、勅旨式においても見出すことができる。勅旨式条集解の古記は、養老令文の「更写二一通一、送二太政官一」に相当する箇所に注して「問、若送二諸司一者、連署、留為レ案、更取二諸司返抄一、未レ知、其義、答、不レ経二太政官一、直送二於諸司一、々々連署為、而留為レ案、後中務更取二諸司返抄一」と述べているが、文中の傍点を付した「若」字以下の一六字は、古記の記述の通例からみて大宝令の文章であったと考えざるをえず、おそらくは本注ではなかったかと推測されるが(28)、そうであるとすれば、大宝令にあっては、勅旨の案がすべて「太政官」=弁官に送付されるとはかぎらず、中務省から直接に諸司に対して施行される場合のあることが、条文上に明記されていたと考えなければならない[29]。すなわち勅旨については、大宝令では、その案成の段階で弁官がこれに関与せずに作成されることもありえたのである。

詔書・勅旨の作成手続きにみられるこのような大宝令と養老令との相違は、いずれも大宝令制における弁官の権限が養老令のそれよりもせばめられていたことを示すもののように思われる。詔書は、もともとその案成の段階では弁官は関与しないのであるから、案成後直接八省に施行されたとすれば、弁官は詔書の案成・施行のいずれの段階でも、全くの埒外に置かれていたことになる。勅旨は、本来は中務官人と弁官の位置が加わってはじめて勅旨としての体裁の整うものであったが、大宝令では、弁官の位置がなくても施行することができたのであるから、その場合もまた詔書と同じく案成・施行のいずれの段階も、弁官はその埒外に置かれることになる。両者に共通していえることは、いわば弁官軽視ともいえる事態である。ところがその同じ大宝令には、これとは全く逆に、案成にさいして狭義の太政官が間接に関与したかも知れないにしても、手続上は案成・施行ともほとんど弁官が専行する公文として、勅符といわれるものが並存していた。

勅符については、私は嘗て、天平六年出雲国計会帳にみられる「勅符壱道」がその施行を物語る事例であるが、その詳細は不明だと述べたことがある[30]。しかし、施行の実例を出雲国計会帳に求めたことに誤りはないが、その詳細は不明としたのは旧稿のいたらなかったところであって、これを以下のように訂正しなければならない。

大宝令の勅符に関する最も重要な資料は、つぎの二つである[31](傍点は大宝令文)。

I　公式令13符式条集解古記

古記云、(中略)問、勅直云二勅符一、未レ知、勅符、答、不レ依二中務一、直印二太政官一、為二勅符一、遣宣、故太政官得レ為二

勅符一、注云、勅符其国司位姓等、不レ称二太政官一知、太政官勅符者、以二大弁一署名耳、

Ⅱ　紅葉山文庫本令義解公式令書入令釈師説(32)

釈云、若勅直之〔云〕二勅符一也、師説云、其勅符者、以二勅字一代二太政官一、以二勅到字一代二符到一、而注二年月日付使人位姓名及駘〔鈴〕剋一耳、雑官不レ着〔署〕、

これらによれば、大宝令の勅符は、およそつぎのようなものであったと考えてよいであろう。第一に、右の二資料以外で大宝令の勅符について触れている明法家は、「古令勅符式」(跡記)、「古令有二勅符式一」(穴記)、「前令別有二勅符式一」(義解)の如く、あたかも勅符式と称する独立の条文が大宝令に存したかの如き表現をとっているが、実はそうではなく、符式に注文として(資料Ⅰ)勅符に関する規定が記されていたこと。資料Ⅱに符式を勅符として用いる場合の文字の入れかえを指示していることも、これを裏づける。第二に、勅符によって勅命が伝達・施行されるさいには、中務省を経る必要のないことはもちろん、手続上は狭義の太政官をも経ず、したがって起草にあたっては大弁のみがこれに署し(資料Ⅰ)、雑官の署を要しない(資料Ⅱ)こと。つまり勅符の案成は、弁官のみがこれを専当したのである。(33)第三に、勅符は弁官からただちに使者に付託されて(資料Ⅰの「遣宣」および資料Ⅱ)、ただちに施行に移される。このとき、鈴剋・伝符の賜与をめぐってもちろん少納言等が関与した筈であるが、施行そのものは弁官の主導のもとに行なわれる。そして第四に、養老令符式とは異なる大宝令符式に勅符の規定が存したことより推せば、勅符下達の対象は、原則として在外諸司であったのではないかと推測されること、(34)などである。〔補注2〕

このように、勅符は案成・施行のいずれの段階においても弁官のみが専当して勅命を下達する場合に用いられる公文の様式であった。その弁官は、唐尚書都省の左右丞以下の事務官僚の組織を模して設定された行政執行機関であったと解されているが、(35)かれにあっては、この都省が「正勅をそのまま符として公布するという如き事柄は、到底、考

察し得ぬところ[36]」であったという。然るに大宝令制下のわが弁官は、正勅をそのまま主として在外諸司に公布する手段として、勅符という形式の公文を有していたのである。それがいかなる意味をもつと考えられるかについてはのちに触れることとして、これまで検討してきた詔書・勅旨・勅符の三つの公文の制度における大宝令から養老令への変化を、弁官と、これに対置される意味での狭義の太政官との、二つの官職組織を中心に整理すれば、つぎのようになろう。

大宝令に弁官の専当する勅符が存在していたことからすれば、同令制下での弁官の役割、特に弁官と天皇との関係は密接かつ重要であったと考えなければならないが、他方では、詔書の作成・施行に弁官は関与せず、勅旨の作成・施行にも関与しない場合が存したとすれば、この面での弁官の役割あるいは位置づけは、きわめて不安定・不確実であったとせねばならず、そのかぎりでは対立矛盾する二つの側面を有していたということができる。これに対して養老令では、勅符を削除して、この面での弁官の権能を否定し、代って詔書の施行に弁官が関与するものとし、勅旨についてもその案成・施行に原則としてこれが関与することを明確にした。ここにうかがわれるものは、弁官の行政執行機関としての地位の明確化であり、勅命の直接的伝達機関としての性格の制限ないし否定である。この点に注目すれば、たしかに、養老令は勅符を削除することによって、天皇の専権を制限し、同時に狭義の太政官の権限を拡大したということができる。

だが問題は、なにゆえに大宝令における弁官は、右のような複雑な性格を持たざるをえなかったか、あるいは太政官という同一の官司内の弁官と狭義の太政官とにみられる右のような機能上の変化は、なにゆえに生ぜざるをえなかったか、ということであろう。私見では、これらの原因はすべて、狭義の太政官および弁官の成立の事情に求められなければならないと考える。本稿の第三の課題はこの問題に存する。

4　中務省品官の成立

令制中務省は、卿以下の四等官とともに、侍従その他の品官を省内に包摂し、また一職・六寮・三司を管するという、八省のなかでもきわめて複雑な構成をもつ官司である。これが令制の如く太政官管隷下の官司としての成立をみたのは、ほぼ浄御原令官制においてであったと推測されているが、(37)この点に関する私見は後論に譲り、ここでは省内の品官についての問題点を指摘することにしたい。

中務省の品官には、①侍従、②内舎人、(38)③(大・中・少)内記、④(大・中・少)監物、⑤(大・少)主鈴、⑥(大・少)典鑰の六種のものがある。これらについて大宝令施行前後における関係資料を検すると、以下の事柄が判明する(各官職名の下に記したカッコ内の数字は定員、また職掌の傍点を付した文字は大宝令文として確認できるもの)。

①侍従(八)、掌常侍規諫拾遺補闕

威奈真人大村墓誌銘につぎの記載がある。

藤原聖朝《(文武)》小納言闕、於㆑是高門貴冑、各望㆓備員㆒、天皇特擢㆑卿、除㆓小納言㆒、(中略)以㆓大宝元年㆒律令初定、更授㆓従五位下㆒、仍兼㆓侍従㆒、

大宝・養老令制少納言に関する知識を以てこの文章を読む者は、最後の「仍兼㆓侍従㆒」の句に多少奇異の感を抱くのではないだろうか。なぜならば、大宝・養老令制少納言は「在㆓侍従員内㆒」なのであって、少納言に任ずれば自動的に侍従をも兼任するものであったからである。ところが威奈大村の場合は、浄御原令の施行期に小(少)納言に除せられ、大宝元年の新律令施行にともない「仍テ」侍従を兼ねている。そうだとすると、浄御原令施行期には、(i)侍従という官職が存在しなかったか、(ii)存在していたとしても小(少)納言とは無関係の官職であったか、のいずれかであっ

たのではないか。(i)の場合ならば、侍従は大宝令で新設された官職であったことになり、(ii)の場合でも浄御原令制下の侍従なる官職は大宝令制の侍従と異なるものであったとしなければならず、延いてはこれが果して中務省の前身官司の品官であったか否かを疑わしめるであろう。なお蛇足のようだが附言しておく。ここで私が問題としているのは、官職としての侍従が、制度上、大宝令以前にどのような形で存在したかということであって、令制侍従に相当する実態の存否を問題としているのではない。そうした実態ならばむしろ古くより存在した筈であって、朱鳥元年二月紀にみえる「侍臣」(日本書紀傍訓オモトマチキミ・和名抄侍従訓於毛止比止万知岐美)などはそのようなものであったろう。だがそれが定まった制度としての官職であったかどうかは、別個の問題である。このことは、以下に扱う官職についても同様にいえることであるので、誤解のないよう、附言しておきたい。

②内舎人(九十)、掌帯刀宿衛供奉雑使若駕行分衛前後

家伝下に、

大宝元年、選㆓良家人㆒、為㆓内舎人㆒、以㆓三公之子㆒、別勅叙㆓正六位上㆒、徴為㆓内舎人㆒、年廿二、

と記したあと、この処遇を不満とする家令と父不比等との間に交された問答を載せ、不比等は「今国家新制㆓法令㆒、故依㆑例錫㆓爵此児㆒、何須㆓羞恥㆒」と述べて家令を諫め、その結果武智麻呂は内舎人に任じて禁中に出入することとなったと伝えている。この逸話は、内舎人が大宝令による新設の官であり、このことがまた貴族層子弟の出身方法の大きな変化であったことをはからずも物語っているが、事実続日本紀大宝元年六月癸卯条は「始補㆓内舎人九十人㆒」と記している。

③内記(大・中・少各二)、掌造詔勅凡御所記録事

これについては、再び公式令2勅旨式条をとりあげなければならない。

すでに述べたように、養老公式令によれば、勅旨の起草の第一段階は中務省で行なわれ、これを起草する者は内記であった。もっとも内記がこれを起草するということは、実は令文に明証があるわけではなく、職員令における右の職掌や、1詔書式条古記の「問、詔勅誰造、答、内記造」などから推測したものであるが、おそらく誤りあるまい。ところがこの条の大宝令文を復原してみると、二つの年月日のうちの内記起草部分の日下(注(26)で(イ)と注した部分)に、「録位姓名」の四字があったことが知られるのである。一見とるに足らない事柄のようではあるが、この些細な事実の背後に、私は、内記という官職の成立はさほど古くはない、という事情をみる。

解式・移式等から知られるように、律令公文書の書式には一つの通則のようなものがある。それは、年月日下に署す官は、その公文作成の専当官であるということである。問題の勅旨式において、史起草部分の年月日下(注(26)で(ロ)と注した部分)に「史位姓名」とあるのも、その例である。そしてその専当官には、職員令に通則的職掌を定めて「勘㆓署文案㆒」とする主典がこれにあたるのが原則であった。もしそうであるとすると、大宝令では、中務省段階で勅旨の起草を専当するのは主典の録であったということになる。しかしそれでは大宝令の内記にこれについての職掌が含まれていなかったかといえばそうではなく、上記の詔書式条古記の問答を案ずれば、大宝官員令の内記の職掌規定にも「造㆓詔勅㆒」の三字は存したと考えなければならないであろう。

勅旨式条のこの部分に注された古記の「問、无㆓丞署㆒而有㆓録署㆒、若為其意、答、文誤也」の主張がかならずしも的を射たものとは思われないにしても、別の面からこの矛盾を衝いたものであり、古記又説の「案㆓下文㆒、専当史署、明知、非㆓専当㆒史及判官者、不㆑署」は、より私見に近い主張である。そして養老令は、この矛盾を解消するために「録位姓名」の四字を削除し、内記の職掌について疑義なからしめたものと推察される。それでは大宝令におけるこのような矛盾、少なくとも内記の職掌に疑義を生ぜしめるような記載は、なにゆえに存したのであろうか。私はその理由を、内記の成立が新しかったことに求める。内記の職掌と中務録の職掌が交錯したということは、官員令文の上ではともかく、事実問題として両者の分掌が曖昧であったことを示している。そして大宝勅旨式条が不用意に録の位置を記したのは、一方では主典の通則的職掌にひかれ、他方では令文の作成時に内記の機能がいまだかたまっていなかったからだと思われる。

このような推測の過程を経て、私は、内記もまた大宝令においてはじめて成立した官職であったと考えている。(39)

④監物(大二、中・少各四)、掌監察出納請進管鑰

監物については、侍従・内舎人・内記等とは多少趣の異なった問題がある。というのは、持統七年四月紀に内蔵寮允・典鎰とともに監物の官名がみえ、その官名が正式のものであったか否かはともかく、令制監物の前身官司ないし官職が浄御原令施行期に存在していたことは否定し難いからである。しかし、この時期にかりに中務省の前身官司が存し、また監物の前身官司あるいは官職も存在したとしても、後者が大宝令制の如く前者の品官であったかどうかは、きわめて疑わしい。なぜならば、大宝令が施行される直前の続日本紀大宝元年二月丁未条に「詔始任二下物職一」とあって、この下物職は、いずれかの官司の被管であったかも知れないとしても、少なくとも品官ではなく、ある程度独立した官司であったとみなさざるをえないからである。

下物職については、村尾次郎氏の次のような推測がある。(40) すなわち、大宝元年二月に行なわれた下物職の任命は、浄御原令制のオロシモノノツカサの組織をこのとき拡大したことにともなうものであり、それはこの官司を以て、中務省の前身官司の被管として、職規模の一官司となしたことを意味する。これは大宝令独自の官制であったが、大宝令の施行後この官司の名が全く史料にあらわれないところをみると、その後まもなく官司としての下物職は廃止され、その職員は中務省に吸収されてその品官となった。養老令はこのような現実に基づいて、監物を中務省の品官として

規定したのであろう、というのが村尾氏の推測の概略である。

右の推測のうち、大宝令での下物職は中務省被管の独立した官司であったとされたことは、職員令集解の諸説に全くそうしたことのうかがわれないことからしてしたがい難いが、大宝元年二月の下物職補任は、その規模の拡大を意味するとされた推定には、私も賛成したい。その理由は、令制諸官司の品官のなかで、太政官のそれ以外に史生を有するものは監物のみであり、また続日本紀天平宝字七年十月丁酉条によれば、職員令にない監物主典の存したことが知られるからである。後者の事例より推せば、大宝令の施行期および養老令施行の初期における監物は、大監物・中監物・少監物・監物主典・史生の官職構成をもち、あたかも独立の一司を構成していたかの観を呈する。(41)思うに、浄御原令の施行期に、その名称はともかく、監物類似の官が存在していたが、大宝令施行の直前にその組織が拡大されて下物職と称する一司とされたのであろう。続日本紀に「始」とするのはそのためであろうと思われる。この官司は、翌月の大宝令の施行にあたり、拡大された組織のまま、官員令の定めるところにしたがって中務省に品官として併合された。だからこれ以後の監物所属の官は、官員・職員令に載せるものよりも多かったのであって、これが令制本来の組織にもどされたのは、大同三年八月に監物主典が廃されたとき(後紀)であったと考えられる。

いささか岐路にそれたが、これらを通じてほぼたしかなことは、大宝令施行の直前におけるオロシモノノツカサは、中務省前身官司の品官ではなかったということである。令制監物の成立もまた、侍従・内記等とは異なった意味ででではあるが、大宝令においてであった。

⑤主鈴(大・少各二)、掌出納鈴印伝符飛駅函鈴事

これについては明証を欠く。しかしその職掌よりみて、この官が成立するためには、少納言の職掌の確定することが前提となる。しかし後論のように、浄御原令官制に官としての小(少)納言は存したとしても、いまだその職掌が不

分明であったとすれば、主鈴もまた大宝令ではじめて成立した官である可能性が、きわめて濃厚である。

⑥典鑰(大・少各二)、掌出納管鎰

前記の持統七年四月紀には、監物とともに典鎰の官名が並記されているから、令制典鑰の前身官職ないし官司も、浄御原令官制内に存在したのであろう。だがこれがオロシモノノツカサのように独立した官司を構成していたか、あるいはいずれかの官司の品官的存在であったかは、明らかでない。令制の職掌をみると、典鑰は事実上監物の下僚であるが、浄御原令制でも同様であったかどうか、それも明らかではない。私見では、持統紀の典鎰は、のちの令制の中務省典鑰・内蔵寮主鎰・大蔵省主鎰を綜合した官で、外国の管鎰を職掌とする税司主鎰に対応して置かれた、在京諸司の管鎰を職掌とするものではなかったかと考えているが、一つの臆測でしかない(42)。

以上、中務省品官の個々についてやや詳しく検討してきたのであるが、それによって明らかにされたことは、一、二の不明確なものを除き、令制中務省品官の主要なものは、大宝令においてはじめて成立した官職であるか、あるいは大宝令にいたってはじめて令制中務省の品官としての位置づけが行なわれた官職かの、いずれかであるということであった。このことは、もし大宝令以前に中務省の前身官司が存在していたとしても、その官司はおそらく、後の四等官に相当する官職のみで構成された官司であったであろうということをも意味する。然らば、一歩進めて、中務省そのものも、大宝令において新たに形成されたと考えるべきであろうか。これらの品官のうちでも、殊に侍従・内舎人・内記の三種は、令制では単なる品官としての地位にとどまらず、職掌上は卿以下の四等官と密接不可分の関係にあるのであるから、これらなくしては中務省の機能は著しく減殺されざるをえず、この点を重視すれば、中務省の四等官、ということは中務省そのものも、大宝令においてはじめて成立したと考える方が、あるいは妥当であるのかも知れない。果してそう考えうるかどうか。また逆にこの想定が成立し難いものであるならば、浄御原令制における中務省の前身官司とは、どのようなものであったのか。これが本稿の第四の課題である。

二　官名の検討㈠——天智朝における——

1　少納言

続日本紀天平元年八月丁卯条の石川石足薨伝につぎのような記載がある。

左大弁従三位石川朝臣石足薨、淡海朝大臣大紫連子之孫、少納言小花下安麻呂之子也、

石足の父安麻呂の名は、このほかには天武即位前紀に蘇我臣安摩侶としてみえるのみで、その官歴はいっさい不明である。ただ右の石足の薨伝によって、安麻呂がある時期に少納言の官に任じ、小花下の冠を授与されたことが知られるにすぎない。だが、ここにみられる少納言とは、果して実在した官であろうか。

薨卒伝の記事を拠りどころとして、ある人物が、そこに記されているある官に任じたのはいつかということを推測する方法として、われわれは通常つぎのような手続きをふむ。すなわち、この種の薨卒伝記事に記されている位・冠あるいは官は、石足の祖父連子の大臣・大紫がそうであるように、その人物の極位・極官であるのが一般であるという通念にしたがって、蘇我(石川)安麻呂も少納言・小花下を極官・極位(冠)として卒したものとみなし、つぎに小花下の冠を手がかりとして、卒時とともに少納言の任官時期を推定するというやりかたである。安麻呂の例についていえば、小花下は大化五年冠制の第八階にあたる冠であるが、このときの花冠は天智三年冠制で錦冠に改められているから[43]、安麻呂は花冠の行なわれていた天智三年以前に卒し、したがって少納言に任じたのも天智三年以前であった、

と推測するわけである。

だがこの安麻呂の場合には、このような方法は適用できない。なぜならば、上に述べたように、彼は天武即位前紀にその名をあらわしているからであって、天智死去の直前まで生存している。つまりこの場合には、薨卒伝記事についての通念を排して、少納言・小花下は彼の極官・極位(冠)ではなかったとしなければならない[44]。石足薨伝に記された安麻呂の冠がこのように授時不明であるとすれば、同様の疑問は少納言の官にも向けられなければならないであろう。そしてその疑問は、果して天智朝に、制度としてこの官ならびに官名が確立していたかどうかという問題にも関連する。

この問題を考えるためには、天武即位前紀の記事を検討しておく必要があると思われる。そこにはつぎのような逸話が伝えられている。

これよりさき、重病に臥していた天智は、みずからの死後を案じ、そのため蘇我臣安摩侶を使者にたてて東宮大海人皇子を招き、大殿に引き入れた。安摩侶も大海人皇子とともに大殿に入ったが、かねてより大海人皇子に意を通じていた彼は、密かに「有意而言」と伝えた。この密言によって天智に謀ごとのあるのを察知した大海人皇子は、皇位は大友皇子に譲り、みずからは出家すると申し出た、というのである。

この壬申の乱勃発前史として著名な逸話の事実であったか否かを究明することが本稿の目的ではない。ただこの逸話を通じて、つぎのような事柄を承認しうれば足りる。まず、少なくとも、天智が病床において大海人皇子と面談したということ、そしてその仲介の労をとった者が蘇我(石川)安摩侶であったということの二点である。然らば安摩侶がなにゆえに天智と大海人皇子との仲介の使者にたったかといえば、彼が大殿への出入を許されていたという伝えが物語るように、天智の側近に侍するものであったからであろう。

もしこうした推測が許されるならば、この推測と、さきの少納言という官名をめぐって、以下のような解釈を下すことが可能となると思われる。

天智三年以前に少納言の官と官名が実在したとはとうてい考えられない。また天智の崩ずるまでの期間にこの官および官名が存したとも考えられない(45)。だが、少納言の官および官名は存しなかったとしても、後世少納言に擬せられるようなある種の役職は存在したのではないか。蘇我(石川)安摩侶はそのようなものに任じていたために天智の側近に侍していたのであり、これを指して後世の石足薨伝の原史料の著者あるいは続日本紀の編者は、その記述時ないし編纂時の知識に基づいて、少納言の官名を宛てたのではないか。では、そのある種の役職とはなにか。それは天武即位前紀の逸話からうかがえる如く、天皇の側近に侍する侍奉官であり、かつ天皇の意志を伝達する仲介者であった。その意味では、これは嘗て参議と奏宣を任とした「大夫」(46)の一面を継承したものだといいうる。加えて、令制少納言の任が「奏宣小事」にあり、また少納言三名はすべて天皇に「常侍」する侍従を兼帯すべきものであってみれば、後世この官名を以て安麻呂に宛てたということも、充分考えうることではないかと思うのである。

2　御史大夫

つぎに日本書紀天智十年正月癸卯条の、

是日、以二大友皇子一拝二太政大臣一、以二蘇我赤兄臣一為二左大臣一、以二中臣金連一為二右大臣一、以二蘇我果安臣、巨勢人臣、紀大人臣一為二御史大夫一。御史、蓋今之大納言乎、

にみえる御史大夫について検討したい。この記事、殊に文末の注記に関しては、翌甲辰条のいわゆる近江令の施行に関する条とその注記とに関連して、これまで多くの研究者により、さまざまな解釈が加えられてきたが、ここではそ

うした論争は必要なかぎり言及するにとどめることとし、さしあたりこの記事にみられる太政大臣・左大臣・右大臣・御史大夫の四官について、今日一般に認められている見解をつぎのように整理しておく。[47]

(1) 四官とも翌日施行された近江令に基づく官制であること。[48] したがってこの四官は、近江令が施行されていた期間、すなわち持統三年六月にいたるまで、制度上は継続して存在した。但し御史大夫には名称の変更があった。

(2) このとき設けられた四官こそ、わが国にはじめて採用された「律令制的」太政官機構の一部を構成するものであること。

(3) 但しこのときの太政大臣は、天子輔導の官としての令制太政大臣とは異なり、嘗ての皇太子執政に匹敵する国政上の大権を付与されたものであったこと。

(4) これに対して左大臣と右大臣は、大化元年設置の左右大臣のように、前代のオホオミを左右に分ったにすぎないものではなく、唐尚書都省の左右僕射(左右丞相)を模したものであって、系譜上直接に令制の左右大臣に連なるものであること。

(5) 御史大夫は、その名称は秦漢の古制にとり、実質は唐門下省の長官侍中を模したものであるが、一面では大化前後の大夫制を継承し、これもまた令制大納言の前身官職と考えられること。

本稿全体を通じての結論をあらかじめ述べてしまえば、私は右の五点のうちで、(3)を除く他のすべてを疑問とするのであるが、それはともかくとして、ここではもっぱら、御史大夫の官および官名、ならびに日本書紀の注記に対する私の疑問を提出することとしたい。

このとき御史大夫に任命された蘇我果安・巨勢人・紀大人の三名のいずれかについて、上掲の天智十年正月紀のほかに御史大夫の官名を冠して記している資料は、続日本紀慶雲二年七月丙申条が唯一のものであることは、すでに知

られている。この事例をも含めて、知られるかぎりの三名の表記例を挙げれば、つぎの如くである。(49)

蘇我果安
　日本書紀　天武即位前紀(天智十年十月)　大納言
巨勢人
　日本書紀　天武元年八月紀　大納言
　万葉集　巻二　近江朝大納言
　続日本紀　天平勝宝五年三月紀　淡海朝中納言
紀大人
　続日本紀　慶雲二年七月紀　近江朝御史大夫
　続日本紀　天平宝字六年七月紀　淡海朝大納言

このような事例をみれば、御史大夫についてつぎのような素朴な疑問をもつのも、むしろ当然というべきかも知れない。その一つの疑問は、そもそも御史大夫なる官名が天智十年の時点にたしかに存在したのかどうかということであり、第二は、かりに御史大夫の官名が存在したとして、その官が、果して日本書紀の注記がいうように、令制の大納言に相当するものであったのかどうかという疑問である。

第一の疑問については、津田左右吉氏の見解がある。(50)氏は、天智十年紀の御史大夫は日本書紀編者の文飾であり、続日本紀慶雲二年七月紀の御史大夫も藤原仲麻呂によって行なわれた官名改号についての知識が続日本紀編者に反映されたものではないかとして、この官名の存在を否定しておられる。しかしわずか一例とはいえ、信憑性の高い続日本紀の事例を否定することには不安があり、やはり通説のように、御史大夫という名称の官が天智十年の時点に実在したと考えるのが、穏当と思われる。

それでは第二の疑問はどうか。私はここでもさきの少納言の場合と同様のことが考えられるのではないかと思う。一般的にいって、古く存在したある官が、後世現実に存在したある官に、なんらかの意味で類似するものであった場合、あるいは類似すると観念されていた場合、古い官を称するに現実に使用している官名を以てすることは、充分ありうることなのではないだろうか。[51] この場合にそくしていえば、つぎのようになる。古く、御史大夫なる名称の官が存在した。その官は、どのような点においてであったかは不明としても、半世紀ないし一世紀のちの官人には、令制の大納言あるいは格制の中納言に類似する官と伝えられていた。そこで、上掲の日本書紀・続日本紀・万葉集の原史料にはあるいは正しく御史大夫と記されていたかも知れないにもかかわらず、それぞれの記事の記者あるいはこれらの書の編者は、あるときは原史料のまま御史大夫とし、ある場合にはみずからのその時点での知識に基づいて、大納言あるいは中納言の名称を以てこれを記した、と考えるのである。

もしこう考えることに蓋然性が認められるとするならば、第二の疑問に対する一つの回答をうることになろう。御史大夫が後世の人々にとって令制大納言とも格制中納言とも類似する官として認識されていたとすれば、「蓋今之大納言乎」は、日本書紀編者による一つの解釈にすぎないものとなる。そこで私は、叙上の推測の結果として、天智十年紀の御史大夫に関し、つぎの二点を認めておくことにしたい。

(i)　この官ならびにこの官名を、このときに設置された官ならびに官名と認めてよい。

(ii)　しかしこの官は、大宝令の施行以後の人々にとっては、令制大納言のみでなく、格制中納言とも類似するとみなされた官であった。

とはいえ、これらの事柄は、結果的には従来行なわれている理解とほとんど異なるものではない。(i)は大方の承認するところであるし、(ii)も、令制大納言と格制中納言とは職掌上さほど異なるものではなかったのであるから、このようなことを強調したところで、ほとんど意味がないように思われる。それにもかかわらずこのようなことを縷々述べたのは、御史大夫という官の性格を考えるにさいして、令制大納言の職掌や性格をそのままの形でこの官に投影してはならないと考えるからである。これまでに、「蓋今之大納言乎」の注記が日本書紀編者の加筆であることを認めながら、同時に御史大夫の性格を論ずるに令制大納言を以てする論法が、いかに広く行なわれてきたかを想起すべきである。さきに記した通説的見解の(5)は、御史大夫は天武朝の初年に大納言または納言と改称されたとする推定を唯一の前提として導かれた解釈であるが、この場合でも、御史大夫と唐門下侍中との対比の重要な要とされているものは、令制大納言の職掌なのである。そしてこのことに関連していま一つ考慮しておかなければならないことは、律令国家生成期というこの時期にあって、実態の変化なくして名称のみの変化は、ほとんどありえないことなのではないか、ということである。天智十年設置の御史大夫がどのような官であったかは、官制全体の形成の過程のなかにこれを位置づけて、はじめて正当な理解に到達するのではなかろうか。

このような立場から述べられる後論のための傍証の一つとして、御史大夫の名称について附言しておきたい。御史大夫の官がいかなる性格のものであれ、その名称が日本独自の発案になるものでなかったことは疑いない。(5)に記した如く、それは秦漢の古制によったと説かれている。そもそも中国の御史大夫には、秦漢のそれと唐のものとの二つがあり、秦漢のそれが丞相に比すべき宰相の任であったのに対して、唐のそれがもっぱら百官の非違を糾察する御史台の長官であり、かつ系譜上は前者の御史中丞に連なるものと認められるものであるために、日本の御史大夫の名称の起源は前者にあるのであろう、とするのがこの見解のおよその論拠である。[52] しかし唐の御史台長官たる御史大夫についての研究によれば、太宗の貞観元年以後、御史大夫が再び宰相を兼ねて国政の枢機に参与することとなり、秦漢の御史がそうであったと同じように、御史台の本務は次官の御史中丞に移ったという[53]。そうであれば、秦漢の古制と唐制とを異質のものとみなして後者を捨て、日本の御史大夫の名称の由来を前者に求めるこれまでの理解は、再考を要するよう思われるが、いかがであろうか。但しいずれの場合にもせよ、日本が範とした御史大夫が宰相としてのそれであったことに変りはない。

三　官名の検討(二)——天武朝における——

1　納　言

史料のうえで御史大夫に続いてあらわれる納言は、一般に、浄御原令官制の大・中・小(少)納言、延いては大宝・養老令制の大・少納言に直接連なる前身官職と考えられているが、この官名そのものを伝える史料は、日本書紀のわずか二つの記事があるにすぎない。

(1)　天武九年七月戊戌条

納言兼宮内卿五位舎人王病之臨レ死、

(2)　持統元年正月丙寅朔条

納言布勢朝臣御主人、誄之、礼也、

しかし、直接納言を指す資料ではないが、関係がきわめて大きいと判断されるものとして、私はつぎの三つの場合をこれに加える。

（3）　中臣大嶋の場合

懐風藻に、

大納言直大二《マヽ》中臣朝臣大島

大中臣氏本系帳に、

糠手子大連公孫中納言直大弐中臣朝臣大嶋

（4）　巨勢黒麻呂の場合

続日本紀神亀元年六月癸巳条に、

中納言正三位巨勢朝臣邑治薨、難波朝左大臣大繍徳多之孫、中納言小錦中黒麻呂之子也、

（5）　小野毛人の場合

その墓誌銘に、(54)

(オモテ)飛鳥浄御原宮治天下天皇御朝、任太政官、兼刑部大卿、位大錦上、

(ウラ)小野毛人朝臣之墓営造歳次丁丑年《天武六年》十二月上旬即葬

これらについて、若干の説明を加えておく。

まず(3)の中臣大嶋の場合を納言と関係ある事例とみなす所以は、懐風藻と大中臣氏本系帳の所伝の相違を、つぎのように理解するからである。すなわち、両書に共通する直大弐の冠は日本書紀持統七年三月紀に徴して大嶋の極冠であったと考えてよい。しかし、懐風藻が大納言、大中臣氏本系帳が中納言とする官は、極官ではないのではないか。なぜならば、これらの官を彼の極官とみなすと、大嶋の死去したのは持統七年であるから、この二つの官名は浄御原令制の官名と解さなければならなくなる。しかるに後述の如く浄御原令官制においては大・中・小(少)納言は分立し

ていた。したがってそうした立場からすれば、懐風藻か大中臣氏本系帳のいずれか一方が、事実に反する誤認または誤記を犯したと考えざるをえないものとなる。だがこの両書のもつ独自の史料的価値を考えるならば、いずれが誤りであるかを倉卒には断じ難く、加えて、系図一般のもつ通弊からすれば、大中臣氏本系帳の方こそ高位の官を記していてよさそうに思われるのに、事実はその逆であることは、一層そのような判断を行なうことを困難とするであろう。

この問題を、私は青木和夫氏の見解[55]にしたがって、つぎのように考える。中臣大嶋は浄御原令で大・中・小(少)納言が分立する以前に納言の官に任ぜられたのであって、このことを伝えた記録が後世に伝えられてはいたが、この納言を解釈して、懐風藻の編者は大納言とし、大中臣氏本系帳の撰者は中納言を宛てたのではないか、と。私が(3)を納言に関連する資料として加えたのはこのような理由によるのであるが、同様の推測は(4)の巨勢黒麻呂の場合についても、行なうことが可能であろう。

つぎに(5)小野毛人の太政官について。この太政官が後述の大弁官と同じように、官司名を意味すると同時に官職名をも意味するという二義性を有することは、さきに井上光貞氏が指摘された通りである[56]。したがってこの場合には、「任太政官」がどのような官職を意味するかが問題になる。

そもそも天武朝の官司としての太政官にどのような官職が存したかを確認しうる材料は、残念ながら、上掲(2)の納言布勢御主人が前年九月に天武の殯宮で「太政官事」を誄したということ以外に、残されていない。しかもこの材料から知りうることは、この時期の官司としての太政官を構成する官職の一つに納言の官があったということだけである。もちろん通説的理解にたてば、天智十年の太政大臣・左大臣・右大臣、および御史大夫改め納言がそれであったということになるのだが、次項で述べるように、この前提自体を疑問とする本稿では、そうした理解はとれない。だがここで、観点をつぎのように変えてみたらいかがであろうか。すなわち、この時期の太政官には納言以外にいかなる官職が所属していたかという疑問は、この太政官に令制太政官の組織を投影し、この時期の太政官もまた複数の官職によって構成されていたであろうとする暗黙の前提があってはじめて生ずる疑問なのであるから、かりにその前提そのものを放棄してみるのである。あたかも後述の大弁官という官司が大弁官という単一の官職のみで構成された官司であったのと同じように、太政官という官司も単一の官職のみによって構成されていたと考えるわけである。そして、このように想定することによってはじめて、小野毛人墓誌銘において太政官の語があたかも官職名の如くに用いられていることが、無理なく理解しうるのではないかと思われる。毛人は官職としては納言に任じ、官司太政官に直していたのであろう。だがこの時期の官司太政官には、これを構成する官職に納言以外のものが存しなかったために、太政官といえば納言を指し、これが転じて太政官があたかも官職名の如くに使用されるにいたったのではないか、と考えるのである。

私が(5)を納言の資料として加えた理由は以上述べた如くであるが、このような理解に対しては当然牽強にすぎるとの批判が向けられるであろう。私もそれを充分に承知している。しかもこのような理解を承認するためには、少なくともつぎの二つの難問を解かねばならない。一つは、天智十年官制のゆくえであり、いま一つは、官司太政官が納言のみで構成されていたとしたら、なぜこれをたとえば納言官の如くに称さず太政官と称したかということである。これらについては次項で検討することにしたいが、ここでいま一度繰り返し強調しておきたいことは、この時期の官司大弁官は単一の官職によって構成された官司であったこと、さらに、これより一時期のちの浄御原令官制においてさえ、後述の令制中務省の前身官司のように、中務という単一の官職で構成されていたと推定しうるものが存したこと、したがってこの時期に、同様な構成をもつ官司がこのほかに存在しなかったとは断言できないこと、などの諸点である。

2 太政官

天武朝から持統朝の浄御原令施行にいたる間に、太政官と称する官司が存在したことは、小野毛人墓誌銘のほか、日本書紀朱鳥元年九月紀・持統三年五月紀等によって明白である。この官司について今日一般に理解されているところは、まずこの太政官には令制左右弁官の前身官職あるいは機構である大弁官は含まれていないこと、[57]しかし令制太政官の主要な官職すなわち太政大臣・左大臣・右大臣は、制度のうえでは存在したということであろう。このうちの後者の理解は、この時期の太政官を令制太政官の概念を以て律するかぎり、また天智十年官制を近江令に基づく官制とし、しかもそれは令制太政官に系譜的につながりがあると考えるかぎり、ほとんど疑問の余地のない理解というべきかも知れない。しかし、私は、このような前提そのものに対して疑念を抱いている。

この通説的理解の最も重要な前提は、天智十年官制を近江令に基づく官制とすることにある。そもそもこの近江令に関しては、編纂された法典としての近江令なるものは存在しなかったとする学説[58]があり、結論的には私もこの学説に左袒せざるをえないのであるが、それについては今は問わない。ともあれ、右の前提をひとまず承認したとしよう。その場合通説では、以後の天武朝における太政官制をつぎのように考えるわけである。天智十年に設置された近江令官制のうち、太政大臣・左大臣・右大臣の三官は、制度としては継続して存在したが、現実には天武の専制的性格ないしこの時期の政治的条件のゆえに、浄御原令官制の施行にいたるまで一人も任命されず、いま一つの御史大夫は、天武即位後まもなく納言と改称されて、これまた継続して存在した、と。

これに対して私の抱く第一の疑問は、天智十年設置の諸官がいわゆる近江令による官制であり、その近江令は持統三年まで施行されていたのであるならば、この諸官のうちで、なにゆえに御史大夫のみが改称されなければならなかったのか、という問題である。御史大夫が近江令官制の一つであり、その近江令が天武即位後も継続して施行されていたのならば、改称すべき理由はほとんどなく、そのままの名称が用いられていて然るべきではないのか。少なくとも今日まで提出されている学説では、その理由が充分に説明されているとは思われない。

第二は太政大臣に関する事柄である。大方の理解では、大友皇子の任じた太政大臣は、旧来の皇太子摂政に類する大権をもつ官であったとされている。これ自体、このときの諸官のすべてが決してそのままの形で令制太政官に継承されたのではないことを、通説みずからが認めているという点で注目しておかなければならないが、この太政大臣が天武朝にも制度上存在していたか否かの問題に関しては、天武十年の草壁皇子立太子のさいの「因以令レ摂二万機一」と、同十二年の大津皇子の「始聴二朝政一」との関係が推測の手がかりになると思われる。前者がいわゆる皇太子摂政の復活ないし継承であることは、ほぼ認めてよいであろうが、後者の「聴二朝政一」とはなにであろうか。これと同じ字句は続日本紀養老三年六月紀の皇太子首皇子についても見出されるが、その例より推せば「聴二朝政一」もまた皇太子摂政に類似する権能を意味したと解される。そのかぎりでは、たしかに「大津皇子は太政大臣の名こそ与えられなかったけれども、その実質は、東宮又は大友皇子の太政大臣と等し[59]」かったと解することも可能であろう。かつ事態は嘗ての大海人皇子と大友皇子との関係にきわめて類似している。それなのに大津皇子が制度上存在したとされる太政大臣に任命されなかったのはなぜであろうか。太政大臣の権能が絶大であったことに対する政治的な配慮からであろうか。はたまた太政大臣の権能と「聴二朝政一」とが異なるものであったためであろうか。そうではなくて、この時期には制度として太政大臣の官が存在しなかったからだと考えるのは、全くの愚慮にすぎないのであろうか。

これら二点が通説的見解に対して抱く私の疑念であるが、さらに、天智十年の諸官と天武朝の太政官とが不連続であることを示す事例として、いま一度御史大夫をとりあげ、これと納言との比較を行なってみたい。

御史大夫の官名が秦漢・唐のいずれの制から採られたものであるにせよ、天智十年の御史大夫が、現実に執政官ないし宰相の権能を有する官であったことは、たとえ他の一面で侍奉官としての性格を有していたとしても、認めてよいであろう。しかしこれに対して天武朝の納言には、それだけの権限は付与されていなかったであろうと推測される。この時期に納言に任じたことの知られる者は既述の五名にすぎず、しかもそのなかで天武十四年制定の冠位を有するものは直大参布勢御主人と直大弐中臣大嶋の二人だけであるが、天武十四年制定の冠位の構造は大宝令位階のそれと同じであり、また天武朝において官位相当制の端緒がひらかれた(60)ということに一縷の望みを託してこれをみると、御主人の直大参は大宝令位階の正五位上、大嶋の直大弐は従四位上に相当する。そういえば納言舎人王も諸王位の「五位」であった。この舎人王の例もまた、おおよその冠位の高下を考える材料としては加えることが許されよう。ともあれわずかな材料から知られる事柄にすぎないが、天武朝の納言には後の五位相当の冠の者も含まれていたと考えてよいと思われる。そうだとすると、当然納言の一部にはより高冠の者が存在したかも知れないとしても、官職としての納言が執政官ないし宰相としての権能を有するものとして置かれたとは、考え難いのではないだろうか。そしてその傍証は、氏族階層の点からもえられそうである。嘗ての御史大夫の蘇我・巨勢・紀の三氏族に比すれば、知りうる納言のうち巨勢を除いて、布勢・中臣・小野はそれらよりも低位の氏族としてのいわば大夫層に相当しよう。

もし右のような推論が可能であるならば、天智朝の御史大夫から天武朝の納言への変化は、単なる名称のうえでの変化ではなく、実質をともなった官制の改革であったことになる。そしてこの推論は、後述の浄御原令制の大納言・中納言・小(少)納言の性格の面からも支持される筈である。

こうした推論をさらに一歩進めれば、天智十年設置の四官は、天武即位後まもなく、そのことごとくが制度のうえから消滅したのではないか、という仮説に到達する。最近石母田正氏は、この四官は近江令に基づく官ではなく、単行法によるものとする見解を示されたが、(61) 私も氏の見解に賛成である。天智が単行法で設置した官を、天武はその政権奪取ののち廃絶し、これに代って置いたものが納言によって構成される太政官であったと思われる。この納言の名称を唐門下侍中の古名に求めたことから推察されるように、また納言がかならずしも高冠の者のみによって構成されていなかったことが示すように、それはむしろ侍奉官としての性格の強いものではなかったであろうか。而してこのような理解は、この納言もまた嘗ての大夫制のもった一面を継承したのであろうとの推測に連なる。

さて、残されたいま一つの問題、すなわち、この時期の太政官が納言の官のみによって構成されていたとしたならば、それをなぜ納言官とは称さず太政官と称したのか、という問題はどうか。私はこれについてはつぎのように考えている。

大友皇子の太政大臣がオホマツリゴトノオホマヘツキミと称されたかオホマツリゴトノオホオミと称されたかは不明としても、またこの太政大臣が令制太政大臣と異質のものであったとしても、これが太政の語の初見であることはたしかである。かつこの語は大陸からの借用ではなく、和語のオホマツリゴトに太政の文字を宛てたものと思われる。この、和語に太政の文字を宛てることがいつに始まるかは不明であるが、国政になんらかの形で関与する機関あるいは国政に関与する官の集まる府をオホマツリゴトノツカサ即ち太政官と称することは、遅くも天智十年に太政大臣が置かれるころまでには定まっていたのではないか。天智朝から天武朝に移る間に、オホマツリゴトノツカサの構成は既述の如くに変じたが、その名称のみが継承されたと考えれば、この問題に対する一つの回答になるのではないかと思われる。

3 大弁官

浄御原令施行以前における大弁官の存在は、

（1） 日本書紀天武七年十月乙酉詔

凡内外文武官、毎レ年史以上属人等、公平而恪懃者、議二其優劣一、則定二応レ進階一、正月上旬以前、具記送二法官一、則法官校定、申二送大弁官一、

（2） 日本書紀朱鳥元年三月丙午条

大弁官直大参羽田真人八国病、

（3） 采女氏塋域碑（持統三年）

飛鳥浄原大朝庭大弁官直大弐采女竹良卿、

の三つの資料によって知ることができるが、まずその官名について、つぎの三点を確認しておく。第一点。（1）では大弁官は官司名の如く使用されているが、（2）（3）ではそれがあたかも官職名の如くに使用されている。第二点。（1）（2）（3）ともに単に大弁官と称するのみであるから、この時期の大弁官が後の令制弁官の如く左右に分れていたと考える必要はない。第三点。この時期の大弁官という官司は、大弁官という単一の官職によって構成されていたと推定される。もっともこの最後のものは、上掲三史料から直接に導かれる推論ではないので、多少の説明を加えておく。

西宮記恒例正月・北山抄巻七等にみられる弁官の和訓は「大鞆火乃官」すなわちオホトモヒノツカサである。この訓はオホ・トモヒ[62]・ノ・ツカサに分解することができる。一方、和名抄による大弁・中弁・少弁の和訓は「於保伊於保止毛比」「奈加乃於保止毛比」「須奈伊於保止毛比」である。すなわち、大弁・中弁・少弁の和訓は、オホ・トモヒ

の上にさらにオホイ・ナカノ・スナイのそれぞれを冠したにすぎないものであった。したがって、オホ・トモヒのオホは、大・中・少弁の「大」の訓ではなく、古制大弁官の「大」の訓であったと考えなければならない。大宝・養老令(おそらくは浄御原令も)これを分って大弁・中弁・少弁としたが、そのさい古訓がそのまま継承されたため、たとえば大弁のように、オホイ・オホ・トモヒと「大」を重ねて訓むにいたったものと考えられる。それゆえ、浄御原令の施行以前に大弁官という官職が存在したからといって、これに対する中弁官あるいは少弁官の存在を想定する必要はないのである。そしてそれだからこそ、第一点にみられるような、特殊な語法が行なわれえたのである。[63]

このように、この時期の官司大弁官は大弁官という単一の官職によって構成された官司であったと考えられるのだが、[64]その官司がどのような性質のものであったかについては、内官すなわち六官(法官・理官・大蔵・兵政官・刑官・民官)に対する関係と、外官すなわち在外諸司に対する関係との、二つの面から検討する必要がある。

まず、大弁官と六官との関係について。上掲資料(1)の天武七年詔は、内外文武官の考選に関して述べたものであるが、これののちの令制あるいは令の条文と明らかに異なる点は三つある。まず①考と選が毎年行なわれたこと、[65]したがって、②考文と選文が未分化であり、詔が作成を命じている公文は毎年進上すべきものであったこと、そして、③手続上、この公文は法官の校定を経て大弁官に送られることになっているが、これが養老令の考文・選文進上の場合と異なること、などである。そしてこの③を手がかりとして、八木充氏は、この時期の大弁官について、これが、令制左右弁官と八省との間にみられる関係と同じように六官を管掌していたこと、および大弁官と「最高国政機関としての太政官とが併存する状態」にあったことを推論されたのであった。[66]八木氏の見解のうち、後者はまさに卓見と称すべきものであって、大弁官が令制弁官の如く広義の太政官内の機関ではなく、狭義の太政官とは別個に存在した独立の官司であったと考えることは、本稿の基調であり、それは全面的に八木氏の見解にしたがったものである。しかし八木氏の見解の前者すなわち六官管掌については、その管掌がいかなる程度においてであったかということについて、大弁官の機能の問題との関係で若干明確さを欠く憾みをもつ。

たしかに詔文と、令制考文についての養老考課令1内外官条、選文についての養老選叙令1応叙条の条文を比較すれば、詔文が

本司校　→法官校定　→大弁官

とするのに対して、養老令では

（考文）当司長官校定　→（式部兵部校）　→太政官校定

（選文）本司校定　→式部処分　→太政官処分

とされており[67]、これを形式的に比較するならば、天武七年詔の大弁官は、六官を管隷していたとともに、官人の考選に関する公文書の最終受理機関であり、さらには令制太政官のように「校定」権・「処分」権、つまり審査決定権を有する強力な官司であったようにみうけられる。だがそのように考える前に、いま少し考慮すべきことがあるように思われる。というのは、もしこの時期の大弁官が後の太政官に匹敵するような強大な権能を有する官司であったとしたならば、たとえば日本書紀の記事にこれをうかがわせるものがさらに見出されてもよさそうに思われるのに、官司名としてこの名を記すのは天武七年詔が唯一のものだからである。殊に、朱鳥元年九月に天武の殯宮で行なわれた誄の記事は、この時期に存在した諸官司が網羅的に挙げられていることで名高いが、太政官と六官はその名を揃えているのに、大弁官の名は記載されていない。もっとも私は六官と並んで「諸国司事」を誄した直広肆穂積虫麻呂は大弁官ではなかったかとの臆測を抱いているが[68]、かりにそうであったとしても「大弁官事」は誄されていないのである。このことは、大弁官が上述の如き強大な権能を有する官司であったとする想定の、否定的な材料と考えてよいであろう。

そういえば、天武七年詔文でも、法官の校定した公文を大弁官がどのように処理したかについては述べておらず、かえって実質的な審査決定権は法官が有したのではないかとさえ読みとれる。

この問題については、私はつぎのように考えている。この時期の大弁官が納言によって構成される太政官に対置するものとして設置された官司であったことは、認めてよいであろう。そのさいに模範として採用されたのが、唐の尚書都省と六部の構成であったことも認めてよい(69)。それはおそらく、国家的規模の行政を集約する機関として設置されたのであり、したがって唐尚書都省が六部を管したと同じように、大弁官もまた六官を管隷していたと思われる。しかしその管隷関係の実態は、六官において処理された行政事務の単なる受理伝達機関としてのそれではなかったか。この時期の大弁官は天皇に直属し、形式的には六官の上位にあってこれを管してはいたが、唐制を模したものであるにもかかわらず、都省の事実上の長官たる左右僕射(丞相)に相当する官を大弁官の組織から除外し、かつこれを設けなかったこととまさに対応して、行政事務の事実上の審議権は六官に分有され、大弁官はその受理伝達機関ないし集約機関にすぎなかったのではないかと思うのである。こう考えれば、本稿第一節3項で考察した、大宝令制における詔書・勅旨発布のさいの弁官の地位の曖昧さも諒解しうるであろう。おそらく天武期における内官に対する勅命は、納言を以て構成される太政官を経て直接六官等の諸司に下達されたのであって、大弁官はこれに関与する権限を有さなかったのであり、大宝令制弁官はその遺制を強く残したものと考えられるからである。

大弁官と六官との関係を、私は右のように推測するのであるが、これに対して、大弁官と在外諸司との関係は、別に考えなければならない。この時期の在外諸司がどのような形態をとるものであったとしても、天武七年詔の「内外文武官」を信頼し、また大弁官が唐尚書都省を範としたのであれば、大弁官が在外諸司を管したことは当然認めなければならないが、上述の大弁官は太政官と並存する天皇の直属機関であったとする推論から想起されるのは、やはり

第一節3項において検討した勅符である。勅符とは、勅命が弁官のみを経て在外諸司に下達される場合に用いられた様式であった。その勅符が大宝公式令に存しながら養老令で削除されたことに、改めて注意したい。勅符が大宝令前の制の遺制であるとすれば、その存在した理由もまたこの時期の大弁官の在外諸司に対するありかたにあったと考えなければならない。そしてそれは、内官に対する関係とは異なり、外官に対しては、この時期の大弁官が行政事務の受理機関であったのみでなく、勅命の直接的な下達機関であったことに由来すると思うのである。

四　浄御原令官制

1　太政大臣・左大臣・右大臣と弁官

持統三年六月、浄御原令一部廿二巻が施行された。これ以後大宝元年三月に官名位号が改制されるまでの一三年間に、史料上にあらわれる官名が、浄御原令官制の官名ということになる。そのなかで、大宝・養老令制太政官と直接の関係を有すると認められるものについてみれば、つぎの諸点を確認することができる。

(1)太政官に、太政大臣・左大臣・右大臣の三大臣が置かれたこと。

持統四年七月、高市皇子が太政大臣に、丹比嶋が右大臣に任命された。このとき左大臣の任命はなかったが、丹比嶋は大宝元年に旧官左大臣としてその名をみせている。したがって左大臣と右大臣は、浄御原令官制として、制度的に確立していたと認められる。これに対して太政大臣は、以後大宝官員令までその名をみない。そのかぎりでは、これが浄御原令官制として制度的に確立していたか否か、かならずしも明証はないわけであるが、これも承認してよいであろう。

(2)旧納言が、制度のうえで、大納言・中納言・小(少)納言に分けられたこと。

大納言については、阿倍御主人(持統十年十月・大宝元年三月)・大伴御行(持統十年十月・大宝元年正月)の補任がたしかめられる。中納言については第一節2項で、小(少)納言は第一節4項で触れた。

(3)弁官は左右に分たれ、それぞれに大弁・中弁・少弁が所属していたと推定されること。

このことを推測せしめる材料は、続日本紀大宝元年正月丁酉条の「左大弁直広参高橋朝臣笠間」が唯一のものである。同条にみられる他の官名には、遣唐使という特殊事情による修飾があろうと推測されているが[70]、そうだとするとそれらと並記されている左大弁も、正確な官名であったかどうか疑念なしとしない。だがこれも信ずべきものと思う。唐風を以て称するならば左丞とでもすべきであったであろうが、そう改めえなかったところに、旧大弁官以来の特殊性が存したと考える。左大弁が存するならば右大弁も存し、大弁があるならば中弁・少弁もあったであろう。

浄御原令が亡逸し、また残されている史料によってはこれら諸官の職掌を直接に知りえない以上、残された唯一の便法は、大宝令が「大略以二浄御原朝庭一為二准正一」として編纂されたことを拠りどころとして、大宝令制を以て推すことである。その立場からする先学の指摘、すなわち、太政大臣は唐の三師・三公を模し(注(81)参照)、左大臣・右大臣は尚書都省の左右僕射(丞相)を模したものであるということは、承認すべきである。同様に、浄御原令制太政官が、旧太政官と旧大弁官とを統合して一司としたものであることも、認める必要がある。しかしここで最も注目しなければならないのは、その統合にさいし、右の新設の三大臣を旧太政官・旧大弁官両者の上位に位置づけたことであり、かくして形成された新たな官司を、旧太政官の名称を継承して太政官と称したことである。この結果、旧大弁官はその組織を挙げて新制太政官に組み入れられた。このことは、旧大弁官が新制太政官の一部局として編成されたことを意味するが、これにともなって行なわれたのが旧大弁官の左右二分と官職構成の大・中・少の分化であったと思われる。また同時にこのことは、旧大弁官の形式的な系列下にあった六官および実質的な系列下にあった在外諸司をも、新制太政官の系列のもとに編入したことを意味する。

2　大納言・中納言・小(少)納言の性格

浄御原令制で旧納言は大・中・小(少)の三納言に分けられた。この三官分立はおそらく弁官の大・中・少弁分立に対応するものであろう。これによって形のうえでは、納言・弁ともに大宝・養老令制とほぼ等しいものとなった。だが三納言の場合、その内実も等しいものであったかといえば、そうではない。

ここでいま一度、第三節1・2項での旧納言についての検討の結果と、第一節2項における慶雲二年中納言「再置」をめぐる疑念を想起しなければならない。旧納言は宰相あるいは執政官としての性格は薄く、むしろ侍奉官ないし奏宣の官としての性格が強いものであったと推測される。一方、大伴安麻呂の事例から推されるところでは、浄御原令制中納言と慶雲度の中納言は、その実質において異なるものであったらしく、前者には国政参議官としての性格が稀薄であったのではないかと推察される。かくして私の推論はつぎのようなものとなる。

まず、浄御原令制における大納言・中納言・小(少)納言は、厳密な意味における官職階層ではなかったのではないかと考える。官職階層ではなかったということは、三納言のそれぞれが、かならずしも明確な職掌を有してはいなかったということである。三納言に共通する職務は、天皇の側近に侍して奏宣の任にあたることであったであろうが、そのさい、上位の大納言が現実には国政を参議することがあったかも知れず、また下位の小(少)納言は最も秘書官的性格の強いものであったかも知れない。しかしそうしたことは、明文化され確定した職掌に基づくものではなく、いわば慣行のようなものではなかったかと思われる。殊に、中間に位置する中納言の職務ならびに地位は、最も曖昧なものであったであろう。大納言の如く場合によっては議政に参与することもなく、さりとて純然たる事務官僚でもない。あえていえば、中納言こそ天皇側近の侍奉官であった。

かかる大・中・小(少)納言の官職階層の曖昧さ、職掌上の未分化が、何に由来するものであるかは、もはや明らかである。その根源こそ前代の納言にあり、さらにさかのぼれば大夫制にたどられるであろう。大夫はもちろんのこと、納言もまた、嘗てのヤマト朝廷という支配団体を構成した特定氏族出身者による集団であった。したがってそもそもその内部に明確な職掌など存在しなかったのである。浄御原令制の大・中・小(少)納言は、これを単に、おそらくは出身氏族の階層によって、漠然と大・中・小にランクづけたのにすぎなかったのであろう。(71) ところが大宝令制定者は、これらを明らかな分掌の職とすることを意図した。第一義的に議政官ないし国政参議官たるべき官と、秘書官たるべき官との明確化である。そして前者には大納言を宛て、後者には少納言を宛てた。だがそのいずれにも該当しない中納言は、その属すべき場所を失うこととなる。大宝令において中納言が廃止されたのは、このような事情によると思うのである。

浄御原令制の大・中・小(少)納言がこのように分掌の職ではなかったのと同じように、これに対応してやはり三等に分けられた大・中・少弁もまた、分掌の職ではなかったであろう。しかもこの分掌の職に非ざる大・中・少弁は、大宝令官制のみならず、養老令官制にいたるまで、継承されている。

3　八官の成立

浄御原令の施行以前に存在した法官・理官・大蔵・兵政官・刑官・民官の六官については、青木和夫氏が明快に論じられたところである。[72] 氏はまたその六官が、浄御原令官制にいたって八官となり、大宝令官制で八省となったと推定された。浄御原令制で六官が八官になったということは、それまで独立に存在していた宮内官が六官と並んで太政官の管轄下に入り、それとは別にのちの中務省の前身官司が制度として組織されたことを意味する。

しかしこのような八官の成立を明確に立証しうる材料は、ほとんど存在しない。宮内官が諸多の小官司を被管とし、これが一体となって太政官の管轄下に編入されたのがどの時点においてであったかは、全くの不明とせざるをえず、中務省の確実な初見史料は大宝令なのである。もちろん後者の場合、令制の職掌およびその内廷的性格よりみて、その実態は古くより存したとみなければならないが、しかしそれも、旧納言に類似するところ大であったとすれば、官制として自立していたか否か、疑問である。しかも第一節4項で検討したように、令制中務省の品官の大部分は、大宝令にいたり新設された官か、あるいは同令で中務省に編入された官であった。これらはむしろ、浄御原令官制に中務省の前身官司が存在したとすることの、否定的な材料というべきであろう。わずかな肯定的材料は、①日本書紀持統四年七月紀の「八省百寮皆遷任焉」の記事、②職員令3中務省条集解跡記が中務省を訓んで「奈賀乃司」としていること、③弁官の左右の分立は六官から八官への変化と関係があると考えられること、などである。これら三点の個々については、それぞれになにほどかの疑念なしとしないが、[73] 三点を綜合すれば、やはり浄御原令官制にも中務省の前身官司が存在したとするのが妥当のように思われる。そこで私は、この問題に関する一つの臆説を述べてみたい。臆説の根拠は、新たに藤原宮跡より発掘された一つの木簡である。

藤原宮跡出土の木簡の一つに、「中務務……」の三字を残したものがある。[74] この三字の読解については、まずつぎの二つの場合を考えておかなければならない。一つは、三字のうち二字が同一文字であることを以て、楽書とみなすことである。いま一つは、同一文字の重複を、なんらかの意味あるものと考えることである。そこでもし、後者の考えを採るとしたら、どのような解釈が可能であろうか。それは、はじめの「中務」は官名、三字目の「務」は天武十四年冠制の務冠とすることであろう。だがそれだけではもちろん充分ではない。周知のように、大宝令の施行された直後には、旧冠と新位階との対応を示すために、「正正二位」「直従五位上」「務従七位上」の如く、両者を重ねて記した時期があったのであるから、この木簡は大宝元年のものかも知れないのである。しかしこれの出土したSD一〇五地区からともに発見された木簡で、明らかに大宝令の施行以後のものと認められるものはわずか一点にすぎず、その地区の使用の下限は「大宝律令完成後間もない時点」であったと推定されている。[75] したがってこの木簡が浄御原令施行期のものである可能性はかなり大きいと考えられる。

これはあくまでも「中務務」の三字が楽書ではないとする前提に立った推論である。だがもしこの推論になにほどかの蓋然性があるとすれば、中務省の前身官司について、一つの回答をうることになろう。まずこの読解にしたがえば、浄御原令官制にも中務省の前身官司が存在し、それは「中務」と称されていたことになる。つぎに、その「中務」の下に直ちに冠位・人名が記されていたとすれば、「中務」は官司名であるとともに官職名でもあったことになる。さらに、「中務」が官司名でもあり官職名でもあったとすれば、官司「中務」にはいまだ四等官は存在せず、それは単一の官職「中務」によって構成された官司であったことになる。

ともあれ、第一節4項の中務省品官についての検討結果と、右の三字の木簡からする推論を綜合して、浄御原令制下の中務をつぎのように考えておくことにしたい。第一に、その官司は中務と呼ばれる単一の官職によって構成された官司であったらしい。第二に、その官司は唐中書省を模して「侍従、献替、制勅冊命、敷奏文表、授冊、起居注」(通典二十一、職官三、中書令および中書侍郎職掌)を職掌とする官司として設置されたのであろうが、のちの侍従・内記に相当する官職が確立していなかったのであるから、少なくとも大宝・養老令制中務省の主要任務である「審署詔書文案一、受レ事覆奏」に関しては、充分な活動は行ない難かったであろう。第三に、大宝・養老令制中務省のいま一つの任務「侍従・献替・賛二相礼儀一」も、一部は大・中・小(少)納言の任務と交錯する。したがってこの面での官司中務の役割りも、不明確、不確定のものであったと思われる。要するに、浄御原令官制に後の中務省の前身官司は存在したが、組織・職掌いずれの面においても未完成であったと思われるのである。

五　太政官成立過程の素描

律令法が体系的に導入される以前にわが国に形成されていた国政機構について、井上光貞氏は以下のような整理を行なっておられる[76]。まず、天皇のもとに国政をつかさどるものとして、その中枢に、臣姓の畿内豪族の最有力氏族よりなる大臣と、連姓の伴造氏族のうちで特に軍事的伴造としての職掌を世襲した大伴・物部二氏よりなる大連とがあり、これについで大夫があった。大夫は奏宣の官であるとともに国事参議官であり、これまた臣姓・連姓などを有する有力氏族によって構成されていた。またこのような組織に並行して、ヤマト朝廷の国政にはしばしば皇太子が参画した。これは六世紀のはじめころよりみられるものであったが、聖徳太子にいたって、皇太子が大臣・大夫等の上位にあって国政を総摂する途がひらかれる。これが七世紀の半ば以前の国政機構の中枢を構成したものであるが、このような支配団体ないし行政幹部のもとで行なわれる現実の行政は、この構成に対応して形成された中央・地方の政治機構を通じて運営される。その一つは伴造制を基礎に朝廷の一定の職掌を世襲的にあずかる氏族によって構成されるものであって、これらは律令官制が導入される以前に、すでに原初的な官司をかたちづくっていた。いま一つの機構は地方支配のための機構であって、強弱さまざまな自立性をもつ「地方国家」の君主・首長を、半ば地方官としての国造身分に編成したものであった。これを要するに、この時期の国政機構には、天皇と畿内諸豪族の形成する私的あるいは内廷的な機構が、同時に「地方国家」を支配する国家的あるいは外廷的な機構でもあるという意味での、二重構造がうかがわれる。而してその外廷は、「内廷の外部にほぼ同心円的な外枠」として形成されており、「たとえば大蔵の如き官司や、国造や、屯倉・国司などの地方組織はその外廷につながるものであった」とされる。

さて、大宝・養老令制太政官の前身官司ないしその構成官職と覚しきものが最初にあらわれるのは、大化改新のさいの左大臣・右大臣である。だがこの二大臣は、おそらく古来のオホオミを左右に分って二員としたにすぎないものと推察され[(77)]、皇太子中大兄皇子の執政とともに、基本的にはヤマト朝廷以来の伝統的な国政機構を踏襲したものであったと考えられている[(78)]。このような形態はその後もなお継続したが、他方では部分的な隋・唐官制の継受も開始された。この時期に存在した官職の名として知られている刑部尚書・衛部・将作大匠などがそれであるが、しかしこれらが体系的な官職構成あるいは官司機構の存在を示しているとはとうてい考えられない。またもしかりになにほどか体系化された官制が存在したとしても、それがのちの律令官制と原理的に異なるものであったことは疑いないと思われる[(79)]。

ついでのちの太政官官制に関係あるかと思われる官名が見出されるのは、天智十年正月に設置された太政大臣・左大臣・右大臣・御史大夫の四官である。この四官についてこれまで行なわれている理解は、㈠これらは日本最初の令である近江令に基づく官制であり、㈡この官制はその一部（御史大夫）に名称の変化があったほかは制度的にはいずれも浄御原令の施行にいたるまで存続し、㈢したがってこの官制を以て大宝・養老令制太政官の前身官司組織とみなしうる、というものであった。こうした理解は、このうちの㈠の近江令の存在を否定する研究者にあっても、少なくとも㈡・㈢は概ね承認されてきた。しかし私は、㈡・㈢をも含めて、この理解のすべてを疑問とする。

まず太政大臣にそれまでの皇太子執政に等しい大権を付与したこと自体、これを令制太政大臣の直接的な前身官職とみなし難いことを示している。同様に、左大臣・右大臣はもちろん、御史大夫にも畿内あるいはその周辺の伝統的有力氏族の出身者を起用し、また御史大夫の名称を秦漢あるいは唐の宰相に求めたことをみれば、この三官を大化の左右大臣制の強化を意図したものと認めることはできても、実質においては令制の左右大臣・大納言とは異なる様相を呈している。かつまた御史大夫と、これが天武朝初年に改称されたものといわれる納言とが、事実上同一であるとする根拠は乏しく、むしろ両者の異なる側面すら指摘しうる。このような疑問を基礎に、私は天智十年官制をつぎのように考える。

この官制は近江令に基づいて設置された官制ではなく、天智の出した単行法によるものと思われる。それはやはり、皇太子大海人皇子に対して、天智が大友皇子の勢力強化のために設けた官制であった。その官名の一つに大陸のそれを導入しはしたが、その意図するところは、大友皇子の執政を中心に、その背後に旧来の有力氏族を配して、これを強力なものとすることにあった。その意味で、左右大臣は事実上大化の左右大臣を継承したものにすぎず、御史大夫の新設もまたその強化にすぎない。したがってこの官制は、旧来の国政機構と本質的に異なるものを、なんらもたなかったといえる。天武に対する対抗勢力強化のために設けられた非常の官制であるならば、その勢力の没落とともに消滅せざるをえない。果して天武は、その政権奪取後いくばくもなく、これら諸官のことごとくを廃止したのである。

さて、天智十年官制を廃止し、これに代る新たな機構を設置した天武の官制改革は、つぎの二つの点で画期的な意義を有するものであった。その第一は、旧来の伝統的な国政機構を構成していた階層の一部を、唐門下侍中の旧名納言の名称をもつ官職を新設することによって組織し、この組織を以て太政官と称したことであり、その第二は、これとは別に、国家的規模の行政組織として、唐尚書都省の機構を一部修正して導入し、全く新たな官制体系としての大弁官と六官・在外諸司よりなる機構を設置して、この大弁官をも太政官とともに天皇に直属する機関としたことである。而して前者は、主として大夫層を以て納言に組織したかぎりにおいては、旧来の国政機構の再編成という側面をもち、それだけ族制的要素あるいは内廷的機関としての性格をなお強く残すものではあったが、氏族階層の上下の別なく一つの官職納言に任じた点において、またその上層をも執政官とはなさず、官としてはあくまでも侍奉官ないし奏宣の官にとどめた点において、単なる再編成とはいいえぬ重要な意味をもつものであった。これに対して後者は、その一部に大蔵の如き大化前代から存した行政機関を吸収したとはいえ、全体としては太政官とは全く異なり、新たに、しかも計画的に、国家的規模の行政官司組織として設定せられたものである。しかも唐制を範とするにさいして、尚書都省の事実上の長官であるとともに宰相を兼ねる左右僕射(丞相)をことさらに除外して、左右丞以下と六部・州県よりなる純然たる行政事務執行機関のみを導入したのであった。そしてこの大弁官も天皇に直属する。その結果、唐官制にあって天子のもとに中書・門下・尚書・秘書・殿中・内侍の六省が並列的に直属していたと同じように、この時期の官制も、太政官と大弁官、そしておそらくは宮内官が、並列的に天皇に直属する形態をとるにいたった。しかしその内実が唐制と異なるものであったことはいうまでもない。その最も端的な事例が勅命下達にさいしての各官司の役割りである。唐制にあっては、制勅の文案は中書省が起草し、門下省が審査・覆奏し、これを経たものを尚書省が施行するのを原則とする(80)。しかるに天武朝においては、天皇の意志が太政官を経て六官に下達される場合と、大弁官を経て在外諸司に伝達される場合との、二つの方式が並存していたのである。前者の方式も唐制とは異なるが、行政機関が勅命を直接にうけかつこれを下達する後者の方式にいたっては、唐制ではとうてい考えられぬものである。私はここに、天武朝の大弁官が唐尚書都省の組織を模しながら、なにゆえに事実上の長官である僕射(丞相)を除外したかという理由の一斑をみる。そしてまた前者の方式からは、かくして形成された大弁官も、六官に対しては、形式的にはその上位に位置づけられながら、これを統轄する行政機関としての権能の、未熟であったことをうかがうのである。而してこうした事柄とともに、いま一つ注意しておかなければならないことは、令制太政官の官職構成の複雑な形態、太政官の語義の多義なること、延いては大宝令制における弁官の権能の曖昧さなどは、すべてこの天武朝における太政官と大弁官のありかた、その性格に端を発しているということであろう。その根源はやはり、太政官組織における固有法的要素の残存と、多くの修正が施されながらも、なお大弁官―六官機構からうかがわれる半ば直訳的な唐制の導入にあったとしなければならない。この両者をどのように融合するか。それが浄御原令の、さらには大宝・養老令の課題であった。

なお天武朝の官制に関連して、いま一つの私見を述べておきたい。一般に、天武の専制的支配について説かれる場合、天武がその死去にいたるまで臣下の大臣を一人も任命しなかったことを以てその根拠とするのが例となっているが、それはむしろ逆なのではないか。この時期に、臣下による大臣の任命がみられないということは、私見では、そもそも大臣なる官が制度上存在しなかったという理由によるにすぎず、加えて、嘗て大臣に任じえた階層をも含めて、旧来の諸豪族を上述のような性格の納言として組織したからこそ、天武の専制的支配は可能となったのではないか。しかもその場合、国家的規模の行政機構、殊に地方行政機構を直接的に統轄する大弁官を天皇の直属機関としたことは、その支配を援けるに重要な意味をもったであろう。権力が機構をその専制的支配に適合せしむべく運用したのではなく、かかる支配に適合的な機構をみずからの手で作ったのである。

令制太政官の直接的な前身官司は、浄御原令において形成された。この令で採られた官制改革の基本方針が、それまでの並存する太政官と大弁官との統合にあったことは、いうまでもない。以下の具体的改制ないし修正は、すべてこの基本方針に基づくものである。

まず、結合した旧太政官と旧大弁官の上位に、新たに、唐の三師・三公をほぼ直訳的に模した太政大臣(81)と、尚書都省の左右僕射(丞相)を模した左右大臣を置き、前者を「則闕之官」とし、後者を執政の官とした。この点についてはのちに再び触れよう。つぎに旧太政官を構成した官職旧納言を、大納言・中納言・小(少)納言の三等に分った。後世、狭義の太政官の語のなかに、この三官のみを指す用法の存在するのは、ここに由来すると思われる。第三に、既存の宮廷内機関たる宮内官が、天皇直属の機関から旧六官に並列する機関としての地位に位置づけられた。第四に、旧納言の有した侍奉官・奏宣官としての職務の一部が分割されて、唐中書省を模した新たな官司としての中務が新設され、これもまた旧六官に並列する機関として位置づけられた。かくして旧六官から八官となり、令制八省の前身官司はすべて整えられたことになる。第五に、六官から八官への変化にともなって、これを形式上統轄する旧大弁官が左弁官と右弁官に分けられ、その構成官職も、旧納言の大・中・小(少)納言分化に対応して、大弁・中弁・少弁の三等に分けられた。そして最後に、以上の改制の結果新たに誕生した太政大臣・左右大臣および旧太政官・旧大弁官より成る官司を、改めて太政官と称した。浄御原令によって行なわれた主要な改制点を挙げれば、以上の如くである。

これをみれば、あたかも、律令太政官制は浄御原令において完成されたかの観を呈する。たしかにその形態のみをみれば、そう考えることも許されよう。だが律令太政官制の典型あるいは完成形態を大宝令制ないし養老令制に求めるとするならば、浄御原令官制の実質は、やはり未完の域にとどまっていたといわなければならない。そしてその未完の主要な理由は、右の第一の改制点における旧二官の結合の仕方と第二の三納言の性格にあった。

天武朝の旧納言が新制によって大・中・小(少)の三納言に分けられたとはいえ、これは分掌の職ではなかった。それは、質的にはなんら旧納言と異ならないままに新制の太政官に組み入れられたのであった。だからかりに大納言に任ぜられた者が事実として国政に参与することがあったとしても、大納言の官そのものは決して執政の官ではない。そのような官の上位に明らかな執政の官としての左右大臣が位置づけられたとすれば、左右大臣と三納言との間には一線を画する質的な相違が存したことになろう。然らば左右大臣と三納言とはどのような関係にあったのであろうか。

一般に、日本の左右大臣—左右弁官—八省からなる組織は、唐制の左右僕射—左右丞—六部の組織をその系列ぐるみ模してかたちづくられたと説かれてきている。しかしここで、いま一度天武朝における大弁官—六官の成立事情を想起したい。そこでまず模したものは左右丞—六部の組織のみであって、左右僕射はそれとは全く別個に、この浄御原令にいたってはじめて導入されたのであった。然りとすれば、もはや左右僕射—左右丞—六部の系列にとらわれる必要はない。それゆえに私は、浄御原令における旧太政官・旧大弁官の統合と、これらと三大臣との関係をつぎのように考える。その統合はおそらく、天武朝に二官が並立していた状態をそのまま継承したうえでの単なる結合であって、この両者の上位に太政大臣と左右大臣を置いたにすぎなかったものであろう、と。後の獄令25公坐相連条にみられる複雑な官職階層の形成された根源は、ここに存すると思うのである。

浄御原令官制が未完であった事例としては、このほかに中務省の前身官司の例が挙げられる。しかもこれもまた、その原因は三納言と新設中務との、職掌上の未分化・未確立に存するものであった。しかしこれらの問題は、大宝令官制の成立にいたって、ともかくもいちおう解決された。それはまず、大納言を明確な分掌の職とし、同時にこれに議政官ないし国政参議官としての権能を付与して、左右大臣とともに国政機構の中枢に位置づけることによって果された。かくして大納言以上を議政官とする律令太政官の中心的要素が確立する。つぎに中納言を廃止し、少納言と中務省との分掌を明確化するとともに、中務省を強化することによって、いま一つの課題も解決される。この結果、嘗ての事務官僚的侍奉官の職務は太政官の少納言と中務省の侍従に二分して配されることとなったが、両者の職掌上の類似および歴史的性格を反映して、少納言による侍従兼帯が制度化される。また中務省強化の一環として新たに内記が設けられ、それによって詔勅起草の任と奏宣の任とが原則的に分離される。

このように、大臣と納言、納言と中務との関係についての問題は、大宝令においてほぼ解決されたのであったが、同令にあっても充分に解決しえなかったいま一つの問題があった。それはほかでもなく、弁官である。大納言以上と弁官との関係の不明確さ、少納言以下と弁官との関係の不明確さの淵源を尋ねれば、これまた天武朝における太政官と大弁官との関係、および浄御原令におけるその両者の統合の方法にさかのぼる。そしてこの問題の解決は養老令にまたなければならなかった。弁官の行政執行機関・行政事務担当機関としての地位は、養老令制にいたって、ようやく確定されたのである。〔補注3〕〔補注4〕

(1)　ここにいう太政官制とは、律令官制を構成する一部局としての太政官一司のみを指すものではなく、また逆に律令官制一般をいうものでもない。さしあたり、最高議決機関としての太政官のもとに統合され、かくして一個の支配装置として機能した官僚制的な官職機構の総体を、その構造的な側面より指して、このように称しておきたい。そうした場合、形式的には、律令制的な官職構成のすべてがこの語に包括されることとなるが、本稿では、当面の検討課題を、いわゆる中央官制に限定する。地方官制の形成に関する考察も必要欠くべからざるものではあるが、その考察には、本稿とは別途の観点を必要とすると思うからである。なお本稿で太政官制ないし令制官制の語によって表現するものは、具体的には、養老令におけるそれを一つの典型ないし完成形態とみたものである。大宝令制をこれに含めないのは、後論の弁官の機能の未確立を考慮するからである。

(2)　石尾芳久『日本古代の天皇制と太政官制度』(一九六二年、有斐閣、この書はのちに増補改訂のうえ『日本古代天皇制の研究』一九六九年、法律文化社、にも収載された)、八木充「太政官制の成立」(『古代学』一一—二、一九六三年、のち『律令国家成立過程の研究』所収、一九六八年、塙書房)、井上光貞「太政官成立過程における唐制と固有法との交渉」(仁井田陞博士追悼論文集(一)『前近代アジアの法と社会』所収、一九六七年、勁草書房、のち『日本古代思想史の研究』所収、一九八二年、岩波書店)。

(3)　特に、津田左右吉「大化改新の研究」(『日本上代史の研究』所収、一九四七年、岩波書店)、中田薫「養老令官制の研究」(『法制史論集』第三巻所収、一九四三年、岩波書店)、坂本太郎『大化改新の研究』(一九三八年、至文堂)、および前注(2)所掲の諸論考ほか。就中、本稿における大宝以前の官制の理解については、天智朝官制・天武朝官制および浄御原令官制のそれぞれの質的差違を明確に把握された青木和夫「浄御原令と古代官僚制」(『古代学』三ー二、一九五四年)、および大化前後の官制に関する関晃「大化前後の大夫について」(『山梨大学学芸学部研究報告』一〇、一九五九年)の成果に負うところ多大である。また、石母田正『日本の古代国家』(一九七一年、岩波書店)に啓発されるところが多い。

(4) 本稿は太政官制の成立過程に関する制度史的考察であって、それ以上の何物でもない。主要な関心は、所与の零細な資料をいかにして整合的に理解するかにあるが、そのさい、たとえばある官職の性格をうかがうに、その官職に任じた個人あるいはその個人の出自ないし政治的立場を以てするというような、いわば政治史的観点を導入することは、必要止むをえない場合を除き、極力排除するよう努めた。ひとえに、いわゆる政治史的観点につきまとう恣意的判断を回避したいがためである。

(5) 中田薫「養老令官制の研究」(前掲)、石井良助『日本法制史概説』(一九四八年、創文社)、石尾芳久『日本古代の天皇制と太政官制度』(前掲)。この観点からする主要な論点は、職員令の職掌に基づく四等官と、獄令25公坐相連条にみられる四等官との齟齬を、どのように統一的に理解するかにあるが、右の諸氏の見解の結論のみを記せば、つぎの如くである。

(a) 職員令の職掌に依拠し、左大臣=長官、右大臣=次官、弁=判官、史=主典を以て太政官の基本的官職構成とし、大納言・少納言・外記は官内の品官的官職とみなす(中田説)。

(b) 結果的には公坐相連条に依拠し、太政大臣・左大臣・右大臣の三官を長官とし、大納言は次官、少納言は判官、外記は主典とするとともに、弁・史をもそれぞれ判官・主典として、日本太政官は唐尚書省系統の官職と門下省系統の官職の複合によって形成されているのであるから、いずれが基本的なものであったか決め難いとする(石井説)。

(c) 職員令に加えられた義解の注釈に依拠して、令制太政官には、国政統理の職に基づく三大臣=長官、大納言=次官、少納言=判官、外記=主典からなる四等官と、官内惣判の職に基づく左大臣=長官、右大臣=次官、弁=判官、史=主典からなる四等官との、原理を異にする二つの四等官制が並存していたが、前者を以て基本的官職構成を示すものとみなす(石尾説)。

(6) 八木充「太政官制の成立」(前掲)、井上光貞「太政官成立過程における唐制と固有法との交渉」(前掲)。

(7) それぞれについて一、二の例を挙げれば、①については職員令2太政官条参照。②・③については、たとえば公式令3論奏式条・4奏事式条および5便奏式条の「太政官謹奏」「太政官奏」などがこれにあたるであろう。公式令80京官出使条の「太政官」が「弁官」に対する太政官であることも、この例に含まれる。④については公式令2勅旨式条の場合などがあり、また戸令18造計帳条・公式令19・20・21計会式条なども同様である。

(8)　関晃「大化前後の大夫について」(前掲)。

(9)　官位令の相当位は、太政大臣＝従一位、左・右大臣＝従二位、大納言＝正三位であるから、もしこの条の「太政官」が大納言以上を指すものであるならば、「四位称姓、五位先名後姓」の喚辞規定は不要であろう。この規定を設けたのは従五位下相当の少納言を考慮したためと考えられる。なお本条集解穴記は「穴云、於㆓太政官㆒、謂、大納言以上所也、時行事亦如㆑之、問、諸条称㆓太政官㆒、皆弁官以上也、未㆑知、此文称㆓太政官所㆒、為㆓太政官㆒意、答(以下脱文)」と述べているが、「諸条称㆓太政官㆒、皆弁官以上也」とするのはかならずしも正確な理解ではなく、また本条の「太政官」を大納言以上とするのも令意にかなうものではない。

(10)　大宝令がこの部分を太政官と弁官八省の二つに分けて規定していたのに対し、養老令は太政官、寮以上、司及中国以下の三つに分ける。ところでその「其於㆓寮以上㆒」の注釈には、「謂弁官以外也、釈及跡記並无㆑別」(新訂増補国史大系令集解)とするものと、「謂弁官以下也」(新訂増補国史大系令義解)とするものとがあり、「弁官以外」ならば本条の太政官には弁官が含まれるものと解していることになるが、「弁官以下」だとすると、本条の太政官には弁官が含まれないと解していることになって、大宝令の令意と一致する。しかし後者であったとしても、その解釈は養老令文から導かれたものではなく、大宝令の令意に引かれて生まれた解釈ではなかろうか。なぜならば、養老令の太政官、寮以上、司の三つの区別を素直に読むならば、この太政官に弁官が含まれないとする解釈の生ずる余地はないと思うからである。

(11)　この文書の前半は大日本古文書編年二四―三二三頁に収められ、後半は宮内庁書陵部所蔵谷森氏旧蔵「天平時代文書」に収められている。後者については野村忠夫「谷森本「天平古文書」」(『古代学』二―三、一九五三年)参照。

(12)　竹内理三「太政官政治」(『律令制と貴族政権』I所収、一九五七年、御茶の水書房)では、「大納言の如く、大臣のいないときには、自分が専行するという権能は与えられていない」点が、中納言と大納言の著しい相違点であったとしておられるが、その根拠を知ることができなかった。

(13)　たとえば、田中卓「中納言(その一)」(『続日本紀研究』一―五、一九五四年)、井上光貞「太政官成立過程における唐制と固有法との交渉」(前掲)。

(14)　この点について行なわれる一つの説明は、中納言に続いて新設された参議制とともに、旧来の族制との関連において理解しようとする、いわば政治史的観点に立つ説明であろう。たとえば竹内理三「太政官政治」(前掲)、同「「参議」制の成立」(『律令制と貴族政権』I所収、前掲)、阿部武彦「古代族長継承の問題について」(『北大史学』二、一九五四年、のち『日本古代の氏族と祭祀』所収、一九八四年、吉川弘文館)、笹山晴生「奈良朝政治の推移」(『岩波講座日本歴史』3所収、一九六二年、岩波書店)参照。

(15) 慶雲二年設置の中納言は持統紀にみえるものと性質を異にするのではないかという疑問は、竹内理三「「参議」制の成立」(前掲)にも示されている。だがその理由は、もっぱら「慶雲二年の中納言の設置の勅には、復活するの意味が全然うかがわれない」という、勅文の解釈に求められている。

(16) 懐風藻の「従三位中納言」の従三位は贈位であって、卒去時の位は従四位上である。同様にこの中納言は彼の極官ではなく、したがって新制中納言を意味するものではあるまい。

(17) 公卿補任は、大宝令施行の直前まで高市麻呂は中納言の任にあったとする。これが信頼しうるならば私見にとってきわめて有利であるが、同書の性格を考慮して採らない。

(18) 竹内理三「「参議」制の成立」(前掲)。なおこの論文において、大伴安麻呂が、「その位は大納言相当位であり乍ら大納言に任ぜられず、中納言の復活に当っても中納言とならなかったことに、竹内氏も注目しておられる。

(19) 続紀は二箇所にわたって大伴安麻呂の「大納言」任官記事を載せている。一つはⓐ慶雲二年八月戊午条、いま一つはⓑ和銅元年三月丙午条であって、前者は「以二従三位大伴宿祢安麻呂一為二大納言一」とし、後者は「正三位大伴宿祢安麻呂為二大納言一」とする。これについては、(イ)ⓐを中納言の誤りとし、和銅元年に中納言から大納言に昇任したと解する、(ロ)ⓐを正しいものとし、ⓑを重載とする、(ハ)公卿補任に依拠して、安麻呂は慶雲二年四月の中納言「復活」のさいに同官に補せられ、ⓐで大納言に昇任したとみなす、などの解釈が考えられるが、(ハ)は無理であるとしても、(イ)・(ロ)のいずれを是とすべきか、決定しえない。しかしいずれの場合にしても、本稿で問題にしているのは、嘗ての中納言安麻呂が、新令施行後いったん新制太政官の組織から離れたことがあったということなのであるから、以下の論旨に影響しない。(この点については、〔補注1〕参照)

(20) 田中卓「中納言(その一)」(前掲)。

(21) 第一の詔書・勅旨が在京諸司に伝達される場合には、これを頒下する旨を記した太政官符が副えられ、在外諸司に伝達される場合は、詔書・勅旨を謄した太政官符すなわち謄詔官符・謄勅官符を新たに作成して施行される。相田二郎『日本の古文書(上)』(一九四九年、岩波書店)参照。第二の場合については八木充「太政官制の成立」(前掲)参照。六国史・類聚三代格その他に収める太政官符には、(1)上卿が「奉勅」という手続きを経たうえで発布されたものと、(2)太政官の議定が「奉勅」の手続きを経ずに上卿の宣という形式のみで発布されたものとの二種があるが、(1)が第二の場合の伝達・施行に該当する。なお八木氏の上掲論文は、公文書の発行手続きの面から弁官のもつ機能の重要性を指摘された点で注目すべきものであるが、重要な点で私見と理解を異にする場合が多い。(なお(1)・(2)については、本書第I部第四章「上卿制の成立と議政官組織」参照)

(22)　ここに述べたことを、詔書の書式にそくして図示すれば、つぎのようになろう。

詔旨云々、(詔書本文)咸聞、
　年月御画日
中務卿位臣姓名宣
中務大輔位臣姓名奉
中務少輔位臣姓名行
　　(A)内記起草部分

太政大臣位臣姓
左大臣位臣姓
右大臣位臣姓
大納言位臣姓名等言
詔書如レ右、請奉レ詔、付レ外施行、謹言、
　年月日
　　(B)外記起草部分

可、御画
　　(C)天皇画可

①(A)を内記が草する。②天皇画日。③別に一通を写し、これに中務卿以下位署を加える。④正文は中務省に留め、卿以下の位署のある写一通を太政官に送る。⑤(B)を外記が草する。⑥大臣位署を加える。⑦大納言覆奏。⑧天皇(C)「可」を画く。⑨正詔書は太政官に留め、写一通を弁官に送る。⑩弁官これを施行する。なおこの経過においては少納言の役割が不分明であるが、(B)部分の起草にさいし外記とともにこれに関与したと考えるべきであろう。また⑨・⑩の弁官への送付と施行は、令条に明文があるものではないが、詔書の施行に官符が副えられ、あるいは謄詔官符が作られたとすれば、官符作成の専当機関である弁官が当然関与した筈である。

(23) 八木充「太政官制の成立」(前掲)は、詔書の起草の段階においても弁官が関与したとされるが、おそらく失考であろう。その根拠とされる「穴説・跡説」が令集解のどの部分を指すのか明らかでないが、詔書条下の明法家の諸説が弁官に言及しているのは、すべてその施行についての場合のみである。たとえば穴記の「弁官謄而正案還二外記一、於レ事不レ便」あるいは穴記師説の「凡詔書案留二於外記一、更写付二弁官一云々」をみよ。

(24) 令文の「受勅人」がなにを指すかは明示されていないが、穴記は一例として「侍従等」を挙げ、跡記の例示文も侍従とする(勅旨式条集解)。

(25) この部分の「太政官」が弁官を意味するものであることは、古記一云・穴記の注釈をみるまでもなく、勅旨の書式から明らかである。

(26) 詔書の例に倣って、これらの手続きを勅旨の書式にしたがって示せば、つぎのようになる。

勅旨云々、(勅旨本文)
　年月日(イ)
中務卿位姓名
大輔位姓名
少輔位姓名
　　(A)内記起草部分

奉二勅旨一如レ右、符到奉行、
　年月日(ロ)史位姓名
大弁位姓名
中弁位姓名
少弁位姓名
　　(B)史起草部分

①「受勅人」が勅旨を中務官人に伝える。②(A)を内記が草する。③中務がこれを直接天皇に覆奏。④中務卿以下加署。正文は中務省に留め、一通を写す。⑤写一通を弁官に送る。⑥史が(B)を草して加署。⑦大弁以下加署。これは弁官に留めて案とする。⑧弁官はさらに一通を写して施行する。なお「奉二勅旨一如レ右、符到奉行」の一行について、古記は「中務筆」とするが、大宝令制でのその可能性は否定できないとしても、少なくとも養老令制では、詔書の場合と同様に、史が草するとする義解・跡記

の解釈にしたがうべきであろう。

(27)　瀧川政次郎『律令の研究』第三編第四章「新古令の比較」第二十節公式令（一九三一年、刀江書院）。

(28)　瀧川政次郎『律令の研究』（前掲）。

(29)　養老公式令においても、その72事有急速条において「凡事有㆘急速不㆑合㆑出㆓勅旨㆒、若事縁㆓太政官㆒、恐㆗遅緩㆖者、中務先移㆓所司㆒、其正勅後行」と、勅旨を作成する暇のない場合に、中務省が直接諸司に勅命を伝達する特例を定めているが、これはあくまでも正勅旨を作成しえない場合についての例外規定であって、勅命が勅旨という形式をとって施行されるかぎりは、勅旨式条の原則に基づいて行なわれ、弁官を経て施行される。ちなみに、右の72条に相当する条文が大宝令にも存したことは確認できるから、大宝令にあっては、勅旨の施行には、(1)勅旨（案）を作成したうえで中務省から弁官を経て正勅旨となり、これが施行される場合、(2)中務省で作成した勅旨（案）が、弁官を経ずに、同省から直接諸司に施行される場合、(3)勅旨を作成せずに中務省から勅命が直接諸司に伝達され、のちに正勅旨が作成される場合の、三通りの施行方法が存したわけであり、養老令はこのうちの(2)の方法を廃止して、(1)を原則(3)を特例としたことになる。なお大宝令勅旨式条にはいま一つの看過すべからざる養老令との相違点として「録位姓名」の位署の存したことを挙げなければならないが、のちに再びとりあげることにしたい。

(30)　拙稿「天平六年出雲国計会帳の研究」（坂本太郎博士還暦記念会編『日本古代史論集』下巻所収、一九六二年、吉川弘文館）。また勅符について論及したものに、瀧川政次郎『律令の研究』（前掲）、石尾芳久『日本古代の天皇制と太政官制度』（前掲）、押部佳周「養老令の撰修方針」（『史学研究』九六、一九六六年）、八木充「太政官制の成立」（前掲）、柳雄太郎「公式令飛駅式と勅符式について」（『日本歴史』二八三、一九七一年）などがある。なかでも注目すべきは押部氏の論考であって、勅符を下す主体は天皇であり、養老令でこれを廃止したのは、太政官を中心とする官僚体制の主導権強化をはかったことを意味する、との氏の主張は、基本的に私の理解と一致する。ただ本稿の問題とするところは、なにゆえにそのような勅符が大宝令に存在したのか、を追求することにある。

(31)　ほかに、公式令1詔書式条集解跡記、同穴記、同穴記所引師説、2勅旨式条集解令釈、9飛駅下式条義解、同条集解令釈がこれに触れている。

(32)　令釈所引の師説が大宝令の注釈書であることについては、虎尾俊哉「令集解考証三題」（『弘前大学人文社会』三三、史学篇Ⅴ所収、一九六三年、のち『古代典籍文書論考』所収、一九八二年、吉川弘文館）参看。

(33) 勅符の起草に中務省が関与しないことは、資料Iの「不レ依二中務一、直印二太政官一」によって知られるが、このことは、勅符の規定が符式の注文として載せられていたことからすれば、古記の注釈によらずとも当然導かれる事柄である。同様に案成にさいして狭義の太政官が直接関与しないということも、符式の書式から導かれる。但し、案成後については、「出符、皆須二案成一、幷レ案送二太政官一検勾」(大宝令文)とするから、この「太政官」がもし弁官に対する狭義の太政官を指すものならば、案成後の勅符を検勾したことになる。しかしこれも案成の過程で関与しなかったことを否定するものではない。

(34) この推測は大宝令符式条全体の復原の結果から生ずるものであるので、以下に復原私案を記しておく(カッコ内は養老令による補)。

(符　式)

太政官符其国司 勅直云、勅符其国司位姓等

(其事云々)、符到奉行、

大弁位姓名　　史位姓名

年月日　　使人位姓名

鈴剋(伝符亦准此)

右太政官下国符式、省台准此、署名准弁官、(其)出符、皆須案成、幷案送太政官検勾、若事当計会者、仍録会目、与符倶送太政官、自余諸司応出公文者、皆准此、

右の復原の基礎は、資料I・IIおよび13符式条古記、12移式条穴記である。ところでこれを養老令条文と比較すると、主要な相違点につぎの三つがあることが知られる。

①大宝令符式条には、この符式を以て勅符に換えうる旨の本注があったが、養老令はこれを削除した。

②大宝令条文が「右太政官下レ国符式、省台准レ此、署名准二弁官一」としていた箇所を、養老令は「右太政官下レ国符式、省台准レ此、若下二在京諸司一者、不レ注二使人以下一、凡応二為レ解向レ上者、其上官向レ下、皆為レ符、署名准二弁官一」と改めた。

③大宝令条文末尾の「自余諸司応レ出二公文一者、皆准レ此」の文章を、養老令は削除した。

①についてはすでに述べたから、繰り返さない。③の養老令による削除は、②の改訂と密接に関連するものと思われるが、②で、「凡応為解向上者其上官向下皆為符」の一五字が大宝令に存しなかったこと、大宝令では「省台准此」の四字が注文では

なく麁文(ここでは令の本文)であったことの二点は、移式条穴記の「(前略)、見二古令符式一、何者、其令麁云、省台准レ此、注云、署名准二弁官一、故為二灼然一也、但其令无二凡応為解向上者、其上官向下、皆為符之文一」によって確認でき、「若下在京諸司者不注使人以下」の一三字が大宝令になかったであろうことも、符式条古記の「右太政官下レ国符式、未レ知、於二省台一何、(答)、解式(云)、八省以下、内外諸司上二太政官一為レ解、明知二為レ符状一」の問答および大宝令における③の文章の存在によって推察できる。右の古記の問答に附言すれば、その問いの文は「(太政官ガ)省台ニ(下ストキハ)イカン」と読むべきであって、だからこそ解式を傍証として「(ソノ場合モ)明ラカニ符ニツクルノ状ヲ知ル」と答えたわけである。したがって、もし大宝令に「若下在京諸司者不注使人以下」の句が存したとすれば、そもそも古記がこのような問いを発する理由がなくなるのであって、この問答は間接に右の一三字が大宝令になかったことを物語っている。同時にこれらの検討を通じて、「省台准此」の四字の令意も、「省台ガ国ニ下ス符式モコレニ准ヘヨ」であったことが知られるであろう。そうであるとすると、養老令による②・③の改訂は看過しえない重大な内容を含むと考えなければならないものとなる。なぜならば、大宝令にあっては、勅符をも含めて、符式そのものが原則として官省台から在外諸司に対して発せられる場合の公文の書式であったことになり、養老令はこれを、太政官が在京諸司に対して発する場合および官省台に非ずとも所管官司が被管官司に対して発する場合にも適用しうるように一般化したものとなるからである。もちろん大宝令③の「自余諸司応出公文者皆准此」は右のようなことを考慮した文章とみなければならないから、大宝令としても太政官から省台等に宛てて出される符の存在を全く否定しているわけではないが、符式が適用される原則はあくまでも在外諸司に対して発する場合であったと考えられるのである。私が勅符下達の対象は、原則として在外諸司であったのではないかと推測したのは、このような理由による。

(35)　中田薫「養老令官制の研究」(前掲)ほか。

(36)　石尾芳久『日本古代の天皇制と太政官制度』(前掲)。また内藤乾吉「唐の三省」(『中国法制史考証』所収、一九六三年、有斐閣)参照。

(37)　青木和夫「浄御原令と古代官僚制」(前掲)、黛弘道「国司制の成立」(大阪歴史学会編『律令国家の基礎構造』所収、一九六〇年、吉川弘文館、のち『律令国家成立史の研究』所収、一九八二年、吉川弘文館)、八木充「太政官制の成立」(前掲)、井上光貞「太政官成立過程における唐制と固有法との交渉」(前掲)。

(38)　中田薫「養老令官制の研究」(前掲)に基づいて、品官を、(一)四等官の系列外の一司内別局の職員であり、(二)四等官とは別個に独自の職掌を有し、㈢かつ官位令に記載されて相当位を有するもの、と定義するならば、相当位をもたない内舎人は厳密には品官ではないとしなければならないが、職事官に准じて季禄が支給される点を考慮して、ここでは他の品官に准じて扱っておく。

(39) 内記が大宝令で新設された官職であるとすると、内記に対応する太政官の外記も、同様に大宝令で新たに置かれた官職ではないかとの、推測の途がひらかれる。私はそう考えてさしつかえないと思う。何よりも外記は内記に対する称呼なのであるし、後述の天武朝および浄御原令の納言の性格と組織よりみても、その時期に外記が存在したとは考え難いからである。

(40) 村尾次郎『律令財政史の研究』第三章第二節「中央の倉庫制度」(一九六一年、吉川弘文館)。なお下物職が令制監物の前身官司であるとする推定は、オロシモノノツカサという和訓に基づくものである。

(41) 太政官以外の令制官司の品官のなかでこれに類するものに、刑部省の判事・同属、大宰府の判事・同令史、同じく大宰府の防人正・同佑・同令史がある。しかしこれらには史生はない。

(42) 中務省典鑰・内蔵寮主鎰・大蔵省主鎰の相当位をみると、大蔵省主鎰が最も高く、中務省典鑰が最も低い。あるいは三者の歴史的な成立の新古を反映しているのかも知れない。

(43) 天智三年冠制と同十年冠制との関係については、後者を前者の重載とする学説にしたがう。

(44) 但し坂本太郎『大化改新の研究』(前掲)において指摘されているように、花冠と錦冠は混同され易い。したがって安麻呂の小花下がもし小錦下の誤りであれば、彼の卒去の下限は天武十四年に繰りさげられる。

(45) 田中卓「中納言(その一)」(前掲)はこの時期に少納言の官が実在したとされるが、私見はこれを疑問とするところから出発する。

(46) 関晃「大化前後の大夫について」(前掲)。

(47) 坂本太郎『大化改新の研究』(前掲)、井上光貞「律令体制の成立」(『日本古代国家の研究』所収、一九六五年、岩波書店)、同「太政官成立過程における唐制と固有法との交渉」(前掲)などによる。

(48) 近江令の存在を否定する研究者にあっては、もちろんそうではない。青木和夫「浄御原令と古代官僚制」(前掲)、石母田正『日本の古代国家』(前掲)参照。しかし、岸俊男「造籍と大化改新詔」(『日本書紀研究』一、一九六四年、塙書房、のち『日本古代籍帳の研究』所収、一九七三年、塙書房)は、こうした理解とは逆に、この官制施行を以て、近江令の存在したことを示すものと推定しておられる。

(49)　御史大夫に関しては、ここに挙げたもののほかに、ⓐ紀氏系図大人の注に「天智天皇十一辛未正月五日始任二御史大夫一、天武天皇元年改二御史大夫一、初〔為カ〕二大納言一、是吾朝大納言初也」、ⓑ公卿補任、天武に「元年八月改二御史大夫官号一為二大納言二」、ⓒ歴運記に「案、近江朝庭始置二御史大夫一、御宇十年正月五日、浄御原朝改レ号称二大納言一、元年八月巨勢比登臣等称二大納言一、自二此年一至二今年一、一百卅年、」などがある。ⓐ・ⓑによれば、御史大夫の官名が天武元年に大納言に改められたのは自明の如くであるが、両書の史料的性格を考慮すれば、にわかには信じ難い。この点については、坂本太郎『大化改新の研究』(前掲)参照。しかも公卿補任の素材として用いられたと推定されているⓒ歴運記をみれば、これらの所伝はほとんど信じ難いと断ぜざるをえない。ⓒにいう「元年八月巨勢比等臣等称二大納言二」とは、書紀天武元年八月紀に「大納言巨勢臣比等」とあるのを指すにすぎないのであって、「浄御原朝改レ号称二大納言二」はそれによる歴運記編者の一解釈とみなすべきだからである。つまりこの解釈の基礎となった材料は、ほかならぬ書紀そのものであって、別系統の独自の素材があったわけではない。おそらくⓐはⓑに拠り、ⓑはⓒに拠り、ⓒは書紀に拠ったと考えて、大過なかろう。なお歴運記の史料的性格については、土田直鎮「公卿補任の成立」(『国史学』六五、一九五五年)参看。

(50)　津田左右吉「大化改新の研究」(前掲)。

(51)　このような考え方は、青木和夫氏が「田中卓氏の「中納言(その一)」を読む」(『続日本紀研究』一―八、一九五四年)で強調されたところである。

(52)　坂本太郎『大化改新の研究』(前掲)。なお中国の御史大夫については、桜井芳朗「御史制度の形成」(『東洋学報』二三―二・三、一九三六年)参照。

(53)　築山治三郎『唐代政治制度の研究』(一九六七年、創元社)。

(54)　但しこの銘文は後世の撰である可能性が大きい。藪田嘉一郎『日本上代金石叢考』(一九四九年、河原書店)参照。しかし銘文中の「任太政官」は後述のように独特の用法であるので、信頼してよいと思われる。

(55)　青木和夫「浄御原令と古代官僚制」(前掲)、同「田中卓氏の「中納言(その一)」を読む」(前掲)。

(56)　井上光貞「太政官成立過程における唐制と固有法との交渉」(前掲)。

(57)　八木充「太政官制の成立」(前掲)、井上光貞「太政官成立過程における唐制と固有法との交渉」(前掲)。

(58)　青木和夫「浄御原令と古代官僚制」(前掲)、石母田正『日本の古代国家』(前掲)。なお、注(48)参照。

(59) 竹内理三「太政官政治」(前掲)。また横田健一「懐風藻所載大友皇子伝考」(『関西大学東西学術研究所論叢』三二、一九五八年、のち『白鳳天平の世界』所収、一九七三年、創元社)参照。なお北山茂夫「持統天皇論」(『日本古代政治史の研究』所収、一九五九年、岩波書店)では、大津皇子の「聴二朝政一」を以て、知太政官事の先駆とされる。また井上光貞氏は、同じくこの「聴二朝政一」を以て、大津皇子が太政大臣に任じたことを推定されたが(「古代の皇太子」、『日本古代国家の研究』所収、前掲)、氏も述べておられる如く、これは「聴二朝政一」を「任二太政大臣一」と解する前提にたって施された推定である。しかし私は、首皇子の事例より推して、この解釈を採らない。

(60) 青木和夫「浄御原令と古代官僚制」(前掲)。

(61) 石母田正『日本の古代国家』(前掲)。

(62) オホは美称または太政官の太と同じく「国家の」・「朝廷の」の意であろうが、トモヒにはトラマヒ(安斎随筆)・トモナヒ(標注職原抄)・アトモヒ(通釈)等の説があって、語義は定まっていない。私見ではアトモヒの略とするを是とする。

(63) 神亀三年山背国愛宕郡雲下里計帳(大日本古文書編年一―三七二頁)に「右大弁官使部」がみえるが、これもミギ・ノ・オホ・トモヒ・ノ・ツカサにそのまま文字を宛てたもので、古制を残している。

(64) 大弁官以外の官職がもし存在したとすれば、考えられる唯一のものはフミヒト(天武七年詔の「史」に相当するもの)であろうが、確認できない。かりにその可能性を否定できないとしても、少なくとも後世の弁―史の弁に該当するものが単一の官職であったことは、認めなければならない。

(65) 野村忠夫『律令官人制の研究』(一九六七年、吉川弘文館)。

(66) 八木充「太政官制の成立」(前掲)。

(67) 考文に関する養老考課令1内外官条では、本司から太政官にいたる間に当然考文審査に関与した式部・兵部の二省については、その本注に「若本司考訖以後、省未レ校以前」と記すのみで、二省の校がどの段階で行なわれるかの明文があるわけではない。式・兵二省をカッコでつつんだのはそのためである。なお附言すれば、この式・兵二省に関する条文上の不備は、大宝考仕令においてはさらに著しかったことが知られる。すなわち、考課令1内外官条に相当する考仕令条文は幸いにほぼ全文の復原が可能であるが(瀧川政次郎『律令の研究』)、右の本注部分は「太政官未レ校以前」となっていたのである。したがって大宝令の条文では、令の本文においてはもちろん、本注においても、考文審査の過程に式・兵二省が関与すると解釈する余地は残されていなかったわけであって、その不備は同令の施行の直後に気づかれるところとなったのであろうか、大宝元年十二月五日太政官処分（法曹類林一九七、公務五）は「諸司考文、申ニ送於式部一者、大輔以下申送」とし、和銅二年十月甲申制（続紀）はこれをさらに補足して、「凡内外諸司考選文、先進ニ弁官一、処分之訖、還ニ附本司一、便令レ申ニ送式部兵部ニ一」と令している。而してこの場合の弁官の役割りは、文書の受理機関としてのそれであったであろう。

(68)　虫麻呂がいずれかの国の国司（国宰）であったとすれば、たまたま朝集使として上京し、諸国司（国宰）を代表して誄したということになるが、この時期に存在した唯一の向京使としての朝集使に、もし令制の規定を宛てることが許されるならば、その上京は十一月一日、天武七年詔の官人の考選に関する公文の進上期から推せば、「正月上旬以前」であって、時期の点で難がある。また後述の如く、大弁官と在外諸司との関係は、大弁官と六官との関係よりも緊密であったと考えられるから、「諸国司事」を誄したのは、在外官を統轄する在京の大弁官ではなかったかと考える。

(69)　(イ)朱鳥元年九月紀における六官の記載順と、(ロ)大宝・養老令における八省の序次を、それぞれ隋制・唐制の序次と対照すると、内藤乾吉氏がすでに指摘しておられるように（「近江令の法官・理官について」、『中国法制史考証』所収、前掲）、(イ)は隋制六部の序次に類似し、(ロ)は唐貞観令のそれに類似する。

(イ)　法官　理官　大蔵　兵政官　刑官　民官
隋制　吏部　礼部　兵部　刑部　戸部　工部
（通典二十二、職官四）

(ロ)　中務　式部　治部　民部　兵部　刑部　大蔵　宮内
唐貞観令　吏部　礼部　戸部　兵部　刑部　工部
（唐会要五十七尚書省分行次第）

そういえば、門下侍中を納言と称したのも、後周と隋、および唐代では唐初武徳四年までと光宅元年から神竜元年までであった（通典二十一、職官三）。あるいは、天武朝官制全体の第一の模範とされたのは、隋制であったのであろうか。

(70)　青木和夫「浄御原令と古代官僚制」（前掲）。

(71)　この意味で、威奈真人大村墓誌銘にみえる「小納言」という表記は、単に小字と少字の通用によるのではなく、この官の本義に基づくものであるのかも知れない。私が本稿において、浄御原令制下のこの官を指す場合に、ことさらに「小（少）納言」と表記しているのは、このような点を考慮するからである。

(72)　青木和夫「浄御原令と古代官僚制」（前掲）。

(73)　たとえば、①は文飾とすることも可能である。②の「奈賀乃司」は「中官」の存在を予想させるが（黛弘道「国司制の成立」前掲、八木充「太政官制の成立」前掲参照)、傍証とはなりえても、これだけを根拠として立論することは困難であろう。そして③もまた、一つの推測にすぎないとする反論が予想される。

(74) 奈良県史跡名勝天然記念物調査報告書第二十五冊『藤原宮』附録「木簡釈文」所収(図版番号PL57—33、一九六九年、奈良県教育委員会)。

(75) 『藤原宮』(前掲)第V章木簡(岸俊男氏・和田萃氏執筆)。

(76) 井上光貞「律令体制の成立」(前掲)、同「太政官成立過程における唐制と固有法との交渉」(前掲)。

(77) 坂本太郎『大化改新の研究』(前掲)。

(78) 井上光貞「太政官成立過程における唐制と固有法との交渉」(前掲)。

(79) 井上光貞「律令体制の成立」(前掲)。なお附言すれば、この刑部尚書と天智十年正月紀の法官大輔とを以て、天武朝六官の起源は天智朝にさかのぼりうるとする推測も、不可能ではない。しかし私は、天武朝官制全体に対する理解に基づいて、こうした解釈を採らない。これらの官が隋・唐官制の部分的な模倣・導入によるものであることは認めえても、その構成原理は、天武朝の大弁官—六官からなる体系的官制とは、根本的に異なっていたと考えるからである。

(80) 内藤乾吉「唐の三省」(前掲)。

(81) 持統四年紀の太政大臣については、これに任命されたのが高市皇子という皇族であったことを以て、この官を、古来の皇太子摂政の遺制を残すものとみる見解がある。たとえば八木充「太政官制の成立」(前掲)参照。また井上光貞氏は、「太政官成立過程における唐制と固有法との交渉」(前掲)において、太政大臣の職権が変質したのは「浄御原令か大宝令かで」あって、そのいずれであるかは不明としておられるが、他方「古代の皇太子」(前掲)では、ほぼ浄御原令の施行されていた時期に、旧来の「皇太子摂政制」は、単なる皇嗣としての「皇太子制」と、皇族が太政大臣に任ずる「皇族太政大臣制」とに分離した、との推測を下しておられる。私は、第四節および第五節において記した如く、令制の「則闕之官」としての太政大臣は浄御原令にはじまると考えているが、それはなによりも、本稿における浄御原令官制全体に対する理解、就中、このときの太政大臣が、左大臣・右大臣とともに、旧来の太政官・大弁官とはもちろん、天智十年の太政大臣・左大臣・右大臣とも無関係に新設された官であったとする理解に基づいている。しかしだからといって、事実として、この新設の官に皇族たる高市皇子が任じ、ついで知太政官事にも継続して皇親が任じ、さらには長屋王が太政大臣に任ずる可能性があった(青木和夫『奈良の都』、『日本の歴史』３、一九六五年、中央公論社）ということのもつ意味を、無視しようとしているのでは決してない。同様に、太政大臣高市皇子が、故「皇太子草壁皇子尊」になぞらえて、「後皇子尊」と尊称されたことから推察されるように、同皇子が実態としては嘗ての皇太子執政に比肩する権限を有したか、あるいは少なくともそのような権限を有する人物と観念されたという可能性をも、否定するものではない。しかしこうしたことは、官そのものの質的な変化と直接の関係なしにも、行なわれえたことなのではないだろうか。前者の、皇族の任ずる「皇族太政大臣制」あるいは「皇族知太政官事制」それ自体は、やはり、皇太子ないし皇嗣の資格のある皇族が国政機構の最上位にあって統理するという意味での、「皇太子摂政制」の一面を継承したものであろう。だが令制の太政大臣もまた、官員・職員令に定める職掌規定のうえではいわば名誉職的な「則闕之官」であっても、形式的には国政機構の最上位に位置づけられている官である。だから私には、官としての性格のいかんにかかわらず、新設の太政大臣にまず皇族高市皇子が任ぜられたのは、この意味でむしろ当然のことであったと思われる。これを要するに、この官に皇族を任じたこと自体は旧来の〝伝統〟を承けたものではあるが、しかしそのことと太政大臣の官そのものの性格とは、別個のものであったと考えるのである。

〔補注１〕

私はここで、「大宝令が施行されて以後は、いったん太政官の中枢の官に任じた者のなかに、特殊な事情によって貶せられて官を去った者はあっても、あるいはまた他官を兼任することは広く行なわれても、高市麻呂のように他官に転出したような事例のないことも、想起すべきであろう」と述べた。「特殊な事情によって貶せられて」としたのは、政変あるいは疑獄事件を想定していたからである。だがその後、そのような意味での「特殊な事情」によることなく、大宝令の施行後まもなく、二人の中納言が他官に転出した事例が存したことに気づくにいたった。それは和銅元年三月丙午の人事異動（続紀）においてであって、このことについては最近野村忠夫氏が「中納言遷任――和銅元年三月の人事大異動をめぐって――」（『続日本紀研究』二二三、一九八二年）で指摘しておられる。しかし私は、この和銅元年三月の人事異動は別の意味でやはり「特殊」であったのであり、これを以て議政官も他官に転出しうるというように一般化することはできないと考えるので、野村氏の所論と一部重複することになるが、この人事異動についての私見を附記しておくことにしたい。

和銅元年三月丙午に行なわれた任官は、続日本紀に記されているものだけでも、神祇官の長官、太政官の議政官と左右大弁、中務省を除く七省の長官と造宮卿、弾正尹、左右京職と摂津職の長官、衛門・左右衛士・左右兵衛の五衛府の長官、西海道を除く主要な国々の守、そして大宰府の帥・大弐というように、中央・地方の官司の長官をほとんど網羅している。おそらく同じ日に、続日本紀に記事として採用されなかった神祇官・八省・造宮省・弾正台・五衛府の次官以下、職・寮・司の長官以下、および六位以下の国守・介以下などの任官も行なわれたと思われる（事実、家伝下によれば藤原武智麻呂は和銅元年三月に図書頭兼侍従に任じたとするが、その任官日は丙午の日であったとみてよい）から、この日の任官はまさに大人事異動であったといえる。だがこの任官記事は、(イ)任官の重複記事と、(ロ)議政官の異動の二つの点について、いささか検討すべき問題を残している。

まず(イ)任官の重複記事からみると、つぎの四例において、記事が重複する。

①大伴安麻呂の任大納言　この日大伴安麻呂は大納言に任じたとするが、安麻呂については、すでに慶雲二年八月戊午条に「為二大納言一」とする記事があり、同年十一月甲辰条でも「以二大納言従三位大伴宿祢安麻呂一為二兼大宰帥一」とする。

②阿倍宿奈麻呂の任中納言　この日阿倍宿奈麻呂は中納言に任じたとするが、すでに慶雲二年四月辛未条に「以二正四位下粟田朝臣真人、高向朝臣麻呂、従四位上阿倍朝臣宿奈麻呂三人一、為二中納言一」とする記事がある。

③笠麻呂の任美濃守　この日笠麻呂は美濃守に任じたとするが、慶雲三年七月辛酉条にすでに「以二従五位下笠朝臣麻呂一、為二美濃守一」とする記事がある。

④阿倍真君の任越後守　この日阿倍真君は越後守に任じたとするが、慶雲四年十一月丙申条にすでに「以二従五位下阿倍朝臣真君一、為二越後守一」とする記事がある。

これらを単なる記事の重複とみるか、あるいはなんらかの意味をもつ再任とみるかについては、(ロ)議政官の異動と併せて検討する必要がある。

そこで(ロ)議政官の異動についてみると、これ以前の太政官の議政官の構成は、つぎのようなものであった。

知太政官事　一品穂積親王（慶雲二年九月壬午任）
左大臣　（欠員）
右大臣（→左大臣）　正二位石上麻呂（慶雲元年正月癸巳任）
大納言（→右大臣）　正二位藤原不比等（大宝元年三月甲午任）
大納言（→大納言）　正三位大伴安麻呂（慶雲二年八月戊午任）

中納言(↓大宰帥)　従三位粟田真人(慶雲二年四月辛未任)
中納言(↓摂津大夫)　従三位高向麻呂(慶雲二年四月辛未任)
中納言(↓中納言)　従四位上阿倍宿奈麻呂(慶雲二年四月辛未任)
参議朝政(↓中納言)　正四位上小野毛野(大宝二年五月丁亥任)
参議朝政(↓式部卿)　従四位上下毛野古麻呂(大宝二年五月丁亥任)

これらはこの日にそれぞれ(↓)の官職に任ぜられ、これとは別に従四位上中臣意美麻呂が新たに中納言兼神祇伯に任ぜられたのであった。だがこうした議政官の構成と異動については、この年の七月乙巳条(続紀)との関係で、以下のような問題がある。

(1)この年七月乙巳の日に、天皇は特に知太政官事穂積親王、左大臣石上麻呂、右大臣藤原不比等、大納言大伴安麻呂、中納言小野毛野、同阿倍宿奈麻呂、同中臣意美麻呂、左大弁巨勢麻呂、式部卿下毛野古麻呂の九名を「御前」に召して勅を下している。その勅は「卿等情存二公平一、率二先百寮一、朕聞レ之憙二慰于懐一、思由二卿等如レ此、百官為レ本、至二天下平民一、垂拱開レ衿、長久平好、(下略)」というものであるから、「御前」に召集されたこの九名は議政官の構成員であったとみてよい。とすると左大弁巨勢麻呂は、下毛野古麻呂とともに、参議朝政であった可能性が大きい。

(2)しかし七月乙巳条の記事には、中納言であった粟田真人(三月丙午に任大宰帥)と、同じく中納言であった高向麻呂(同任摂津大夫)の二名の名はあらわれない。粟田真人はこののち霊亀元年四月丙子に正三位となり、養老三年二月甲子に薨ずるが、そこでは「正三位粟田朝臣真人薨」とするのみで、中納言のことは記していない。高向麻呂も、摂津大夫任官以後はこの年閏八月丁酉に薨じた記事があるのみであるが、そこでは「摂津大夫従三位高向朝臣麻呂薨」とあって、やはり中納言のことを記していない。また、七月乙巳条の記事に粟田真人の名がみえないのは、任地大宰府に赴任して在京しなかったからだと考えればいちおうの説明はつくが、高向麻呂の任じた摂津大夫の摂津職は、「帯二津国一」する京官すなわち在京諸司である。職員令18玄蕃寮条集解穴記が「穴云、古私記云(古記を指す)、在二京及津国一館舎惣検校也、此摂津職在京諸司故、云レ爾、但於レ今不レ合、為レ成二畿内一故」(古私記が、玄蕃寮は京と津国にある館舎をすべて検校するのだ、といっているのは、当時摂津職が在京諸司であったから、そういったのである。しかし今はそうではない。なぜなら摂津国として畿内の一国になっているからだ——したがって今は、京の館舎は玄蕃寮が検校し、摂津国の館舎は摂津国が検校する——)というのは、延暦十二年三月九日太政官府(三代格五)により摂津職が摂津国となる以前は、摂津職が在京諸司であったことを前提として施された注釈である。つまり高向麻呂は在京していたのに「御前」に召集されなかったのである。

(3)このようにみてくると、高向麻呂は摂津大夫任官と同時に、中納言を解任されたものとみられる。同様に粟田真人も、大宰帥任官とともに中納言を解任された可能性が大きい。

(4)もしこれ以前に中納言に任じていた粟田真人と高向麻呂が三月丙午に中納言を解任されたのだとすると、同じようにこれ以前に大納言に任じていた大伴安麻呂と、中納言に任じていた阿倍宿奈麻呂が、この日再び大納言と中納言に任ずると記されているのは、単なる記事の重複ではないとみなければならないのではないか。この二名についての「為二大納言一」「為二中納言一」とは、かれらが継続してその官にとどまることをあらわしたものであって、他方に解任された者があったからこそ、このように記されたものと推定される。

以上を綜合すれば、和銅元年三月丙午の任官にあたっては、議政官について、昇任・留任・新任および現職者の解任を含む、適格審査が行なわれたことを推測することができよう。議政官さえもそうであったとすれば、他の諸官についても当然審査が行なわれたであろう。(イ)で挙げた③笠麻呂と④阿倍真君の事例も、そのようにして行なわれた審査の結果、留任することになったことを示すものと思われる。ただ議政官に限定してみれば、以後このような適格審査が行なわれたというような形跡は、全くうかがわれない。和銅元年三月丙午においてのみ、なぜ議政官の適格審査が行なわれたのか、その理由については別途に検討する必要があるが、この日の任官は、このような意味でやはり「特殊」であったのである。

〔補注2〕

旧稿発表以後、この部分の本文および注(34)で述べた大宝公式令符式条の条文復原と、本稿における勅符の理解について、石尾芳久・森田悌・八木充の三氏が批判を加えておられるので、若干私見を附記しておく。

(一)石尾芳久氏の批判について――「太政官制度論」(『古代の法と大王と神話』所収、一九七七年、木鐸社)

石尾氏の私見に対する批判については、種々反論すべき点があるが、ここでは主要な論点のみに限定する。

(1)大宝公式令符式条の復原について

(イ)私が、大宝令においては「勅符式」という独立の条文があったわけではなく、勅符についての規定は符式に注文として記されていた、としたことについて、「一般に勅符式という如き規定がとくに緊急勅令という如き重大な規定が、符式の単なる本注として規定されているといった解釈は、法の条文の体系を考察する上において、極めて困難であり、またそのような実例は、一も存在しない」といわれる。かといって代案を示しておられるわけではないが、つぎの(ロ)での石尾氏の意見から推すと、氏は、大宝公式令には「勅符式」という独立した条文が存したと考えておられるらしい。だが本文に挙げた資料Ⅱの令釈師説が、符式の文字を入れかえて勅符とすると述べていることをみれば、それが本注としてであったかどうかはともかく、大宝令での勅符の規定が、符式の附則として存したことは自明であろう。符式を転用して勅符とすることは、私の「解釈」ではなくて、史料が語ることなのである。

(ロ)私が大宝公式令符式条の復原で、符式の結文を「符到奉行」としたのは誤りであるといわれる。すなわち「早川氏自身が指摘した「紅葉山御文庫本令義解公式令書入令釈師説」によっても『以勅到字代符到』とある以上、『勅到奉行』でなければならぬ。したがって、早川氏の勅符式条文の復元は、誤れる復元と断じなければならない」(傍点早川、以下同じ)。また「符式のみを考え、飛駅下式との比較を考慮することなく大宝令太政官勅符式の復元を試みたことは、誤れる速断といわなければならない。「本朝文粋」に登載された勅符の実例も、いうまでもなく『勅到奉行』をもって勅符の文がおわっていることを示す。早川氏の復元なるものが、かかる実例をみることなく行なわれていることが明白となる。速断という所以である」ともいわれる。だがこうした意見に対しては以下の二点を以て答えれば足りるであろう。第一点、私は大宝公式令の符式条を復原したのであって、ありもしなかった「勅符式条文」あるいは「大宝令太政官勅符式」を復原したのではない。第二点、私が養老令施行後の勅符(それはみな飛駅下式にのっとって作成された勅符である)を参照しなかったのは、それが大宝令文の復原材料ではないという理由によるにすぎない。なお令釈師説についての石尾氏の誤解については、多言を費す必要はないであろう。

(2) 太政官符について

私は、符一般(官符・省符・台符・府符・国符等)を施行文書の一様式と解し、公式令符式が太政官符の書式を挙げているのは、そうした符の一つを例示しただけにすぎず、しかも施行文書としての太政官符は弁官が作成し発給するものであるのに、大宝令ではなぜその符式に「勅符」なるものが規定されていたのか、ということを問題にしたのだが、石尾氏によれば、こうした問題の設定自体が、根本的に誤りなのだという。

氏によれば、「勅符」とは「太政官勅符」をいうのであって、その「太政官勅符なるものは、公式令符式のいう太政官符の如き執行命令ではない」といわれる。そして大宝令にこうした「太政官勅符」が存したからこそ、太政官符に、単なる執行命令にすぎない太政官符と、詔・勅と同格の「独立命令」としての太政官符の、二種のものが生まれるにいたった、と説かれる。

そもそも勅符は、符式にのっとって弁官が作成し、古記によれば「不レ称二太政官一」として「勅符」と書きだすものであるから、これを「太政官勅符」と称すること自体が不審だが、右のような石尾氏の主張の基底には、太政大臣・左大臣・右大臣・大納言についての、氏独自の評価がある。氏は、『日本古代の天皇制と太政官制度』(一九六二年、有斐閣)で詳論されたことだが、太政大臣・左大臣・右大臣・大納言の権能を解するのに、全面的に義解の所説に依拠して、これら諸官は天皇とともに、あるいは天皇と同格の存在として、「天下之庶事」すなわち国政を統理するものと解された。したがって国政上の法には、天皇の発する詔・勅と、太政官において決せられる法との二種が並存し、この両者は同等の効力を有するものであったから、太政官において決せられた法を記した太政官符は詔・勅とならぶ「独立命令」なのであって、そのような太政官符が存在しえたのは、大宝令に「太政官勅符」が存したことによるのであり、それゆえ「独立命令」としての太政官符は、公式令符式から出たものでありながら、単なる執行命令にすぎない符式の太政官符と「鋭く対立する」存在なのである、とされる。

そもそも九世紀に成った義解の注釈に依拠して議政官の権能を論ずることが当をえたものであるかどうかに、私は深い疑義をもつが、そのことは今は問わない。だが太政官符に二種類ありとする意見には、私はとうていしたがうことはできない。公式令の符式の書式や太政官符の実例をみれば明らかなように、太政官符はあくまでも弁官が作成し発給する太政官の施行文書である。ただその施行文書によって、詔・勅が施行されるか、奏画・奉勅を経た太政官奏が施行されるか、奉勅を経ずに議政官組織で決せられた法が施行されるかの違いがあるにすぎない。思うに、石尾氏の場合、律令太政官制度のもとで、行政命令あるいは単行法令が、いかにして法として定立するかということと、その法が、どのような手続きを経てどのような様式の文書によって施行されるかという、法の定立と施行とを区別しなかったところから、このような解釈が生まれたのだと思われる。奉勅を経ずに議政官組織が決して定立した法を「独立命令」といえるかどうかも疑問だが、その法を施行する太政官符は、あくまでも単なる施行文書にすぎない。

(二)森田悌氏の批判について――「勅符式と太政官制」(『古代文化』二八―四、一九七六年、のち『平安時代政治史研究』所収、一九七八年、吉川弘文館)

森田氏は、私の勅符についての理解に批判を加えられたうえで、太政官制の成立過程について、新たな構想を示されたが、ここでは勅符に関する問題に限定して私見を述べる。

(1)大宝公式令符式条の復原について

　森田氏は、大宝令の符式での勅符に関する規定は、私が復原したように条文の初行に本注として存したのではなく、疏文の末尾に疏文として存したとみるべきであって、その文章は「若勅直云、為二勅符一」と復原すべきであるといわれる。氏がそのように判断されたのは、つぎのような理由による。(a)現行令集解で古記が勅符について述べているのは、条文の末尾においてである。したがってそこでの古記の文を以て条文冒頭の復原材料とするのは不自然である。(b)「勅直云、勅符其国司位姓等」という文は、令の条文の文章としてていねいすぎる。また、勅旨式における皇太子監国の場合の令旨への転用も、移式における牒への転用も、いずれも疏文の末尾に規定されている。(c)古記の「注云勅符其国司位姓等」の「注云」とは、令の本注の意味ではなく、注し方すなわち書式の書き方の意であって、「勅符其国司位姓等」は本注の文章ではない。

　これら三点のうち、(a)はそれほど有効な批判であるとは思われない。なぜならば、松原弘宣氏が「令集解における大宝令――集解編纂時における古記説の存在形態について――」(『史学雑誌』八三―一一、一九七四年)で明らかにされたように、古記は大宝令文の全文を引いてこれに注釈を加えたのではなく、唐招提寺で発見された古本令私記のように、大宝令の字句を引いてそれに注釈を加えたのであり、現行の令集解の条文のそれぞれの位置に古記を配置したのは令集解の編者惟宗直本であって、したがって注釈の位置が絶対的な意味をもつものではないからである。だが(b)・(c)の二点は傾聴しなければならない。たしかに私の復原文は令文としてていねいすぎるし、「注云」も明法諸家はしばしば注し方の意として用いているからである。

　そこで私は、旧案の文を修正して、大宝令の符式において勅符について規定した文は、古記によれば「勅直云勅符」だが、これに令釈師説の文を参照して、「若勅直云勅符」であったと訂正したい(後述のように八木充氏は古記による「勅直云勅符」という案を提示しておられる)。森田氏は養老令文の「皆為符」を参考として「若勅直云為勅符」とされたのであるが、「為」字は不要であろう。「為」のよみはツクルであるから、森田氏案ではそのよみは「若シ勅ナラバ直チニ云ヒテ(?)勅符ニツクレ」となってしまう。その点「若勅直云勅符」ならば、「若シ勅ナラバ直チニ勅符ト云ヘ」となる。公文書の書様に関して「……ト云ヘ」とする例は19計会式条の「若得二返抄一者、云レ得二其官位姓名其年月日返抄一」(モシ返抄得タラバ其ノ官位姓名其ノ年月日ノ返抄得タリト云ヘ)にもあるから、令文として不自然ではない。そうとするとこの文は、符式冒頭の「太政官符其国司」を「勅符其国司」といいかえることの指示を規定した文であることになる。

ではこの文は、大宝令符式のどの箇所に存したと考えたらよいであろうか。たしかに勅旨式での令旨への転用規定、移式での牒への転用規定が、条文末尾の疏文に存することは無視できない。だが右のように、符式での勅符転用の規定が冒頭の語句の書きかえを指示したものだとすると、条文の冒頭にあってもおかしくないように思われる。もちろん、条文末尾であってもさしつかえない。

以上のように、私は、森田氏の指摘にしたがって、大宝令文の復原文は修正するものの、その位置を決めることは保留しておきたい。

(2) 勅符の理解について

森田氏は、大宝令の勅符は太政官符の一変形にすぎず、詔書式・勅旨式とは別個の、勅旨の案成・施行の方法が存したわけではなく、詔書・勅旨はすべて中務省を経て太政官にいたるのであって、その施行手続きにおいてのみ、大宝令に固有な勅符式が存したにすぎないのであり、したがって勅符は、騰詔官符・騰勅官符と実質において変るものではないとされる。

その第一の理由は、氏自身の大宝令符式条文の復原案で、その復原案からすればそのように考えざるをえないといわれるのだが、実をいうと私は氏の真意をはかりかねている。勅符に関する規定が疏文にあった「事実」を重視し、「仮に詔書式ないし勅旨式に並ぶ勅旨案成手続が詔勅ないし議政官の裁断たる官判の執行命令を旨とする太政官符を准用するとなると、事の軽重において甚だ失当だと思われるからである」といわれるが、なぜ疏文だと「事の軽重において甚だ失当」になるのであろうか。

これにくらべると第二の理由ははなはだ明快であるし、私見の弱点をよく衝いている。それは、古記の文章の解釈に関することである。氏は古記の「不依中務直印太政官為勅符遣宣故太政官得為勅符」の文は、「不レ依ニ中務一直印、太政官為ニ勅符一遣宣、故太政官得レ為ニ勅符一」とよむべきであって、その意味するところは、印の踏印についてのみ中務を経ないというにすぎず、勅符として施行される勅が中務を経ないことを意味するものではないとされ、この解釈に基づいて、勅符として施行される勅は中務官人が位署を加えた詔書式・勅旨式のそれと全く同じもので、ただその施行文書が勅符という形式をとるにすぎないのであるとされる。

たしかに古記の文章についての私のよみが、活字印行されている現行の令集解のよみに引きずられたものであったことを、ここで率直に認めざるをえない。かつまたこの見解は、私が大宝令の勅符から、詔書式・勅旨式とは異なる勅の案成・施行の方法が存したことを推定し、それに基づいて浄御原令制下および天武朝の弁官・大弁官の機能を推測した旧稿での理解を根底からゆるがすものであり、しかもこの解釈は、延喜主鈴式での、飛駅の勅符は主鈴ではなく少納言が踏印するとの規定とも一致するから、はなはだ説得的である。

然らば私の理解が全く不当なものであったかというと、そうもいえないように思われる。というのは、古記の文章を「不㆑依㆓中務㆒直印、太政官為㆓勅符㆒遣宣」とよむ方が妥当であるのは森田氏のいわれる通りだが、少納言を通じて内印を請印し勅符をつくる主体、つまりこの文のいう「太政官」は、いうまでもなく弁官である。問題は勅符に載せて施行すべき勅が、中務省を経て弁官にもたらされたものであるかどうかだが、古記の文を「不㆑依㆓中務㆒、直印」と切ってよみ、「不㆑依㆓中務㆒」を、踏印についてではなく、勅の伝達経路について述べた文と解することも、可能なのではないかと思われる。また森田氏の見解にしたがえば、中務省を経て弁官にもたらされた勅ないし勅旨は、ある場合には「勅符」として、ある場合には「謄勅の太政官符」として、しかもそれは符式という一つの条文の規定に基づいて、施行されたことになる。だが、同一の経路を経てもたらされた勅ないし勅旨を、このように二種の施行文書によって下達することは、考え難いことであろう。

以上のように、森田氏の、私の旧説に対する批判の鋭さは認めながらも、なお旧説の成立する余地は残されているものと考えている。

㈢八木充氏の批判について――「大宝令勅符について」(『山口大学文学会志』二九、一九七八年)

八木氏の右の論考は、従来の勅符についての学説に逐一検討を加え、勅符は大宝令での勅を施行する公文書の様式であったが、養老令によってこれは謄勅官符に転換したと解することで、㈡で森田氏説に対して私が提示したような疑問を解決しようとされたものであるが、私見にかかわるものはつぎの二点である。一つは大宝公式令符式条の勅符に関する規定の復原文で、氏は古記によって「勅直云㆓勅符㆒」とするのを妥当とするとされる。この点は㈡で詳しく述べたので、再説しない。いま一つは「勅符を符式の読みかえ、転用による勅命下達文書と考えるには、その場合の公文の性格変化が重大にすぎ」、「文書様式の字句の一部を置換するだけで、太政官符が勅命下達文書に変質することがあろうとは、容易に想定しがたい」といわれる点である。だが、大宝令施行期の令私記である令釈師説は、明らかに符式の「太政官符」を「勅符」にかえ、「符到奉行」を「勅到奉行」にかえて勅符とするのだと指示している。しかも氏自身が復原された「勅直云㆓勅符㆒」は、「字句の一部を置換する」規定そのものである。㈠の(2)で述べたことのくり返しになるが、私が旧稿で問題としたのは、いわれるように「文書様式の字句の一部を置換するだけで、太政官符が勅命下達文書に変質することがあろうとは、容易に想定しがたい」ことであるのに、それにもかかわらずなぜ大宝令では符式を転用した勅命下達文書としての勅符の規定が存したのか、ということであった。

〔補注3〕

弁官のもつこうした権能の確立する過程については、本書第Ⅱ部第四章「任僧綱儀と任僧綱告牒」参照。

〔補注4〕

旧稿発表(一九七二年)以後、律令太政官制の成立過程について、新たな構想を展開した論考に、

野村忠夫「大弁官の成立と展開」(『日本歴史』二九〇、一九七二年)

柳雄太郎「太政官における四等官構成について」(『日本歴史』三二四、一九七五年)

佐藤宗諄「律令太政官制と天皇」(『大系日本国家史』1古代所収、一九七五年、東京大学出版会)

森田悌「勅符式と太政官制」(『古代文化』二八—四、一九七六年)、同「太政官制成立の考察」(『政治経済史学』一五六、一九七九年)

武光誠『日本古代国家と律令制』(第二章「律令太政官制の形成」、一九八四年、吉川弘文館)

があり、それぞれ拙稿とは異なる構想を呈示している。なお、

長山泰孝「学界動向・太政官制の成立について」(『続日本紀研究』一五九、一九七八年)

は、拙稿を含めて一九七七年までの研究動向を概観し、問題点を整理している。

なお、拙稿で関説した中務省の成立については、

黛弘道「中務省に関する一考察」(『学習院大学文学部研究年報』一八、一九七一年)、同「続・中務省に関する一考察」(『学習院大学文学部研究年報』二二、一九七五年)——いずれも『律令国家成立史の研究』(一九八二年、吉川弘文館)所収

福原栄太郎「「中務省の成立」をめぐって」(『ヒストリア』七七、一九七七年)

がある。

第三章　大宝令制太政官の成立をめぐって

はじめに

私はさきに、浄御原令制「太政官」の構成官職である「大納言・中納言・小(少)納言」の性格について、つぎのような推測を述べたことがある。(1) すなわち、これら三納言は、厳密な意味における官職階層ではなく、したがって分掌の職でもなかったのであって、三納言の官としての基本的な性格は、天皇の側近に侍して奏宣の任にあたる侍奉官ないし奏宣官たることにあった。もっとも現実には、上位の「大納言」あるいは「中納言」に任じた者が、国政に参与した可能性は否定できず、また下位の「小(少)納言」に任じた者は、秘書官的性格の強い任務にたずさわったかも知れないにしても、そうしたことは確定され明文化された職掌に基づいて行なわれたのではなく、いわば慣行の如きものであった。それゆえ「大納言」と「中納言」の二官についていえば、それらが執政の官あるいは議政官・国政参議官としての権能を明確に付与された官ではなかったという点において、大宝・養老令制の大納言および慶雲二年格制の中納言と、官としての性格を異にしていた。(2)(補注1)

この推測は、一つには、浄御原令制の「大納言・中納言・小(少)納言」の前身であった天武朝の「納言」が、議政官・国政参議官としての権能をもたない侍奉官ないし奏宣官であったと考えられることと、二つには、大宝元年三月の大宝令官制の施行にともなって「中納言」の官が廃止されたのは、それ以前のこの官に議政官ないし国政参議官としての性格が乏しかったためであると考えられることとの、二つの面から導かれたものであったが、その後この推測を補強することができると思われる資料が存することに気づいたので、その点についての私見から述べることにしたい。

一　浄御原令制「太政官」の性格

続日本紀の文武四年八月丁卯条に、つぎの記事がある。

丁卯、赦二天下一、但十悪盗人、不レ在二赦限一、高年賜レ物、又依二巡察使奏状一、諸国司等、随二其治能一、進レ階賜レ封、各有レ差、阿倍朝臣御主人、大伴宿祢御行、並授二正広参一、因幡守勤大壱船連秦勝封卅戸、遠江守勤広壱漆部造道麻呂廿戸、並褒二善政一也、

この記事は、赦について述べた前段と、巡察使の奏状に基づいて「諸国司等」に階を進め封を賜わったことを述べる後段の、内容を異にする二つの部分より成るが、両者が相互に関係があるのか、あるいは全く無関係な二つの記事が同日条にかけられたのか、その点は不明である。しかし後段の「又依二巡察使奏状一」以下が、一つのまとまった事柄について述べた記事であることは、間違いのないことと思われる。

さて巡察使は、前年の文武三年三月に「畿内」に対して、同三年十月に「諸国」に対して、そしてこの年の文武四年二月に「東山道」に対してそれぞれ発遣されたことが、続日本紀にみえる。そのいずれが上掲の八月丁卯条にいう巡察使に該当するかは不明だが、ともあれ八月丁卯以前に帰還し、「諸国司等」の治能を奏上したのであった。そしてそれに基づいて、「進階」と「賜封」が決定され、かれらの善政が褒賞されたのである。

因幡守船連秦勝と遠江守漆部造道麻呂の二人が、このようにして褒賞され「賜封」された者であることは、疑いない。とすれば、この二名の前に記されていて、正広参に昇叙されている阿倍御主人と大伴御行もまた、文章の構成のうえからみて、「諸国司等」の一員として善政を褒賞され、「進階」にあずかったものと解さざるをえないことになろう。後者二名の昇叙は「進レ階賜レ封」の「進階」に対応し、前者二名に対する封戸の賜与はその「賜封」に対応するからである。

いうまでもなく、この記事についてのこうした理解は、阿倍御主人と大伴御行の両名についていかなる予備知識ももたず、ただ記事の文章にそくして解釈した場合にのみ導かれる理解である。だが、この両名がこのとき、浄御原令制の「大納言」に任じていたことを知る者であるならば、全く別の解釈を施すことも可能であろう。すなわち、阿倍御主人と大伴御行の昇叙は巡察使の奏上とは無関係に行なわれたことであって、このとき褒賞された「諸国司等」は、記事にみえる船秦勝と漆部道麻呂および記事として採用されなかった若干の者たちであり、御主人と御行の昇叙のことは、誤ってあたかも巡察使の奏上によるが如くに記述されたのだ、と。なぜならば、「大納言」のような〝高官〟に任じている者が「諸国司」として地方に赴任することは、考え難いからである。しかしそのような解釈を採る場合には、それではなにゆえにこの記事の文章が、そうした〝誤解〟をまねくような構成になっているのかが問われなければならないこととなる。だがその点について充分納得しうる説明を施すことは、困難なのではなかろうか。そこで私は、御主人と御行についてのあらゆる予備知識ないし先入主を排して、この両名もまた巡察使の奏上に基づいて「進階」されたものと、素直にこの文章を解することにしたい。

この記事をそのように解釈した場合、然らば阿倍御主人と大伴御行は、続日本紀がいうように、「国司」すなわち浄御原令制の国宰に任じていたとみるべきであろうか。私はそうではあるまいと思う。なぜならば、この両名はいずれも、上述のように浄御原令制の「大納言」に任じており、位は持統十年十月の時点ですでに正広肆（大宝令制位階の従三位に相当）であって、因幡守船秦勝の勤大壱（正六位上相当）や遠江守漆部道麻呂の勤広壱（同じく正六位上相当）と、位階のうえであまりにも大きなひらきがあるからである。

この点について参考となるのは、この記事の二か月後の文武四年十月己未条（続紀）に、直大壱石上麻呂が筑紫惣領に任じたとみえることである。このとき石上麻呂は浄御原令制の「中納言」に任じており（大宝令官制の施行の日に大納言となる）、直大壱は大宝令制位階の正四位上に相当する。また大宝令の施行により、惣領・大宰は筑紫のそれのみが残されることになったが、大宝以後、大宰帥を大納言あるいは中納言（慶雲二年格制）が兼任した例はしばしばみられる。このような事例から判断して、私は、「大納言」阿倍御主人と「大納言」大伴御行は、文武四年八月の時点で、いずれかの地方の惣領ないし大宰に任じていたのだと考える。どの地方の惣領あるいは大宰であったのかを知ることができないのは残念であるが、八月丁卯条の文を上述のように解釈するかぎり、この推測は恐らく誤りないものと思われるので、惣領・大宰関係の資料として、私は新たに、この文武四年八月丁卯条の記事を加えたいと思う。

文武四年八月丁卯条の続日本紀の記事についての以上のような解釈が、もし認められるとすると、この記事は、浄御原令制下の惣領・大宰の権能を考えるうえでのみでなく、「大納言」の権能を考えるうえでも、大きな手がかりを提供するものとなる。まず前者についていえば、私は嘗て、大宝以前の惣領・大宰について、その権限はかなり広範であり、ことに評造の任用において、後の式部省が有した郡領銓擬権に相当する権限をも、惣領・大宰は保有していた可能性が大きいことを指摘したが、(3) 惣領・大宰の地位が「大納言」クラスの〝高官〟を以て任命さるべきほどのものであったとするならば、そうした広範な権限が付与されていたことも、諒解しうるものとなるであろう。

つぎに「大納言」の権能についてみれば、以下の諸点を指摘することができる。第一に、阿倍御主人と大伴御行の両名は、諸国に派遣された巡察使の奏上する「治能」の評価に基づいて「進階」されているのであるから、両名は惣領ないし大宰として、事実任地に赴任していたか、少なくともある時期に任地に赴任したことがあったと考えなければならない。この点は、後世の公卿が大宰帥を含む地方官を兼任した場合にしばしばみられる遥任とは、いささか趣を異にする。第二に、文武四年の時点で「大納言」に任じていたのは、この阿倍御主人と大伴御行の二名のみである。すなわち続日本紀の大宝元年正月己丑条(大伴御行薨)と大宝元年三月甲午条によれば、その前年の文武四年の時点で「太政官」の首脳を構成した者は、つぎの如くであった。

左大臣　多治比嶋

大納言　阿倍御主人・大伴御行

中納言　石上麻呂・藤原不比等・大伴安麻呂・紀麻呂

ところが、文武四年八月丁卯条の記事についての上述の理解に基づけば、このうちの二名の「大納言」が、いずれもそろって、惣領ないし大宰として任地にあり、在京しない時期があったと考えざるをえないのである。

さきにも述べたように、私は前稿(4)において、浄御原令制下の「大納言・中納言・小(少)納言」の官としての性格は、大宝・養老令制の大納言・少納言および慶雲二年格制の中納言とは異質のものであり、「大納言・中納言」の官自体には、執政官ないし議政官としての権能は付与されていなかったであろうと推測したが、この推測は、上述のような文武四年八月丁卯条の検討結果によって、さらに裏づけられたものと思う。もし浄御原令制下の「大納言」が執政官・議政官・国政参議官としての権能を明確に付与された官であったとするならば、それに任じた二人が二人とも、よしそれが短期日にすぎぬものであれ、地方官として任地に赴任するような事態など、とうてい想定できないと思うからである。

そしてまたこのことは、浄御原令制下の「太政官」そのものの機能ないし権能が、大宝・養老令制太政官のそれと、かなり異質であったことをも物語る。この時期の「大納言」(したがって「中納言」も)の官が右のような性格のものであったとすると、「太政官」の首脳として残るのは、この時点では左大臣多治比嶋一人のみである。その左大臣の官は、右大臣の官とともに、唐の尚書都省の左右僕射(左右丞相)を模して設けられた執政の官であったにしても、左大臣一人によって国政を審議し決定することは、事実上不可能である。要するに浄御原令制下の「太政官」には、国政の最高議決機関としての権能は、ほとんど付与されていなかったとみられるのである。

嘗て天武朝において、天皇の専制的支配に適合せしむるために設けられた「太政官」は、侍奉官ないし奏宣の官としての「納言」のみによって構成された機関であって、それは決して議政の府、国政審議の府ではなかった。浄御原令官制にいたり、国政に参画する執政の官として左大臣・右大臣が新たに置かれたけれども、「太政官」の機構そのものは、やはり天武朝のそれと同じく、議政の府、国政審議の府としては、著しく弱体であったといわなければならない。そしてこのことは、同時に、浄御原令制下ではいまだ、貴族・豪族ないし有力氏族の長による国政への参画が、制度的に強く抑止されていたことを示すものでもある。だがそれは、そもそも浄御原令なるものが、執政の官を制度上設けることなく、また事実としても生涯執政の臣を用いることのなかった天武の領導によって編纂された令であったことを思えば、蓋し当然であろう。天武は、浄御原令制の「太政官」内にわずかに左大臣・右大臣の官を設けて、これに貴族・豪族の長を任ずることにより、貴族・豪族勢力とのささやかな妥協をはかったのだと思われる。

なお、蛇足のようだが誤解のないように附言しておきたい。というのは、ここで私が問題としているのは、浄御原令制下の「大納言」「中納言」の官としての性格であり、それらの官によって構成される「太政官」の法上の権能であって、そうした官に任じた者が現実の政治の世界において、どのように行動したかということではない。現実問題としてならば、たとえば本稿でとりあげた「大納言」阿倍御主人にしても大伴御行にしても、かれらが国政審議に参画した可能性を、私は決して否定しないし、むしろこの両名もまた日常的に議政に参与していたであろうと考えている。だがそのような行為ないし行動は、律令官制の草創期ないし形成期であるこの時期においては、「大納言」なり「中納言」の官に付与された権限にかかわることなく行ないえたことなのではないだろうか。

二　大宝令制太政官の性格

浄御原令制下の「太政官」の権能は以上述べた如くであったと考えられるが、大宝元年三月に大宝令官制が施行されるにおよび、太政官の性格はほぼ一新されることとなった。法定された議政官・国政参議官として、左大臣、右大臣に加えて大納言四員が加わり、ついで令外の中納言、権制の「参議」が設けられて、議政官の組織は飛躍的に拡大された。そしてそれらのポストに、畿内に出自を有する大化前代以来の有力氏族の長が、その氏族を代表する者としてつぎつぎと席を占めたことは、周知の事実である(5)。

このように議政官の組織が拡大されたのみでなく、大宝令制の太政官は、その権能もまた大いに拡大された。そうした権能の拡大は、大宝令の施行によって本格的に実施されることとなった文書による行政方式と、それを行なうための前提として整備された官庁相互の階層制および官職階層制の形成に負うところが大であったとみられるが、ともあれ太政官(弁官を含む)は国家行政の最高執行機関としての位置づけを確立するとともに、太政官内の議政官組織は、行政命令・単行法令の立案・審議の府となったのである。公式令に定める論奏式・奏事式は、議政官組織のもつこのような法令の立案・審議の権限を明文化したものであった。

もっともそうした場合、議政官組織のもつ法令の立案権・審議権なるものがどの程度のものであったのか、またたとえば勅命すなわち天皇の意志に対する審議権、さらには拒否権をも含むものであったかどうかは、もちろん問題である。私はさきに、公式令論奏式条の検討を通じて、議政官組織のもつ審議権がかなり広範なものであったことを推定したが(6)、ここでは、勅命に対して議政官組織が審議権を行使した具体的事例として、藤原宮子の「大夫人」称号事件を挙げることにしたい。関係する資料は、続日本紀のつぎの二つの条である。

神亀元年二月丙申、勅、尊二正一位藤原夫人一、称二大夫人一、

神亀元年三月辛巳、左大臣正二位長屋王等言、伏見二二月四日勅一、藤原夫人天下皆称二大夫人一者、臣等謹検二公式令一、云二皇太夫人一、欲レ依二勅号一、応レ失二皇字一、欲レ須二令文一、恐作二違勅一、不レ知レ所レ定、伏聴二進止一、詔曰、宜下文則皇太夫人、語則大御祖、追二収先勅一、頒中下後号上、

この事件は一般に、天皇が令の規定を破れなかった事例としてとらえられているが(7)、私見によれば、それのみでなく、議政官組織の意志が天皇の意志を破った事例でもあると考えている。もっともそうしたとらえかたは、すでに吉田孝氏によって提示されている(8)。吉田氏はこの事件の特異性について述べられたうえで、つぎのようにいわれる。「現実に機能していた国制においては、天皇も律令によって制約されていたのである。というよりは、太政官に集約された貴族層の意向が、律令を利用して天皇の権力を制約した、といったほうが正確かもしれない」。私はこの点を、公式令の規定する詔書・勅旨等の発布手続きの面からたしかめてみたい。

この事件は、続日本紀では上掲のように、神亀元年二月丙申条と同年三月辛巳条の、二条にわたって記されている。そこでまず、「大夫人」の称号を撤回した三月辛巳条からみると、「大夫人」の称号に異議を申したてたのは、「左大臣正二位長屋王等」であって、長屋王一人ではなく、複数の官人であった。また言上文のなかには、「臣等謹検二公

式令」と記されている。これもまた異議を申したてた者が複数の官人であったことを示すが、私が注目したいのは「臣等云々」の文言である。なぜならばこの文言は、論奏において用いられるのが通例だからである。(9) すなわちこの言上文は、議政官組織がみずから案件を発議し、これを審議したうえで天皇に奏上する、論奏として奏上されたとみられるのである。私がこの事件を以て、議政官組織の意志が天皇の意志を破った事例と考える理由の一つは、この点にある。〔補注2〕

だがこの事件の経過をめぐっては、いま少し考えるべきことがあるように思われる。というのは、「大夫人」の称号が「勅」によって布告されたのは、二月丙申であった。論奏による議政官組織の主張を天皇が認めて、「先勅」を撤回したのは三月辛巳である。こうした時間的経過から知られることは、「先勅」は議政官組織が全く関与しないままに布告されたものであるらしいこと、そのために「先勅」の布告後、改めて太政官内で異議が論議されたらしい、という事情である。したがって、もしかりに、「大夫人」の称号使用を命じた「先勅」が法として定立する過程において、議政官組織がその勅を審議していたならば、その時点で異議が提出され、このように、天皇と議政官組織との間の意志の相違が表面化するような事態は、生じなかったのではないだろうか。

現実におこった「勅」による布告と論奏によるそれの撤回という経過は、実は、公式令の規定に依拠することによって、説明することが可能である。というのは、「大夫人」の称号の布告は、続日本紀によれば「勅」で行なわれている。続日本紀にみられる「詔」と「勅」の語は、しばしば混同ないし混乱して用いられ、あるいは両者の区別を意識せずに使用される場合が多いのであるが、この事件についての上掲の二つの記事に関するかぎり、めずらしく「詔」と「勅」は使いわけられている。すなわち、「大夫人」の称号を公布した「勅」を指して、長屋王等の提出した論奏は「二月四日勅」とし、論奏に答えた「詔」文中でもこれを「先勅」としている。これに対して論奏に答えて出されたものは「詔」である。

ところで公式令の1詔書式条と2勅旨式条によれば、天皇の意志を法として定立せしめるにさいし、詔書を以てするか勅旨を以てするかによって、その手続きには明確な区別があった。すなわち詔書を以てする場合には、太政大臣以下大納言以上の議政官が加署して、これに同意を与えることが必要である。これに対し勅旨を以てする場合は、議政官の加署を必要とせず、中務省官人が位署を加えた案すなわち写がただちに弁官に送られて、施行のための正勅旨(様式は太政官符、但し大宝令では中務省符で施行する便法があった)が作成される。つまり法規上では、勅旨の案成・定立・施行には、議政官組織は関与しないのである。とすれば、「大夫人」の称号を布告した「先勅」は、公式令2勅旨式条の規定にのっとって案成・施行された可能性が大きい。いったん公布された「大夫人」の「勅」に対し、議政官組織がのちに改めて異議を申したてた事情の背後には、このような「勅」の案成・施行の手続上の問題があったと推定されるのである。

ややくわしく「大夫人」の称号事件の経過をみてきたが、以上の所論を基礎として、以下のような推測が可能となるであろう。それは詔書式に関することで、そこでの議政官の加署は、天皇の意志に対する単に形式的な同意を示すものではなく、実質的な審議を経たうえでの同意を意味するものであったのではないか、と推測する途がひらけることである。この事件の場合、はじめから詔書の手続きにのっとって天皇の意志が示されていたならば、議政官が位署を加える段階で審議され、修正されたか拒否されたかも知れないという可能性は、依然否定できないであろう。だがそれはともかく、少なくとも議政官組織は、勅命に対する審議権を有していたということを、この事件の経過からくみとってさしつかえないと思われる。[補注3]

以上、大宝令の施行によって、太政官内の議政官組織は単行法令の立案・審議の府となったこと、「大夫人」称号事件の検討結果によれば、その審議の対象のなかに勅命が含まれていたとみることも、あながち不可能ではないということの、二点を述べた。だが大宝令の施行によって、いま一つ確実になった事柄がある。それは、限定された範囲においてではあるが、議政官組織がその独自の意志によって、単行法令を法として定立することが可能となったことである。

別稿(10)で述べたことだが、大宝令の施行以後、詔・勅を除き、太政官の議政官組織を介して定立される法には、つぎの四種のものがあった。

(イ)　議政官組織が発議し、「奉勅」を経て定立するもの
(ロ)　議政官組織が発議し、「奉勅」を経ないで定立するもの
(ハ)　諸司・官人等が発議し、議政官組織に上申され、「奉勅」を経て定立するもの
(ニ)　諸司・官人等が発議し、議政官組織に上申され、「奉勅」を経ないで定立するもの

このうち(ロ)は議政官組織がみずから発議した案件について、(ニ)は諸司・官人等から上申された案件について、それぞれ議政官組織が審議し、議政官組織の独自の意志によって、法として定立されるものである。したがってそのかぎりで、議政官組織は立法の府となったといってさしつかえない。なおこの点について一つ附言すると、(ロ)と(ニ)の法令を施行する太政官符を以て、これを詔・勅に並ぶ、あるいは詔・勅に対峙する「独立命令」であるとする見解が石尾芳久氏によって示されているが(11)、私はそうした考えは採らない。なぜならば、太政官符自体は弁官が発給する施行文書の一様式にすぎないものであるし、「奉勅」を経る必要があるか否かは、延喜太政官式(弘仁太政官式も)が「其事重者、臨時奏裁、自余准レ例処分」というように、要するに案件の重要度の違いによるものだからである。

さて、大宝令制の太政官ならびに太政官内の議政官組織が以上のような権能を有するものであったとすると、これ

が浄御原令制下の「太政官」と大いに異なるものであることは、明らかである。畿内貴族ないし有力氏族の代表は、国政に対する発言の場を獲得し、その合議の結果に基づいて法を定立せしめ、さらには天皇の意志を掣肘する可能性さえひらくにいたった。

ここにおいて、二つの問題が提起されることとなる。第一は、浄御原令制から大宝令制への、太政官のこのように大幅な質的変化は、なにゆえに生じたのかという問題であり、第二は、大宝令制のもとでの貴族ないし氏族代表の発言力の拡大に対し、天皇権力はどのように対処したかという問題である。つぎに、こうした問題について、若干の私見を述べることにしたい。

三　大宝律令制定をめぐる貴族層と「王権」

第一の、浄御原令制から大宝令制への転換にともない、太政官の権能が大幅に拡大されたのはなぜか、という問題に対する私の回答は、一つしかない。それはいうまでもなく、天皇を含めた畿内を中心とする支配者集団の内部に強固に存在した〃貴族制〃が、こうした太政官の権能の大幅な拡大をもたらしたのだということである。

大宝令制における議政官組織の拡大、およびそれにともなうその国政審議機関としての確立、さらには限定された範囲におけるものではあったがその立法機関としての確立は、律令国家草創期に行なわれた天武による専制支配、それゆえの貴族・豪族に対する国政参与の抑止という、天武朝の政治体制に対する一種の反動としてとらえることができる。そもそも大化前代および大化以後を通じて、畿内に出自を有する有力氏族の長が、あるいは大臣・大連として、あるいは大夫として、国政に参与するのは、むしろ常態であったと考えられている(12)。したがってそうした観点からすれば、専制支配を貫徹した天武朝こそが、むしろ特殊な政治形態のとられた時代であったとしなければならない。その時期にそうした政治形態の出現を可能にしたのは、おそらく、一つには、壬申の乱の一因ともなり、また乱ののちさらに進行した、畿内を中心とする支配者集団の分裂と、分裂によるその弱体化であり、また一つには、天武のもつある種のカリスマ的権威であったと思われる。だが、そうした専制的な政治形態が永続性を有するものではなく、また一方に有力氏族代表による国政参与への志向が底流として根強く存することを、天武自身もまた充分に承知していたのではなかろうか。天武が領導して編纂された浄御原令制の「太政官」のなかに、執政の官として左大臣・右大臣の二官を設けたのは、天武のもつそうした認識の反映ではなかったか。専制君主天武といえども、大化前代より牢固として存する、畿内の有力氏族による国政参与の慣行ないしそれへの志向を無視しえず、わずかに左大臣・右大臣の二官を設けることによって、最小限の妥協をはかったのだと思われる。

つぎに、大宝律令がどのような人物の主導によって編纂されたかについては議論のあるところだが、近年有力になりつつある学説のいうように(13)、続日本紀文武四年三月甲子条の「詔二諸王臣一、読二習令文一、又撰二成律条一」という記事を以て令の編纂完了を示すものと解してよければ、大宝令の編纂を主導した人物として第一にうかびあがるのは持統であり、第二は藤原不比等であろう。だがその編纂メンバーには、のちの養老律令編纂の場合と異なり、藤原不比等のみでなく、粟田真人・下毛野古麻呂等の上級官人が名を列ねていることに注意しなければならない。しかもかれらは、不比等の事例から知られるように、「令官」として実際に令文の刪定に従事したのである。これまた別稿(14)において触れたことであるが、法曹類林に載せるつぎの令問答は、かれらの活動の一端を今日に伝えている。

成選輩奏授判授事

選任令曰、「(イ)外八位及内外初位者、官判授」、又曰、「(ロ)進二四階以上一者、奏聞別授」、是官判授之中、当レ進二四階

以上ニ者、奏聞以不、

令官藤原卿式部葛野王等曰、不ニ奏聞一、

右の文中の「選任令曰」の四字を、新訂増補国史大系は「選任令日」とするが、それは明らかな誤読である。そして(イ)は大宝選任令内外五位条の、(ロ)は大宝選任令遷代条の引用文であって、質問者はこの両条を引用して、官の判授である外八位および内外の初位の者が一度に四階以上昇叙する場合も奏聞する必要があるのかどうかを問うたのである。その質問に対して、「令官藤原卿式部葛野王等」は、奏聞する必要はないと答えた。この令問答はこのような内容を伝えるものだが、引用された令文が大宝令文である以上、この問答が行なわれたのは大宝令の施行以後であらねばならず、他方、大宝令の施行期において「式部葛野王」に比定すべき人物には、慶雲二年十二月に卒したかの大友皇子の長子式部卿葛野王以外に何者も存在しない。つまりこの令問答の行なわれたのは大宝令施行の直後であり、「令官藤原卿」は藤原不比等にほかならないのである。そしてこの令問答の存在によって、私たちは、大宝律令の編纂メンバーたる藤原不比等は、同律令の施行以後も、「令官」として令文解釈の治定という実務にたずさわったこと、そのことから推せば、不比等は決して名誉職として、あるいは刑部親王につぐ副総裁として名目的に大宝律令の編纂メンバーに名を列ねたのではなく、不比等みずから刀筆を執り持って科条を删定したのであろうこと、同様に不比等以外の粟田真人・下毛野古麻呂等の上級官人も、同じく「令官」として条文撰定の実務に積極的にたずさわったであろうこと、等々の事柄を知ることができるのである。

ひるがえって持統朝の政治過程をみると、一見平穏に経過したかにみえるこの時期にあっても、皇位継承問題をめぐるいくつかの〝危機〟が存したことは、周知の事柄に属する。

持統朝はまず、大津皇子事件で幕をあけたが、持統三年四月に皇太子草壁皇子が早逝したことにより、持統のえがいた皇位継承についての展望は、修正されざるをえないものとなった。その翌年、皇后みずからが即位したことの一つの理由は、草壁皇子の死去によって生じた、天武の諸皇子間の皇位継承をめぐる思惑あるいは抗争を回避し、皇位を確実に草壁皇子の嫡子軽皇子に継承させることにあったが、同じような皇位継承をめぐる〝危機〟は、持統十年七月の、皇太子に準ずる立場にあった「後皇子尊」すなわち高市皇子の死去によって、いま一度訪れる。懐風藻の葛野王伝が伝えるように、この皇子の死を契機として、持統と天武諸皇子の間、および天武諸皇子相互の間の、皇位継承をめぐる対立が、再び顕在化するのである。しかもこうした対立の背後に、有力氏族の代表による国政参与の志向が、底流として存在していたことを、忘れてはならない。懐風藻の葛野王伝によれば、持統の命令によって日嗣を議するためにその日禁中に参集した者は、天武諸皇子あるいは葛野王のような近親者のみでなく、「王公卿士」であった。そしてこれら「群臣」が「私好」をはさんだため、衆議が紛紜したという。つまり「群臣」は個別にそれぞれの皇子の支持者になっており、そのような「私好」をこうした席で公言するほどの発言権を有していたのである。さらにいえば、このような密議にそうした「群臣」を参加させねばならないほどに、「群臣」の存在は大きかったのである。このことは、いうまでもなく、逆には、「王権」の相対的な後退を示すものでもある。

このようにみてくれば、持統朝の末期において、「王権」が貴族・豪族勢力と妥協すべき条件が、すでに存在していたとみることができるであろう。大宝律令は、このような状況のなかで編纂されたのである。そしてその編纂の実務には、藤原不比等・粟田真人・下毛野古麻呂等の上級官人が、直接たずさわったのであった。藤原不比等はたしかに持統の股肱の臣であったろう。だがしかし、上山春平氏のいわれるような[15]、大宝律令編纂の功は不比等一人にあり、大宝律令に基づく国家体制は不比等一人が構想したものであるとする考えかたは、おそらく正しいものではない。なんとならば、もし不比等が新たな国家体制を一人で構想し、しかもそれが持統の意を体して行なわれたのだとするならば、決して、「王権」を掣肘する権能を付与された大宝令制太政官の如きものを設けることはなかったであろうからである。大宝令制太政官は、やはり、「王権」が相対的に後退するなかで、貴族層の意志によって構想されたと考えるべきである。

しかし一方、持統の方も、こうした貴族層の結集に対抗すべく、周到な布石を行なっている。そこでつぎに、第二の問題、すなわち「王権」の側からする対応についてみることにしよう。

私見によれば、大宝令制太政官の発足にともなう議政官組織の拡大とその国政参与権の法制化に、いわば対抗する目的を以て設定されたものが、少なくとも二つある。一つは大宝令内に法制化された太上天皇であり、いま一つは持統太上天皇の死後に設けられた知太政官事である。太上天皇にせよ知太政官事にせよ、それらについての先学の研究は多数存するが、ここではそれらを参酌しつつ、私見の要点のみを述べることにしたい。

その身位は天皇と同じとする太上天皇は、いうまでもなく、大宝令にはじまる日本独自の制度である。もっともその名称そのものは、秦の始皇帝が亡父荘襄王を追尊して称したという「太上皇」、ついで漢の高祖がその父太公を尊んで称したという「太上皇」や、北魏献文帝が位を孝文帝に譲ったさいに群臣がたてまつったという「太上皇帝」の語に由来するが[16]、しかしそれらは皇帝の父(皇帝位に即かなかった父)あるいは退位した前皇帝の単なる称号であって、前皇帝たる「太上皇帝」が政事に関与したことがあったとしても、それは新帝が幼少であるという理由によるのであり[17]、「遜位の天子は、皇族としての礼遇を与へられる以外に何の権力もなかつた[18]」と考えられている。したがって唐令でも、こうした称号を令文上に載せることはしなかった。これに対し、日本の太上天皇は令の規定する称号であり、しかもその身位は天皇と同じとされている。

このような日本独自の太上天皇の制は、慶雲四年七月の元明即位の宣命(続紀)が、「藤原宮御宇倭根子天皇丁酉八月尓、此食国天下之業乎日並知皇太子之嫡子、今御宇豆留天皇尓授賜而、並坐而此天下乎治賜比諧賜岐」という、持統の文武に対する後見ないし持統と文武との共同統治という、現実に行なわれていた政治形態をそのまま法制化したものであるとする石尾芳久氏の指摘[19]は、当然首肯すべきである。そして、このように太上天皇の身位を法制化し、退位した天皇持統の法的地位を確定したことの意図としては、二つのものがあったとみてよい。その一つはいうまでもなく、石尾氏が強調しておられる如く、皇位継承権を有する天武諸皇子から、文武を持統みずからが擁護し、さらには天武―草壁―文武―首の嫡々相承を維持するという、持統の個人的意図であり、いま一つは、新制太政官の、権能を拡大した議政官組織を掣肘するという、「王権」の立場からする意図である。

持統太上天皇死去の直後からはじまる知太政官事は[20]、このうちの後者の、議政官組織に対する対抗ないしはそれへの監視の機能をうけついだものであった。知太政官事に関するもろもろの見解[21]のなかで、野村忠夫氏のつぎの所説[22]が、私見を尽している。「その(知太政官事のこと――早川注)登場は、天武・持統朝の権力体制から、大宝令での太政官体制の確立への変化と関連がある。持統太上天皇が主導した大宝令制の皇権のもとで、議政官が一定の職掌・権能を与えられ、しかも令制の建前とは異なって、太政官は上級貴族氏の拠点として形成された。そして持統が世を去ったとき、天皇権力の側から太政官を総知する機能として登場したのが「知太政官事」であった。それは太政大臣とは本質を異にし、その存在そのものが、天皇権力の側から、太政官に重みと掣肘感とを与える機能としての地位であったといえる」。ここに引用した野村氏の文章のなかから、「しかも令制の建前とは異なって」の一句を除けば、私見は野村氏と全く同じである[23]。

おわりに

大宝令制太政官の成立とその性格に関する考察を終えるにあたって、いま一度、かくして形成された律令制太政官は、その本質において、天皇権力に対立する性格を有するものであったことを、確認しておきたい。もちろん八世紀以降の現実の政治過程において、天皇権力と議政官組織が対立するような事態が表面化したことは、ほとんどない。八世紀前半に限定してみても、そのような事態の表面化したのは、本稿でとりあげた藤原宮子の称号事件、あるいは天平十二年末から同十七年にかけてのあいつぐ遷都の渦中において生じた、紫香楽宮と難波宮の遷都をめぐる聖武と議政官組織との意志の不統一くらいであろうか(24)。だが議政官組織が、限定された範囲においてであったとはいえ立法権を有し、また勅命をも審議する権能を有したとすれば、そこには常に議政官組織が天皇権力の対立物に転化する契機が内在していたとみなければならない。なるほど宮子称号事件や紫香楽・難波遷都をめぐる天皇と議政官組織との対立は稀有な事例ではあるが、そうした稀有な事例のおこりうる可能性を、律令制太政官は潜在的にもっていたのである。

(1) 本書第I部第二章「律令太政官制の成立」。

(2) このような私見に対して、野田嶺志氏は「律令制と中納言」(『日本史研究』一七二、一九七六年)において、以下のような独自の見解を示された。すなわち、浄御原令官制での大納言と少納言は、太政官を構成する官職であって、前者は執政官、後者は侍奉官として位置づけられていたが、中納言の官はこれら二官とは別個に、天皇に近侍する側近の官として、天皇の専制支配を支えるために置かれたものであり、「太政官的性格を有さない、天皇専制支配のみに対応する官制」であったとされた。しかし野田氏がこのように解されたのは、近藤芳樹『標注職原抄校本』が大宝令制以前の中納言について「公卿補任に中納言大神高市麻呂、納言布施御主人とありて、この中は大中少の中ならず、中外の中なるべし」といい、これに依拠された竹内理三氏が「「参議」制の成立」(『律令制と貴族政権』第I部所収、一九五七年、御茶の水書房)において、「中納言の意味は標注職原抄の説く如くであろう」といわれたのを襲われたためであって、こうした理解を導くに足るこの時代の資料があってのことではない。だが私は、つぎの二つの理由により、このような解釈は無理であろうと考える。

第一に、野田氏も挙げておられることだが、律令官制のなかで大・中・少の三等に官を分けるものには、弁(大弁・中弁・少弁)、監物(大監物・中監物・少監物)、判事(大判事・中判事・少判事)、内記(大内記・中内記・少内記)、解部(大解部・中解部・少解部)などがあるが、これらはいずれも大・中・少の等級を示すにすぎないもので、「中」に特別な意味があるわけではない。

第二に、野田氏が依拠された近藤芳樹の「中納言」の解釈は、実はある種の誤解に基づく解釈である。『標注職原抄校本』は上掲の文に続けてつぎのようにいう。「この中は大中少の中ならず、中外の中なるべし、持統女帝なるゆゑに、簾中に入て機密を献替する官を置れて、こを中納言といへるならん歟、この御代には大納言の号所見なし、かゝれば弁疑(壺井義知『職原抄弁疑』をいう)にいへる如く、彼中納言は即今の大納言に等し」(傍点早川)。つまり近藤芳樹は、持統十年十月庚寅条(書紀)と大宝元年三月甲午条(続紀)の大納言の記事を知らず、この時期には中納言のみが存したとの認識のもとに、その中納言の意味を解釈したのであって、そのため中納言の「中」は「大中少の中ならず」と解さざるをえなかったのである。しかし私たちは、この時期に、大納言のみならず小(少)納言の存在したことをも知っている。近藤芳樹もまたこの事実を知っていたならば、はたして「この中は大中少の中ならず、中外の中なるべし」という解釈を施したであろうか。

以上のような理由によって、野田氏の見解は成立しがたいものと思われる。

(3) 拙稿「律令制の形成」(『岩波講座日本歴史』2所収、一九七五年、岩波書店)。
(4) 本書第I部第二章「律令太政官制の成立」。
(5) 阿部武彦「古代族長継承の問題について」(『北大史学』二、一九五四年、のち『日本古代の氏族と祭祀』所収、一九八四年、吉川弘文館)。
(6) 本書第I部第一章「律令制と天皇」。
(7) 井上薫氏が指摘されたように、この「大夫人」の称号が、藤原宮子が皇族出身者でないことをはばかって案出されたものであったにしても、またこの事件が、皇族出身者でない宮子を「皇太夫人」と称することによって、かえって宮子の地位を確定せしめるという皮肉な結果をもたらしたにしても(井上薫「長屋王の変と光明立后」、『日本古代の政治と宗教』所収、一九六一年、吉川弘文館)、この事件によって、律令の規定を破るのも可とするのを原則とする天皇が、結局令の規定に拘束され、綸言汗の如しとされる前勅が撤回されたことにおいては、変るところがない。

(8) 吉田孝「律令と格」(『古代の日本』9所収、一九七一年、角川書店、その骨子はのち『律令国家と古代の社会』I「「律令国家」と「公地公民」」所収、一九八三年、岩波書店)。

(9) 論奏において用いられるこの種の文言としては、「臣等案」「臣等商量」のほかに、「官議商量」「朝議商量」などがある。

(10) 拙稿「太政官処分について」(彌永貞三先生還暦記念会編『日本古代の社会と経済』上巻所収、一九七八年、吉川弘文館)。

(11) 石尾芳久『日本古代の天皇制と太政官制度』(一九六二年、有斐閣)、同『日本古代天皇制の研究』(一九六九年、法律文化社)、同「太政官制度論」(『古代の法と大王と神話』所収、一九七七年、木鐸社)。

(12) 関晃「大化前後の大夫について」(『山梨大学学芸部研究報告』一〇、一九五九年)。

(13) 直木孝次郎『持統天皇』(一九六〇年、吉川弘文館)、押部佳周「大宝律令の成立」(『ヒストリア』六〇、一九七二年、のち『日本律令成立の研究』所収、一九八一年、塙書房)、井上光貞「日本律令の成立とその注釈書」(日本思想大系『律令』所収、一九七六年、岩波書店、のち『日本古代思想史の研究』所収、一九八二年、岩波書店)。

(14) 本書第II部〈附論二〉「奈良時代前期の大学と律令学」。

(15) 上山春平『埋もれた巨像』(哲学叢書、一九七七年、岩波書店)。

(16) 宮内庁書陵部編纂『皇室制度史料、太上天皇 一』(一九七八年、吉川弘文館)。また岸俊男「元明太上天皇の崩御」(『日本古代政治史研究』所収、一九六六年、塙書房)参照。

(17) 岸俊男「元明太上天皇の崩御」(前掲)。

(18) 瀧川政次郎「律令制度概説」(『日本法制史研究』所収、一九四一年、有斐閣)。

(19) 石尾芳久「藤原不比等と律令の成立」(『古代の法と大王と神話』所収、前掲)。

(20) 持統太上天皇の死去は大宝二年十二月のなかばであり、刑部親王の知太政官事就任は翌三年正月のなかばであって、この間、約一か月の空白があるにすぎない。

(21)　知太政官事に関説した従来の研究の主要なものとしては、竹内理三「知太政官事考」(『律令制と貴族政権』第I部所収、一九五七年、御茶の水書房)、北山茂夫「七四〇年の藤原広嗣の叛乱、補記知太政官事」(『日本古代政治史の研究』所収、一九五九年、岩波書店)、横田健一「安積親王の死とその前後」(『白鳳天平の世界』所収、一九七三年、塙書房、ただし該論文の発表は一九五九年)、井上光貞「古代の皇太子」(『日本古代国家の研究』所収、一九六五年、岩波書店)、八木充「太政官制の成立」(『律令国家成立過程の研究』所収、一九六八年、塙書房)、野村忠夫『律令政治の諸様相』(一九六八年、塙書房)等を参照。

(22)　野村忠夫「奈良時代の政治過程」(『岩波講座日本歴史』3所収、一九七六年、岩波書店)。

(23)　知太政官事の機能をこのようなものと考えた場合には、いわゆる「皇親政治」の評価を再検討する必要があるが、それについては後考をまちたい。

(24)　紫香楽宮と難波宮の遷都をめぐる聖武と議政官組織との意志の不統一については、本書第I部第四章「上卿制の成立と議政官組織」の注(62)参照。

〔補注1〕

旧稿の注(2)では、浄御原令制下の中納言についての野田嶺志氏の理解が成立し難い理由を、三点挙げた。その第二点は、この時代に「外」すなわち外廷に対する「ウチ」を示す語は「内」であって、「中」ではない、というものであったが、その後、「中」が「ウチ」・内廷を意味する用例として、続日本紀天平十三年十月戊戌条の「制、令二内外従(衍カ)五位已上、自レ今以後、侍レ中供奉一」、同天平宝字二年八月丁巳条の「紫微中台、居レ中奉レ勅、頒二行諸司一」などのあることに気づき、野田氏の見解に対する批判としては無効であることが判明したので、旧稿を本書に収録するにさいしては、この第二点の全文を削除した。

〔補注2〕

旧稿では、この部分に注(10)として、論奏と奏事の別を述べたが、不適切な記述であるので、旧稿を本書に収録するにさいし、注(10)の全文を削除した。なお、論奏と奏事の別に関する私の理解については、本書第I部第一章「律令制と天皇」の〔補注〕参照。

〔補注3〕

旧稿においては、この部分の記述に続けて、天平十年十月七日太政官符(三代格十)を以て初見とするいわゆる奉勅上宣官符に関説し、そのような新様式の太政官符が出現するにいたった理由を、藤原宮子の称号事件と関連づけて理解することが可能なのではないか、とする私見を述べた。それは、概略以下のようなものであった。

㈠奉勅上宣官符は、議政官組織の一員である上卿が勅を奉ってこれを弁官に伝え、太政官符を作成・施行させたものである。㈡したがってこの様式の太政官符によって施行される法としての「勅」は、公式令勅旨式条で議政官が関与することなく施行されると規定する「勅」とは、異なっている。㈢とすれば、奉勅上宣官符は、公式令勅旨式にのっとって施行されたと推定される宮子称号事件の「勅」のようなケースの再発を防止するために、議政官組織が生みだした新たな方式と考えられはしないか。㈣いずれにせよこの新様式の太政官符の出現以後、「詔」も「勅」も、すべて議政官組織を介さなければ法として定立せず、したがって施行できないものとなったとみられる。以上が旧稿で述べた私見の要点であった。

このように旧稿では、奉勅上宣官符の出現を、天皇と議政官組織の関係を基軸として理解しようとしたのであったが、本書第I部第四章「上卿制の成立と議政官組織」で詳述するように、奉勅上宣官符の出現は、むしろ議政官組織と太政官符作成機関である弁官との関係のなかでとらえるべき性質の問題であり、またその出現に上記㈣のような評価を与えることは誤りであることが判明したので、旧稿を本書に収録するにさいしては、この部分の本文の記述を全文削除した。

第四章　上卿制の成立と議政官組織

はじめに

大宝令によって組織と権限が拡大された太政官の議政官組織が、その後どのような変遷をたどったかを、具体的にあとづけることのできる材料は、きわめて乏しい。しかしそうしたなかにあって、八世紀から九世紀にかけて発給された多数の太政官符・太政官牒等に記載されている「宣者」のありかたが、わずかながらも手がかりを与えてくれるように思われる。そうした見通しのもとに、この章では、太政官符・太政官牒等の「宣者」を通じて、いわゆる「上《シヤウ》卿《ケイ》」制の成立過程をあとづけ、この面からみた議政官組織の変質の過程を考えることにしたい。

一　奉勅上宣・上宣と上卿

太政官符・太政官牒・弁官下文(官宣旨)などの、弁官が作成する太政官発給の施行文書にみられる宣者、すなわち後世いうところの上卿については、すでに土田直鎮・山田英雄・柳雄太郎等の諸氏による研究が報告されている(1)。しかし八世紀の上卿およびその宣である上宣については、いまだ充分に明らかにされているとはいい難いように思われる。そこでまず、八世紀におけるこうした制度の成立過程をあとづけることにしたいと思うが、その前に、後世の上卿および上宣について、簡単に触れておこう。

九世紀のなかば以降、太政官が中心となって行なわれる恒例・臨時の儀式・政務すなわち朝儀では、朝儀ごとに、その朝儀のすべてをとりしきる一人の責任者が、公卿のなかから任命されるのが例であった。この公卿を「上卿」という。そして、太政官(議政官・公卿)が弁官に命じて太政官符・太政官牒・弁官下文(官宣旨)等の行政命令書を作成・発給させることも、そうした朝儀の一つであったから、そのような場合にも公卿のなかから一人の上卿が任命され、この上卿が天皇の意志すなわち勅を奉って宣するか、あるいは太政官(議政官・公卿)の合議の結果を宣することによって、弁官に対しそれらの行政命令書の作成・発給を命じたのである。この場合の上卿の宣を「上宣」といった。(2)上宣には、このように、勅を奉って宣するものとそうでないものとの二種があるが、ふつう前者を「奉勅上宣」といい、後者を単に「上宣」という。そこで本稿では、前者を施行するために作成された太政官符等を「奉勅上宣官符」等といい、後者を施行するために作成された太政官符等を「上宣官符」等ということにする。

さて、このような場合の上卿について、土田直鎮氏は、つぎの三つの特徴を指摘しておられる。(3)

㈠「参議は官符および官宣旨を下す権限を持たない」。

土田氏はこのように表現されるが、これを私なりにいいかえれば、参議はその宣によって、弁官に対し、官符および官宣旨の作成・発給を命ずる権限をもたない、ということになる。

㈡「官符・官宣旨の命令内容が、即ちそれを下した上卿個人の意志や政策をあらわしたものとは認められない」。

㈢「官符や官宣旨を下す上卿は、政務に練達した一部の公卿に集中する傾向がある」。

これも私なりに表現すれば、その宣によって弁官に官符や官宣旨を作成・発給させる上卿は、政務に練達した一部の公卿に集中する傾向がある、ということになる。

これらの特徴は、九世紀なかば以降の太政官符・太政官牒・弁官下文(官宣旨)の実例から導かれたものであって、平安時代から鎌倉時代にいたるまで、変ることのなかった特徴である。だがそれが、八世紀にさかのぼって検証できる特徴であるか否かについては、かならずしも明らかにされてはいない。

ところで、右の特徴(一)によれば、こうした上卿になりうる資格を有する者は、中納言以上、すなわち大臣・大納言・中納言である。そしてこのことは、土田氏が指摘しておられるように、実例によるかぎり全く例外はないし、弘仁太政官式[4]に「凡庶務申二太政官一、若大臣不レ在者、申二中納言以上一、其事重者、臨時奏裁、自余准レ例処分」というように明文化されている政の上卿、すなわち官政(弁官政)・外記政の上卿は中納言以上にかぎられるという行事に対応するものである。また(二)と(三)によれば、この種の上卿は、本来は、中納言以上の任にある者の役務であって、中納言以上であればだれが上卿になってもよく、したがって特定の公卿に固定するような性質のものではなかったと推察される。土田氏がいわれる(三)の特徴は、そのときの公卿たちの政務能力の有無によって、有能な一部の公卿に集中する傾向があることをいうのであって、決して一人の公卿に集中するのではない。それゆえ極端にいえば、この種の上卿は、中納言以上の公卿の全員が有能であれば、輪番制であってもさしつかえないことになる。このように、中納言以上であればだれもがなりえて、特定の一人の公卿に集中するものではない上宣の制を、本稿では、太政官符等の発給における上卿制と称することにしよう。

このような上卿制の成立過程を考察するにあたっては、時期をつぎのように区分するのが便宜である。

一　八世紀前半(天平末年まで)
二　藤原仲麻呂の政権獲得期と仲麻呂政権下(天平勝宝元年から天平宝字八年八月まで)
三　道鏡政権下(天平宝字八年九月から神護景雲四年八月まで)

四　光仁・桓武朝

五　弘仁四年以後

以下この順で検討していくことにしたいが、なぜこのような時期区分が妥当であるかは、本稿全体を通じて明らかにされるであろう。

二　八世紀前半の太政官符

太政官符は、弁官が作成し諸司に対して発給する太政官の施行文書である。弁官はこれを、公式令の符式にのっとって作成する。同様に太政官牒は、弁官が作成し僧綱・寺家三綱に対して発給する太政官の施行文書である。(5) 弁官はこれを、公式令の移式にのっとって作成するが、しかし太政官牒が行なわれるようになったのは、養老三年以後のことであった。(6) これに対して弁官下文(官宣旨)は、同じく弁官が作成し発給する太政官の施行文書ではあるが、よく知られているように、太政官符と太政官牒の様式を折衷し、あわせて発給手続きを簡略化したものであって、その出現は九世紀のなかばごろと推定されているから、(7) 主として八世紀について検討する本稿の検討対象には入らない。

ところで太政官符・太政官牒の実例をみると、それによって下達され施行が命ぜられる法の種類には、多様のものがあったことが知られる。いまこれを養老令が施行されて以後の実例についてみると、天皇の意志としての詔および勅、議政官組織が天皇の裁可を請うて許可された太政官奏、奉勅を経ない議政官の合議決定事項などが、いずれも太政官符・太政官牒によって下達され、施行されている。この意味で太政官符・太政官牒は、あくまでも弁官が作成し発給する下達文書・施行文書にすぎないのであるが、しかし不審なことに、令の規定では、天皇の詔や勅がどのようにして弁官に伝えられ、あるいはまた議政官会議の決定事項がどのようにして弁官に伝えられて、太政官符なり太政官牒を作成させるのかという手続上の事柄が、かならずしも明確ではないのである。ただわずかに、公式令2勅旨式条に、勅が勅旨式にのっとって施行されるときは、「勅旨」は中務省からただちに弁官に伝えられ、弁官が位署を加えて、その写一通が施行されるとする規定があるのと、職員令2太政官条での左大臣の職掌「惣二判庶事一」と左大弁の職掌「受二付庶事一」(大宝令では「申二付庶事一」)の「庶事」が一致するところから、弁官が受けた諸司の上申する庶事は大臣に上申され、大臣がこれを惣判した結果は大臣から弁官に下されたのではないかと推測できるくらいである。[8]そしてこの点は、大宝令においても同様であった。

こうしたことを反映してか、八世紀前半の太政官符には、その文面だけからは、それによって施行された法がどのようにして弁官に伝えられたのかを、知ることのできないものが多い。太政官符の本文の文章が知られる最も古いものは、延暦交替式に収めるつぎの太政官符であるが、この文章――おそらく取意文であろうが――からは、この太政官符がどのようにして定立した法を施行したものであるのか、またその法を施行すべき旨がいかにして弁官に伝えられたのか、全くうかがい知ることはできない。

太政官符、大税者、自今已後、別定二不動之倉一、以為二国貯之物一、郡別造二鎰一勾一、国郡司等、各税文及倉案、注二其人時定倉一、後検校欠、徴下所二連署一人上、

和銅元年閏八月十日

八世紀前半においては、本文の文章の知られる太政官符の例そのものが少ないのだが、それでもこののち事例は増えてくる。しかしやはり天平末年までの太政官符は、のちに述べる一例を除いて、みな法令の内容を記すのみで、それがどのような手続きを経て太政官符によって施行されるにいたったかを知ることのできるものは、存しない。ただ

そうしたもののなかにも、二つの形式のものがあった。

I形式　法令の内容を記すのみで、発給の手続きを全くうかがい知ることのできないもの。上掲の和銅元年閏八月十日太政官符がその例だが、いま少し様式の整った例を挙げれば、たとえば養老七年八月廿八日太政官符(三代格八)がある。

太政官符

畿内七道諸国耕種大小麦事

右、麦之為レ用、在レ人尤切、救レ乏之要、莫レ過二於此一、是以、藤原宮御宇太上天皇之世、割二取官物一、播二殖天下一、比年以来、多虧二耕種一、至二於飢饉一、艱辛良深、非二独百姓懈緩一、実亦国郡罪過、自レ今以後、催二勧百姓一、勿レ令レ失レ時、其耕種町段、収獲多少、毎レ年具録、附二計帳使一申上、

養老七年八月廿八日

勧農を内容とするものであるから、おそらく詔または勅を施行した太政官符と推定されるが、そうしたことは文章上には全くあらわれない。

II形式　太政官符の本文が、「右奉レ勅」「奉レ勅」あるいは「依レ勅」などの字句ではじまるもの。一例として養老四年三月十七日太政官符(三代格十七)を挙げる。(9)

太政官符

逃亡戸口悔レ過帰レ郷給レ復事

右奉レ勅、無知百姓、不レ閑二条章一、規二避徭役一、多有二逃亡一、其中縦有下悔レ過還二本貫一者上、経二六年以上一、給二復一年一、継二其産業一、

事例の存することによって、知ることができる。

　　　　　　　　　　　　養老四年三月十七日

但しこの太政官符は、「右奉レ勅」とは書かれていても、勅を施行したものではなく、すぐあとで述べるように、実は太政官奏によって定立した法を施行した太政官符である。

しかもこうした二つの形式の太政官符によって施行された法の性質は、種々であった。そのことは、以下のような事例の存することによって、知ることができる。

(例1)　養老四年三月十七日太政官符(三代格十七)は、上掲のように、本文の書き出しを「右奉レ勅」とするⅡ形式のものであるが、続日本紀の同日記事によれば、この法は太政官奏が裁可されて定立したものである。すなわちこれは、裁可を経た太政官奏を施行した太政官符である。

(例2)　神亀三年十一月十五日太政官符(賦役令19舎人史生条集解古記所引)は、「令師正五位下鍛冶造大隅、従五位下越知直広江、正七位下塩屋連吉麻呂等申状」を施行した太政官符である。但し令師等の「申状」がどのようにして法として定立し、いかなる手続きを経て弁官に伝達されたかは記されていない。

(例3)　天平二年四月十日太政官符(延暦交替式)はⅠ形式のものだが、続日本紀の同日条では「太政官処分」としている。もっとも続日本紀の前半の記事にみられる「太政官処分」の法としての性質は多様であるので[10]、この太政官符で施行された法がどのようにして定立したものかは、決め難い。

(例4)　天平六年五月廿三日太政官符(三代格十四)はⅠ形式のものであるが、続日本紀の同日条では太政官奏とする。すなわちこれは、太政官奏が裁可されて定立した法令を施行した太政官符である。このように、裁可された太政官奏を施行するのに、Ⅰ形式とⅡ形式(例1)のいずれもが用いられている。なおこの時期の太政官符で、その文面から裁可された太政官奏を施行したものとわかるものに、天平八年十一月十一日太政官符(延暦交替式・貞

観交替式)、天平十八年正月一日太政官符(延暦交替式天平勝宝七歳七月五日太政官宣所引)がある。

(例5)　東大寺要録七に「雑格中巻云」として収める太政官符に、つぎのようなものがある。

太政官符　治部大蔵宮内等省

偁金光明寺本名金鐘寺

右、奉二皇后去四月三日令旨一偁、上件之寺、預二八箇寺例一、令レ為二安居一、自レ今以後、永為二恒例一、

天平十四年七月十四日

すなわちこれは、皇后藤原光明子の令旨を施行した太政官符である。しかしその令旨がどのようにして弁官に伝達されたかは、知ることができない。

こうしたなかにあって、特異な存在であるのが、つぎに掲げる天平十年十月七日太政官符(三代格十)である。

太政官符

中宮職供御物事

右、右大臣(橘諸兄)宣偁、奉レ勅、自レ今以後、准二供御物一供奉、

天平十年十月七日

すなわちこれは、奉勅上宣官符である。そして山田英雄氏が指摘されたように、これはその初例である[11]。また、このののち天平勝宝元年の大納言藤原仲麻呂の宣による奉勅上宣官符があらわれる以前の、唯一の例である[12]。右大臣橘諸兄が勅を奉って弁官に宣し、この太政官符を作成させ、宮内省(弘仁格抄はこの太政官符を巻九宮内に収める)に下達させたのである。

以上が、八世紀前半の太政官符の概要である。そしてこれによれば、この時期の太政官符は、文書としての様式は

公式令において定められ、またそれが遵守されていたとしても、本文の記述に関してはいまだ定型がかたちづくられていなかったといえるであろう。Ⅰ形式の官符にせよⅡ形式の官符にせよ、勅なり議政官組織の意志なりが、どのようにして法として定立し、それがどのような手続きを経て弁官に伝達されたかというような事柄は、官符本文の文面にはむしろ記さないのが原則であったようにすらみうけられる。加えて、天皇の裁可を経た太政官奏は、官符本文の文面にそれが太政官奏であるということをあらわすことなく、Ⅰ形式の官符でもⅡ形式の官符でも施行されており、さらには(例1)のようにそれを「右奉レ勅」とするものさえある。このような太政官符の本文様式の多様性が、ただちに太政官符そのものの未発達・未成熟を示すものといえるかどうかについては慎重な判断を要するが、少なくとも、行政命令書の作成・発給機関としての弁官の権能が確立するのはややおくれて、養老年間以後であったと推定されることと[13]、無関係な事柄ではないように思われる。

では、天平十年の奉勅上宣官符の出現については、どのように考えたらよいのであろうか。これについて私は、嘗て、公式令2勅旨式条の勅が議政官組織を経ずに施行されることに対する、議政官組織があみだした防衛策を示すものではないか、と考えたことがあった[14]。だが、そうした理解は、修正しなければならないようである。なぜならば、これ以前のⅠ形式官符にせよⅡ形式官符にせよ、それに盛られて施行された法令が、議政官組織を介さずに弁官に伝達されたとは考えがたいからである。しかしこの節のはじめに述べたように、令の規定では、勅なり議政官の意志なりが、どのようにして弁官に伝達され、太政官符等を作成・発給させるかという手続上の事柄が、明確でなかったのも事実である。八世紀前半の太政官符が、その文面にそうした手続きに関する文言を記さないのは、こうしたことの反映であるとも考えられる。もしそうだとすれば、右のような手続きを、官符の文面に明確に示したことが、この奉勅上宣官符出現の意味であったのかも知れない。

三　大納言藤原仲麻呂の宣

天平十年の奉勅上宣官符があらわれてのち一〇年間、すなわち天平末年までは、この種のものはみられない。少なくとも残されている例はない。それが再びあらわれるのは、天平勝宝元年以降である。

天平勝宝元年七月（孝謙即位・改元）から天平宝字八年九月（恵美押勝の死）までの間の太政官符等のうちで、多少とも本文の記述が知られるものとしては、管見では二七通（太政官宣[15]二通を含む）を採取することができたが、そのうちで宣者を記すものはつぎの五通である。[16]

①天平勝宝元年九月十七日太政官符（天平勝宝元年十二月十九日丹後国司解所引の天平勝宝元年九月廿日民部省符所引、大日本古文書編年〈以下、古と略称〉三―三四四頁、天平勝宝二年正月八日但馬国司解所引の天平勝宝元年九月廿日民部省符所引、古三―三五六頁、天平勝宝二年四月廿二日美濃国司解所引の天平勝宝元年九月廿日民部省符所引、古三―三九〇頁）

「被二大納言正三位藤原朝臣仲麻呂宣一偁、奉レ勅、……」

②天平勝宝二年二月廿六日太政官符（古二五―一頁〈原文書〉、また天平勝宝二年三月三日治部省牒所引、古三―三七五頁）

「右、被二太《マヽ》納言従二位藤原朝臣仲麻呂今月廿六日宣一偁、奉レ勅、……」

③天平勝宝二年五月十日太政官符（天平勝宝二年五月十一日治部省牒所引、古三―三九三頁）

「被二大納言従二位藤原朝臣仲麻呂宣一偁、奉レ勅、……」

④天平勝宝二年十二月廿七日太政官符（天平勝宝二年十二月廿八日治部省牒所引、古三―四七七頁）

「被二大納言従二位藤原朝臣仲麻呂宣一偁、奉レ勅、……」

⑤天平勝宝七歳七月五日太政官宣（延暦交替式、貞観交替式）

「以前、被㆓大納言従二位藤原朝臣仲麻呂宣㆒、（非奉勅）……」

この時期、藤原仲麻呂の上席の議政官としては、左大臣橘諸兄・右大臣藤原豊成・大納言巨勢奈弖麻呂（但し天平勝宝五年三月薨）の三名がいた。仲麻呂はこれらの上席者を超えて、勅を奉って宣し、あるいはみずから宣して、太政官符・太政官宣を作成させ、発給させているのである。そこでこの時期の仲麻呂の動きをみると、つぎのようなことが明らかとなる。

天平勝宝元年七月二日、阿倍内親王が即位して天皇・孝謙となった。その日、参議正三位藤原仲麻呂は大納言となる。ついで八月十日、仲麻呂は大納言のまま令外官の紫微令を兼ねる。この大納言と紫微令の兼官は天平勝宝末年まで続き、同九歳五月、養老律令が施行された日に兼官を解消して、新たな令外官紫微内相に任ずる。紫微内相に任じたとき、太政官の上席者のうち、左大臣橘諸兄は前年二月に致仕しこの年正月に薨じていたが、兄の右大臣藤原豊成は健在であった。しかしその豊成は橘奈良麻呂の変に坐して、この年の七月に右大臣の任を解かれ、大宰権帥に左降される。そしてこののち仲麻呂は、天平宝字二年八月に太保となり、さらに同四年正月には太師となる。仲麻呂が任じたこれらの官職のうち、紫微令は、皇后藤原光明子づきの皇后宮職の組織と権限を拡大してつくられた紫微中台の長官であって、「居㆑中奉㆑勅、頒㆓行諸司㆒」（続紀、天平宝字二年八月甲子条）を職掌とする官職であった[17]。またその処遇は大臣に准ずるとされた紫微内相は、「内外諸兵事」（続紀、天平勝宝九歳五月丁卯条）すなわち兵権をも掌る官職で、太政官さえもその管下に置いたと推定されている[18]。乾政官の太保は太政官の右大臣を改称したものであり、太師は太政大臣を改称したものであって、いうまでもなく仲麻呂がそれらに任じた時点では、乾政官（太政官）内のそれぞれ最高の官職であった。

このようにみてくると、藤原仲麻呂の宣を記した太政官符・太政官宣は、その数は少ないながらも、かれの紫微令兼任中のみにみられることが知られるであろう。そうであるとすると、この五例は、紫微令の職掌である「居レ中奉レ勅、頒二行諸司一」の、具体的な事例なのではなかろうか。たしかにこの五例における仲麻呂の肩書きは「大納言」であって、紫微令とするものは一つもない。しかしそのように考えなければ、上席者の左大臣・右大臣を超えて、なぜ大納言藤原仲麻呂のみが宣しているのかということが、説明できないように思われる。そしてこの推測は、つぎのような事実によっても、支持されるであろう。

この時期には、幸いなことに、いくつかの施入勅願文・献物帳などの「勅書」[19]が残されている。そこでそれらの「勅書」の加署者をみると、以下のようになっている。

(1)天平感宝元年閏五月廿日聖武天皇施入勅願文[20](古三—二四〇頁、平田寺文書、原文書)

「奉勅」として

正一位左大臣兼大宰帥橘宿祢諸兄

右大臣従二位藤原朝臣豊成

大僧都法師行信

の三名が署す。これは藤原仲麻呂が紫微令を兼任する三か月以前の「勅書」である。その時期には、左大臣と右大臣が並んで加署していることに、特に注意しておく必要がある。行信は僧綱を代表して署したのであろう。

(2)天平勝宝七歳十二月廿八日孝謙天皇東大寺領施入勅(古四—八四頁、東大寺文書、写)

(1)からはかなり時期がへだたっているが、仲麻呂が紫微令を兼任していた時期のもので、左大臣橘諸兄が致仕する以前のものである。もちろん右大臣藤原豊成も在任中である。しかし「奉勅」として加署するのは、つぎの三名である。

従二位行大納言紫微令中衛大将近江守藤原朝臣仲麻呂
従三位左京大夫兼侍従大倭守藤原朝臣永手
紫微大忠正五位下兼行左兵衛率〔左脱〕右馬監加茂朝臣角足

紫微令・紫微大忠各一人と藤原永手が署して、左大臣・右大臣の署がないのは、(1)との著しい違いである。永手の署は、侍従としての「受勅人」(公式令2勅旨式条および同条集解穴記)の署であろう。

(3)天平勝宝八歳六月十二日孝謙天皇東大寺宮宅田園施入勅(古四—一一八頁、随心院文書、写)
(4)天平勝宝八歳六月廿一日東大寺献物帳(「国家珍宝帳」、古四—一二一頁〜一七一頁、正倉院御物、原文書)
(5)天平勝宝八歳六月廿一日奉盧舎那仏種々薬帳(「種々薬帳」、古四—一七一頁〜一七五頁、正倉院御物、原文書)
(6)天平勝宝八歳七月八日法隆寺献物帳(古四—一七六頁、御物、原文書)
(7)天平勝宝八歳七月廿六日東大寺献物帳(「屛風花氈帳」、古四—一七七頁〜一七九頁、正倉院御物、原文書)

(3)〜(7)は、左大臣橘諸兄は致仕したが、右大臣藤原豊成は在任中の時期のものである。いずれも署の部分には「奉勅」とは記されていないが、[21] (3)〜(6)の加署者はつぎの五名である。

従二位行大納言兼紫微令中衛大将近江守藤原朝臣仲麻呂
従三位行左京大夫兼侍従大倭守藤原朝臣永手
従四位上行紫微少弼兼中衛少将山背守巨万朝臣福信
紫微大忠正五位下兼行左兵衛率左右馬監賀茂朝臣角足

従五位上行紫微少忠葛木連戸主

このうち藤原永手の官職は、⑹・⑺では中務卿兼左京大夫侍従となる。また⑺ではこれら五名に

従四位下守右大弁兼紫微少弼春宮大夫行侍従勲十二等巨勢朝臣堺麻呂

が加わって、六名となる。いずれにせよ紫微令をはじめとする紫微中台官人と「受勅人」が署し、右大臣は署していない。

以上が、藤原仲麻呂が紫微内相に任ずる以前の「勅書」の位署だが、あわせてそれ以後の例も挙げておこう。

⑻天平宝字二年六月一日孝謙天皇施入勅（「大小王真蹟帳」、古二五―二二九頁、正倉院御物、原文書）

これの署は

紫微内相従二位兼行中衛大将近江守藤原朝臣（仲麻呂）

の一人のみ。

⑼天平宝字二年十月一日東大寺献物帳（「藤原公真蹟屛風帳」、古四―三三七頁、正倉院御物、原文書）

これには

太保従二位兼行鎮国太尉藤原恵美朝臣（押勝）

参議従三位行武部卿兼坤宮大弼侍従下総守巨勢朝臣関麻呂

の二名が署す。

⑽天平宝字四年七月廿三日淳仁天皇東大寺封戸勅（古四―四二六頁、正倉院御物、原文書）

これの署は

太師従一位藤原恵美朝臣（押勝）

の一人のみ。

　これで知られるように、藤原仲麻呂の紫微令兼任中の「勅書」の加署者は、「受勅人」と、紫微令以下の紫微中台官人で占められている。特に紫微中台設置以前の(1)に左大臣と右大臣が署していることは、重要である。このことは、紫微中台設置以前は、「勅書」に「奉勅」者として署するものは大臣であるのが常態であったことを推察せしめるとともに、紫微中台の設置によって、紫微中台は大臣からそうした権能を奪い取ったことを示すものでもあるからである[22]。太政官符等における大納言藤原仲麻呂の宣のあらわれかたは、まさにこうした事実に対応している。それらの太政官符等には、紫微令の肩書きは書かれていないが、仲麻呂は、大納言としてではなく、紫微令の権限に基づいて弁官などに対して宣し、これらの太政官符等を作成させ、発給させたのである。そしてこれが、「居レ中奉レ勅、頒二行諸司一」の実態であった。すなわちその「諸司」には、太政官も含まれていたのである。その「勅」が、天皇(孝謙)の勅をいうものであるのか、紫微中台は皇后宮職が拡大して成ったものであるから、皇太后藤原光明子の意志が天皇を介して勅として出されたものであるのかというような問題[23]に、ここではこだわる必要はないであろう。続日本紀が光明子の意志を天皇の意志と区別せずに、ともに「詔」と記しているように(たとえば天平宝字元年七月戊申条・己酉条)、この「勅」は、天皇(孝謙)と皇太后(光明子)、そして太上天皇(聖武)の、いずれの意志をもいうものとみるべきである。これらの側近に侍して、その勅を、太政官を含む諸司に頒行することが、紫微中台の、したがってまたその長官である紫微令藤原仲麻呂の職掌であったのである。

　ところが仲麻呂が紫微内相に任じて実権を掌握し、さらに太保に任じて乾政官(太政官)を掌中のものとしてからのちは、太政官符・乾政官符等には仲麻呂(押勝)の宣はみられなくなる。もちろんそののちも、「内相定」「内相宣」「太保宣」などで、律令法の解釈が治定されたり、造東大寺司に写経命令が下されたりする事例はみられるが、太政官・乾政官に対して太政官符・乾政官符の作成・発給を命ずる仲麻呂(押勝)の宣はあらわれなくなる。このことはおそらく、太政官・乾政官が仲麻呂(押勝)の完全な支配下に置かれてしまったために、かえってことさらに働きかける必要がなくなったことを示すものであろう。してみると仲麻呂は、太政官の議政官組織が自己の権力形成の対立物であった間は、天皇・太上天皇・皇太后の権威と権力を背景とする紫微令という官職を活用して議政官組織の権能の無実化をはかり、太政官・乾政官を掌握してのちは、意のままにこれを動かしたとみることができるであろう。もっとも、このような藤原仲麻呂の権力形成の過程については、すでに先学が同じことを指摘しておられる。[24] すなわち、紫微令兼任期間の仲麻呂は、紫微中台を拠点として自己の権力を伸張させたが、紫微内相および太保に任じてからは、もっぱら乾政官(太政官)を舞台として活動した、とする見通しがそれである。本稿で検討した太政官符等における仲麻呂の宣のありかたと、「勅書」の加署者のありかたは、こうした見通しの正しさを裏づけるものである。特に、押勝一人のみが加署する(8)・(10)の「勅書」の存在は、仲麻呂(押勝)権力の到達点を如実に示すものであるといえよう。

それでは、天平勝宝年間の太政官符等にみられる大納言藤原仲麻呂の宣は、本稿の課題にたちかえった場合、太政官符等における上宣の制、すなわち本稿でいうところの上卿制の成立過程のうえに、どのように位置づけられるであろうか。その答えは明らかである。仲麻呂は、議政官の一員大納言として宣したのではなかった。紫微令の職権によって宣したのであった。つまり仲麻呂は、議政官のなかからえらばれた上卿ではなかったのである。上卿制は、このときいまだ、存在していなかったといえる。

四　道鏡政権下の宣者

道鏡政権のもとでの太政官符等の宣者は、仲麻呂政権の場合とやや異なったあらわれかたを示す。

太政官の権能の掌握を意図した点では、道鏡も仲麻呂と同じであった。だがその方法は、いささか直接的であったようである。道鏡は、押勝の乱の直後の天平宝字八年九月に大臣禅師となって大臣に准ぜられ、翌天平神護元年閏十月に太政大臣禅師となり、さらに同二年十月に法王となるが、その間に、弟の弓削浄人を参議（任官時未詳）、ついで中納言（天平神護二年十月）、さらに大納言（神護景雲二年二月）とし、また腹心の円興を法臣（准大納言）、基真を法参議（准参議）として（天平神護二年十月）、太政官へ議政官として送りこんでいる。これは、仲麻呂の例にならって、太政官内に腹心を配することにより、その権限の掌握をはかったことを示すものと思われるが、しかし仲麻呂が真先・訓儒麻呂・朝獦等の息男を参議として乾政官に送りこんだのは、その権勢にかげりをみせはじめた天平宝字六年のことであった。そして道鏡によるこうした方法での太政官掌握の試みは、かならずしも成功したとはいえなかったようである。

この時期の太政官符等で今日知られるものは、管見では一五通あるが、そのうち宣者の記されているのはつぎの一〇通である。[25]

①天平宝字八年十一月十一日太政官符（三代格三）

「以前、被二大納言正三位藤原朝臣永手宣一偁、奉レ勅、如レ件」

②天平神護元年閏十月廿五日太政官符（三代格十八）

「右、被二大納言従二位藤原朝臣永手宣一偁、奉レ勅、……」

③天平神護二年正月十四日太政官符（三代格十九）

「右、被二右大臣（藤原永手）今月十四日宣一偁、奉レ勅、……」

④天平神護二年八月十八日太政官符（三代格三）

「以前、被㆓右大臣《(藤原永手)》宣㆒偁、奉㆑勅、如㆑件」

⑤太政官天平神護二年九月十五日格（三代格八弘仁十一年七月九日太政官符所引）

「大納言正三位吉備朝臣真備宣、奉㆑勅、……」

⑥天平神護三年二月六日太政官符[26]（古五―六三九頁）

「以前、被㆓左大臣《(藤原永手)》今月五日宣㆒偁、奉㆑勅、……」

⑦天平神護三年四月九日太政官符（天平神護三年五月七日越中国司解所引、古五―六六六頁）

「被㆓右大臣《(吉備真備)》同月六日宣㆒、奉㆑勅、……」

⑧神護景雲元年十二月一日太政官符（三代格十五）

「以前、被㆓左大臣《(藤原永手)》宣㆒偁、奉㆑勅、……」

⑨神護景雲二年正月廿八日格（三代格十八弘仁三年十二月八日太政官符所引）

「右大臣《(吉備真備)》宣[27]、奉㆑勅、……」

⑩神護景雲三年三月廿四日宣旨（三代格八）

「左大臣《(藤原永手)》宣、奉㆑勅、……」

この時期、上記の道鏡の腹心以外の議政官（ここでは便宜中納言以上にかぎる）には、つぎのような人物がいた。

藤原豊成（南家）　天平宝字八年九月に右大臣に復帰。翌天平神護元年十一月薨。

藤原永手（北家）　天平宝字八年九月、中納言から大納言に昇任（公卿補任）。天平神護二年正月右大臣となり、同年十月左大臣となる。

白壁王(光仁)　天平神護二年正月、中納言から大納言に昇任。
吉備真備　天平神護二年正月、参議から中納言となり、同年三月大納言、同年十月右大臣となる。
藤原真楯(北家)　天平神護二年正月、中納言から大納言に昇任。同年三月薨。
大中臣清麻呂　神護景雲二年二月、中納言となる。

このうちの、藤原永手と吉備真備が宣者としてあらわれるわけであるが、殊に天平神護二年以降はこの両名が交互にあらわれることに注意しておきたい。そしてこれらの例によれば、以下の諸点を指摘することができるように思われる。

第一に、宣者が特定の議政官一人に独占されず、藤原永手と吉備真備の二人がその任にあたっており、かつ少ない残存例ながらもその二者が交互にあらわれることよりみれば、この宣者のもつ意味は藤原仲麻呂の場合とは異なって、のちの上卿としての宣すなわち上宣に一歩近づいたものとみてよいのではないか。すなわち上卿制の萌芽状態を、ここに看取することができるのではないか。第二に、ここには道鏡あるいはその腹心が宣者となったものは、一通もあらわれない。宣者としてあらわれるのは、それぞれの時点での議政官の最上席者、すなわち後世いうところの一上《イチノカミ》と、その次席の者である(28)。してみると、同じように専制的執政者といわれてはいても、藤原仲麻呂と太政官の関係と、道鏡と太政官の関係は、異なっていたように思われる。仲麻呂の場合は、既述のように、権力を完全に掌中に収めるまでは紫微中台を拠点として議政官組織の無実化をはかり、そののちは太政官そのものをとりこんでこれを自在に動かしたのであったが、道鏡の場合は、同じく専制的執政者といわれながらも、太政官機構を手中にすることはできなかったのではなかろうか。むしろ逆に、太政官の議政官組織は、道鏡に対しては自己防衛をはかり、その組織を固めたようにみうけられる。少なくとも太政官は、道鏡の権力に完全にとりこまれることはなかったとみられる。そしてこのことは、道鏡の法王就任とともに、嘗ての紫微中台を模して設置されたとみられる法王宮職が、ついに太政官の権限を奪う存在にはなりえなかったと推定されていることに、[29]対応する事柄であろう。第三に、この時期の道鏡が称徳女帝の信任をえて権力をふるったことは否定できない事実であるし、またこの時期に顕著な仏教関係の諸施策がこの両者の意志によって推進されたことも事実であろうが、このように太政官機構が健在であり、議政官組織が国政の最高審議機関として機能し、また弁官が行政命令書発給機関として機能していたとすると、それらの施策もみな太政官機構を通じて施行されたとみてよい。もっとも正倉院文書をみると、天平宝字六年ころから、道鏡が「勅」や「内宣」を奉って、太政官を経由せずに、直接造東大寺司に「牒」を下していたことが知られる。[30]しかしそれらはいずれも、写経を命じたものか、経典の出納・貸借に関する命令を伝えたもので、国政にかかわるものではない。そうであるとすると、道鏡は、称徳女帝の信任をえてその側近に侍し、女帝の意を体した存在であったとしても、それ以上のものではなかったとみてよい。この点は、第二点とともに、道鏡政権の権力としての限界を示すものであって、藤原仲麻呂が、その傀儡淳仁のもつ「国家大事・賞罰」の大権を女帝に奪われた天平宝字六年六月以後も政権を維持したのに対し、道鏡が、女帝の死とともにただちに没落しなければならなかった理由でもあった。

五　光仁・桓武朝の宣者と中納言の宣

ついで光仁朝に入ると、その初期においては、太政官符等の宣者として、右大臣大中臣清麻呂と内臣藤原良継がほぼ交互にあらわれる。この両名は宝亀二年三月に右大臣と内臣に任じたが、これは一上と次席である。試みに宝亀二年・同三年の宣者を記す太政官符を示せば、つぎの如くである。

①宝亀二年八月十三日太政官符（三代格十九）
「右、被二内《(マヽ)》大臣《(藤原良継)》宣一偁、奉レ勅、……」
②宝亀三年五月廿日太政官符（大伴家持の自署のある太政官符、原文書）
「右、被二右大臣《(大中臣清麻呂)》宣一偁、（非奉勅）……」
③宝亀三年五月廿二日太政官符（三代格十八）
「右、被二内《(マヽ)》大臣《(藤原良継)》宣一偁、奉レ勅、……」
④宝亀三年十月十四日太政官符（三代格十五）
「今、被二右大臣《(大中臣清麻呂)》宣一偁、奉レ勅、……」
⑤宝亀三年十二月十九日太政官符（藤原百川の自署のある太政官符、原文書）
「右大臣《(大中臣清麻呂)》宣、奉レ勅、……」

すなわち道鏡政権下においてみられた状況は、光仁朝でも継承されたと認められるのであり、この時期を以て、太政官符等における上宣の制、本稿でいうところの上卿制は、ほぼ成立したとみてよい。もっとも右に挙げた例は、たまたま諸文献に引載されたり、幸運にも原文書が今日まで残された事例にすぎないが、この時期に上卿制が成立していたことを最もよく示しているのは、九条家本延喜式の巻三十二（大膳式上）と巻三十六（主殿式）の紙背に書写されている一群の太政官符案（古二一―二七二頁〜二八四頁）である。この太政官符案は、一部に欠失はあるものの、宝亀四年二月八日から同年三月十七日（日付を欠くが続日本紀の記事により三月壬辰〈十七日〉のものと知られる）までの間に出された太政官符一五通を、日を逐って書写したものであって、おそらくこれはのちに「長案」と称されたものに相当し、本来はこの四〇日間に弁官が発給した太政官符のすべてを書写したものと推定される。太政官符の宛所がさまざまであることも、こうした推測を支持する。そこで、そのうちの宣者を記したものをみると、つぎのようになっている。

二月八日	（首欠）	内臣正三位藤原朝臣（良継）宣	奉勅
二月十一日	民部省宛	右大臣（大中臣清麻呂）宣	奉勅
二月　日[31]	式部省宛	右大臣宣	奉勅
二月十四日	民部省宛	右大臣宣	奉勅
二月十六日	民部省宛	内臣正三位藤原朝臣宣	奉勅
二月十六日	中務省宛	内臣正三位藤原朝臣宣	非奉勅
二月廿四日	民部省宛	右大臣宣	奉勅
二月廿五日	民部省宛	内臣正三位藤原朝臣宣	非奉勅
二月三十日	左京職宛	内臣正三位藤原朝臣宣	非奉勅
三月五日	中務省宛	内臣正三位藤原朝臣宣	奉勅
三月　日[32]	治部省宛	内臣正三位藤原朝臣宣	非奉勅

四〇日の間に発給された太政官符の宣者が、特定の議政官一人に固定されず、一上と次席の者が宣者となっている。土田直鎮氏が定式化された太政官符等の発給にさいしての上宣の制、すなわち上卿制は、この時期にほぼ成立していたとみてよい。

これ以後、嵯峨朝初期までの宣者のあらわれかたをかいつまんで記せば、つぎの如くである。

宝亀八年三月廿八日太政官符まで

右大臣大中臣清麻呂（一上）と内臣藤原良継（次席）が宣者となっている。[33]

天応元年四月十日太政官符まで
　右大臣大中臣清麻呂(一上)と内大臣藤原魚名(次席)が宣者となっている。[34]
天応元年八月十六日宣旨と同二年二月五日宣旨
　左大臣藤原魚名(一上)が宣者となっている。[35]
延暦二年六月十七日太政官牒まで
　大納言藤原是公が宣者となっている[36](延暦二年三月までは右大臣藤原田麻呂がいたので是公は次席、以後は最上席)。
延暦八年九月四日太政官符まで
　右大臣藤原是公(一上)が宣者となっている。[37]
延暦十五年六月八日太政官符まで
　右大臣藤原継縄(一上)が宣者となっている。[38]
延暦十六年二月二日太政官符まで
　大納言紀古佐美が宣者となっている[39](十五年七月右大臣藤原継縄薨により最上席となる)。
延暦十七年三月廿九日太政官符まで
　大納言神王が宣者となっている[40](十六年四月紀古佐美薨により最上席となる)。
延暦十七年七月廿日太政官符まで
　大納言神王(最上席)と中納言壱志濃王(次席)が宣者となっている。[41]
延暦十八年十一月五日太政官符まで

右大臣神王(一上)が宣者となっている[42]。
延暦十九年二月四日太政官符まで
右大臣神王(一上)と大納言壱志濃王(次席)が宣者となっている[43]。
延暦廿五年三月廿四日太政官符まで
右大臣神王(一上)が宣者となっている[44]。
延暦廿五年四月廿五日太政官符
大納言藤原雄友が宣者となっている[45](四月廿四日右大臣神王薨により最上席となる)。
弘仁二年二月六日太政官符まで
右大臣藤原内麻呂(一上)が宣者となっている[46]。
弘仁二年二月十日太政官符
大納言坂上田村麻呂が宣者となっている[47](このとき右大臣藤原内麻呂と大納言の上席に藤原園人がいたから、田村麻呂は第三席)。
弘仁三年九月廿六日太政官符まで
右大臣藤原内麻呂(一上)と大納言藤原園人(次席)が宣者となっている[48]。
弘仁三年十一月十五日太政官符
大納言藤原園人が宣者となっている[49](十月六日右大臣藤原内麻呂薨により最上席となる)。
弘仁三年十二月八日太政官符
右大臣藤原園人(一上)が宣者となっている[50]。

以上が弘仁三年末年までにあらわれる宣者である。全般的にみて、一上の大臣がいるときはその大臣が宣し、大臣がいないときは最上席の大納言が宣するのが原則となっていたようだが、それでも一上の大臣と次席の公卿が交互に宣した時期がしばしばみられる。太政官符における上宣の制、すなわち上卿制は、ほぼ定着したとみてよいであろう。

そうしたなかにあってやや特異と思われるのが、延暦十七年四月から同年七月までの間であって、このとき大納言神王とともに中納言壱志濃王が宣者となっている。中納言壱志濃王が宣者としてあらわれるのは、管見では、延暦十七年四月七日太政官符と同年六月四日太政官符の二例[51]が知られるにすぎなかったが、弘仁三年以前で中納言の宣があるのは、この時期のみにかぎられる。ところが弘仁四年になると、再び中納言が宣者として登場するのである。すなわちこの年の二月三日太政官符(三代格三承和十一年十一月十五日太政官符所引、奉勅)と三月廿六日太政官符(三代格五、奉勅)の宣者は一上の右大臣藤原園人であるが、四月十六日太政官符(三代格八、奉勅)の宣者は「中納言正三位藤原朝臣葛野麻呂」であり、六月一日太政官符(三代格十九、奉勅)の宣者は「中納言従三位藤原朝臣縄主」である[52]。そして中納言が宣者としてあらわれる頻度は以後次第に繁くなり、やがてそれが常態化して、土田直鎮氏がいわれるような、宣者になりうる資格を有するのは中納言以上であるという原則がかたちづくられるにいたる。この点に着目して、柳雄太郎氏は、八世紀においては中納言は宣者となる資格を有しなかったと推定したうえで、「平安時代以後中納言が太政官符の宣者となるのは、中納言の職権に何らかの変化が生じたことによるのではないか」と指摘された[53]。この推定も指摘も概ね妥当なものとすべきであろうが、しかし実は、弘仁四年を境にして中納言の宣者が頻出するようになったのには、いま少し具体的な事情があったのである。

まず、延暦十七年の議政官の構成をみておこう。同年八月十六日に大納言神王が右大臣に、中納言壱志濃王が大納言に昇任する以前の議政官構成は、つぎのようなものであった。

大納言　神王
中納言　壱志濃王
参議　石川真守・藤原雄友・藤原内麻呂・和家麻呂・藤原乙叡・紀梶長

すなわち、大納言以上は、神王一人がいるにすぎなかったのである。したがって中納言壱志濃王が宣者となったのは、大納言神王になんらかの支障があったことによる、便宜の処置であったと推察される。そしてそのことから逆に、この時期には、中納言は原則として宣者となる資格をもっていなかったのであろうと推量することができる。

弘仁四年の場合も、事情はこれに似ていた。そのときの議政官の構成は、

右大臣　藤原園人
中納言　藤原葛野麻呂・巨勢野足・藤原縄主
参議　文室綿麻呂・吉備泉・藤原緒嗣・藤原冬嗣・秋篠安人・藤原藤嗣・紀広浜

であった。やはりこのときも、大納言以上は、右大臣藤原園人一人がいるにすぎなかったのである。しかもこのころ、右大臣藤原園人は、健康が良好な状態ではなかったらしい。そのためか園人は、この年の正月廿八日に、左のような宣旨（類聚符宣抄六）を下している。

　朔及旬日朝座政応レ申二中納言一事
右大臣（藤原園人）宣、身不レ堪レ上二於朝座一、因已廃レ政、於レ理不レ穏、宜下件日之政、申二中納言一、莫上闕二常例一者、
　弘仁四年正月廿八日　　少外記船連湊守奉

これは園人の個人的な事情によって下された宣旨という性格の強いものであるが、そのいわんとするところは、自分は健康がすぐれないため、朝堂の座に出席できないことが多い。そのようなとき、これまでは朔日・旬日の

政を廃してきたが、それは穏当なことではない。そこで今後は、朔日、旬日の政の日に自分が出席できない場合は、政は中納言に申して、日常の政務を闕かさないようにせよ。

ということである。これは外記に下された宣旨であるが、こうした政には弁官も関与するから、同じ内容の宣旨が弁官にも下されたか、あるいはこの宣の旨が外記から弁官に伝えられた筈である。そしてこのあとすぐ、四月と六月の太政官符に中納言の宣があらわれるのである。

政の申しを受ける資格を有する者が一人しかいなかったという事情は、延暦十七年のときも、弘仁四年のときも、同じであった。園人は、自分が朝座に出席できない場合の便宜措置として、中納言に政を申すべきことを外記（と弁官）に命じたのであった。同じような趣旨の宣旨は、延暦十七年にも下されていた可能性がある。だが延暦十七年の例が先例とはならず、弘仁四年の例が以後のいわば常例となったのには、いま一つの別の事情があったのである。それは、弘仁式の編纂にあたって、園人のこの宣旨の趣旨が太政官式の式文の中に採用されたということである。本稿の第一節に記した弘仁太政官式の文がそれであるが、改めて左に掲げよう。

凡庶務申ニ太政官一、若大臣不レ在者、申ニ中納言以上一、其事重者、臨時奏裁、自余准レ例処分、（下略）

これは、延喜太政官式でこの条の前に掲げられている

凡内外諸司所レ申庶務、弁官惣勘、申ニ太政官一、其史読申、皆依ニ司次一、（下略）

という条文と密接に関連する条文である。すなわち、内外の諸司が上申する庶務は、弁官が惣《ス》べ勘《カンガ》えて太政官（議政官組織）に申す。弁官が申すときに大臣がいなかったならば、中納言以上に申すことにせよ、ということを、両条あいまって規定したものだからである。そしてこの、弁官が太政官（議政官組織）に庶務を申すことが、園人の宣旨がいうところの政を申すことにほかならないのである。[54] おそらくそれまでは、「若大臣不レ在者、申ニ大納言一」というのが

慣例であったのであろう。それを弘仁式文は、園人の宣旨の趣旨をとり入れて、「若大臣不レ在者、申ニ中納言以上ニ」と改めて式文化したのである。そしてまた、政の申しを受けることと、その政を裁決した結果を宣することとは、表裏一体の関係にある。中納言が宣する途は、こうしてひらかれたのであった。

このようにして、弘仁四年に宣者の有資格者は右大臣藤原園人一人のみであったという特殊事情から生まれた「申ニ中納言ニ」という便法は、弘仁太政官式に式文化されたことによって常態となり、結果的に中納言を宣者の有資格者に押し上げたのである。道鏡政権下の萌芽期、光仁朝の成立期を経た上卿制は、弘仁四年の便法ののち、弘仁式の制定によって制度的確立をみたということができるであろう。

六　上卿制の成立と太政官の権能

前節までに縷述した上卿制の成立にいたるまでの過程を、太政官(議政官組織)の権能と天皇権力に関する問題としてどのように評価するかは、きわめて困難な事柄であるが、最後にこうした問題についての私見を述べておくことにしたい。

まず、本稿で明らかにした上卿制の成立過程からみた場合の、その萌芽期である称徳朝、あるいは成立期である光仁朝においてはともあれ、桓武朝以後、この制度の確立にほとんど反比例して、天皇権力が拡大されその権威は絶対化された、ということを確認しておくことにしたい。その徴証は多々存するが、その一つとして、現存する太政官符等によるかぎりでは、奉勅上宣官符の類が圧倒的に多数を占めるにいたるという事実を指摘しておこう(55)。しかもそれのみでなく、議政官を含む官人層に、奉勅上宣と単なる上宣との間には、法としての重みに決定的な差があるとする認識が、浸透するのである。たとえば延暦廿二年二月廿五日に勘解由使が撰進した延暦交替式によれば、「官省処分、未レ経二奏画一、相承為レ例」としてきた諸法令を、一括して「右大臣（神王）宣、奉レ勅、依レ奏」という手続きを経ることによって、奏画を経た法令と同等の権威を有する法に変質させている。ここでは「奉勅」という手続きが、法の権威をたかめ、法に正当性を付与する手段として用いられているのである。

光仁朝を経て桓武朝にいたり、天皇の地位と権力が絶対化されるにいたった理由、ないしはそれを可能とした理由には、種々のものがあったであろう。まず考えられるのは、光仁朝および桓武朝の置かれた特殊な位置である。八世紀の王統は、文武以来続いていた天武系が称徳女帝を以て絶え、光仁以後天智系に変ったことは周知の事柄であるが、先学が指摘するように、桓武はこれを強く自覚して、この王統の転換を王朝の交替、さらには易姓革命になぞらえてとらえていた(56)。延暦四年十一月と同六年十一月に交野で挙行した郊祀（いずれも続紀）において、昊天上帝に配祀したものが父の光仁であったことは、こうした桓武の意識を最もよく示している(57)。桓武にとっては、みずからの王統の創始者は父の光仁であり、父の即位は天武系から天智系へと天命がかわった革命であると意識されていたのである。長岡京遷都を断行した理由も、ここにあった(58)。そうした観念が、古来の万世一系思想とあい容れないものであったとしても、これは、みずからを中国の皇帝になぞらえて、その権威と権力を絶対化しようとする意欲の反映であったとみてよいであろう。桓武はいわば、中国的な、律令法のたてまえとする絶対的な権威と権力をあわせもつ皇帝を、自覚的に追求しようとした最初の天皇であったといえる。

とはいえ、桓武がいかに積極的に天皇の絶対化を志向したとしても、それを可能とする客観的条件がなければ、実現しない。だがその条件はあったのである。それは、八世紀全般を通じての、天皇と太政官の議政官組織との関係の変化であり、議政官組織の解体ともいうべきその変質・弱体化であった。

この点につき、長山泰孝氏は、以下のような興味深い指摘をしておられる(59)。氏によれば、八世紀はじめ、律令制発足時にみられたような、伝統的豪族の代表によって構成される議政官組織のありかたは、井上光貞氏が提唱された律令国家の二元性を構成する氏族制的原理と官僚制的原理(60)のうちの前者に属するものであり、これは八世紀前半においてすでに、後者の対立物として衰退の途を歩んでいたが、藤原仲麻呂と道鏡による異常な権力集中によって決定的な打撃をこうむり、特に仲麻呂政権下においては、仲麻呂の一族による議政官の独占を許すにいたった。その後光仁朝を経て桓武朝に入り、一方で藤原氏の議政官への進出を認めるとともに、同時に藤原氏以外の氏族出身者をも議政官に登庸して、「諸氏族共同体制」の回復がはかられたが、そのとき議政官として登場したのは、もはや八世紀前半にみられた旧豪族の出身者ではなく、坂上忌寸・菅野朝臣などの渡来系氏族、あるいは本姓土師宿祢の秋篠朝臣などより出た、いわば実務官僚貴族であった。かれらは、氏族制的原理によってではなく、官僚制的原理によって、議政官に登庸されたのである。以上が長山氏の所論の概要であるが、本稿では、以下のように若干の修正を加えたうえで、この長山氏の見解を基本的に継承することにしたい。

八世紀の政治史の基調をなしたものは、律令法に絶対的な権威と権力を有するものとして理念化された天皇と、太政官を拠点とする議政官組織との、いわばせめぎあいであったとみてよい。前者すなわち天皇は、律令法によって裏うちされた律令国家の統治権の総攬者としての地位を内実化しようとし、常にその絶対化・専制化を志向する。これに対して後者すなわち伝統的豪族の代表によって構成される議政官組織は、少なくとも八世紀はじめの大宝律令の制定・施行の段階においては、律令法導入以前の政治形態をも律令法内に法制化させ、さらには限定された範囲ででではあれ、新たに立法権を獲得するほどの力を有していた(61)。その意味では、大宝律令は、その時点で潜在的対抗関係にあった両者の、妥協の産物であったともいえる。そして、そうした潜在的対抗関係——現象的には両者の拮抗関係——

は、八世紀前半すなわち聖武朝まで維持され、藤原宮子の称号事件や紫香楽宮遷都をめぐる両者の確執のように、時にはそれが顕在化することもあったのである(62)。

こうした関係を根本的にくつがえし、議政官組織に対して決定的な打撃を与えたのは、藤原仲麻呂政権であった。だが、それが打撃となったのは、仲麻呂一族が議政官を独占したことによるのではない。それ以前、紫微中台を設置し、仲麻呂がその長官紫微令に任じたことこそが、議政官組織にとっての真の打撃となったのである。なぜならば、「中」にあって「勅」を奉り、太政官を含む「諸司」に対してこれを「頒行」する権限をもつ紫微中台の設置は、国政審議の府としての議政官組織の無実化を、露骨に意図したものにほかならなかったからである。果して仲麻呂の紫微令兼任中は、勅は、議政官組織の頭越しに、仲麻呂一人によって独占的に宣せられることになる。

ここにいたって、天皇絶対化のために果した仲麻呂の、逆説的な意味での「貢献」度の大きさに思いをいたさざるをえない。政策の中心に儒教思想を置き、なにごとにつけても唐の先蹤を模倣しようとし、さらには養老律令の施行にさいして律令講書を主催し、みずから解釈の治定にあたった仲麻呂が(63)、継受法としての日本律令法における、絶対化された天皇の位置づけを知らなかった筈はない。否むしろ、それを熟知していたからこそ、仲麻呂は、議政官組織の対立物としての紫微中台を作り、みずからその長官紫微令に任じたのであった。そのとき紫微令としての仲麻呂を権威づけたものは、「居レ中奉レ勅、頒二行諸司一」、つまりは天皇の側近に侍して勅を伝達することであった。要するに仲麻呂の権威の源泉は、ほかならぬ律令法上の天皇の絶対性にあったのである。仲麻呂はその天皇の絶対性にあからさまに依存し、それを最大限に利用して、自己の対立物であった議政官組織を無実化し、みずからの権力の拡大をはかったのである。そうであるとすれば、このような方法を選択した仲麻呂の権力がどれほど強大なものになったとしても、その権力は、本質的に、決して天皇権力の対立物とはなりえない。それどころか逆に、あくまでも天皇権力に依存し従属するものとして、天皇の権威を相対的に高める存在とならざるをえない。しかもこのようにして行なわれた権力集中は、伝統的豪族に甚大な打撃を与えてその没落を促進し、かれらが拠点とした議政官組織を骨抜きにするという役割を果したのであった。この意味において、桓武朝に天皇の権威ならびに権力が拡大し伸張する途を準備したのは、ほかならぬ専制的執政者藤原仲麻呂であったといわなければならない。天皇の権威ならびに権力の絶対化のために果した仲麻呂の「貢献」度は、まことに大であった。

仲麻呂政権没落後、議政官組織はまがりなりにも「再建」された。道鏡政権下において、それは道鏡権力にとりこまれることはなかったようにみうけられる。だがその議政官組織は、もはや昔日のそれではなくなっていたとみなければなるまい。議政官らは、はやくも確実に官僚貴族化への道を歩みはじめていたのである。何よりもこの時期に、一地方豪族から出身し、族姓によることなく、おのれの才覚ひとつで右大臣にまで昇りつめた人物として吉備真備が存在したこと自体が、これを象徴している。光仁朝から桓武朝に入り、そうした議政官の官僚貴族化はますます進行する。このような議政官組織の変質と議政官の官僚貴族化こそが、桓武朝における天皇の権威ならびに権力の伸張を可能とした、客観的条件であったのである。

このようにみてくれば、前節までに明らかにした太政官符等における上宣の制の成立過程、上卿制の成立過程とは、実は、議政官が古来の独自性を失って官僚化する指標以外の何物でもなかったことが知られるであろう。そのことを端的に物語るのが、弘仁四年に行なわれた中納言の宣者への参加である。これはもともと、宣者の有資格者が一人しかいないという特殊事情のもとで、緊急避難的に行なわれた措置であった。だがそれは恒常化されて、弘仁式文に定着するにいたる。その結果、中納言以上で政務能力のある者ならば誰もが宣者になりうる、という上卿制が、制度的に確立することになる。だが、中納言以上の誰もがなりうるということは、議政官の——個人の資質ではなく議政官の職能の——等質化を前提としなければ、果しえないことであろう。そしてその等質性こそが、議政官の官僚貴族化であったのである。〔補注〕

(1) 土田直鎮「上卿について」(坂本太郎博士還暦記念会編『日本古代史論集』下巻所収、一九六二年、吉川弘文館)、山田英雄「奈良時代における太政官符について」(坂本太郎博士古稀記念会編『続日本古代史論集』中巻所収、一九七二年、吉川弘文館)、柳雄太郎「太政官における四等官構成について」(『日本歴史』三二四、一九七五年)。

(2) 但し、こうした弁官に下される上卿の宣のみが上宣ではない。上宣とは、上卿の下す宣一般をいう語であって、それは弁官だけでなく、外記にも、諸司にも下される。その宣をうけた者が、これを奉って書き記したのがいわゆる「宣旨」である。従来の宣旨に関する諸学説は、こうした観点から根本的に再検討する必要があるが、これについては別稿を用意している。

(3) 土田直鎮「上卿について」(前掲)。

(4) 類聚符宣抄六所収の延喜七年七月十七日宣旨による。延喜太政官式も同文。

(5) 但し例外的に、太政官内の狭義の「太政官」が作成し僧綱に対して発給する太政官牒が存在した。本書第Ⅱ部第四章「任僧綱儀と任僧綱告牒」参照。

(6) 日本思想大系『律令』(一九七六年、岩波書店)公式令補注12bおよび本書第Ⅱ部第四章「任僧綱儀と任僧綱告牒」参照。

(7) 弁官下文(官宣旨)の今日知られる最も古いものは、林屋辰三郎氏が紹介された貞観十一年五月一日付の左弁官下文案(園城寺文書)である。林屋辰三郎「御教書の発生」(『古代国家の解体』所収、一九五七年、東京大学出版会)参照。

(8) 左大臣の職掌「惣㆓判庶事㆒」について、義解は「謂、官内尋常小事也」という注釈を施している。しかしこれは令意に叶う注釈ではないであろう。なぜならば、この文に続く「故唐令云、惣判省事也」という義解の文から明らかなように、義解は養老令条文を唐令によって解釈しているからである。大宝令・養老令の制定者が唐令文を模して令文を作成するとするならば、左大臣のこの職掌は「惣㆓判官事㆒」(唐令文の「省」は尚書省を意味し、日本でこれにあたるのは太政官である)となるべきであった。しかし両令の制定者はあえて唐令文を模さず、「惣㆓判庶事㆒」とした。義解の解釈はこうした相違を全く考慮していない。義解の注釈が令意に叶うものではないとみなす所以である。したがってまた、こうした義解の注釈に依拠して行なわれた、太政官の四等官構成についての石尾芳久氏の見解(『日本古代の天皇制と太政官制度』一九六二年、有斐閣、なお本書第Ⅰ部第二章「律令太政官制の成立」の注(5)参照)は、再検討の必要があろう。

(9) 新訂増補国史大系類聚三代格では、冒頭の「太政官符」の「符」字を「今例補」としているが、弘仁格抄によって太政官符であったことが確認できる。ちなみに弘仁格抄では、詔と勅は単に「詔」「勅」とのみ記してその内容は記さず、太政官奏は「太政官謹奏」とするかもしくは事書を記した次行に「聞」と記し、太政官符は事書のみを記す。この養老四年三月十七日太政官符は巻六民部中に収められているが、事書のみが記されている。

(10) 拙稿「太政官処分について」(彌永貞三先生還暦記念会編『日本古代の社会と経済』上巻所収、一九七八年、吉川弘文館)。

(11) 山田英雄「奈良時代における太政官符について」(前掲)。

(12) 天平十年十月七日太政官符は、天平末年にいたるまでの間の、奉勅上宣官符の確実な唯一の例、というべきかも知れない。というのは、奉勅上宣に関しては、管見のかぎりでは、この時期のものとして、さらに二例が存するからである。

(一) 鎌倉時代初期に清原某が撰した検非違使に関する私記、清獬眼抄(群書類従公事部所収)に、つぎのような法令が載せられている。

流移国々

常陸国去レ京一千五百七十里　安房国一千一百九十里
佐渡国一千三百廿五里　土左国千二百廿五里
伊豆国七百七十里　隠岐国九百十里
右六ケ国遠流
伊予国五百六十里　周防国(マヽ)五百六十里
右二ケ国中流
越前国三百十五里　安芸国四百九拾里
右二ケ国近流

以前、被二右大臣宣一偁、奉レ勅、自今以後、永為二恒例一者

神亀元年六月三日

これは、内容のうえでは、続紀神亀元年三月庚申条の、

定二諸流配遠近之程一、伊豆、安房、常陸、佐渡、隠岐、土左六国為レ遠、諏方、伊予為レ中、越前、安芸為レ近、
という記事に対応するものである。

さて、これは、書式のみからみれば、太政官符であってもおかしくないものである。したがって、もしこれが信憑するに足るものであるならば、奉勅上宣官符の出現は、神亀元年にさかのぼることになる。しかし続紀などの関係史料と比較検討すると、これには以下に記すような疑点がある。まず記載そのものについてみると、(1)遠流国六国と中流国二国の国の序次が混乱している。遠流国は伊豆、安房、常陸、佐渡、隠岐、土佐の順、中流国は周防、伊予の順でなければならない。(2)周防国は中流国ではない。続紀での中流国は、諏方国と伊予国である。その諏方国は、養老五年六月に信濃国から分置され、天平三年三月に再び信濃国に併合されている。そのため延喜刑部式でも拾芥抄赦令部第十八でも、中流国は信濃・伊予の二国となっている。もっとも、後世の書写者が、存在しない国名「諏方」を、音通によって意識的に「周防」と書き改めた可能性が全くないとはいえない。(3)神亀元年六月の時点で右大臣は存在しない。同年二月の聖武即位の日に、右大臣長屋王は左大臣となり、右大臣は欠員のままであった。もっともこれも、「右」は「左」の誤写である可能性がないわけではない。

つぎに続紀の記事と比較すると、上述の(1)・(2)の違いのほかに、さらに大きな相違点として、(4)日付がある。続紀でこの記事をかけているのは、三月庚申である。しかるに上掲の法令では、六月三日とする。とはいえ、続紀の日付にも疑問がないわけではない。なぜならば、三月庚申は実は朔日であるのに、この記事とは別に三月庚申朔条に「天皇幸二芳野宮一」という記事を記し、さらに甲子(五日)・辛巳(二十二日)・壬午(二十三日)の記事をはさんで再び「庚申、定二諸流配遠近之程一……」と記しているからである。したがって続紀の係日にも、なんらかの誤りがあると推定される。一方、六月三日が正しいとすると、新訂増補国史大系続日本紀の頭注がいうように、その干支は庚寅であって、庚申にはならない。

以上が疑点および続紀の記事との相違点であるが、他方ではこれが全く根拠のないものではないのではないかとみられる点もある。まず(i)「神亀元年六月三日」という日付は、拾芥抄の「神亀元年六月三日定云々」と同じである。また(ii)里程数は、一部を除いて延喜刑部式のそれと一致している。もちろん神亀から延喜にいたる間に都は平城から平安に代っているから、その里程数が神亀の時点のものではないことはいうまでもないが。

思うに、遠流・中流・近流の国を定めたのは神亀元年六月三日であるとするなんらかの史料が、平安時代末期から鎌倉

時代にいたるまで伝えられていたことは、おそらくたしかなことなのであろう。だがそれを伝えた史料すなわち清獬眼抄に載せる法令が、神亀元年当時の法令の原形のままであったと認定するには、いま少し慎重な検討が必要なように思われる。このような判断に基づき、本稿では、この法令を奉勅上宣官符の初例とはしなかった。

(二) 天平十九年二月十一日付で大安寺三綱が作成した大安寺伽藍縁起幷流記資財帳（以下大安寺資財帳と略称）の結文は、つぎのようになっている。

(a)右、以二去天平十八年十月十四日一、被二僧綱所牒一偁、左大臣宣、奉レ勅、大安寺縁起幷流記資財物等、子細勘録、早可二言上一者、謹依二牒旨一、勘録如レ前、今具二事状一、謹以言上、

またこれに続けて書き加えられた天平廿年六月十七日付の僧綱の証判の文章は、左のようになっている。

(b)僧綱所、左大臣宣偁、大安寺縁起幷流記資財帳一通、綱所押署、下二於寺家一、立為二恒式一、以伝二遠代一者、加二署判一下送、今須下謹紹二隆仏法一、敬誓中護天朝上者矣、

これらをそのまま信ずれば、(a)は奉勅上宣、(b)は上宣ということになる。だが(a)・(b)にはともに、いささか不審なところがある。まず(a)についてみると、後世の奉勅上宣が一般化した時期の慣行を基準としてみると、奉勅上宣が寺家三綱に伝えられる場合には、それはまず太政官牒によって僧綱に伝えられ、僧綱からさらに寺家三綱に伝えられるのが例である。この場合も、僧綱所の牒によって奉勅上宣が大安寺三綱に伝えられたかのような表現にはなっているが、そのさいにはかならず記される筈の、太政官から僧綱への伝達をあらわす文言、すなわち「被二太政官天平十八年某月某日牒一偁、（左大臣宣、奉レ勅）」の文がない。奉勅上宣が、太政官牒によらず、口頭で直接僧綱に伝えられたということも考えられないことではないが、その可能性は少ないと思われる。そのうえ、大安寺資財帳と同じ日に勘録された法隆寺伽藍縁起幷流記資財帳（以下法隆寺資財帳と略称）の結文は、

牒、以二去天平十八年十月十四日一、被二僧綱所牒一偁、寺家縁起幷資財等物、子細勘録、早可二牒上一者、謹依二牒旨一、勘録如レ前、今具二事状一、謹以牒上、

となっていて、奉勅上宣には全く言及せず、資財帳の勘録はもっぱら僧綱所の命令によるとしている。

同じように(b)も、このままでは上宣は口頭で直接僧綱所に伝達されたとしか解しえず、また法隆寺資財帳の同じ日の僧綱の証判は、

僧綱、依二三綱牒一、検二件事記一、仍為二恒式一、以伝二遠代一、謹請下紹二隆仏法一、将上護二天朝一者矣、

と記して、上宣には全く触れていない。

以上のような懸念があるため、本稿では、(a)・(b)を奉勅上宣・上宣の例として採用することを差し控えた。

(13) 本書第II部第四章「任僧綱儀と任僧綱告牒」。

(14) 拙稿「大宝令制太政官の成立をめぐって」(『史学雑誌』八八—一〇、一九七九年)。なおこの拙稿を本書に第I部第三章「大宝令制太政官の成立をめぐって」として収めるにさいし、この部分の記述は削除した。第I部第三章〔補注3〕参照。

(15) 下達の公文書としての太政官宣の性格については不明な点が多く、今後の検討にまたなければならないが、ここでは太政官符に準じてとり扱っておく。

(16) 山田英雄氏は「奈良時代における太政官符について」(前掲)で、「勝宝年間の官符をみると、宣者の明らかなもの六通の中五通までが大納言仲万呂の宣である」(傍点早川)といわれる。しかし別の箇所では「史料の点からみると、宣者のあるのは天平十一年三月二十四日官符(天平十年十月七日官符の誤り——早川)に始り、次は勝宝元年九月十七日にみえ、勝宝年間に三通」といわれるから、ここでの天平勝宝年間の宣者のある官符は計四通となる。後者ではおそらく本稿の本文に⑤として掲げる太政官宣を除外されたのであろうが、前者での「六通」は、奉勅上宣官符の初出である天平十年十月七日太政官符を含めた、「勝宝年間以前の官符」の意味でいわれたのであろうか。

(17) 瀧川政次郎「紫微中台考」(『法制史研究』四、一九五四年、のち『律令諸制及び令外官の研究』所収、一九六七年、角川書店)、岸俊男『藤原仲麻呂』(一九六九年、吉川弘文館)。

(18) 瀧川政次郎「紫微中台考」(前掲)。

(19) 以下本文に掲げる一〇通の「勅書」のうち、(4)から(9)までの六通のいわゆる献物帳には、皇太后藤原光明子の意志に出ずるものと天皇孝謙の意志に出ずるものとが含まれるが、のちに本文で述べるような理由によって、ここではいずれも同じ性質の文書として扱う。なお六通の献物帳のそれぞれが誰の意志によって作成されたかについては、後藤四郎「正倉院雑考」(井上薫教授退官記念会編『日本古代の国家と宗教』上巻所収、一九八〇年、吉川弘文館)、同「東大寺献物帳について」(『日本歴史』四三五、一九八四年)、柳雄太郎「献物帳と紫微中台」(『書陵部紀要』三二、一九八〇年)などを参照。

(20) 同日の薬師寺宛施入勅願文(古三—二四二頁、写)、東大寺宛施入勅願文(古三—二四五頁、写)も同じ。

(21) 但し、(3)は「勅書」本文の初行を「勅」とし、また結文を「以前、奉㆓去五月廿五日勅㆒、所㆑入如㆑件」とする。(4)は「皇太后御製」。(6)は本文中に「奉㆓今月八日勅㆒」と記す。(7)も本文中に「今月十七日奉㆑勅」と記す。

(22) 瀧川政次郎氏は「紫微中台考」(前掲)において、(4)「国家珍宝帳」について、これは「国家の重大事」を行なう公文書であること、然るにそこには「紫微中台官吏と侍従藤原永手の署名があるのみであつて、太政官の官吏の署名は遂に見られない」ことを指摘されたうえで、「この事実は、献物帳が作られた天平勝宝八歳の時代に、太政官が国家の重要政務からシャットアウトされてゐたことを推断せしめるに充分である」と述べておられる。この瀧川氏の見解に対して、柳雄太郎氏は「献物帳と紫微中台」(前掲)で、「献納された品々は、本質的には宮廷の用度品であるから、その処分に関することは多分に内廷的な事柄であって、太政官が献物帳の作製に関与していないのは、むしろ当然」であるとして、「従って、献物帳の巻末に太政官の職員が署名していないことをもって、太政官の国政統轄官司としての権能が、紫微中台に奪われていたと考えるのはやや早計」との見解を示された。しかし柳氏の見解は、献物帳の署名のみに着目し、(1)・(2)・(10)などの前後の「勅書」の署名を考慮しなかったところから生まれた理解だといわざるをえない。瀧川氏の推論は(4)「国家珍宝帳」の署名のみから導かれたものではあったが、よく正鵠をえていたというべきである。

(23) 瀧川政次郎氏は「紫微中台考」(前掲)で、つぎのようにいわれる。「文中にある「居中奉勅」なる句の「中」は、勿論禁中の意に解さねばならない。また「勅」といふ以上は、天皇の命令でなければならない。しかし紫微中台なる官司は、(中略)孝謙天皇によつて置かれた官司にあらずして、光明皇太后によつて置かれた官司であつて、その官吏の人選の如きは、専ら皇太后によつて行はれた。故にこの「中」は皇太后宮の宮中の意であり、この「勅」は皇太后の令旨でなければならない筈である。しかし、続紀が皇太后の令旨を勅と書く筈もないから、皇太后の発せられる命令は、すべて孝謙天皇の勅の形式において、発せられたものと解する外ない」。

(24) 瀧川政次郎「紫微中台考」(前掲)、岸俊男『藤原仲麻呂』(前掲)。

(25) 栄山寺文書、天平神護元年九月廿三日太政官符(古五—五三一頁)は、この時期の奉勅上宣官符である。だがその宣者は「権中納言従三位藤原朝臣乙叡」であって、大日本古文書の校訂者が注しているように、乙叡が権中納言に任じたのは延暦廿二年閏十月である。また様式・文体にも疑わしい点があるので、本稿では採用しなかった。

(26) この太政官符は、天平神護三年二月十一日付の伊賀国司宛民部省符(古五—六四〇頁)・越前国司宛民部省符(古五—六四

二頁)・越中国司宛民部省符(古五―六四三頁)および天平神護三年二月廿八日民部省牒(古五―六五二頁)にも引用されている。

(27) 新訂増補国史大系類聚三代格では、この右大臣に「永手」と注するが、吉備真備の誤りである。

(28) 但し、①のときは大納言藤原永手の上席に右大臣藤原豊成がいた。また⑤のときには大納言吉備真備の上席に大納言白壁王がおり、真備は第三席であった。

(29) 瀧川政次郎「法王と法王宮職」(『史林』三七―三、一九五四年、のち『律令諸制及び令外官の研究』〈前掲〉所収)。

(30) たとえば、天平宝字六年六月七日法師道鏡牒(古五―二三八頁)、天平宝字六年十二月廿一日奉写経所解(古五―三〇九頁)の引く「弓削禅師今月廿日宣」、天平宝字七年三月十日法師道鏡牒(古五―四〇二頁)、天平宝字六年閏十二月廿一日奉写灌頂経所解案(古一六―一七二頁)のオクにみえる「道鏡禅師今月廿四日宣」、天平神護元年五月六日大臣禅師牒(古五―五二八頁)、天平神護二年十月十八日僧興懌請書解(古一七―二一頁)に別筆で加えられた「法王宣」など。

(31) 尾欠だが、配列の状態からみて、二月十一日から十四日までの間のものと推定される。

(32) 日付を欠くが、三月九日から十七日までの間のもの。

(33) 採取しえた例(以下同じ)は、つぎの通り。

宝亀四年八月廿七日左大弁佐伯今毛人宣(年月日欠造東大寺司牒所引、古二二―一八一頁)「被二内臣(藤原良継)宣一偁、奉レ勅、……」

宝亀四年閏十一月廿三日太政官符(延暦交替式延暦十四年七月廿七日太政官符所引、三代格十四貞観四年九月廿二日太政官符所引)「右大臣(大中臣清麻呂)宣、奉レ勅、……」

宝亀四年十二月四日太政官符(三代格四)「右、被二右大臣(マヽ)宣一偁、奉レ勅、……」

宝亀五年三月三日太政官符(三代格二)「右、被二内大臣(マヽ)従二位藤原朝臣(良継)宣一偁、奉レ勅、……」

宝亀五年五月十七日太政官符(三代格十八)「右、被二内大臣(マヽ)宣一偁、奉レ勅、……」

宝亀五年八月廿七日太政官符(三代格一)「被二内大臣(マヽ)宣一偁、奉レ勅、……」

宝亀六年六月十三日太政官符(三代格一貞観十年六月廿八日太政官符所引)「右大臣宣、(非奉勅)……」

宝亀八年三月廿八日太政官符(宝亀八年七月二日大和国符所引、古六―五九七頁、宝亀八年七月廿三日民部省牒所引、古六―五九八頁)「右大臣宣、奉レ勅、……」

(34) 宝亀十年八月廿五日太政官符(貞観交替式)「右、内大臣(藤原魚名)宣、奉レ勅、……」

宝亀十年十月十六日太政官符（三代格十九）「右、被二内大臣宣一偁、奉レ勅、……」
宝亀十年十一月廿九日太政官符（三代格十四）「右、被二内大臣宣一偁、奉レ勅、……」
宝亀十一年正月廿日太政官符（小右記長元四年九月五日条所引）「右、被二右大臣(大中臣清麻呂)宣一偁、奉レ勅、……」
宝亀十一年六月十六日太政官符（三代格八）「右、被二右大臣宣一偁、奉レ勅、……」
宝亀十一年十月廿六日太政官符（三代格十二）「内大臣宣、奉レ勅、……」
宝亀十一年十二月四日太政官符（三代格十九）「右、被二内大臣宣一偁、奉レ勅、……」
宝亀十一年十二月十日太政官符（三代格八大同三年三月廿六日太政官符所引）「被二内大臣宣一偁、奉レ勅、……」
天応元年三月八日太政官符（三代格十五）「右大臣宣、奉レ勅、……」
天応元年四月十日太政官符（三代格十八）「右、被二内大臣宣一偁、奉レ勅、……」

(35) 天応元年八月十六日宣旨（正倉院御物出納文書、一雙倉北雑物出入継文所収天応元年八月十六日造東大寺司請薬文の異筆書入、古二五—附録二頁）「左大臣(藤原魚名)宣（非奉勅）」
天応二年二月五日宣旨（三代格五天長三年十月七日太政官符所引）「左大臣宣、（非奉勅）……」

(36) 延暦元年十一月三日太政官符（三代格十八）「今被二大納言正三位藤原朝臣是公宣一、奉レ勅、……」
延暦二年三月廿二日太政官符（三代格八）「右、被二大納言正三位藤原朝臣是公宣一偁、奉レ勅、……」
延暦二年四月廿八日太政官符（三代格三）「今被二大納言正三位藤原朝臣是公宣一偁、奉レ勅、……」
延暦二年六月十七日太政官牒（平安遺文一）「被二大納言正三位藤原朝臣是公宣一偁、奉レ勅、……」

(37) 延暦二年十二月五日太政官符（三代格十四）「今被二右大臣(藤原是公)宣一偁、奉レ勅、……」
延暦三年十一月三日太政官符（三代格十五）「右、被二右大臣宣一偁、奉レ勅、……」
延暦四年六月廿四日太政官符（三代格十二）「以前、右大臣宣、奉レ勅、……」
延暦四年七月廿四日太政官符（三代格十九・貞観交替式）「右、被二右大臣宣一偁、奉レ勅、……」
延暦四年十二月九日太政官符（三代格八）「右、右大臣宣、奉レ勅、……」
延暦五年八月七日太政官符（貞観交替式）「今被二右大臣宣一偁、奉レ勅、……」
延暦六年正月廿一日太政官符（三代格十九）「右、被二右大臣宣一偁、奉レ勅、……」

延暦六年六月三十日宣旨（神祇令18大祓条集解令釈所引）「右大臣宣、奉レ勅、……」
延暦八年八月十一日太政官符（三代格六）「今被二右大臣宣一偁、奉レ勅、……」
延暦八年九月四日太政官符（三代格十七）「右、被二右大臣（藤原継縄）宣一偁、奉レ勅、……」

(38)　延暦九年四月十六日太政官符（三代格十九）「右、被二右大臣宣一偁、奉レ勅、……」
延暦九年十一月三日太政官符（延暦交替式延暦十六年八月三日太政官符所引）「被二右大臣宣一偁、奉レ勅、……」
（延暦九年八月八日以前）左弁官宣（三代格十五延暦九年八月八日太政官符所引）「右大臣宣、奉レ勅、……」
延暦十年二月十二日太政官符（三代格十二）「右、被二右大臣宣一偁、奉レ勅、……」
延暦十年二月十八日太政官符（三代格十五）「以前、被二右大臣宣一偁、奉レ勅、……」
延暦十年六月廿二日太政官符（三代格十八）「右、被二右大臣宣一偁、奉レ勅、……」
延暦十年九月十六日太政官符（三代格十九）「右、被二右大臣宣一偁、奉レ勅、……」
延暦十年十二月廿六日太政官符（兵範記仁安四年正月十二日条所引）「今被二右大臣宣一偁、奉レ勅、……」
延暦十一年三月十九日太政官符（本朝月令所引の高橋氏文所引）「右、被二右大臣宣一偁、奉レ勅、……」
延暦十一年六月十四日太政官符（三代格十八）「以前、被二右大臣宣一偁、奉レ勅、……」
延暦十一年七月三日太政官符（三代格一）「以前、被二右大臣宣一偁、奉レ勅、……」
延暦十一年七月三日太政官符（三代格十七）「右、被二右大臣宣一偁、奉レ勅、……」
延暦十一年七月廿七日太政官符（三代格十九）「右、被二右大臣宣一偁、奉レ勅、……」
延暦十一年十月廿七日宣旨（類聚符宣抄十）「右、右大臣宣、（非奉勅）……」
延暦十二年二月廿七日太政官符（三代格一元慶八年九月八日太政官符所引）「右大臣宣、（非奉勅）……」
延暦十二年三月九日太政官符（三代格五）「右、被二右大臣宣一偁、奉レ勅、……」
延暦十二年四月廿三日太政官符（三代格十四弘仁三年八月十六日太政官符所引、貞観交替式同上太政官符所引）「被二右大臣宣一偁、奉レ勅、……」
延暦十二年六月一日太政官牒（平安遺文一〇）「右、被二右大臣去五月廿九日宣一偁、奉レ勅、……」（内容はつぎの太政官符と同じ）

延暦十二年六月一日太政官符（延暦十二年六月十一日東大寺使解所引、平安遺文四二八九）「被二右大臣去五月廿九日宣一偁、奉レ勅、……」
延暦十二年八月十四日太政官符（三代格六大同四年正月廿六日太政官符所引）「右大臣宣、奉レ勅……」
延暦十三年四月廿五日太政官牒（平安遺文一一）「被二右大臣宣一偁、奉レ勅、……」
延暦十四年正月廿九日太政官符（三代格十五）「以前、被二右大臣宣一偁、奉レ勅、……」
延暦十四年四月廿七日太政官符（三代格十九）「被二右大臣宣一偁、奉レ勅、……」
延暦十四年五月九日太政官符（三代格七）「右、被二右大臣宣一偁、奉レ勅、……」
延暦十四年六月十一日太政官符（三代格八大同三年三月廿六日太政官符所引）「右大臣宣、奉レ勅、……」
延暦十四年七月十日太政官符（三代格四）「以前、被二右大臣宣一偁、奉レ勅、……」
延暦十四年七月廿七日太政官符（延暦交替式・貞観交替式、また三代格十四貞観四年九月廿二日太政官符所引）「今被二右大臣宣一、奉レ勅、……」
延暦十四年閏七月十五日太政官符（三代格十二）「右、被二右大臣宣一偁、奉レ勅、……」
延暦十四年閏七月廿一日太政官符（三代格八）「右、被二右大臣宣一偁、奉レ勅、……」
延暦十四年八月十三日太政官符（三代格三延暦廿四年十二月廿五日太政官符所引）「右大臣宣、奉レ勅、……」
延暦十四年八月十四日太政官符（三代格二十弘仁六年十一月廿日太政官符所引）「右大臣宣、奉レ勅、……」
延暦十四年九月十七日太政官符（三代格十二）「右、被二右大臣宣一偁、奉レ勅、……」
延暦十五年二月十七日太政官符（三代格十八）「右、被二右大臣宣一偁、奉レ勅、……」
延暦十五年二月廿五日太政官符（三代格十七）「右大臣宣、奉レ勅、……」
延暦十五年三月廿五日太政官符（三代格三）「右、被二右大臣宣一偁、奉レ勅、……」
延暦十五年六月八日太政官符（三代格七）「右、右大臣宣、奉レ勅、……」
（39）延暦十五年八月二日太政官符（三代格四）「今大納言正三位紀朝臣古佐美宣、奉レ勅、……」
延暦十五年九月廿六日太政官符（三代格十八）「右、被二大納言正三位紀朝臣古佐美宣一偁、奉レ勅、……」
延暦十五年十月廿一日太政官符（三代格十四）「右、被二大納言正三位紀朝臣古佐美宣一偁、奉レ勅、……」

延暦十五年十月廿二日太政官符(三代格十八)「右、被㆓大納言正三位紀朝臣古佐美宣㆒偁、奉㆑勅、……」
延暦十五年十月廿八日太政官符(三代格五)「右、被㆓大納言正三位紀朝臣古佐美宣㆒偁、奉㆑勅、……」
延暦十五年十一月十三日太政官符(三代格八)「右、被㆓大納言正三位紀朝臣古佐美宣㆒偁、奉㆑勅、……」
延暦十五年十一月廿一日太政官符(三代格十六)「被㆓大納言正三位紀朝臣古佐美宣㆒偁、奉㆑勅、……」
延暦十五年十二月廿八日太政官符(三代格十五)「右、被㆓大納言正三位紀朝臣古佐美宣㆒偁、奉㆑勅、……」
延暦十六年正月廿三日太政官符(三代格十二)「右、被㆓大納言正三位紀朝臣古佐美宣㆒偁、奉㆑勅、……」
延暦十六年二月二日太政官符(三代格三)「右、被㆓大納言正三位紀朝臣古佐美宣㆒偁、奉㆑勅、……」
(40)　延暦十六年四月十三日太政官符(三代格五)「今被㆓大納言従三位神王宣㆒偁、奉㆑勅、……」
延暦十六年四月十六日太政官符(三代格八)「右、被㆓大納言従三位神王宣㆒偁、奉㆑勅、……」
延暦十六年四月廿日(または廿四日)太政官符(三代格十九弘仁十年五月二日太政官符所引)「今被㆓大納言従三位神王宣㆒偁、
　奉㆑勅、……」
延暦十六年四月廿九日太政官符(三代格十二斉衡二年六月廿五日太政官符所引)「従二《マヽ》位行大納言神王宣、奉㆑勅、……」
延暦十六年六月七日太政官符(三代格十五)「右、被㆓大納言従三位神王宣㆒偁、奉㆑勅、……」
延暦十六年六月十七日宣旨(三代格二十)「大納言神王宣、奉㆑勅、……」
延暦十六年七月十一日太政官符(三代格十九)「右、被㆓大納言従三位神王宣㆒偁、奉㆑勅、……」
延暦十六年八月三日太政官符(延暦交替式)「今被㆓大納言従三位神王宣㆒偁、奉㆑勅、……」
延暦十六年八月三日太政官符(三代格八)「以前、被㆓大納言従三位神王宣㆒偁、奉㆑勅、……」
延暦十六年八月三日太政官符(三代格十五)「右、被㆓大納言従三位神王宣㆒偁、奉㆑勅、……」
延暦十六年八月十六日太政官符(三代格十七)「被㆓大納言従三位神王宣㆒偁、奉㆑勅、……」
延暦十六年十一月廿七日太政官符(三代格七)「被㆓大納言従三位神王宣㆒偁、奉㆑勅、……」
延暦十六年十一月廿九日太政官符(三代格十八)「被㆓大納言従三位神王宣㆒偁、奉㆑勅、……」
延暦十七年正月廿日太政官符(三代格三)「右、被㆓大納言従三位神王宣㆒偁、奉㆑勅、……」
延暦十七年正月廿四日太政官符(三代格一)「右、大納言従三位神王宣、奉㆑勅、……」

延暦十七年二月五日太政官符（三代格十七）「右、被㆓大納言従三位神王宣㆒偁、（非奉勅）……」
延暦十七年二月八日太政官符（三代格十七）「右、被㆓大納言従三位神王宣㆒偁、奉㆑勅、……」
延暦十七年二月十四日太政官宣（桃源瑞仙『史記抄』九所収）「右、大納言従三位神王宣、奉㆑勅、……」
延暦十七年二月十五日太政官符（三代格七）「右、被㆓大納言従三位神王宣㆒偁、奉㆑勅、……」
延暦十七年三月廿九日太政官符（三代格七）「右、被㆓大納言従三位神王宣㆒偁、奉㆑勅、……」
(41) 延暦十七年四月七日太政官符（延暦交替式）「被㆓中納言従三位壱志濃王宣㆒偁、奉㆑勅、……」
延暦十七年四月十五日太政官符（三代格三）「右、被㆓大納言従三位神王宣㆒偁、奉㆑勅、……」
延暦十七年四月十六日太政官符（三代格十七）「大納言従三位神王宣、奉㆑勅、……」
延暦十七年五月十一日太政官符（三代格二十）「右、被㆓大納言従三位神王宣㆒偁、（非奉勅）……」
延暦十七年六月四日太政官符（三代格四）「今中納言従三位壱志濃王宣偁、奉㆑勅、……」
延暦十七年六月六日太政官符（三代格三延暦十七年六月十四日太政官符所引）「大納言従三位神王宣偁、奉㆑勅、……」
延暦十七年六月廿五日太政官符（三代格四）「右、被㆓大納言従三位神王宣㆒偁、（非奉勅）……」
延暦十七年七月廿日太政官符（三代格五天安元年十一月十日太政官符所引）「被㆓大納言正三位神王宣㆒偁、奉㆑勅、……」
(42) 延暦十七年九月八日太政官符（三代格十五）「以前、被㆓右大臣（神王）宣㆒偁、奉㆑勅、……」
延暦十七年九月十七日太政官符（三代格十九）「右、右大臣宣偁、奉㆑勅、……」
延暦十七年九月廿三日太政官符（三代格十九）「右、被㆓右大臣宣㆒偁、奉㆑勅、……」
延暦十七年十月四日太政官符（三代格十九）「右、被㆓右大臣宣㆒偁、……」（「奉㆑勅」の語はないが「事縁㆓勅語㆒」とする）
延暦十七年十月十一日太政官符（三代格一）「右、被㆓右大臣宣㆒偁、奉㆑勅、……」
延暦十七年十月十九日太政官符（三代格十九・貞観交替式）「以前、被㆓右大臣宣㆒偁、奉㆑勅、……」
延暦十七年十二月八日太政官符（三代格十六、また延暦十八年正月十一日大宰府牒所引、平安遺文四八九八）「右、被㆓右大臣宣㆒偁、奉㆑勅、……」
延暦十七年十二月廿日太政官符（三代格四）「右、被㆓右大臣宣㆒偁、奉㆑勅、……」
延暦十八年三月九日太政官符（三代格十九）「今右大臣宣、奉㆑勅、……」

延暦十八年四月十一日太政官符（三代格十七）「右、々大臣宣、奉レ勅、……」
延暦十八年四月十三日太政官符（三代格十八）「右、被二右大臣宣一偁、奉レ勅、……」
延暦十八年五月十七日太政官符（延暦交替式、また三代格八大同元年八月廿五日太政官符所引〈但し「延暦十八年五月廿日下二諸国一符」とする〉）「今被二右大臣宣一偁、奉レ勅、……」
延暦十八年五月廿日太政官符（三代格十八天長元年六月廿日太政官符所引）「右大臣宣、奉レ勅、……」
延暦十八年六月一日太政官符（三代格四）「右、被二右大臣宣一偁、奉レ勅、……」
延暦十八年七月廿一日太政官符（三代格四）「右、被二右大臣宣一偁、奉レ勅、……」
延暦十八年八月廿七日太政官符（延暦交替式）「今被二右大臣宣一偁、奉レ勅、……」
延暦十八年十月廿五日太政官符（三代格四）「右、被二右大臣宣一偁、奉レ勅、……」
延暦十八年十一月五日太政官符（三代格一大同三年七月十六日太政官符所引）「右大臣宣、奉レ勅、……」
(43)　延暦十九年正月十六日太政官符（三代格十八）「大納言正三位壱志濃(神王)王宣、奉レ勅、……」
延暦十九年二月三日太政官符（三代格十六）「右、被二右大臣宣一偁、奉レ勅、……」
延暦十九年二月四日太政官符（三代格十九）「右、大納言正三位壱志濃(神王)王宣、奉レ勅、……」
(44)　延暦十九年二月廿六日太政官符（三代格七）「被二右大臣宣一偁、奉レ勅、……」
延暦十九年五月十五日太政官符（三代格四）「今被二右大臣宣一偁、（非奉勅）……」
延暦十九年九月二日太政官符（延暦交替式・貞観交替式、また三代格一弘仁八年十二月廿五日太政官符所引）「被二右大臣宣一偁、……」（「奉レ勅」の語はないが「事縁二勅語一」とする）
延暦十九年九月十二日太政官符（延暦交替式）「右大臣宣、奉レ勅、……」
延暦十九年九月十六日太政官符（延暦交替式・貞観交替式、また三代格一弘仁八年十二月廿五日太政官符所引）「被二右大臣宣一偁、奉レ勅、……」
延暦十九年十月七日太政官符（三代格四）「右大臣宣、奉レ勅、……」
延暦十九年十一月三日太政官符（三代格一・同四）「右、被二右大臣宣一偁、奉レ勅、……」
延暦十九年十二月四日太政官符（三代格七）「右大臣宣偁、奉レ勅、……」

延暦十九年十二月十九日太政官符（三代格二十）「以前、被㆓右大臣宣㆒偁、奉㆑勅、……」
延暦十九年十二月廿二日太政官符（三代格一大同二年八月十一日太政官符所引）「右大臣宣、（非奉勅）……」
延暦廿年四月廿七日太政官符（三代格十八）「右、被㆓右大臣宣㆒偁、奉㆑勅、……」
延暦廿年五月十四日太政官符（三代格一）「以前、被㆓右大臣宣㆒偁、……」（太政官奏に対する「奉㆑勅、依㆑奏」のことを右大臣が宣して太政官符を作成させたもの）
延暦廿年七月一日太政官符（三代格一弘仁十二年八月廿二日太政官符所引）「右大臣宣、（非奉勅）……」
延暦廿年十月十九日太政官符（三代格一）「右大臣宣、奉㆑勅、……」
延暦廿年十二月十三日太政官符（三代格六）「右、被㆓右大臣宣㆒偁、（非奉勅）……」
延暦廿一年正月十三日太政官符（三代格二）「右、被㆓右大臣宣㆒偁、奉㆑勅、……」
延暦廿一年六月廿四日太政官符（三代格十九）「右、被㆓右大臣宣㆒偁、……」（「奉㆑勅」の語はないが「事縁㆓勅語㆒」とする）
延暦廿一年六月廿七日太政官符（三代格六承和元年八月廿日太政官符所引）「右大臣宣、（非奉勅）……」
延暦廿一年七月十五日太政官符（三代格十五弘仁七年十一月四日太政官符所引）「右大臣宣、奉㆑勅、……」
延暦廿一年八月十四日太政官符（三代格十八弘仁三年十二月八日太政官符所引）「右大臣宣、奉㆑勅、……」
延暦廿一年八月廿七日太政官符（三代格八）「右、被㆓右大臣宣㆒偁、奉㆑勅、……」
延暦廿一年十月廿二日太政官符（三代格二十）「右大臣宣、奉㆑勅、……」
延暦廿一年十二月□日太政官符（三代格十八）「右大臣宣、奉㆑勅、……」
延暦廿二年二月廿日太政官符（延暦交替式）「以前、被㆓右大臣宣㆒偁、奉㆑勅、……」
延暦廿二年二月廿五日勘解由使謹奏撰定諸国司交替式＝延暦交替式「右大臣宣、奉㆑勅、……」
延暦廿二年十月廿五日太政官符（三代格十五）「右、被㆓右大臣宣㆒偁、奉㆑勅、……」
延暦廿三年正月廿二日太政〔太政〕官符（三代格二）「右大臣宣、奉㆑勅、……」
延暦廿三年九月廿二日□□官□（平安遺文四二九五、この文書の弁・史の位署は符式にしたがっているが、「寺宜承□〔知〕、早速奉請」の施行文言によれば寺家宛であるから、「太政官符」とすべきか「太政官牒」とすべきか、検討を要する）「右、被右大臣□□」

延暦廿三年九月廿三日太政官符(三代格十七)「右大臣宣、奉レ勅、……」

延暦廿三年十二月廿一日太政官符(三代格十九)「右、被二右大臣宣一偁、奉レ勅、……」

延暦廿三年十二月廿五日太政官牒(?)(平安遺文四三〇〇)「右、被二右大臣宣一偁、(非奉勅)……」

延暦廿四年正月三日太政官符(三代格三)「右、被二右大臣宣一偁、……」(「奉レ勅」の語はないが「事縁二勅語一」とする)

延暦廿四年三月二日太政官符(三代格十四)「右、被二右大臣宣一偁、奉レ勅、……」

延暦廿四年四月四日太政官符(三代格十二承和九年二月廿五日太政官符所引)「右大臣宣、奉レ勅、……」

延暦廿四年七月廿日宣旨(類聚符宣抄六)「右大臣宣、(非奉勅)……」

延暦廿四年九月十六日(以前)宣旨(延暦廿四年九月十六日治部省牒所引、平安遺文四三一五・四三一六・四三一七)「今被二
　右大臣宣一偁、奉レ勅、……」

延暦廿四年十月十九日太政官符(平安遺文二七)「右、右大臣宣、奉レ勅、……」

延暦廿四年十一月一日太政官符(三代格十七)「今右大臣宣、(非奉勅)……」

延暦廿四年十二月廿五日太政官符(三代格三・貞観交替式)「右大臣宣、奉レ勅、……」

延暦廿五年正月廿六日太政官符(三代格二)「右、被二右大臣宣一偁、奉レ勅、……」

延暦廿五年二月十三日太政官符(三代格五)「右、被二右大臣宣一偁、奉レ勅、……」

延暦廿五年三月十七日太政官符(三代格三)「右、被二右大臣宣一偁、奉レ勅、……」

延暦廿五年三月廿四日太政官符(三代格十四・貞観交替式)「右、被二右大臣宣一偁、奉二令旨一、……」

(45)　延暦廿五年四月廿五日太政官符(三代格二)「右、被二大納言正三位藤原朝臣雄友宣一偁、奉レ勅、……」

(46)　大同元年五月廿七日太政官符(三代格四)「右、被二右大臣(藤原内麻呂)宣一偁、奉レ勅、……」
大同元年六月一日太政官符(三代格七)「右大臣宣、奉レ勅、……」

大同元年六月十一日太政官符(三代格十八)「右大臣宣、奉レ勅、……」

大同元年閏六月八日太政官符(三代格十六)「右大臣宣、奉レ勅、……」

大同元年七月廿一日太政官符(三代格五)「以前、右大臣宣、奉レ勅、……」

大同元年八月八日太政官符(三代格十二)「右大臣宣、奉レ勅、……」

大同元年八月十一日太政官符（三代格一弘仁八年十二月廿五日太政官符所引）「右大臣宣、（非奉勅）……」
大同元年八月廿二日太政官符（三代格三）「右、被二右大臣宣一偁、奉レ勅、……」
大同元年八月廿五日太政官符（三代格八）「右大臣宣、奉レ勅、……」
大同元年八月廿五日太政官符（三代格十六）「右大臣宣、（非奉勅）……」
大同元年八月廿七日太政官符（三代格三）「右、被二右大臣宣一偁、奉レ勅、……」
大同元年十月十一日太政官符（三代格四）「今右大臣宣、奉レ勅、……」
大同元年十月十二日太政官符（三代格七）「右大臣宣、奉レ勅、……」
大同元年十月十三日太政官符（三代格四）「今被二右大臣宣一偁、奉レ勅、……」
大同元年十月十八日太政官符（三代格六大同五年五月十一日太政官符所引）「右大臣宣、奉レ勅、……」
大同元年十一月二日太政官符（三代格十五弘仁七年十一月四日太政官符所引）「右大臣宣、奉レ勅、……」
大同元年十二月四日太政官符（三代格四）「今右大臣宣、奉レ勅、……」
大同二年正月十三日太政官符（三代格十四）「右大臣宣、奉レ勅、……」
大同二年正月廿日太政官符（三代格八）「右大臣宣、奉レ勅、……」
大同二年二月一日太政官符（三代格二十）「今右大臣宣、奉レ勅、……」
大同二年三月廿三日太政官符（貞観九年二月十六日讃岐国司解所引、平安遺文一五二）「右大臣宣、奉レ勅、……」
大同二年四月六日太政官符（三代格五）「被二右大臣宣一偁、（非奉勅）……」
大同二年四月十五日太政官符（三代格十四・貞観交替式）「右大臣宣、奉レ勅、……」
大同二年七月廿四日太政官符（三代格十五）「今被二右大臣宣一偁、奉レ勅、……」
大同二年八月十一日太政官符（三代格一）「今右大臣宣、奉レ勅、……」
大同二年八月十二日太政官符（三代格四）「右、被二右大臣宣一偁、奉レ勅、……」
大同二年九月十六日太政官符（三代格十八）「右大臣宣、奉レ勅、……」
大同二年九月廿八日太政官符（三代格十九）「右、被二右大臣宣一偁、奉レ勅、……」
大同二年十月廿日太政官符（三代格十八大同二年十月廿五日太政官符所引）「右大臣宣、奉レ勅、……」

大同二年十月廿五日太政官符(三代格十八)「今被㆓右大臣宣㆒偁、奉㆑勅、……」
大同二年十二月廿九日太政官符(三代格八・貞観交替式)「被㆓右大臣宣㆒偁、奉㆑勅、……」
大同三年正月七日太政官符(三代格八)「右、被㆓右大臣宣㆒偁、奉㆑勅、……」
大同三年二月四日太政官符(三代格四)「右、右大臣宣、奉㆑勅、……」
大同三年二月五日太政官符(三代格六)「被㆓右大臣宣㆒、奉㆑勅、……」
大同三年二月十六日太政官符(三代格四)「右、々大臣宣、奉㆑勅、……」
大同三年二月十六日太政官符(三代格十五大同四年九月十六日太政官符所引)「被㆓右大臣宣㆒偁、奉㆑勅、……」
大同三年三月廿一日太政官符(三代格十五)「右、右大臣宣、奉㆑勅、……」
大同三年三月廿六日太政官符(三代格八)「今右大臣宣、奉㆑勅、……」
大同三年六月六日太政官符(三代格六)「右大臣宣、奉㆑勅、……」
大同三年七月四日太政官符(三代格三・貞観交替式)「右、被㆓右大臣宣㆒偁、奉㆑勅、……」
大同三年七月十六日太政官符(三代格一)「右大臣宣、奉㆑勅、……」
大同三年八月三日太政官符(三代格五)「右大臣宣、奉㆑勅、……」
大同三年八月三日太政官符(三代格八)「今被㆓右大臣宣㆒偁、奉㆑勅、……」
大同三年九月廿三日太政官符(三代格十九)「被㆓右大臣宣㆒偁、奉㆑勅、……」
大同三年十月廿一日太政官符(三代格四)「右、々大臣宣、奉㆑勅、……」
大同三年十一月二日太政官符(三代格十九)「今右大臣宣、奉㆑勅、……」
大同三年十二月十五日太政官符(三代格四)「以前、被㆓右大臣宣㆒偁、奉㆑勅、……」
大同三年十二月廿六日太政官符(三代格六)「今被㆓右大臣宣㆒偁、奉㆑勅、……」
大同四年正月七日太政官符(三代格四・同六)「右、々大臣宣、奉㆑勅、……」
大同四年正月十一日宣旨(類聚符宣抄十)「右大臣宣、奉㆑勅、……」
大同四年正月十五日太政官符(三代格六)「今被㆓右大臣宣㆒偁、奉㆑勅、……」
大同四年正月廿六日太政官符(三代格六)「以前、右大臣宣、奉㆑勅、……」

大同四年正月廿六日太政官符（三代格六）「以前、右大臣宣、奉㆑勅、……」
大同四年二月二日太政官符（三代格五）「今被㆓右大臣宣㆒偁、奉㆑勅、……」
大同四年閏二月四日太政官符（三代格六）「今被㆓右大臣宣㆒偁、奉㆑勅、……」
大同四年三月十四日太政官符（三代格四）「以前、被㆓右大臣宣㆒偁、奉㆑勅、……」
大同四年三月十五日太政官符（三代格六大同四年四月一日太政官符所引）「被㆓右大臣宣㆒偁、奉㆑勅、……」
大同四年三月廿一日太政官符（三代格四）「以前、被㆓右大臣宣㆒偁、奉㆑勅、……」
大同四年四月三十日太政官符（三代格十四）「右大臣宣、奉㆑勅、……」
大同四年五月九日太政官符（三代格四）「右、々大臣宣、奉㆑勅、……」
大同四年五月十一日太政官符（三代格十五）「右大臣宣、奉㆑勅、……」
大同四年六月十一日太政官符（三代格十八）「右大臣宣、奉㆑勅、……」
大同四年六月廿二日太政官符（三代格六）「今右大臣宣、奉㆑勅、……」
大同四年九月十三日太政官符（弘仁十一年三月四日大宰府牒所引、平安遺文四九〇〇）「被㆓右大臣宣㆒偁、奉㆑勅、……」
大同四年九月廿七日太政官符（三代格七）「以前、被㆓右大臣宣㆒偁、奉㆑勅、……」
大同四年十一月十三日太政官符（三代格五）「右、被㆓右大臣宣㆒偁、奉㆑勅、……」
大同五年二月十七日太政官符（三代格六）「今被㆓右大臣宣㆒偁、奉㆑勅、……」
大同五年二月廿三日太政官符（三代格八）「被㆓右大臣宣㆒偁、奉㆑勅、……」
大同五年三月一日太政官符（三代格五）「右大臣宣、奉㆑勅、……」
大同五年三月廿八日太政官符（三代格十二・貞観交替式）「右大臣宣、奉㆑勅、……」
大同五年四月十日太政官符（三代格四）「被㆓右大臣宣㆒偁、奉㆑勅、……」
大同五年五月十一日太政官符（三代格六）「以前、被㆓右大臣宣㆒偁、奉㆑勅、……」
大同五年五月十一日太政官符（三代格十八）「被㆓右大臣宣㆒偁、奉㆑勅、……」
弘仁元年九月廿三日太政官符（三代格十四）「右大臣宣、奉㆑勅、……」
弘仁二年正月廿九日太政官符（三代格十五）「右大臣宣、奉㆑勅、……」

弘仁二年二月三日太政官符（三代格十五）「右大臣宣、奉レ勅、……」
弘仁二年二月六日太政官符（三代格一）「今被二右大臣宣一偁、奉レ勅、……」
(47) 弘仁二年二月十日太政官符（三代格四）「大納言正三位（藤原内麻呂）坂上大宿祢田村麿宣、奉レ勅、……」
(48) 弘仁二年二月十七日太政官符（三代格十四）「右大臣宣、奉レ勅、……」
弘仁二年五月十三日太政官符（三代格二十）「右大臣宣、奉レ勅、……」
弘仁二年五月十六日宣旨（法曹類林二百）「右大臣宣、（非奉勅）……」
弘仁二年五月廿二日太政官符（三代格十八）「右、被二右大臣宣一偁、奉レ勅、……」
弘仁二年八月十一日太政官符（三代格十七）「右大臣宣、奉レ勅、……」
弘仁二年九月廿三日太政官符（三代格一・貞観交替式）「右、被二右大臣宣一偁、奉レ勅、……」
弘仁二年九月廿四日太政官符（三代格十二）「今右大臣宣、奉レ勅、……」
弘仁二年十月十五日太政官符（三代格六）「右大臣宣、奉レ勅、……」
弘仁二年十月十七日太政官符（平安遺文三四）「右、被二右大臣宣一偁、奉レ勅、……」
弘仁二年十二月廿八日太政官符（狩野文庫本三代格）「被二右大臣宣一偁、奉レ勅、……」
弘仁三年正月五日宣旨（類聚符宣抄四）「右大臣宣、奉レ勅、……」
弘仁三年二月廿八日太政官符（三代格四）「今被二右大臣宣一偁、奉レ勅、……」
弘仁三年三月廿日太政官符（三代格三・貞観交替式）「今被二大納言正三位藤原朝臣園人宣一偁、奉レ勅、……」
弘仁三年三月廿三日太政官符（三代格十四・貞観交替式）「右大臣宣、奉レ勅、……」
弘仁三年四月二日太政官符（三代格五）「右、被二右大臣宣一偁、奉レ勅、……」
弘仁三年四月七日太政官符（三代格五）「右、被二右大臣宣一偁、奉レ勅、……」
弘仁三年四月十六日太政官符（三代格三弘仁九年五月廿九日太政官符所引）「大納言正三位藤原朝臣園人宣、奉レ勅、……」
弘仁三年五月三日太政官符（三代格一・貞観交替式）「今被二大納言正三位藤原朝臣園人宣一偁、奉レ勅、……」
弘仁三年五月三日太政官符（三代格十五）「今被二大納言正三位藤原朝臣園人宣一偁、奉レ勅、……」
弘仁三年七月十日太政官符（三代格三）「今右大臣宣、奉レ勅、……」

弘仁三年八月五日太政官符（三代格七）「右大臣宣、奉レ勅、……」
弘仁三年八月十六日太政官符（三代格十四・貞観交替式）「今右大臣宣、奉レ勅、……」
弘仁三年八月廿日太政官符（三代格六）「今被二大納言正三位藤原朝臣園人宣一、奉レ勅、……」
弘仁三年九月十九日太政官符（三代格四）「大納言正三位藤原朝臣園人宣、奉レ勅、……」
弘仁三年九月廿三日太政官符（三代格十四）「今被二大納言正三位藤原朝臣園人宣一偁、奉レ勅、……」
弘仁三年九月廿六日太政官符（三代格一）「右、被二大納言正三位藤原朝臣園人宣一偁、奉レ勅、……」

(49) 弘仁三年十一月十五日太政官符（三代格五）「大納言（藤原園人）正三位藤原朝臣園人宣、奉レ勅、……」

(50) 弘仁三年十二月八日太政官符（三代格十八）「今被二右大臣宣一偁、奉レ勅、……」

(51) 注(41)参照。

(52) 但しこの二つの太政官符は、いずれも、右大臣藤原園人の奏状を契機として出されたものであるから、宣者が当事者以外の者であるのは当然のことというべきであろうが、それが中納言であったのには、後述のような事情があった。

(53) 柳雄太郎「太政官における四等官構成について」（前掲）。

(54) 但し、橋本義則「「外記政」の成立――都城と儀式――」（『史林』六四―六、一九八一年）が指摘するように、藤原園人の宣旨にいう朔日・旬日の朝座の政は、儀式的性格の強いものであって、その点では、弘仁・延喜の太政官式が述べる日常的な政とはやや異なっている。それゆえ園人の宣旨が出されてからのち弘仁式の編纂にいたる間に、中納言以上に申す政の範囲が拡大されたとみなければならない。

(55) 注(33)〜注(50)。特に注(36)〜注(50)を参照。

(56) 瀧川政次郎「革命思想と長岡遷都」（『京制並に都城制の研究』所収、一九六七年、角川書店）。

(57) 狩野直喜「我朝に於ける唐制の模倣と祭天の礼」（『読書簒余』所収、一九四九年、東京弘文堂）。

(58) 瀧川政次郎「革命思想と長岡遷都」（前掲）。

(59) 長山泰孝「古代貴族の終焉」（『続日本紀研究』二一四、一九八一年）。

(60) 井上光貞「日本の律令体制」（『岩波講座世界歴史』6所収、一九七一年、岩波書店）。

(61) 本書第Ⅰ部第一章「律令制と天皇」、本書第Ⅰ部第三章「大宝令制太政官の成立をめぐって」。

(62)　藤原宮子の称号事件については本書第Ⅰ部第三章「大宝令制太政官の成立をめぐって」で詳しく述べたので、ここでは、これもまた著名な事件ではあるが、紫香楽宮遷都をめぐる経緯を、簡単に記しておく。出典はすべて続紀である。

藤原広嗣の乱が鎮定される以前の天平十二年十月の東国行幸にはじまり、天平十七年五月にいたるまでの遷都につぐ遷都の過程のなかで、天皇の意志と臣下の意向の対立が尖鋭なかたちで表面化するのは、天平十六年閏正月の難波行幸以後である。それまでの東国行幸に引続く恭仁遷都は、古くからいわれているように右大臣橘諸兄が領導したものであろうが、その間に意見の対立があったようにはみうけられない。また天平十四年に始る離宮としての紫香楽宮造営に関しても、議政官をはじめとする臣下らがどの程度同意していたかは不明だが、たとえば同年末から翌年はじめにかけての同宮行幸に右大臣橘諸兄が同道しているところをみると、意見の対立が表面化していたとはみうけられない。だが天平十五年七月からの聖武の紫香楽宮逗留が四か月の長期に及び、その間に盧舎那大仏造立発願の詔が発せられ、恭仁宮の造作が停止されると、事態は変化する。天平十六年閏正月、遷都を前提とした難波行幸を目前にして、天皇は百官人を朝堂に喚して、恭仁と難波のいずれを都とすべきかを問う。使者を派遣して市人にも問うた。官人の意見は半々であったが、市人の多くは恭仁がよいと答えた。天皇は難波に行幸すると、恭仁宮から駅鈴・内印(「天皇御璽」の印)・外印(「太政官印」の印)をとりよせ、さらには恭仁宮の高御座・大楯、兵庫の器仗を難波宮に運搬させた。難波遷都は支障なく実現するかにみえた。ところが二月戊午(廿四日)、天皇は突然紫香楽宮に行幸してしまう。続紀の編纂者は、この行幸の記事に、ことさらに「太上天皇《(元正)》及左大臣橘宿祢諸兄、留在二難波宮一焉」と書き記している。よほど異常な行幸であったのであろう。そしてその二日後の庚申(廿六日)、天皇のいない難波宮において、左大臣橘諸兄は難波宮を以て皇都とすると宣言する。続紀はこれを「左大臣宣レ勅云、今以二難波宮一、定為二皇都一」と記すが、この「勅」が聖武の勅であったとはとうてい考えられない。おそらく元正太上天皇の勅であろう。聖武は紫香楽宮にそのまま逗留し、天平十七年の元日にはその宮に楯・槍をたてた。遷都宣言のない事実上の遷都である。だがその前後から、紫香楽宮周辺に放火とみられる火災が頻発する。そしてついに、五月己未(二日)、今度は天皇ではなく太政官が、諸司官人に、いずれを都とすべきかを問うことになる。全員が平城と答える。こうして聖武が平城宮に帰還したのは、天平十七年五月戊辰(十一日)であった。

要するに聖武は完敗したのだが、以上の経過から明らかなことは、聖武の紫香楽宮を以て都としようとする意志が明らかになってからのち、議政官のみならず官人らはみな、反対の意志を鮮明にしたということである。特に、最終段階で、太政官、すなわちその議政官らが諸司官人の意向を問うたことのもつ意味は重要であろう。天皇の存在と全く無関係に、支配層の意志が統一され、それが圧力となって、聖武の平城宮還帰が達成されたことを物語るものであるからである。

(63) 藤原仲麻呂が主催した天平宝字元年度の律令講書と、仲麻呂による律令条文解釈の治定については、拙稿「新令私記・新令説・新令問答・新令釈——天平宝字元年新令講書についての覚えがき——」(『続日本紀研究』二一八、一九八一年)参照。

〔補注〕

本稿の脱稿後、林陸朗氏の「桓武朝の太政官符をめぐって」(林陸朗先生還暦記念会編『日本古代の政治と制度』所収、一九八五年、続群書類従完成会)に接した。この論考において、氏は、本稿のもとになった拙稿「古代天皇制と太政官政治」(『講座日本歴史』2所収、一九八四年、東京大学出版会)での上卿制の成立に関する私見を批判され、桓武・平城朝においては、太政官符等の宣者は、原則として筆頭公卿が専当したとみるべきであるとの見解を提示しておられる。

〈附論一〉 長元四年の斎王託宣事件をめぐって

はじめに

日本の律令制のもとでの天皇のありかたを、その政治的側面のみに限定してごく概括的に述べれば、つぎのようにいうことができると思われる。

もともとヤマト朝廷は、日本列島内の各地に存在する各種各様の多数の地域的政治集団(=地方豪族)に対峙する政治権力として、ヤマト(大和)を中心とした畿内およびその周辺に本拠を有する諸豪族すなわち政治的諸集団の長たちが、連合ないし結合してつくりあげた政権であった。この政権すなわち畿内政権は、その組織の構成員である一豪族の長を推戴して、大王とした。すなわち、特定の政治的首長をたてることによって、政権内部の統合を強化するとともに、この政権が全体として、畿外(畿内以外の日本列島内諸地域)の地域的政治集団に対し支配を拡大することを可能にしたのである。このようにしてこの政権は、おそくも四世紀以後、二ないし三世紀にわたるながい歴史を経て、畿外の政治的諸集団を、徐々に、かつ個別に、服属させていった。ただしその支配と服属の関係は、政権の内部が豪族の長と長との関係で構成されていたのと同じように、畿内政権の「代表」としての大王と服属した政治集団の長との関係として、結ばれたものであった。それはあたかも、朝鮮半島および大陸の諸王朝との「外交」の場において、大王が畿内政権の「代表」としてその姿をあらわしたのと、同じである。

この政権は、七世紀なかばにおける政権内部での権力闘争による動揺と、高句麗・百済・新羅の朝鮮三国と唐をめぐる動乱から生じた国際的危機、就中百済の滅亡を契機とする白村江への出兵とその敗北という危機に直面して、国内支配体制の再編成をはかるため、律令制を導入するにいたる。

律令制の導入とは、中国で独自の歴史的条件のもとに発達した法体系と支配のための政治的諸制度を、異質社会である日本に適用することを意味したが、これの導入は、畿内政権の支配体制に、法制上、少なくとも二つの大きな変化をもたらすこととなった。その一つは、官僚制が導入されたことにより、政権の内部および畿外勢力との間の人的編成原理が変ったことである。畿内豪族の長と長との関係、大王と地方首長との関係は、たてまえとして、官職と位階を媒介とする関係におきかえられることになった。しかしこうした変化にもかかわらず、畿内政権は律令体制内に維持されたということに、注意しておかなければならない。畿内と畿外とは、人民の課役負担において、官僚の登庸において、截然と区別されていたのであり、中央政府の行政幹部は畿内豪族出身者が独占していたのである。畿外の政治的首長を官僚としての郡司などに任用し、国家が人民の一人ひとりを直後に把握する「個別人身的支配」の原理を採用したことは、畿内政権の畿外に対する支配を、より一層効率的なものとし、より一層徹底的なものとしたといえる。律令国家の中央政府すなわち畿内政権にとっては、畿外は依然として支配と収奪の対象としての「外国《グエコク》」であったのである。

律令制の導入によってもたらされたいま一つの変化は、大王の位置づけである。律令制の導入の過程で大王は天皇となったが、それは単に名称の変化にとどまるものではなかった。第一に、天皇は、法制上、絶大な権力を有する君主として位置づけられた。律令法によるかぎり、天皇は、隋・唐の皇帝と同じく、みずからが定めた法をも超越する専制君主である。第二に、天皇は、「日本」(これも律令制の導入の過程で定められた国号)の全土をおおうべきものとして形成された支配体制としての「国家」の、政治的首長として位置づけられた。嘗ての一地域権力としての畿内政権の政治的首長は、「国家」の君主となったのである。だがここでも、大王から天皇へのこうした法制上の変化にもかかわらず、歴史的に形成された畿内政権の政治的首長という性格を、払拭することができなかったことに、注意しなければならない。律令制下においては、畿内の有力豪族の長は太政官の議政官として編成されたが、かれらには、結集して天皇の専制・恣意を抑制する途が、法的に保障されていた。それはヤマト朝廷での、豪族の長と長との関係(大王も一豪族の長である)の遺制である。またたとえば、国家が挙行する祭祀において、ヤマト朝廷の祭祀を継承した年に二回の月次祭(六月・十二月)と新嘗祭(十一月)は天皇親祭であるのに、律令制の導入過程で新設した文字通りの国家的祭祀である祈年祭(二月)は天皇親祭ではないというような、今日からみれば奇妙とも思える現象が生じたのも、天皇が畿内政権の政治的首長であるという臍の緒を断つことのできなかった証拠といえる。

さて、これまでに発表された古代の天皇に関する論考のなかでの有力な学説に、右にみたような律令法での天皇の位置づけや、それを法的根拠として実現した律令制下の天皇の行動は、古代から現代にいたるまでの天皇のありかたからみた場合、それは権《かり》の位置づけであり権のありかたにすぎない、というものがある。敗戦後いちはやく発表された津田左右吉「日本の国家形成の過程と皇室の恒久性に関する思想の由来」[1]がそうであり、石井良助『天皇——天皇統治の史的解明——』[2]がそうである。これらは、天皇とは、本来現実政治にたずさわらない不親政があるべき姿であったのであって、律令制下の天皇と明治憲法下の天皇が親政を行なったのは、中国での皇帝の思想とヨーロッパでの君主の思想の影響によるのである。その証拠に、平安時代から江戸時代にいたるながい歴史のなかで、天皇親政の時期はほとんどなく、まれに行なわれた後三条親政も後醍醐親政も、短期間で瓦解しているではないか、と主張する点で共通している。

果してそうであろうか。「儀礼的存在としての天皇[3]」として位置づけられている平安時代の天皇は、これらの論者によれば、最も典型的な天皇のありかたを示すものということになるが、事実はどうであったのであろうか。平安時代の天皇といえども、上に述べたようなヤマト朝廷および律令制のもとでの大王・天皇の位置づけを前提としてのみ、存在しえたはずである。

とはいえ、これまでのところ、律令制と天皇との関係についてはすでにいくつかの論考があり、私もいささか私見を述べたことがあるが、平安時代の天皇をその実態にそくして正面から論じたものは皆無に等しい。特にその中期以降の場合は、天皇は摂関政治と院政の陰にかくれてしまい、政治的にはほとんど無力であったという一般的な評価が行なわれているにすぎない。したがってそのような研究状況のもとでは、この時代の天皇をトータルにとらえることなど、とうてい不可能である。そこで本稿では、摂関政治の盛期に発生した一つの不可思議な事件を通じて、この時期の天皇のありかたの一端をうかがい、あわせてそこから派生するいくつかの問題を考えることによって、今後の平安時代の天皇制解明のための手がかりとすることにしたい。

一　長元四年の斎王託宣事件

長元四年(一〇三一)六月、伊勢大神の荒魂とされる荒祭神が斎王[4]嫥子女王(具平親王女、村上天皇孫)にのりうつり、託宣した。それは、斎王が十六日から十七日にかけての豊受宮における月次祭の神事を終えて離宮院にもどったときのことで、すさまじい雷雨下においてであったという。幸いなことに、この事件の経緯は小右記(藤原実資の日記)に詳しく記述されている。同時代の日記左経記(記主は源経頼)にも、またのちに成った書ではあるが、太神宮諸雑事記および百錬抄にも、これに関する記述がある。そこでまず事件の経過を史料にそくしてたどりながら、その顚末を紹介することにしよう。

なお、このとき、天皇は後一条(父は一条、母は藤原道長女彰子)で、藤原道長の男頼通が関白左大臣であった。藤原氏の全盛を築いた道長は、四年前の万寿四年に没している。小右記の記主藤原実資は、道長の存命中はその好敵手と目された人物で、小野宮流の故実典礼に通じ、この年七十五歳。太政官会議構成員の最長老で、右大臣。四十歳の関白頼通にとっては、一目も二目もおく人物であった。左経記の記主源経頼は宇多源氏の出で、前年五十五歳でようやく参議となり、太政官会議に出席する資格をえた人物である。また伊勢神宮で行なわれる六月と十二月の月次祭は、九月の神嘗祭とともに三時祭といわれる最も厳重な神事であって、斎王は十六日の夜から十七日の朝にかけて、まず豊受宮(外宮)の神事を行ない、ついで十七日の夜から十八日の朝にかけて皇太神宮(内宮)の神事を行なう。

1　託宣の内容

小右記の記主右大臣藤原実資がはじめてこの事件のことを耳にしたのは、七月三日であった。頭弁藤原経任が彼に語ったところでは、関白頼通のところへ、斎宮から、斎王みずからが託宣して斎宮寮頭藤原相通を追放したとの報告があったが、関白は詳報をうるため、伊勢にいて斎王とともに月次祭の神事にしたがった、祭主神祇伯大中臣輔親を召喚することにした、というのである。

しかし祭主輔親は所労と称してなかなか上京しなかった。関白が彼と面談して事情を知ったのは、八月に入ってからである。その月の四日、輔親の供述を記した関白の消息が実資にもたらされ、この事件をどのように処置するかについて、意見が交換された。輔親が報告した託宣の内容は以下に記す通りだが、この時点でそれを知っていた公卿は、関白頼通と右大臣実資の二人のみであったわけである。両者のやりとりを仲介したのは頭弁経任だが、そのやりとりは消息すなわち書状の交換で行なわれているので、経任も真相を知らない。

関白からの消息に記された祭主輔親の供述は、以下のようなものである。主要な部分を省略することなく口語訳してみよう。

斎王は六月十五日に離宮院にお着きになり、十六日に豊受宮に参られた。その日は、朝、雨が降ったが、夜には月が輝いていた。神事を終えて、十七日にいったん離宮院にもどり、内宮に参ろうとしたところ、にわかに暴風雨に襲われ、雷鳴はなはだしく、周囲の者は心神度を失うほどの騒ぎになった。人が走り来て「斎王がお召しだ」というので、風雨に笠を吹き飛ばされながら御前に参ったところ、斎王はたとえようもないほど高く猛だけしいお声で、つぎのように託宣された。

㈠斎宮寮頭藤原相通は不善である。その妻藤原小忌古曾も狂乱している。(かれらは)宝の小倉を造立してこれを内宮・外宮の御在所と称し、雑人を招き集めて連日連夜神楽狂舞し、京洛では巫覡して狐を祭り、それを大神宮だといっている。このようなことは許されないことだ。

㈡また、神事が礼に違い幣帛が疎略であるのは、過去に例をみないほどである。これは神を敬わないためである。末代までの深い咎といわなければならない。

㈢そもそも、(先年)伊賀守源光清を、官舎の納稲を運び出して放火し、神民を殺害したかどで訴えたのに、その処断を遅々として行なわれず、ようやく去年十二月晦日に光清の配流が決まった。これは「公家《ミカド》ノ懈怠《ケタイ》」である。

㈣「公家」を護り奉ることにおいては、(われ=大神は)他念がない。「帝王」とわれとはあい交ること糸の如くであるのに、近ごろの「帝王」には敬神の心がなく、つぎつぎにお出になる「皇」もまた神事を勤めておられないのではないか。(「帝王」は)降誕のはじめからすでに「王運暦数」が定まっている。しかしまた「其ノ間ノ事」(頼通はこの語に注して「「王運暦数」に延び縮みがあることか」とする)がある。「百王」の運はすでに過半に及んでいる。

㈤相通と妻を神郡から追放せよ。件の妻は女房の中に交り居るが、すみやかに追放せよ。公郡に追放せよ。輔親に命令する。斎王の過状を(われに)提出せよ。

以上が、祭主輔親供述の主要部分である。このあと、大神と輔親との間で交された一問一答が記されているが、省略する。ただし一問一答のあとで輔親が「是荒祭神御託宣云々」と言い添えていることだけは、つけ加えておこう。

託宣を便宜区切って㈠~㈤としたが、㈠はたしかに寮頭相通夫妻の所業を糾弾したものである。だが㈡・㈢・㈣は相通夫妻とは無関係の、「公家」「帝王」「皇」すなわち朝廷・天皇に対するあからさまな批判ないし批難であることに、まず注目しておかなければならない。このうち㈡では、「誰が」神事礼に違え、幣帛を疎略にし、敬神の念に欠けるかの、「誰が」にあたるものが省略されているが、㈢と㈣を読めば、それが「公家」であり「帝王」であることはただちに諒解される。そして㈡・㈢・㈣に述べるような、「公家」の懈怠と、現今の「帝王」に敬神の心のないことを憤ったからこそ、大神は、「王運暦数」といわゆる百王思想に言及して威嚇を加えたのであり、さらには斎王の過状(職務怠慢をみずから認める始末書)の提出を要求したのである。「公家」「帝王」の懈怠を肩代りした斎王の過状は、輔親によって執筆され、大神との一問一答の間に「読ミ申」されている。

なお㈢にいう伊賀守源光清の配流事件とは、伊賀国の神民が愁文を差し出し、光清が申文を提出したことによって、「公家」が裁決しなければならなくなった事件である。小右記によれば、長元二年七月十八日に調査のため検非違使を現地に派遣することになったが、その後も二年九月二日と三年九月二十六日の二度にわたり、神民らは大挙して上京し、宮城門外に群立して強訴している。託宣がいうように、その伊豆国への配流が決定したのは、長元三年十二月二十九日であった（百錬抄）。決定まで、一年半の日時を経過している。

ところでこの託宣を、他書ではどのような内容のものとして記述しているであろうか。まず、百錬抄では「斎宮頭藤原相通ノ妻、宅内ニ大神宮ノ宝殿ヲ作リ、詐《イツハ》ツテ神威ヲ仮《カ》リ、愚民ヲ誑惑ス、ソノ罪スデニ重シ、スミヤカニ配流スベシ」と記すにすぎない。太神宮諸雑事記の記述はやや詳しいが、内容は百錬抄と同じで、相通夫妻の不善の所業のみが記されている。そしてその所業は「此尤モ神明ノ奉為《オホンタメ》ニモ、帝王ノ奉為ニモ、極メテ不忠ノ企《クハダテ》」であるので大神は斎王に託宣せしめたのであり、「件ノ相通等ヲ以テ重科ニ処セシメテ、配流セシメント欲ス」と要求し、さらに祭主輔親に対し「我ガ託宣ノ旨ヲ以テ、スミヤカニ公家ニ上奏スベシ」と命じたことになっている。「公家」「帝王」に対する批判の言辞は全くみられないうえに、託宣の内容に困惑した輔親が所労と称して関白の召喚命令になかなか応じようとしなかったという事実も隠蔽されている。一方左経記では、この日すなわち八月四日に行なわれた陣定（太政官会議）の座でこの一件を聞いたとして、託宣の内容をつぎのように記している。

斎王（中略）託宣種々也、其中、斎宮寮頭藤原資〔相〕通妻女、年来宅内作ニ太神宮宝殿一、八（マヽ）称ニ大社〔神カ〕一、仰（マヽ）誑ニ威〔惑カ〕愚民一、是甚無レ礼者也、早可ニ配流一、若不レ然者、奉ニ為公家幷斎王関白一可レ恐、又恒例神事、臨時奉幣、幷馬等、甚疎略也、是不レ可レ然之事也、自ニ此事等一之外、公家無下可ニ聞食驚一事上云々、

恒例神事・臨時奉幣・神馬などの疎略であることは述べられているが、「コノコト等ヨリノホカハ、公家ノ聞《キコ》シ食《メ》シ驚カルベキコトナシ」という経頼の記述は、小右記に記されている託宣の厳しさから、いささかかけはなれている。しかしそれは、実は、輔親の供述をえた直後から、関白頼通と右大臣実資が画策した、託宣秘匿策の結果なのである。

2 秘匿策と太政官会議

実資が関白の消息を読んだ直後から、両者による密々の相談がはじまる。関白は二度目の消息を実資に寄せ、託宣のことをこの日行なわれる陣定において公卿たちに定め申さしめるべきかどうか、と問うた。これに対し実資は、以下のように答える。託宣があったのは明白な事実である。疑うべきことではない。しかも大神が斎王にのりうつって託宣するなどは前代未聞であって、恐怖すべきことである。すべて託宣に任せて事を行なうのがよろしい。公卿に定めさせては、託宣に疑いがあるような印象を与えることになろう。するとまた関白から消息が届けられる。指示の通りにしよう。斎宮からの報告は内々のことである。だが、(流罪を決定するとすれば、)陣定に輔親を召して事情を問い、(公卿にそれを説明する必要があるが、)自分が輔親から聞いたことも内密にしなければならない。本日の陣定には二、三の心知れた公卿だけを出席させることにしてはどうか。実資は、輔親を召し問うのは結構なことだ、との返事を送って、参内した。

この日、八月四日には、仁王会定などの政務を裁定するための、陣定が予定されていた。そして実資は、その上卿を勤めることになっていた。参内した実資は、出席の公卿らを指揮して予定された議題の評議を終えると、輔親を出頭させるとともに、輔親に対する質問方法についての天皇の意向を、頭弁経任にたしかめさせた。頭弁経任に質問させよ。これは密事である。外に漏らしてはならないことであるから、余人に質問させてはならない、というのが天皇の返事であった。そこで実資は経任にその旨を指示したうえで、陣定の座の近くで質問すると立聞きする者もあろうから、御書所で質問するように、といい含めた。心底では、蔵人所のあたりか、蔵人頭の宿所で問うのが安全だと考えたという。陣定の座で、実資と経任とのこうしたやりとりを聞いていた大納言藤原斉信は、そんなことは外記にやらせればよいではないか、と発言した。実資は、外記では間違いがあるかも知れない、頭弁が閑かなところで聞いたことを、のちほどご披露しましょう、とその場をつくろった。

このようにして、託宣の真の内容を秘匿するという方針は、天皇・関白頼通・右大臣実資の共通の認識となった。この三者の意をうけた頭弁経任は、やがて輔親に対する質問を終えて陣定の座にもどり、「公家」批判色をうすめた託宣の内容を公卿らに報告する。参議として同席した源経頼が日記に記した託宣は、これであったのである。

ここで、流罪の決定と太政官会議との関係について、附言しておこう。もともと律令制の裁判制度では、すべての行政官司が裁判権をもっていて、犯罪の発生した場所の官司がまず審理することになっていた。しかし重い刑罰が適用される犯罪は、官制ルートを経て上級の官司に上申され、再審査される。特に、流罪以上つまり流罪と死罪が適用される犯罪の場合は、中央での犯罪であれば刑部省が、地方での犯罪であれば国司が、それぞれ再審査したうえで、さらに太政官に上申することになっていた。太政官では、議政官(のちの公卿)がこれをもう一度審理し、量刑が適当と判断されれば、審理の結果を天皇に奏上する。そして天皇がそれを承認すると、刑が確定するのである。この託宣事件があった十一世紀に、流罪の犯罪について、刑部省と国司による再審理が行なわれていたかどうかは不明である。殊に中央での裁判権は検非違使が掌握するところとなっていたから、刑部省の再審理があったかどうか、きわめて疑わしい。しかし太政官での公卿による審理は、たしかに行なわれていた。ただし、通常は、流罪の決定には、つぎのような手続きがとられた。まず、罪状と量刑について、法家すなわち明法家に勘申させる。その勘文に基づいて、陣定において公卿が定め申す。すなわち出席した公卿の一人ひとりが意見を述べる。そしてそれらの意見を列記した定文を作成して、これを天皇に奏上する。天皇の承認を経て刑が確定するのは、律令の定めるところと同じである。この八月四日の陣定でも、頭弁経任の報告を聞いたのち、公卿らはそれを諒承して、天皇に奏上している。

関白頼通が、陣定に祭主輔親を召す必要があるといい、実資が尋問方法に苦慮したのは、流罪の決定にはこのように、太政官会議の審理を経る必要があったからである。ただこの日には、天皇・頼通・実資による秘匿策によって、諸卿が定め申すという手続きはとられなかった。実資の意見によって、託宣はそのまま信ずべきであり、したがって相通夫妻の流罪はすでに確定していることであって、諸卿はこれを諒承するのみ、という方針が貫かれた。のちに太神宮の神前で公卿勅使によって宣せられた宣命に、わざわざ「仍託宣乃旨尓随天、更法家尓毛不レ令レ勘之天、即今月八日尓各以配流」という文言を書き加えているのは、相通夫妻の流罪の決定が、通常とは異なる手続きで行なわれたことを、強調したものである。

このように、この日の太政官会議は、流罪の決定について、その機能を果すことはできなかった。だが右述の経過を通じて知ることができ、かつ注目しておかなければならないのは、以下の二点である。第一点、流罪の決定に関しては、十一世紀においても、律令法の定める手続きが原則的に生きていたこと。これが生きていたからこそ、頼通も実資も苦慮したのであった。第二点、それと同じことだが、流罪の最終の決定権は天皇にあるという律令法の定めるところのものも、十一世紀に生きていたこと。

このうちの第二点に関連する事柄に、配流国の決定の問題がある。相通夫妻の配流国がいちおう決まったのは八月八日であるが、このときも関白頼通は実資に意見を求めている。実資はこれに対し、つぎのように答える。夫婦はそれぞれ別々の国に配流すべきである。しかし伊豆国にはすでに源光清を配流しているから、この国は避けるべきである。その他の国ならばどこでもよい。その決定は勅定によるべきである。かくしてつぎのような勅命が下る。「斎宮寮頭相通、可レ配二流佐渡国一、藤原小忌古曾、可レ配二流隠岐国一」。実は、律令法には、配流国の決定権は天皇が有するとする明文はない。しかし実資は明らかにそう理解している。関白に対する返答のなかで、実資は「勅定アルベシ」

といっている。関白が決めろといっているのではない。

もっともこの配流国は、伊勢大神の二度目の託宣によって変更されてしまう。小右記の八月二十日条の記すところによれば、その託宣は、相通を伊豆国に配流すべきであるということは、さきに祭主輔親に命じたことである。それなのに(輔親がそれを「公家」に)伝えなかったのは許しがたい。すみやかに佐渡を改めて伊豆に配流すべきである、というものであった。またしても関白の諮問をうけた実資は、託宣に任せて行なうのがよろしい、と答え、その通りに変更された。

3　公卿勅使と宣命の作成

伊勢神宮に「事件」が発生したり、あるいは天下に「異変」が生じた場合には、臨時奉幣の勅使が派遣されるのが、このころのならわしであった。この勅使には、公卿が任ずる。

このときの公卿勅使の発遣も、実資がいいだしたものであった。小右記の八月五日条に、「伊勢使を誰にするか、いまだ仰せられていない。発遣の儀式をとりしきる上卿は、自分以外の公卿に命じてほしい。その旨博陸(関白)に伝えるように」と頭弁経任に命じたことが記されている。関白頼通はこの申し入れを受けて、七日に、参議源経頼に対し、伊勢御祈使を勤めるよう命令している(左経記)。だがその儀式の上卿は、さきの申し入れにもかかわらず、関白の懇請により、結局実資が引受けることになる。勅使発遣の日は、八月二十五日と決まった。

公卿勅使の発遣にあたり、頼通と実資が最も苦心したのは、勅使が神前で読みあげる宣命の作成であった。実資「宣命ノ趣《オモムキ》、慥《タシカ》ニ承ルベキナリ、託宣ノコト、尽《コトゴト》クハ宣命ニ載セ難キカ、ソモソモ皇太神宣ヲ伝ヘテ荒祭大神託宣スト載スベキカ」、頼通「宣命ノ趣、事ノ旨ヲ漏ラサズ、簡要ヲ取リテ載スベキカ」(八月二十日条)という打合せを経て、原案は実資みずからが作ることになる。しかし宣命作成の経験に乏しい実資としては、専門家の内記に原案を添削させる必要があったが、大内記橘孝親は旅行中であったし、少内記国任(姓未詳)は未熟である。そこで大内記経験者の兵部権大輔菅原忠貞に内意を伝え、草案を作らせることにした。二十三日、忠貞は宣命草を実資の許に持ちきたる。頼通も一読した実資は「宣命ノ事ノ旨違ハズ、最好々々」とよろこび、早速頭弁経任を呼び、関白頼通に内覧させた。頼通も「大善ナリ」と評した。天皇も一読したいという意向なので、奏上した。天皇も「宜シキ由」を仰せた。

小右記長元四年八月二十三日条には、長文の宣命が載せられている。宣命本文と辞別《コトワケ》から成る実資苦心の作だが、その全文がこの日に成ったわけではない。翌二十四日から翌々二十五日の勅使発遣の儀式挙行の直前まで、以下に述べるような新たな事態が生じ、それらのすべてを盛り込んだのが、二十三日条に載せる宣命である。少なくとも、二十三日に作られた草案には、辞別はなかった。ちなみに、この種の宣命は、勅使が神前で読みあげたあと、その場で焼却するのが、例である。それゆえ、宣命の全文が知られること自体が、はなはだめずらしいことである。

二十四日、実資は少内記国任を呼んで、みずから書写した宣命草の案を手渡し、清書して、明日、天皇に奏するよう命ずる。ところがその夜、例によって頭弁経任が関白の使者としてやってきて、天皇の仰せにより、内宮・外宮の祢宜等に位階を一階昇叙することになったこと、同じく天皇の仰せで、常の幣物のほかに、唐の錦・綾も加えることにしたこと、を伝える。その後頭弁経任は再びやってきて、その両方とも宣命に記載せよ、錦・綾についてはその数量も記載せよ、という関白の命令を伝える。さらに発遣の儀式の当日である二十五日にも、関白から二つの新しい指示があった。一つは、「(天皇ハ)慎《ツツシ》ミ給フベシ」という三度目の伊勢の託宣が届けられたので、これを辞別のところに入れること。二つは、近ごろ大雨しきりなので陰陽寮に占わせたところ、「巽《タツミ》ノ方ノ大神、御祟ヲ示シ降スノ由(東南方向の大神すなわち伊勢大神が祟っている)」であるので、これも辞別に入れること、というものである。

これらすべてを辞別に記すことにした実資は、その旨を少内記国任に指示し、宣命草を改めて作成させ、これを関白に内覧した。ところが、宣命の本文に唐の錦・綾の御幣のことを記し、そのうえさらに辞別のところにもその数量を重ねて記すのはおかしい、と指摘される。もっともなことなので、辞別での唐の錦・綾の記述を削除することで、関白の諒解をえた。二十三日条に載せる宣命の本文と辞別は、このような経緯でできあがったものである。

ところでその宣命だが、あまりの長文なので本稿に掲げることはしないが、いくつか興味深いことがある。その一つは表現についてのことで、実資苦心の作には違いないが、彼が自讃したほどのできばえとは思われない。文章の流れが悪く、和語にはなじまない漢語がしばしば挿入されている。そうした欠点は、少内記国任がつけ加えた辞別よりも、実資が原案を練った宣命本文の方に著しい。その二は、当然のことながら、託宣の内容がここでも作為されたものとなっていることである。責任は、もっぱら斎宮寮頭相通夫妻の所業に帰されている。第三は、宣命本文の冒頭に注目すべき文言があることである。それを左に引用しておく。

天皇我詔旨度、掛畏岐伊勢乃度会能、五十鈴乃河上乃都下(衍カ)部〔津カ〕盤根尓、大宮根〔柱〕広敷立、高天原尓千木高知〔弖〕尓、称辞定奉留天照坐皇太神乃広前尓、恐見恐美毛申賜者久止申久、本朝波神国奈利、中尓毛皇太神乃殊助政故知給所難利、往〔聖〕望毛猶其道乎専須、況朕之不徳奈留偏奉欽仰乃見奈利、(下略)

「カシコミカシコミモ申シ賜ハクト申サク」まではいわばよびかけであるから、この宣命の本文は「本朝ハ神国ナリ」の文ではじまっていることになる。この語については、のちに検討することにしたい。

4　内宮・外宮の祢宜の加階

八月二十五日の公卿勅使発遣の儀式は、上卿実資のみごとな采配によって無事終了し、勅使参議源経頼は伊勢へ向けて出発した。だがこれで一件落着というわけにはいかなかった。まだ、内宮・外宮の祢宜等に位一階を昇叙すること、つまり加階することが残っていたのである。

この加階のことは、すでに述べたように、勅使発遣の前日に、天皇の命令で決定した事柄であった。だが加階するとなれば、叙位の証書としての位記を作成し、それぞれの祢宜に交付しなければならない。そのためには、加階の対象となる祢宜等にどのような人物がいるかをたしかめる必要がある。しかしそれらの作業を翌日に迫った勅使発遣までに完了することは、時間的に不可能である。この難問を実資は、加階のことはとりあえず宣命の辞別に記載し、位記はその後に作成して、来月、九月十一日に発遣される神嘗祭の例幣使が持参するということで切り抜けることにした。加階を受ける者の調査に慎重を期したのは、大外記小野文義の、あらかじめよく調べないで位記を発給して、もし漏れた者があれば、その者は後日愁い申すことになるから、よくよく調査すべきである、との進言があったことにもよる。

だが、これほどの配慮をしたのに、加階者の姓名と本位の確認には、思わぬ手間がかかることになる。そしてこれは、この時期の日常的な政務の杜撰なありかたを示す事例として、興味深い。

実資はまず、勅使発遣の前夜、頭弁経任に、祭主輔親に命じて内宮・外宮の祢宜の本位と姓名を記した夾名を提出させるよう、指示する。大中臣輔親は全国の官社を統轄する神祇官の長官神祇伯であり、同時に祭主としてしばしば伊勢神宮に赴いている人物であるから、この指示はきわめて適切な処置であるというべきである。だがその翌日の二十五日、経任から、輔親が早速内宮一二人、外宮一二人の祢宜の夾名と、自分を三位に叙してほしいという申文を提出した、と聞くと、実資は輔親の注進に疑いをもち、夾名を見もせずに、再提出を命じている。果して後日判明したところでは、この夾名は「荒涼」つまりでたらめであった。ちなみに輔親の三位叙位の申文は、天皇と関白にはこれを承認する意向があったが、実資の強い反対で却下された。託宣の内容を、輔親は他に漏らしたというのが、その理由であった。

八月二十九日に実資は、輔親を召し出し、祢宜等の正確な夾名を提出すべきことを、直接命じた。輔親は、来月十一日に神嘗祭の例幣で下向するので、そのときに調べたいと申し出たが、実資は、九月十一日には例幣使に位記を持たせてやらなければならないのだから、今月中に使者を派遣して調査せよと厳命した。

祢宜等の夾名は、輔親の報告よりさきに、勅使源経頼によってもたらされる。経頼は九月三日に帰京し、祢宜等の夾名を実資に送ったのである。それは、内宮の祢宜以下一四人(従四位下一人・正五位下一人・従五位上二人・従五位下一人・正六位上九人)と外宮の祢宜以下一五人(正五位下一人・従五位上一人・従五位下二人・外従五位下六人・正六位上五人)の本位と姓名を書き連ねたものであった。またこの夾名には、豊受宮の祢宜は内宮に準じて内位に叙せられることを要望しているが、(5)内宮の祢宜は、内宮と外宮には「差別」があるので、外宮祢宜を内位に叙すべきではないと主張している、と書き添えてあった。

だがこの夾名を、大外記小野文義に命じて外記局にある五位以上の祢宜の歴名と対照させると、六人の名が一致しない。両者の違いからみると、内宮祢宜にすでに卒去した者が多いらしいということがわかった。しかし六位の者についてはたしかめる術がないので、少内記国任に、源経頼提出の夾名に基づいて位記を作成するよう、命ずるほかなかった。ところが九月十日になって、祭主輔親の調査結果が報告された。経頼提出の夾名には内宮権祢宜二名と外宮権祢宜一名が漏れており、また内宮・外宮の各一人についての記載に誤りがある、という。急遽内記に権祢宜三人の位記を追加作成させ、ともかくもさきに作らせた位記とこの追加分をあわせて、翌十一日に例幣使に持参させた。

以上の経過から明らかなように、驚くべきことに、中央のどの官司も内宮・外宮の祢宜の現員を把握していないのである。祢宜等を統括する神祇官の長官大中臣輔親ですら、現地に使者を派遣して調査しなければならないようなていたらくである。しかも祢宜たちは、本位が無位であったわけではない。すでに四位・五位・六位の位階をもつ者たちである。ということは、「公家」は過去に、祢宜一人につき複数回の位記を発給していたことを意味する。それなのにその正確な記録がどの官司にも存在しないというのは、どういうことなのであろうか。本来、この種の叙位にあたっては、式部省が授位簿を作り保管するというのが公式令の定めるところである。しかし政事の実務の多くが太政官の外記局と弁官局に集中してしまった十一世紀のころには、式部省のそうした業務は行なわれなくなっていたかも知れないということは、予想されることではある。だが五位以上の位記には内印(「天皇御璽」の印)を請印し、六位以下の位記には外印(「太政官印」の印)を請印するのだから、位記の発給に少納言・外記と内記が関与する点は、この時期でも変りはない。さすがに外記局には「初叙五位已上祢宜歴名」が保管されていたが、これとても源経頼提出の夾名と一致せず、「内宮ノ祢宜ハ若シハ多ク卒去セルカ」と考えざるをえないようなものであり、本位六位の祢宜にいたっては全くお手あげであった。政事の怠慢・杜撰はここにきわまったというべきであろう。しかしそれでも日常の政事は運営されていく。平安時代中期の政事の実態は、このようなものであったのである。

さて、この叙位をめぐっては、いま一つの問題があった。それは、源経頼が提出した夾名に附記されていた事柄をめぐる問題である。外宮祢宜は内位に叙せられることを請い、内宮祢宜はそれに反対であるという。この外宮祢宜の主張の根拠は「宝亀十一年官符」であったので、大外記小野文義に調査させると、文義は外記局の長案のなかにこれを見出し、書写して実資の許に持参した。太政官符の文面には、たしかに、伊勢大神宮と度会宮の祢宜は、自今以後、長上の例になずらえて四考を以て成選し、内位に叙す、と記されていた。弁官から提出された勘文も同様であった。

しかし、外宮の祢宜は、結局内位には叙せられなかった。その理由の第一は、先例がないということであり、第二は、宝亀十一年官符は神宮の祢宜を内位に叙することを一般的に認めたものではない、という解釈であった。頭弁経任がもたらしたと思われる関白頼通の意見は「官(弁官)ノ勘文ハ外記ノ勘文ノ如シ、仍テ外階ニ叙スベシ」であったし、実資自身もこの太政官符を「外記局ノ長案ノ如クハ、六位階事也」と解釈している。「六位階事也」(大日本古記録の校訂者は「六」は「無」か、とする)の文は難解だが、おそらく、この太政官符は六位の位階までは内位に叙することをいうのであって、叙爵すなわち六位から五位への昇叙についていうものではない、と解したものであろう。そうとすれば、内宮祢宜の五位への昇叙も同様に外位にしなければならない筈であるが、内宮祢宜と外宮祢宜を区別したものは、第一の理由の先例の有無であった。内宮祢宜は古くから内五位を授与されていたのである。

以上が、長元四年におこった斎王託宣事件の発端から落着するにいたるまでの経過である。事柄としてあまりにも興味深いので、小右記の記述は、できるだけ省略せずに紹介したつもりである。

こうした経過をみて誰の目にも明らかなことは、すべてが関白頼通と右大臣実資の二者によって決定され、進められたということであろう。託宣の真の内容を秘するという最も重要な方針の策定をはじめ、宣命文の作成・添削にいたるまで、この二人を中心に事が進められている。この事件に関するかぎり、公卿の評議すなわち太政官会議は、ほとんどその機能を果さなかった。公卿が登場するのは八月四日の陣定においてであるが、そこでの相通夫妻配流の決定は、頼通・実資による既定の方針を追認したものにすぎず、真相はついに公卿らに知らされなかった。それにくらべれば、事の性質上当然のことかも知れないが、天皇の方が、より積極的に事件に関与している。もちろん、天皇がどの程度正確に託宣の内容を知っていたかはわからないけれども、全体の経過を通じて天皇が同意しあるいは天皇の意志により決定をみたものに、真相秘匿という基本方針の決定、相通夫妻の流罪の決定、両名の配流国の決定(もっともこれは二度目の託宣により変更されたが)、内宮・外宮祢宜の加階の決定、例幣物以外の幣物追加の決定などがある。つまり重要な事柄には、みな天皇の意志が反映しているのである。

このような政務運営のありかたを、特異な事件であったための特異な事例とみるか、あるいは摂関期の政務運営の一般的なありかたとみるかは、問題のあるところであろう。しかし私は、少なくとも太政官会議のありかたについては、前者の観点から理解しなければならないと考えている。すでに明らかにされているように、陣定に代表される公卿の議定制は、摂関期においてのみでなく、院政期においても、さらには鎌倉時代においても、国政のうえで大きな役割を果していた[6]。この事件の場合も、たしかに陣定は事後承認の場にすぎなかったが、それにもかかわらず、流罪決定のことをその場に議題として提出しなければならず、そのため頼通も実資も苦慮せざるをえなかった点を、無視してはならないであろう。陣定にはそれだけの重みがあり、この両人ともそれを自覚していたのである。それに加えて、この事件の処理には、天皇と関白頼通と右大臣実資の三者の関係と、三者それぞれの経験と立場と個性とが、色濃く投影されているように思われる。特に右大臣実資の存在が重要である。頼通は、関白であったとはいえ、すでに父道長ほどの権勢をもつものではなかった。一方の実資は、長年道長と対立もし協調もしつつ政務に携ってきた経験豊かな長老である。頼通は、そのような実資が下す判断に、全面的に頼らなければならない立場に置かれていた。そしてもう一つ忘れてならないことは、その経験豊富な実資が、右大臣として公卿会議を領導することのできる一上《イチノカミ》(一の上卿の略、公卿の筆頭)の地位にあったことである[7]。この地位にいたからこそ、八月四日の陣定を、実資は思う通りに運営することができたのだし、頼通は安心して相談することができたのである。歴史に「もし」は禁句だが、もしこのとき実資という人物がいなかったなら、またもし実資が一上でなかったなら、この事件は別のかたちで処理されたのではなかろうか。

私がこのようなことをいうのは、実資の孫である藤原資房が記した日記春記の、長久元年(一〇四〇)のいくつかの記事を想起するからである。この年は託宣事件のあった長元四年の九年後にあたるが、天皇は代って後朱雀(後一条の弟で、父は一条、母は藤原道長女彰子)になっていた。関白はやはり頼通である。右大臣実資は健在ではあったが、八十四歳の高齢でもはや政治の表舞台に姿をあらわすことはなくなっている。春記の記主資房は天皇の側近で頭中将である。

春記という日記は、資房一流の政治に対する不満や慨嘆をいささか誇張して記していることで有名な日記だから、記事を読むにあたってはそうしたことに注意しなければならないのだが、それでも、このころ天皇と関白頼通との関係が円満なものでなかったことが、充分に読みとれる。後朱雀という天皇は、その個性にもよるのであろうが、しきりに政務に関与しようとし、思うように進まないと、側近の資房にしきりに不満を漏らす。すると資房は天皇を弁護しつつ時勢を歎き、関白批判の言辞を日記に記すのである。たとえば「執柄《シッペイ》ノ人、王事ヲ忽諸《コッチョ》ス(関白は天皇をないがしろにしている)」(長久元年四月十二日条)などと。こうした状態のもとで、頼通も関白として天皇を後見することに熱意を失っていたらしい。長久元年五月二十一日条には、つぎのようなことが記されている。(自分=資房は)関白殿に参り、文書を内覧してもらった。その文書は超昇寺が愁い申した文書である。すると関白が仰せられるには、「事の由を天皇に奏上して、天皇が定められるままにしたがうのがよろしい」といわれる。これは、関白が恒にいわれることばである。(関白として天皇を後見するという任務を全うしなくても)愁えることはないようだ。天皇と関白との間の連絡役である自分は日夜両者の間を往反しているが、このようなことでは任にたえることはできない。すべてはただ、「公事」を忽諸なさる関白のお心なのだ。

同一人物の関白頼通が、九年後にはこのような態度を示している。こうした状態のなかで、もし斎王の託宣事件が生じたら、間違いなく九年前とは異なる結末となっていたであろう。

二　「公家」と神宮

斎王媓子女王の託宣があった長元四年は、伊勢神宮の神人による強訴が頻発したころと、時期が一致している。強訴といえば、興福寺と延暦寺のそれが有名だが、実はそうした寺院の強訴より早く、神宮の強訴があったのである。(8)その史料上の初見は永延元年(九八七)であるが、伊勢太神宮の神人数十人が榁と榊を捧げて陽明門前に群集し、伊勢国司清邦(姓未詳、源か)を訴えたという(百錬抄九月七日条)。ついでみえるのは寛仁元年(一〇一七)で、神人らが大挙して上京し、民部卿藤原懐忠の邸に乱入した(小右記十二月九日条)。伊賀守源光清の罪科をめぐり、長元二年と同三年の二度の強訴があったことは、すでに記した。託宣事件ののちでは、永承七年(一〇五二)に内宮の祢宜等が神人を率いて公門に立って強訴し、祭主大中臣永輔の罷免を要求している(春記八月二日条)。このような強訴について注目しなければならないのは、理由の明記されていない永延元年の場合を除いて、他はいずれも、神宮側の訴えを「公家」がとりあげなかったか、とりあげても裁定が遅々であったことが、強訴の理由として共通していることである。それは斎王媓子女王に寄託して伊勢大神がいおうとした託宣の内容㈢と、完全に一致する。

媓子女王の託宣が、事実として存在したかどうかは、今日の「合理的」な思考を習い性とする私には窺知し難いことである。だがそれが真実存在したのであれば、この時期の強訴にみられるような「公家」と神宮との関係に、思いをいたさざるをえない。誰がたくらんだにせよ、小右記に記されている託宣の内容を一読すれば明らかなように、斎宮寮頭藤原相通夫妻の所業の糾弾は、いわばとっかかりにすぎなかった。託宣の真のねらいが、神宮を疎略にし、敬神の心を失った「公家」「帝王」に対する批判ないし批難にあったことは、誰の目にも明らかである。この時期の「公家」と神宮との関係は、どのようなものであったのであろうか。そしてこの問題とともに、同じ伊勢神宮の、内宮と外宮との関係についても、考慮をはらう必要があるであろう。この託宣が、内宮においてではなく、外宮での神事の終了後にあったのは、決して偶然のことではないと思うからである。このような問題を、「宝亀十一年官符」を一つの手がかりとして、考えてみたい。

大外記小野文義が外記局の長案から探し出した宝亀十一年（七八〇）の太政官符は、小右記長元四年九月五日条にその全文が載せられている。それはつぎのようなものである。

太政官符式部省

伊勢大神宮

度会宮

右、被二右大臣宣一偁、奉レ勅、上件二宮祢宜、自レ今以後、宜下（イ）考成選、准二長上例一、以二四考一成選、叙中内位上者、下二符伊勢国幷太神宮等司一畢〔省脱〕、宜承知、依レ勅施行、符到奉行、

従五位上守右少弁勲五等紀朝臣土〔古〕佐美　　右大史正六位上（マヽ）

省略されているこの太政官符の発令年月日については、あとで述べる。欠字の（イ）の部分は、三条西家本小右記では「改十」となっている。とすると「ヨロシク十考成選ヲ改メテ」となる。ただ外散位の十考成選（慶雲三年格制、以下同じ）から内長上の四考成選への変更は、あまりにも大幅な変化であるので、[9]（イ）を「改十」とするのにはやや不安があるが、豊受太神宮祢宜補任次第の祢宜正六位上五月麿の項でも、これを「宝亀十一年庚申正月廿一日格云」として引いて、「二所太神宮、自レ今以後、改二十考成選一、准二長上例一、以二四考一成選、叙二内位一者」と記されているので、

いまはこれにしたがっておく。

「太政官符式部省」という書き出しで明らかなように、この太政官符は式部省に下されたものである。本文後半の「符ヲ伊勢国幷《アハ》セテ太神宮等ノ司ニ下シ畢《ヲハ》ンヌ、(省)ヨロシク承知シ、勅ニ依リテ施行セヨ、符到リナバ奉行セヨ」というのは、この件については伊勢国司と太神宮司に対しすでに太政官符を下してあるから、式部省も承知して、勅によって行なえ、という意味の施行文言である。そしてその勅の内容は、大神宮と度会宮の祢宜は自今以後内長上扱いの四考成選として内位に叙す、というものであって、ここでは内宮と外宮はなんら差別されていないし、この勅に六位から五位への昇叙は例外とするという意味が含まれていたとは、とうてい考えられない。ちなみに、ここに引用されている太政官符は、宛所と施行文言を有することといい、弁と史の位署のあることといい、これが原官符の全文であって、省略された字句はないということを附言しておこう。省略されているのは、弁・史の位署の次行にあった筈の年月日だけである。それゆえ、この官符を根拠として内位に叙せられることを要求した外宮祢宜の主張は、全く正当であったといわざるをえないのである。事実、のちに述べるように、内宮の祢宜もまた、実は同じ官符を根拠に、内五位昇叙を獲得したのであった。

さてこの官符の発令年月日だが、上に記したように豊受太神宮祢宜補任次第は宝亀十一年正月二十一日としているが、これは太神宮諸雑事記が記すように「十一年庚申正月廿日格」とする方が正しい。なぜならば、この官符は実は弘仁格に収録されていたのであって、弘仁格抄巻第二式部上に、

伊勢大神宮度会宮祢宜事取詮　　宝亀十一年正月廿日

と記されているのがこれにあたるからである。「取詮」というのは、弘仁格抄の他の用例から推すと、官符の事書が長文であったり、この官符のように事書がないような場合、意をとって文をなしたという意味のものである。ともあ

れ、この官符が弘仁格に収録されていたとすれば、太神宮諸雑事記や豊受太神宮祢宜補任次第がいうように、これはまぎれもなく「格」である。そして同じ理由で、この官符は類聚三代格にも収録されていた筈である。現行の類聚三代格にこの官符がみられないのは、同書の欠帙部分にこれが収められていたからである。すなわちこの官符は、類聚三代格の逸文である。ただし、弘仁格、したがって類聚三代格に収められていた官符の形態が、上掲の官符から、宛所「式部省」と「下符」以下の施行文言および弁・史の位署を省略したものであったことは、いうまでもない。

しかしそうだとすると、この官符をめぐっては、いま一つの新たな問題が生じよう。なぜならば、大外記小野文義はこの官符を、弘仁格からでも類聚三代格からでもなく、外記局の長案から見出している。類聚三代格が長元四年の時点で存在していたかどうかは、さだかでない。推定される同書の成立時期には、長保四年(一〇〇二)から寛治三年(一〇八九)までの間というように、かなりの幅があるからである[10]。しかし、弘仁格は、このころまだ完存していた。実資と同時代の人物であり、小右記にもしばしば登場する惟宗(令宗)允亮は、その著政事要略に弘仁格をしきりに引用しているからである。そうであるならば、このとき、実資をはじめとして、実務官僚である外記も弁も史も、この一件にかかわったすべての人間が、弘仁格にこの官符が収められているのを知らなかったという、驚くべき事実を想定しなければならないことになる。これは既述の、このころ中央のどの官司も内宮・外宮の祢宜の現員を把握していなかったことと、共通する事柄である。

いささか岐路にそれた憾みがあるので、本題にもどろう。これからは小右記の記述から離れて、内宮と外宮の祢宜の内五位昇叙の問題について考えてみたい。

宝亀十一年という時点で、なぜあのような太政官符が出されたのか、その理由は詳かではない。前後の続日本紀の記事をみても、神宮関係のものとしては、宝亀三年八月に伊勢月読神が祟をなしたこと、同九年十月に皇太子山部親王(桓武)が病気平癒を謝すため伊勢に赴いたことなどの記事が目につくくらいである。しかしそれはともかく、別表に示した六国史にあらわれる内宮・外宮祢宜の叙位例をみて気づくことは、この官符の指示はあまり徹底しなかったらしいということである。まず、内五位に叙せられた初例の貞観七年までは、六位から五位への昇叙は、官符以前

六国史にみられる内宮・外宮祢宜の叙位例

内宮祢宜 年月日	内宮祢宜 記事	外宮祢宜 年月日	外宮祢宜 記事
天平勝宝1・4・戊戌	従七位下神主首名→外従五位下		
天平宝字4・3・甲戌	外従五位上神主首名→外正五位下①	同上	外正六位上神主枚人→外従五位下
神護景雲1・8・癸巳	外従五位下神主首名→外正五位下②	同上	外正六位下神主忍人→外従五位下
(宝亀十一年官符)			
天応1・4・己亥	正六位上神主礒守→外従五位下		
承和3・8・甲寅	正六位上神主継麻呂→外従五位下	同上	正六位上神主虎主→外従五位下
嘉祥3・9・甲申	従八位下神主継長→外従五位下	同上	従八位上神主土主→外従五位下
天安2・4・丁酉	正八位下神主河継③→外従五位下		
貞観4・6・10	外従五位下神主継長→外従五位上		
貞観4・12・11	外従五位上神主継長→外正五位下	同上	外正六位上神主河継④→外従五位下
貞観7・12・9	外正五位下神主継長→従五位下	同上	正六位上神主真水→外従五位下
貞観17・9・10	外正六位上神主徳雄→従五位下		

(注) ①と②の記事は，続日本紀の重載．③と④は同名異人，③は荒木田，④は度会．

と以後とにかかわりなく、また内宮と外宮の別なく、すべて外位である。また、官符以後の天応元年から天安二年までの事例の本位はみな内位であるので、実資が解したように、この官符は六位までの叙位については内位とすることをいったものとみられそうであるが、しかし貞観四年と同十七年には再び本位外正六位上があらわれる。したがってこの太政官符は、宝亀十一年に発布され、その後弘仁格の編纂にあたりこれに収められたけれども、法としては充分に機能しなかったとみられるのである。

そうしたなかにあって特異なのは、貞観七年に内宮祢宜荒木田神主継長が、外正五位下からではあったが内位の従五位下に叙せられ、続いて同十七年に同じく内宮祢宜荒木田神主徳雄が本位外正六位上から内位の従五位下に叙せられていることである。実はこれが先例となって、内宮祢宜の内五位昇叙が公認されるにいたるのだが、これについて類聚大補任の貞観七年の項には、つぎのような記述がみられる。

大神宮祢宜外正五位下継長十二月四日（マゝ）叙二従五位下一、引二宝亀十一年格文一依二申請一、始所レ被レ叙二内階一也、宝亀十一年以後、貞観七年以前、八十六ケ年之間、二宮祢宜誤二格文一、共叙二外階一、而大神宮祢宜継長者、任二格文一依二申請一、叙二内階一畢、於二豊受大神宮祢宜真水一者、依レ不二申請一、于レ今所レ叙二外階一也、

内宮祢宜継長は、格文を根拠に「公家」に申請したので内階に叙せられたが、同じとき外宮祢宜真水はそうしなかったので、いまだに外宮祢宜は内階に叙せられないのだ、という。そして継長が申請の拠りどころとしたのは、ほかならぬ宝亀十一年正月二十日格であったともいう。

貞観七年にこうした継長の主張が認められたのであるならば、長元四年の叙位にさいしても、同じ内容の外宮祢宜の主張が認められてもよい筈である。だが現実には、すでにみたように、外宮祢宜の主張は却下されてしまった。そ

の理由はおそらく二つあるであろう。一つは、貞観七年(八六五)から長元四年(一〇三一)にいたる、一六〇年に及ぶ歳月の経過である。その間に、先例はつぎつぎと積み重ねられていく。九世紀のなかばは、まだ法の解釈と先例・慣行とが拮抗する状態であったのに対し、十一世紀にはすでに、先例・慣行が法の解釈を超える存在になっていたのである。実資が外宮祢宜の申請を却下した真の理由は「今ノ如クハ例ナキカ」であったのであって、格文の曲解にも等しい「六位階事也」はつけたしにすぎなかった。第二の理由は、源経頼提出の祢宜夾名に附記されていた「内宮祢宜申ス、内・外宮ハ差別アリ、内階ニ叙スベカラズト云々」の文が端的に示している、内宮の妨害ないしは対抗意識である。内宮側は、貞観七年に獲得した外宮に対する優位な立場の崩されることに、抵抗したのである。

外宮祢宜は、その後もながく内五位に叙せられることはなかった。それでも彼らは「公家」に対し、くりかえし執拗にこれを要求し続けた。そのことは、これからさらに八十余年を経た永久二年(一一一四)の中右記(記主は藤原宗忠)の記述によって知ることができる。この年の正月二十七日、権中納言藤原宗忠は、臨時公卿勅使として伊勢に赴く。そして二月三日、外宮に参拝して幣物を奉じたのち、祢宜度会雅行からつぎのように懇請されるのである。内宮・外宮の祢宜は内階に叙すべきであるということは、宝亀の格に記されていることである。よって内宮の祢宜はすでに内位に叙せられている。しかし外宮の祢宜はいまだに外位のままである。われわれがこのことを訴え申しているということを、かならず天皇に奏聞してほしい。これまでにも度々奏状を進上してきたのだが、いまだに裁許を蒙らない。われわれのこれについての憂いは非常に深い。

ここにもまた、宝亀十一年正月二十日格が登場する。宗忠は、このことを含む内宮と外宮の申請三十余条を記した申文を持参して帰京し、頭弁藤原実行に天皇(このとき天皇は鳥羽)への奏達を依頼する。だが二月十四日に宗忠の許に伝えられた天皇の意向は、外宮の祢宜を内階に叙することを裁許した先例はない、それ以外の申請については、いずれ沙汰しよう、というものであった。

神宮側が、いつごろから「公家」の態度を疎略と意識するようになり、「帝王」に敬神の心がないと判断するようになったかは、わからない。しかし宝亀十一年格の扱い方から推せば、その根が相当に深かったことは間違いないであろう。そしてそのような「公家」の神宮に対する態度は、長元四年の託宣事件ののちも変らない。藤原宗忠の、つぎのような憤慨を聞くがよい。

ソモソモ先日内外宮祢宜ノ卅余条ノ申文ヲ奏覧ス、公家今ニイタルマデ一事モ裁許ナシ、多クコレ神事例ニ違フナリ、近代太神宮ノ事ニ於テハ、全ク沙汰ナシ、末代トイヘドモ甚ダ恐レアリ、イカンセム、

祢宜らの申文に対する「公家」すなわち天皇の沙汰が全くないまま日を過すうちに、八月一日の暴風で豊受宮の瑞垣と門が顚倒し、翌二日の大風で荒祭宮の千木が吹き折れたことを聞いて、宗忠が八月十四日の日記に記した文である。

長元四年の託宣事件があったころに、これそのままの情況があったとはいえないにしても、それに近い情況は想定してよいのではなかろうか。だがそうだとすると、平安時代の中期および後期における、皇祖神を祀る伊勢神宮とは、「公家」にとっていかなる存在であったのであろうか。しかも「公家」に対する不満は、内五位昇叙を拒否され続けてきた経過からみて、外宮において、より一層強かったものと判断される。外宮は、「公家」「帝王」の神宮全体に対する疎略と同時に、内宮による「差別」をも甘んじて受けなければならない状態に置かれていたのである。斎王嫥子女王の託宣が、外宮の神事終了後に宣せられたのも、理由のないことではないといわなければならないであろう。その意味では、鎌倉時代に入って外宮から度会神道が生まれてくる土壌は、平安時代中期にすでにつちかわれていたといえるであろう。

三　百王思想・神国思想・二神約諾

長元四年の斎王託宣事件をめぐっては、注目すべきことばが二つあらわれる。託宣のなかにみられる「百王」と、宣命文のなかの「本朝ハ神国ナリ」がそれである。

百王思想、神国思想といえば、ただちに想起されるのが慈円の愚管抄と北畠親房の神皇正統記である。この二書についての先学の研究で、これら二つの思想に触れないものはないといってよいであろう。

百王思想は、本来限りなき代数の王を意味する百王の語が、いつのころからか、天皇の代数は百代までという有限数の王の意味に解されるようになったことによって生みだされた思想であって、平安時代後期から鎌倉時代にかけて、これと末法思想が結びつき、貴族社会における末世観を助長するのに大きな役割を果たしたといわれている。[11] そして、慈円の場合は、これを百帖の紙を使用することをたとえとして、「イタクオトロヘハテヌサキニ、又イタウ目出《メデタ》カラズヒキカヘタルニハアラデ、ヨキサマニヲ〔オ〕キタチタランニタトフベキニテ侍也」(愚管抄巻三)と説きながらも、「神ノ御代ハシラズ、人代トナリテ神武天皇ノ御後、百王トキコユル、スデニノコリスクナク、八十四代ニモ成ニケルナカニ」(同、巻三)、「百王ヲカゾフルニイマ十六代ハノコレリ」(同、巻七)などの記述から明らかなように、慈円はこの思想に深くとらわれていたが、しかし親房の場合は、「又百王マシマスベシト申メル、十々ノ百ニハ非ルベシ、窮《キハマリ》ナキヲ百トモ云リ」(神皇正統記上)として、この思想を克服していた、ともいわれている。もっとも、無限数を意味する百王の語が、いつごろから有限数の百代の王と解されるようになり、さらにそれがどのような事情で天皇の代数に結びつくにいたったかということは、かならずしも明らかにされてはいない。

ところで、長元四年の託宣では、「百王ノ運、スデニ過半ニ及ブ」と述べている。このときの天皇後一条は、神功皇后を代数に含め、弘文を含めないこのころの数えかたでは六十八代に当るから、たしかに百代の過半を過ぎている。すなわちこれは、百王を有限数の百代の王とする百王思想が、この時期にすでに存在していたことを示すものである。管見によるかぎりでは、これは、百王思想の史料にみえる最も早いものである。しかもそれが、「王運暦数」とともに、神宮側により、「公家」威嚇を目的とする語として使用されていることに、特に注意する必要がある。

しかしながら、この託宣を記している小右記に、百王の語があらわれるのは、ここだけではない。一例を挙げれば、寛仁元年(一〇一七)十一月の賀茂社行幸にさいし、山城国愛宕郡の一部を同社に寄進する議がはかられた。ところがその地域内に氷室があったので、それを寄進地から除外するか否かをめぐって、種々の議論があった。そしてこのことをめぐる小右記の記事のなかに、三箇所「百王」があらわれるのである。その一は、氷室は寄進地から除外すべしという実資の意見を記したもので、「余申シテ云ク、氷室ハ百王ニ供《グ》スベキ物ナリ、コノ一代ノ事ニ非ザルナリ」という(寛仁元年十一月二十三日条)。その二とその三は、この実資の意見を容れて作られた宣命と太政官符の文中にみられるもので、宣命では「但此内仁有ニ淩室蔵氷之邑一リ、是又百王之職事奈礼ハ、難レ致ニ一時改易一之、縦在ニ神宮内一と毛、可レ除ニ此一邑一之、」といい(同日条)、二日後に出された太政官符では寄進から除外すべき対象をさらに拡げて、「抑諸郷所レ在神寺所領、及斎王月料、勅旨、湿地、埴川、氷室、徭丁・陵戸等田、并左近衛府馬場、修理職瓦屋、其守丁役人、皆是百王之通規、曾非ニ一時之自由一、仍任ニ旧跡一不ニ敢改易一」と述べている(寛仁三年七月九日条)。いずれも「公家」首脳の言および公文書のなかにみられるものであるが、ここでの百王の意味するものは、みな無限数の百王である。

それだけではない。春記には、天皇(後朱雀)の言のなかに「百王」があらわれる。長久元年(一〇四〇)八月、大風のため豊受宮の正殿および東西の宝殿が倒壊した。これに関する記事のなかで、天皇は春記の記主藤原資房に対し、つぎのように述べたと記されている。「イカナル徴咎《チヨウキウ》ニ依ルカ、若シハ是レ天下ノ運尽キ了《ヲハ》ルカ、ハタ微眇《ビベウ》ノ身ヲ以テ敬神謹《ツツシ》マザルノ故カ、タトヘ一人ニ不肖ノ咎アリトモ、百王万代ノタメ、ナホ神居ヲ安ンゼバ、必ズ無為ノ冥助ヲ垂ルラム」(八月十日条)、「此ノ心、サラニ一身ノ命ヲ惜シマズ、タダ万代ノタメ、百王ノタメ、万民ノタメナリ」(八月十五日条)。ここでの百王も、「万代」と同じく、無限数の百王の意である。

このように、この時期の「公家」が用いた百王の語には、なんら特殊な意味は含まれていない。それなのに、同じ時期の託宣に用いられている百王の語は、百王思想のそれである。とすれば、いささか大胆な推測を下せば、百王思想とは、自己の要求を貫くための実力行使の手段として強訴という方法を生みだした伊勢神宮の祢宜・神人らが、同じく自己の要求を貫くため「公家」を威嚇する思想としてあみだしたものなのではなかろうか。

神国思想は、神皇正統記巻頭の「大日本者神国也、天祖ハジメテ基《モトヰ》ヲヒラキ、日神ナガク統ヲ伝《ツタヘ》給フ、我国ノミ此事アリ、異朝ニハ其タグヒナシ、此故ニ神国ト云也」の文で、あまりにも有名である。すでに指摘されているように、こうした親房の神国思想は、日本の国土そのものが神の生み成したものであり、したがってそれは神の加護する国土であるという観念と、いわゆる天壌無窮の神勅により、皇統は一種であるとする観念の、二つの要素から成るものであった。(12) しかし、後者の観念はともかくとして、前者の観念が生まれたのはそれほど古いことではない。そしてまた、神皇正統記と並び称される愚管抄には、両書の思想的類似性にもかかわらず、神国の語は全くみられないということにも、注意する必要がある。

さて、長元四年の宣命にみられる「本朝ハ神国ナリ、中ニモ皇太神ノ殊ニ助ケマツリゴチ給フトコロナリ」という記述に関して検討を要することは、三つあると思われる。一つは、「本朝ハ神国ナリ」という表現、二つはなにゆえに「本朝」が神国であるのかという理由、三つはその「本朝」とはなにか、がそれである。

第一の、「本朝ハ神国ナリ」という表現が問題になるのは、つぎのような理由による。

これもすでに指摘されていることだが、文献にこれに類似した表現があらわれるのは、このときがはじめてではない。古く日本書紀の神功紀にあらわれ、三代実録に収められている貞観十一年・同十二年の諸社への告文(宣命)にも神国の語がみられる。ただ、それらに共通しているのは、新羅が「日本」を神国と称したとされていることであって、「日本」側が自国をそう称したのではないことである。神功紀では、新羅王が神功皇后の将いる兵をみて、「吾聞く、東《ひむがしのかた》に神国《かみのくに》有り、日本《やまと》と謂ふ、亦聖王《ひじりのきみ》有り、天皇《すめらみこと》と謂ふ、必ず其の国の神兵《みいくさ》ならむ、豈兵《いくさ》を挙げて距《ふせ》くべけむや」といい、戦わずして降伏したという。もちろんこれは、日本書紀編者の述作である。貞観十一年・十二年の告文は、新羅の寇賊が北九州を侵したとき、伊勢大神宮・石清水神社・宇佐八幡宮・香椎廟・宗像大社にその調伏を祈願したものだが、そこでは、(イ)「我日本朝波、所謂神明之国奈利、神明之助護利賜波、何乃兵寇加可近来岐、況掛毛畏岐皇大神波、我朝乃大祖止御座天、食国乃天下乎照賜比護賜利」と述べて、これらの大神・大菩薩・御廟が国内の諸神を唱導して寇賊を逐いはらい、新羅がこれまでわが国に対して示してきた、(ロ)「我朝乃神国止畏憚礼来礼留故実」を「澆《ヒ》多之失比賜布奈」と請願している。ここでも、新羅が「我朝」を神国として畏れ憚ってきたのが「故実」であるという。これを「故実」としたのは、平安時代初期の日本紀講書(13)を通じて、この時期の「公家」が神功紀の記述を知っていたからであって、それを裏づける事実が存在したわけではない。

「我朝ハ神国ナリ」という表現は、権記(記主は藤原行成)の長保二年(一〇〇〇)正月二十八日条にもみられるが、「公家」が宣命という公的文書の冒頭にこのような文言を用いるのは、長元四年の宣命がはじめてなのではなかろうか。ここでは、「公家」みずからが、みずからを神国と称しているのである。

それではなにゆえに「本朝」「我朝」は神国であるのか。これもすでに説かれているように、それは、神明の加護するものであるからである。ただここでも、その神明が、たとえば伊勢大神や天照大神というような、特定の神にかぎられてはいないことに、注意する必要がある。貞観の告文の(イ)として先に掲げた文は伊勢大神宮に奉じた告文のものであるが、この文言は、石清水神社への告文では全く同文、宇佐八幡宮への告文は「皇大神」が「大菩薩」に、「大祖」が「顕祖」に変っているにすぎない。長元四年の宣命でも、「中ニモ皇太神ノ殊ニ助ケマツリゴチ給フトコロナリ」という表現から知られるように、伊勢大神宮のみが加護するから神国であるのではなく、もろもろの天神地祇の加護が前提となっている。このことはまた、つぎのような後朱雀の言からもうかがうことができる。前述の、外宮の正殿等の顚倒事件の処置に苦慮した後朱雀は、一日、藤原資房にこう語る。「豊受宮顚倒ノコト、骨骸ニ入リテ愁ヒ歎クナリ、心肝舂《ツ》クガ如シ、為ストコロヲ知ラズ、信心ヲ致シ祈禱ストイフトモ、今ニイタルマデ徴験《チョウゲン》ナシ、サラニ以テイカンセム、数月ヲ経《フ》トイフトモ、無益ナルベキニ似タルカ、末代ノ主ニ、鬼神モ冥助ヲ垂レズ了ンヌ、此ノ国ハ是レ神国ナリ、モトヨリ警戒ヲ厳《イック》シクセズ、タダ彼ノ神助ヲ憑《タノ》ムノミナリ、シカルヲ世ハスデニ澆漓《ゲウリ》タリ、神事カクノ如シ、コレヲ目《ミ》ルニ神明ソノ助ケ無キヲ知ル、アア悲シキカナ」（長久元年八月二十三日条）。この国はもっぱら神助をたのみ、無為垂拱するのが本来の姿であるという。そしてその神助には、「鬼神ノ冥助」さえも含まれるのである。このように、十一世紀に、神功紀や貞観の告文とは異なるかたちで登場した「神国」には、親房がいうような、天祖が生み成した国土という観念も、皇統一種の観念も、みられない。

然らば、神明が加護する「本朝」「我朝」「此国」とはなにか。「本朝」「我朝」の語から知られるように、それはいうまでもなく、「日本」を統治するための支配体制としての「公家」、すなわちミカドである。後朱雀の言に、「此ノ国」とあるからといって、これを「日本国」という国土などと解してはならない。名例律6八虐条の「一曰、謀反、謂、謀レ危二国家一」に依拠するまでもなく、「国」「国家」とは、天皇を政治的首長とする支配体制である。皇統一種の観念が存在したとすれば、この点においてであったと思われる。

さて、これより二世紀後の貞応元年(一二二二)十二月に、慈円は一通の願文を記した。(14) そこにおいて慈円は、みずからが出生した九条家が置かれている立場を、つぎのように述べている。

就レ中、仏子祈請之間、摂籙娘中宮職、皇子降誕、立坊受禅、保元乱世之後、執レ権武将平氏源家、次第滅亡、外舅大臣息男、定二将軍一向二関東一、厳親執政之佳運、居二輔佐一被レ定レ家、今当二内乱之刹那一而改易、得二外国之武士一而依違、但将軍少人無二違乱一、乱世之籠居不レ遺レ恨、

自分(慈円)が元久元年(一二〇四)から修した行法の効験により、その間に、摂政九条良経の娘立子は順徳の中宮となり、皇子が誕生して、立坊、受禅し天皇(仲恭)となった。他方、保元の乱ののち権を執った武家は、平氏も源家三代も、つぎつぎに跡を断ってしまった。そのため天皇(仲恭)の外舅(生母の兄弟)である左大臣九条道家の息男頼経が鎌倉将軍となり、関東に向った。また将軍の父道家も執政の佳運を得て摂政となり、九条家の運が定まった。ところが、承久三年(一二二一)の内乱の結果、天皇も摂政も改易され、その一方では頼経は将軍のままであるという、どっちつかずの状態に置かれている。しかし幼少の将軍頼経には「公家」に対する違乱の心は全くないし、乱世に籠居させられるのは常のことであるから、前摂政道家もこうした処置を決して恨んではいない、という意味の文章である。

九条家略系図

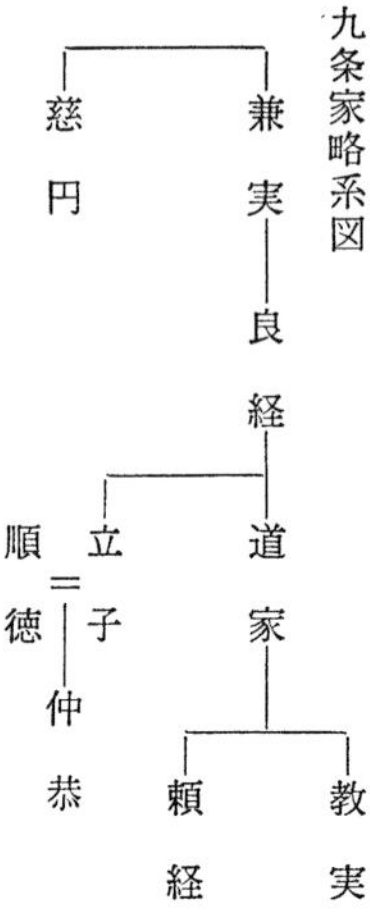

ここでの鎌倉将軍九条頼経についての記述は、「謀反スヂノ心ハナク」(巻七)とする愚管抄の述べるところと、全く同じである。だが私の注目したいのは、慈円が、頼経は「外国ノ武士ヲ得テ」将軍の地位にある、と認識していたことである。この「外国」が、嘗ての、畿内政権が統治し支配する対象とした「外国」そのままの意味のものであ

ることは、この願文の、上掲の文に続く、つぎの記述により知ることができるであろう。

　是以、前摂政殿下《(九条道家)》幷賢息《(教実)》、将軍少人《(頼経)》、又将軍外祖太政大臣《(西園寺公経)》、今上陛下《(後堀河)》、太上法皇《(後鳥羽)》、崇ニ宗廟霊神一、鎮ニ怨霊邪鬼一、再存ニ吾日本国之中興一、可レ待ニ仏神感応之佳会一也、

この「日本国」もまた、国土を意味するものではない。「吾ガ日本国ノ中興」とは、慈円にあっては、あくまでも、天皇を政治的首長とし、摂籙臣(摂政・関白)がこれを補佐する形態での、支配体制の中興なのであって、その支配の対象が、依然として「外国」と意識されているのである。十三世紀の慈円にいまだこうした意識が残されていたとするならば、十一世紀の実資や後朱雀に、「日本」を日本の国土とする観念など、ほとんど存在しなかったとみてよい。神皇正統記にみられる神国思想は、元寇ののちに生まれた、新しい情況との関係で理解されなければならないように思われる。

　ところで、従来この神国思想との関係で論ぜられることの多かったいま一つの思想、というよりも史観に、天照大神と天児屋根命の二神の約諾というものがある。十四世紀に二条良基が著したさかき葉の日記などに、これと「神国」とを関連づけた記述がみられるためだが、しかしこの史観は、本来は、神国思想とは無関係のものであって、摂関政治体制擁護のために作りだされたものである。[15] それが神国思想と結合したのは、やはり神皇正統記以後のことと考えられるが、最後にこの史観についていささか考えてみたい。

　まず、愚管抄における慈円の意見を聞くことにしよう。慈円の摂関政治論の大前提は、「日本国ノナラヒハ、国王種姓ノ人ナラヌスヂヲ国王ニハスマジト、神ノ代ヨリサダメタル国ナリ」(巻七)というように、皇統は一種であるべきことである。だが世の落ちゆくにしたがい、やがて「臣家ノイデキテ世ヲ《〔ヲ〕》オサムベキ時代」(巻三)が到来するにいたる。また、国王一人では「カナラズシモワレカラノ手ゴミニメデタクオハシマス事ノカタケレバ」ということも生

じるので、「御ウシロミヲ用テ大臣ト云臣下ヲナシテ、仰合《オホセアハセ》ツヽ世ヲバヲ〔オ〕コナヘ」(巻七)という道理が生まれる。その道理とともに出現したのが藤原氏の祖大織冠鎌足であって、それは「天照大神アマノコヤネノ春日ノ大明神ニ同侍二殿内一能為二防護一ト御一諾」(巻三)があったためである。そしてその後も、「アマノコヤネノミコトニ、アマテルヲオ〔オホ〕ン神ノ、「トノヽウチニサブライ〔ヒ〕テヨクフセギマモレ」ト御一諾ヲハルカニシ、スヘ〔エ〕ノタガフベキヤウノ露バカリモナキ道理」をえて、大織冠が蘇我入鹿を誅したことをはじめとして、藤原永手・同百川が計略を用いて光仁を天皇としたこと、藤原基経が陽成を廃して光孝を天皇としたことの「藤氏ノ三功」をなしえたのであり(巻七)、「コノ中ホドハ、キミノ君ニテ昔ノゴトクヱアルマジケレバ、此レウニコソ、神代ヨリ「ヨク殿内ヲフセギマモレ」トイヽ〔ヒ〕テシカバ、ソノ子孫ニ又カク器量アイ〔ヒ〕カナイ〔ヒ〕テ、ムマレアイ〔ヒ〕／＼シテコノ九条ノ右丞相(藤原師輔)ノ子孫ノ、君ノ政《マツリゴト》ヲバタスケンズルゾ」という、九条師輔流の藤原氏が代々摂籙臣として天皇を補佐する体制が「ツクリアハセラレタ」のである(巻七)。

これによって知られるように、二神の約諾とは、徹頭徹尾、摂関政治体制護持を主張するための根拠であって、それゆえにこそ慈円は、摂籙臣をないがしろにする後三条親政も院政も否定するのであり、そしてまた菅原道真事件についても、かの有名な、日本国は小国であるから天皇補佐の臣に藤原時平と道真の二人を必要とせず、また藤原氏が補佐の臣であるべきことは「太神宮(天照大神)、鹿島(天児屋根命)ノ御一諾」によって明らかであるので、道真はこのことを洞察して、「時平ノ讒ロニワザトイリテ御身ヲウシナヒテ、シカモ摂籙ノ家ヲマモラセ給ナリ」(巻三)という、まことに身勝手な解釈をもあえて施すのである。

慈円のいう、皇祖神天照大神と藤原氏の祖神天児屋根命の約諾とは、日本書紀神代紀天孫降臨章の第二の一書にみられるもので、天忍穂耳尊を葦原中国に降すにあたり、天照大神が、中臣(藤原)氏の祖神天児屋根命と忌部氏の祖神太玉命の二神をこれにしたがわせ、二神に対し「惟《これ》爾《いまし》二《ふたはしら》の神、亦《とも》同に殿《おほとの》の内《うち》に侍《さぶら》ひて、善く防護《ほそきまもること》を為《な》せ」と勅したことをいう。この勅を根拠とするのであれば、藤原氏のみでなく、忌部氏も摂籙臣であってよいことになるが、そうではないことは、この史観が藤原氏による恣意的解釈に基づくものであることを、端的に示している。

だが愚管抄を貫くこのような史観が、決して慈円一人のものでなかったことは、すでに先学の指摘するところである。慈円の兄九条兼実の日記玉葉をはじめ、この前後の時期の貴族の日記にも、このことはあらわれる。そして植松雅俊氏が指摘されたように、その萌芽とみられる主張は、扶桑略記寛治七年(一〇九三)八月二十二日条の興福寺大衆の奏状に見出される。(16) このとき、興福寺大衆数千人は、近江国蒲生郡の春日社領に対する近江守高階為家の処置に憤り、為家の流罪を要求して、上洛し強訴した。そのさい「公家」に提出した奏状に、「我ガ大日本国ハ、天照大神ノ勅ニ依リ、天児屋根命ノ扶持ノ力ナリ」と記されている。だがさらに古く、長暦四年(一〇四〇)六月三日の官宣旨に引かれている伊勢祭主大中臣永輔の奏状では、「大中臣ノ胤祖天児屋根尊ハ、コレ皇太神宮輔佐ノ第一ノ神ナリ」として、大中臣氏が任ずる大神宮司を神宮神主(祢宜)らの上位に置くべきことを主張している。(17) 長暦四年の天皇は後朱雀、関白は藤原頼通である。寛治七年の天皇は堀河、関白は藤原師実であるが、このときすでに白河院政は盛期を迎えており、摂関政治は下降線をたどっていた。こうしたことを勘案すれば、二神約諾史観の形成された過程を、概略以下のように推定することができると思われる。

そもそもこのような史観は、摂関政治の最盛期には、生まれる必要もないし、主張される必要もないものである。摂関政治が後退期を迎えたとき、それを擁護し、その正当性を主張するための根拠として、案出されたものに違いない。関白藤原頼通の時代は、父道長のころのような盛期をすでに過ぎていたとはいえ、親房が頼通の専横を批判しているように、関白の政治力はまだ保たれていた。したがって、伊勢祭主の奏状にみられる、皇太神宮すなわち天照大神を天児屋根尊が補佐するという神と神との関係は、現実の問題としては、天照大神と天児屋根尊の苗裔である大神宮司大中臣氏との関係と、天照大神と神主荒木田・度会両氏との関係の、軽重の問題としてとらえられており、いまだ天皇と藤原氏との関係としては意識されていない。だが、頼通が出家引退した翌年にはじまる後三条親政を経て白河院政期ともなれば、摂政・関白の政治力はもはや昔日のものではなくなっていた。藤原氏の祖廟春日社および藤原氏の氏寺興福寺の主張は、そうした情況に対応しているとみてよい。そこにいう「大日本国」は、さきに神国思想について述べたことから諒解されるように、「公家」と解すべきものである。その「大日本国」すなわち「公家」は、天照大神の「勅」によって天児屋根命が扶持するものであるという。この「勅」が神代紀一書の上掲の勅を指すものであることは、いうまでもない。それゆえ「天児屋根命之扶持力也」とは、「天児屋根命ノ苗裔デアル藤原氏ノ扶持力」の意であって、現実における、天皇に対する摂関家藤原氏の関係をいったものとみなければならない。これはまさしく、二神約諾史観そのものである。加えて、このような、摂関政治の正当性の根拠を二神の約諾に求める主張が、春日社と興福寺の強訴の奏状にはじめて見出されることにも、注意する必要があろう。私はさきに、百王思想が、「公家」威嚇のための思想として伊勢神宮で生まれた可能性のあることを述べたが、二神約諾史観もまた、「公家」を威圧し摂関家藤原氏を擁護するための方便として、藤原氏の氏神・氏寺である春日社と興福寺においてあみだされたものである可能性が、大きいのではなかろうか。

さて、この二神の約諾は、十四世紀はじめの北畠親房の意識のなかにも、強く生き続けていた。しかも親房においては、これは、単に彼の摂関政治擁護論の柱であっただけでなく、「分」論すなわち政治的秩序を保つための規範でもあった。親房はいう。わが国には、「皇統一種タヾシクマシマス」。だが同時に、天児屋根命は「殊ニ天照太神ノ勅ヲウケテ輔佐ノ神ニマシマス」。それゆえ「我国ハ神代ヨリノ誓ニテ、君ハ天照太神ノ御スヱ国ヲタモチ、臣ハ天児屋ノ〔五〕

御流君ヲタスケ奉ルベキ器」と定められている。今日、「上《カミ》ハ光孝ノ御子孫、天照太神ノ正統トサダマリ、下《シモ》ハ昭宣公(藤原基経)ノ子孫、天児屋ノ命ノ嫡流トナリ給」うのは、「二神ノ御チカヒタガハ」なかったからである。この二神の誓いは犯すべからざるものであって、それによって「上下ノ分」が定められている。昔より、嵯峨源氏、仁明源氏、文徳源氏、清和源氏、陽成源氏、光孝源氏、宇多源氏、醍醐源氏、村上源氏というように、皇子が臣籍に降下して数々の源氏がでたが、このなかで今日でも大臣以上に任ぜられるのは、自分が出生した村上源氏のみである。なぜ他の源氏が衰えたかといえば、二神の約諾をもつ摂関家藤原氏にくらべ、「源氏ハアラタニ出タル人臣」であることをわきまえずに、「皇胤ノ貴種ヨリ出」たことのみをたのみとして、「イト才ナンドモナク、アマサヘ人ニヲ〔オ〕ゴリ、モノニ慢ズル心」があったためである。ひとりわが祖村上源氏のみは、その「分」をわきまえ、天皇と摂関家藤原氏との関係を保ってきた。それゆえに、この一流のみ、今日にいたるまで衰えることはなかったのである。

要するに親房は、天皇を第一位とし、摂関家藤原氏を第二位とし、自家村上源氏を第三位に位置づけて、これを「上下ノ分」とする。そしてこの立場から、下剋上と、徳行才用主義に基づく人事を否定し、後醍醐が武家代々の陪臣である足利高氏(尊氏)を厚遇したことを「朝議ノミダリ」と批判するとともに、この秩序にはずれた政治が行なわれた白河・鳥羽院政期を、「末ノ世」「政道ノフルキスガタヤウ〳〵オトロヘ」た世とするのである。親房があるべき姿の「政道」としてえがいていたものは、決して単純な意味での天皇親政でも摂関政治でもなかった。皇統一種の天皇を戴き、摂関家藤原氏がこれを輔佐し、自家村上源氏がさらにこれに協力することこそが、彼の求めた「政道」であったのである。

おわりに

長元四年の斎王託宣事件の紹介からはじめて、この事件に関連する百王思想・神国思想を述べるうちに、慈円と北畠親房の摂関政治論に言い及ぶことになった。だが本稿で扱ったものはすべて天皇周辺の諸事象であって、天皇そのものについては全く論及していない。そのような結果になったのは、本稿のはじめに記したような、平安時代の天皇についての現在の研究状況にも一因があるとはいえ、私の力量不足が最大の原因であることはいうまでもない。ただ恥じ入るのみであるが、本稿で扱ったいくつかの論点のうちの一つでも、今後発展するであろう本格的な平安時代天皇制論にいささかでも寄与するものがあるならば、幸いである。

(1) 発表は一九四六年。『津田左右吉全集』(岩波書店)第三巻所収。
(2) 発表は一九五〇年。のち『天皇――天皇の生成および不親政の伝統』と題して増補し再版(一九八二年、山川出版社)。
(3) 肥後和男『天皇史』(冨山房、一九五〇年)は、その第三章を「貴族としての天皇」と題して平安時代の天皇の叙述に充て、その第三項「儀礼的存在としての天皇」において時代的特色を論じている。
(4) 斎王は、天皇に代って伊勢神宮に奉仕する女性で、天照大神の御杖代ともいわれる。通常は、天皇の代がかわると、未婚の内親王もしくは女王(親王の女など)がこれに卜定され(内親王の場合は斎内親王ともいう)、宮城内に設けられた初斎院で一年、宮城外の野宮で一年、それぞれ潔斎したのちに、伊勢に下る。伊勢へ下るにさいし、附属官司として斎宮寮が構成される。伊勢での斎王の居所が斎宮。
(5) この外宮祢宜の要望は、のちにも述べるように、六位から五位への昇叙にさいして内五位に叙してほしい、というものである。律令制の位階には、正一位から少初位下までの内位三十階のほかに、外正五位上から外少初位下までの外位二十階があった。一般に内位は畿内出身者に与えられ、畿外出身者には外位が授与されるが、内位と外位では、同じ五位でも、処遇の面で大きな格差があった。なお、五位と六位の間にも、五位は勅授(天皇の意志で授与する)、六位は奏授(太政官が天皇に奏上して承認をえたうえで授与する)という違いのみでなく、さらに大きな格差があった。そのため、五位を授与されることを、特に叙爵という。

(6) 橋本義彦「貴族政権の政治構造」(『岩波講座日本歴史』4所収、一九七六年、岩波書店)。

(7) 頼通は左大臣であるが、関白なので、太政官会議の構成員ではない。

(8) 西垣晴次「律令体制の解体と伊勢神宮」(『史潮』五六、一九五五年)。

(9) 律令官人の勤務成績の審査は、考と選によって行なわれる。考は一年間の勤務成績をいい、この考がいくつか重ねられて、選すなわち位階昇叙審査をうける資格をうる。これを成選という。そして律令官職は、成選にいたるまでの考の数(すなわち勤務すべき年数)によって、内長上・内分番・外長上・外散位(外分番)の四種に区分されていた。内長上は四考成選(慶雲三年格制、以下同じ)で、中央諸官司および大宰府・国司の四等官などがこれにあたる。内分番は六考成選で、中央諸官司に交代勤務する雑任などがこれにあたる。外長上は八考成選で、地方官で現地採用の郡司などがこれにあたる。最後の外散位(外分番)は、地方出身者で位階をもちながら官職をもたないため、国衙などの現地官庁に交代出仕している者がこれにあたり、これは十考成選である。したがって宝亀十一年官符が、伊勢神宮祢宜を十考成選から四考成選に改めたのであれば、それは祢宜が外散位(外分番)から内長上の官に変更されたことを意味するから、きわめて大幅な変更であったといわなければならない。

(10) 渡辺寛「類聚三代格の成立年代」(『皇学館論叢』二—三、一九六九年)。

(11) 大森志郎「中世末世観としての百王思想」(『文化』二—七、一九三五年)などを参照。

(12) 黒田俊雄「中世国家と神国思想」(『日本中世の国家と宗教』所収、一九七五年、岩波書店)。なお神国思想については田村圓澄「神国思想の系譜」(『史淵』七六、一九五八年)などを参照。

(13) 貞観十一年にいたるまで、養老五年(七二一)、弘仁三年(八一二)、承和十年(八四三)の、三回の日本紀講書が行なわれたことが知られている。関晃「上代に於ける日本書紀講書の研究」(『史学雑誌』五三—一二、一九四二年)参照。

(14) 『鎌倉遺文』第三〇三八号(第五巻一四〇頁)。

(15) 植松雅俊「愚管抄に於る摂関政治論」(『歴史地理』七三—五、一九三九年)。

(16) 同右。

(17)　『平安遺文』第五八二号（第二巻七三九頁）、続左丞抄第一（国史大系本五頁）。

第Ⅱ部　律令官僚制の特質

第一章　選任令・選叙令と郡領の「試練」

はじめに

隋令・唐令の編目名と、大宝令および養老令の編目名を対比すると、よく知られているように、官僚制ないし官人制の根幹にかかわるつぎの四編の名称が、相互に少しずつ異なっていた(隋令は開皇令、唐令は開元前令の編目名、また職員令・官員令は広義のもの)。

(隋令・唐令)	(大宝令)	(養老令)
官品令	官位令	官位令
職員令	官員令	職員令
選挙令	選任令	選叙令

考課令　　考仕令　　考課令

このうち、隋・唐の官品令と日本の官位令の名称の違いの背後に、彼我の官僚制の本質的な相違が存したことについては、宮崎市定・時野谷滋両氏の研究がある[1]。また大宝令の官員令という名称にくらべれば、隋令・唐令および養老令の職員令という名称の方が、よりその内容にふさわしいものであることについても、野村忠夫氏の指摘がある[2]。これらはいずれも、日本古代の律令官僚制の本質を理解するうえで、看過することのできない重要な指摘であるが、ここで私が注目したいのは、大宝令の選任令という編目名である[3]。

そもそも大宝令の制定者は、右の四編の名称については、ことごとく隋令・唐令のそれを踏襲することをしなかった。加えて、野村忠夫氏が明らかにされたところによれば[4]、大宝・養老二令の選任令・選叙令に相当するものと考仕令・考課令に相当するものとは、もと浄御原令では考仕令の一編であったと推定される。この考仕令一編を、大宝令制定者は選任令と考仕令の二編に分編したのだが、そのさい浄御原令の考仕令という名称は考仕令(大宝令)・考課令(養老令)に相当する一編の名として継承された。とすれば、いま一編に付せられた選任令という名称は、隋令・唐令にも拠らず、もちろん浄御原令にも拠らず、大宝令制定者が独自に案出したものであったことになる。

養老令の選叙令に収める諸条文を一読すれば知られるように、選任令よりも選叙令の方が、より一編の内容にふさわしい名称である。だが大宝令制定者は、あえてその名称をえらばず、この一編を選任令と命名した。本稿では、この一事を手がかりとして、大宝令制定者の選任令についての立法意図を探り、あわせて日本律令官僚制における任官のもつ意味とその特殊性、就中郡司の大領・少領の任官をめぐる諸行事の特殊性について、考をめぐらしてみたいと思う。

一　大宝選任令と養老選叙令

大宝選任令も養老選叙令も、いずれも唐の選挙令を、直接的にはおそらく永徽令の選挙令に収める諸条文を範として、その条文が撰述され、編巻されたものであることは、ほぼ間違いのないことといってよい。だが唐の選挙令と日本の選任令・選叙令は、その内容において著しく異なっていた。

この節では、まず、全編の残されている養老選叙令を唐の選挙令と比較することによって、両者の質的な差異をたしかめたうえで、大宝令と養老令のそれぞれの制定者の任官についての意識ないし立法意図を探ることにしたい。主たる検討の対象は、養老選叙令でいえば、2内外五位条・3任官条・4応選条の三条である。

1　選挙令と選任令・選叙令

まず、選挙令・選任令・選叙令の三つの編目名に共通して存する、「選」とはどのような意味の語であるかを検討することから始めよう。

八・九世紀の史料に散見する「未選」という語を精査された野村忠夫氏は、日本律令法における「選」の語には、つぎの三つの用法があったと述べておられる(5)。

①適材を選んで官に任ずる。

②「考」をかさねて成選した官人に位階を授ける。

③考仕(=評定)の対象にする。

氏によれば、このうちの③の用法に該当するのが「未選」の「選」であって、「未選」とは「未だ考選の対象(＝得考之色)にならない身分状態」をいうものであるとされる。しかしこの「未選」が「預選」に対する語で、「未(預)選」の意であったとすると、この場合の「選」の用法は②に含まれることになるから、(6)結局「選」には、①人物を銓衡して官に任ずるという任官にかかわる用法と、②一定期間の勤務成績を審査して位階を授けるという叙位にかかわる用法との、二つがあったことになる。一、二の例を挙げれば、職員令13式部省条の卿の職掌「選叙」について義解が「謂、選者選レ官也、叙者叙レ位也」というものや、選叙令4応選条で「凡応レ選者、皆審二状迹一」といった場合の「選」は①の任官にかかわる用法のものであり、「成選」「選限」「選文」などという場合の「選」は②叙位にかかわる用法のものである。そして史料上の「選」の用例は、圧倒的に②叙位にかかわるものが多く、①任官にかかわる「選」の用例はわずかである。(7)

では唐令での「選」の用法はいかがであったかといえば、いうまでもなくそれはすべて任官についてのみ用いられる語であった。周知のように、唐の官には職事官と散官があり、そのうちの散官は、職事官への任用資格を表示する機能を有する点において、また栄典・栄誉としての機能を有する点において、日本の位階に通ずる性質をもつものではあったが、しかしそれはあくまでも官であって、日本の位階とは異なるものであった。(8)したがって唐では、②の用法に当る「選」など、そもそも存在しないのである。これを仁井田陞『唐令拾遺』(一九三三年、一九六四年覆刻、東京大学出版会)選挙令の復旧条文についてみても、たとえば第七条の「諸内外六品已下、四考満、皆中中考者、因レ選進二一階一、毎二一中上考一、又進二両階一、毎二一上下考一、進二両階一」のように、すでに六品以下の官(職事官・散官)に任じている者について、その任中の成績すなわち「考」の評価により、さらに上級の官(職事官・散官)に任ずるか否かを審査することを「選」といっている。唐令のこの条文の述べるところのものは、決して、この条文を継受して作られた養老選叙令9遷代条が述べるような、位階の昇叙ではない。同様に唐令では、課試に合格して散官をえた新官人について、任ずべき官をえらぶことも「選」である。また復旧第一条では「諸選授之制」云々と規定するが、この「選」も、後掲の通典、巻十五、選挙三の「銓選」についての文章（二五〇頁参照）と対比すれば明らかなように、任官にあたって人物を銓衡する意である。

唐の選挙令は、このような「選」とともに、「挙」について定めた令であった。「挙」とは、秀才・明経・進士・明法・明書・明算の六課試に及第した者に、その成績に応じて散官を授与し、新官人として登庸することをいう。したがって「挙」もまた広い意味での任官を意味する。要するに選挙令とは、人物を銓衡して、官（職事官・散官）に任ずるための諸規定を定めた編目であったのである。

これに対して、日本の養老選叙令は、「選」と「叙」について定めた編目であった。そこでの「選」は、上述のように、①任官と②叙位にかかわる二つの用法をもっていた。そして「叙」は、「叙者考叙也、言計レ考叙レ位也」（選叙令集解冒頭令釈・義解）などの注釈をみるまでもなく、位階を授与する意である。それゆえ「叙」は「選」の用法②と重複するきらいがないわけではないが、いずれにせよ選叙令とは、任官と叙位に関する諸規定を定めた編目の名であったのである。

養老選叙令の内容は、まさにその名にふさわしいものとなっている。のちに改めて検討するように、養老選叙令で任官について一般的に規定した条文としては3任官条と4応選条の二条があり、また個別の官の任用手続きを定めた条文としては、郡司についての13郡司条、使部についての24散位身才条、国博士医師についての27国博士条などがあるが、その他の条文は、唐令の条文を範としながらも、その多くが叙位に関する規定に書きかえられている。このことは改めて指摘するまでもないことと思うが、念のため『唐令拾遺』の復旧条文に依拠しつつ、いくつかの条文について確認しておこう。
唐令で、任官のための「選」の手続きを定めていた復旧第一条と第七条・第八条は、養老選叙令では1応叙条と9遷代条として「考」をかさねたのちの叙位のための「選」の手続きに関する規定に改められている。また唐令では、復旧第二四条・第二六条の資蔭による「叙」も、復旧第二一条の課試合格者に対する「叙」も、いずれも散官の授与を意味したが、養老選叙令ではこれを35蔭皇親条・38五位以上子条および30秀才出身条として、位階の授与規定に改めている。しかも、このように条文の字句は似せながらその内容を変じて唐令条文を継受したうえで、養老選叙令には、唐選挙令には存在する筈のなかった一つの条文が設定されている。それは2内外五位条の、つぎの条文である。
凡内外五位以上勅授、内八位、外七位以上奏授、外八位及内外初位、皆官判授、
改めて説明を加えるまでもなく、これは、位階の授与に勅授・奏授・判授の三つの別があることを規定したものであって、唐選挙令と養老選叙令との質的な差異を象徴する条文であった。
実は唐令にも、これと類似した字句をもつ条文があった。『唐令拾遺』復旧第二条がそれであって、つぎのようになっている。
諸諸王及職事正三品以上、若文武散官二品以上、及都督都護、上州刺史之在京師者冊授、（注略）五品以上皆制授、六品以下守五品以上、及視五品以上皆勅授、
仁井田陞氏は、右の復旧条文を以て養老選叙令2内外五位条に相当するものと認定されたが、それは誤りである。なぜならば、「職事正三品以上」「都督都護、上州刺史」などの文から知られるように、この条文は任官に冊授・制授・勅授などの別があることを規定したものであって、「某品」は「某品ノ官」と読むべきものであるからである。そもそも唐令に、叙位についての規定が存した筈がない。この唐令条文を継受して設けられた養老選叙令の条文は、任官

に勅任・奏任・判任・式部判補の別があることを定めた、3任官条である。

このように、養老選叙令は、唐選挙令のいくつかの条文は任官に関する規定として継受しながら、大部分の条文は内容を叙位に関する規定に改変して継受し、編せられたものであった。しかしそのように、いわば唐選挙令を換骨奪胎して継受したのは、実は養老令編纂者がはじめではなかった。そもそも養老令に先行する大宝令の制定者が、こうしたことを行なったのである。上に、唐選挙令と養老選叙令の対比のためにとりあげた諸条についていえば、1応叙条・9遷代条・30秀才出身条・35蔭皇親条・38五位以上子条に相当する大宝選任令文は、いずれも部分的な字句しか復原できないが、38五位以上子条を除いては、大宝令文と養老令文との間に著しい違いがあったとは思われない(9)。そしてまた、唐選挙令にはなかった内外五位条を新たに設けたのも、大宝令の制定者であった。この条文の大宝令文は、本条集解の古記からは復原できないが、公式令16勅授位記式条集解古記によって、大宝令にも「奏授」「判授」の別があったことが知られ、神亀五年三月廿八日太政官奏(三代格五)の引く「選叙令」によって「凡内外五位以上勅授」の字句が、法曹類林巻一九七に引く「令官藤原卿式部葛野王等」の令問答の引く「選任令」によって「外八位及内外初位者官判授」の字句が復原でき、大宝選任令にも養老令とほぼ同文の内外五位条の存したことが知られるのである。

要するに、唐選挙令の任官に関する規定の多くを叙位規定に改変してこれを継受し、任官と叙位にかかわる条文を以て一編を成したのは、大宝令の制定者であったのである。養老選叙令はこれを踏襲したにすぎない。然らば、大宝令制定者はなぜこの一編を、養老令の如く、内容にそくして選叙令と名づけなかったのであろうか。「選」が本来唐では任官にかかわる語として用いられたものであるとすれば、これにさらに任官を意味する「任」字を重ねて選任令とするのは、屋上屋を架すきらいがあるうえに、一編の内容にもそぐわない。

私は、大宝令の制定者がこの一編を選任令と命名した背景には、任官に対するかれら独自の意識が存したと考えている。この点をたしかめるためには、つぎに、大宝令と養老令の任官関係規定の相違を明らかにしなければならない。

2　選任令と選叙令

養老選叙令で、官人の任用手続きを一般的に規定しているのは、3任官条と4応選条である。そこでこの二つの条文を、やや詳しく検討することにしたい。

イ　任官条の検討

養老選叙令3任官条は、つぎのような条文である。

凡任レ官、大納言以上、左右大弁、八省卿、五衛府督、弾正尹、大宰帥勅任、余官奏任、主政、主帳、及家令等判任、舎人、史生、使部、伴部、帳内、資人等式部判補、

この条文は、官に任ずるにさいし、その手続きに勅任・奏任・(官)判任・式部判補の四つの別のあることを示し、どのような官が四種のそれぞれに該当するかを定めたものである。

I　任官条と四科の区分

この規定をみて誰しも気づくことは、この条に定める勅任・奏任・(官)判任・式部判補の四種を区分する基準が、考選法上の官職の基本区分である内長上・内分番・外長上・外散位(外分番)の区分とは、かならずしも対応していないということであろう。たとえば、はじめの勅任の諸官はすべて内長上の官であるから、続く奏任の「余官」は内長上の官のうちの勅任官を除いたものと解せられそうであるが、つぎに郡司のうちの主政・主帳をことさらに掲げてこれを(官)判任とするのであるから、文理解釈のうえでは、郡司のうちの大領・少領すなわち郡領は、外長上の官であ

るにもかかわらずこの「余官」に入り、したがって郡領は奏任の官であったと解さざるをえないこととなる。またたとえば、式部判補とされる諸官はすべて内分番の官であり、(官)判任の主政・主帳は外長上の官であるから、(官)判任は外長上の官についていうものであるかと思うと、さにあらず、(官)判任とされる家令は官位令に相当位を載せる内長上の官である。したがって内長上の諸官についていえば、その官の種類により、勅任・奏任・(官)判任の三種の扱いを受けたことになる。そこでこの3任官条の規定については、さしあたりつぎの二点を確認しておくことにしたい。

(1)勅任・奏任・(官)判任・式部判補の四区分は、考選法上の内長上・内分番・外長上・外散位(外分番)の四科の区分と、かならずしも対応しないこと。

(2)郡司の大領・少領すなわち郡領は、奏任の官であったとしか解しえず、これに対して郡司の主政・主帳は(官)判任の官であることが明記されていること。

Ⅱ　**大宝選任令の相当条文の復原**

つぎに大宝選任令の相当条文の規定はいかがであったかをみると、関係史料からは部分的な字句が復原できるにすぎないが、それらを綜合すれば、多少の疑義を残すところはあるものの、大宝選任令の相当条文も養老選叙令の文とほとんど変らなかったであろうと推察される。いま、関係史料を挙げれば、つぎの如くである。

①選叙令3任官条集解古記

古記云、問、余官奏任、未㆑知、弁官史、内外記、五衛府志、諸司長上、大宰典、大少毅等類若為、答、除㆑載㆑文外、皆入㆓余官㆒、

これにより、大宝令文にも「余官奏任」の四字が存したことが知られ、またこの字句の上に勅任の官名を列挙した

「文」が存したことが知られる。

②続日本紀、養老二年四月癸酉条太政官処分

凡主政主帳者、官之判補、出身灼然、

これにより、大宝令文にも、主政・主帳を官の判補(=判任)とする規定のあったことが知られる。

③職員令13式部省条集解古記

古記云、請二家令一家申二式部一、即式部申レ官、官判補也、

これにより、大宝令でも、家令は官の判補(=判任)であったことが知られる。

④選叙令8在官身死条集解古記

古記云、問、郡司及国史生并番上等色、若為、答、官判任以上、皆令二言上一也、省判補以下、申レ省耳、

これにより、大宝令でも「官判任」と「省判補」の別があったことが知られる。

⑤続日本紀、天平元年五月庚戌条太政官処分

准レ令、諸国史生及傔仗等、式部判補、

これにより、大宝令でも史生は式部判補の官であったことが知られる。

⑥職員令32囚獄司条集解古記所引の養老四年三月十日刑部省解に付された「官判」

案レ令、伴部補任者、既是式部職掌、

これにより、大宝令でも伴部は式部判補の官であったことが知られる。

このように、断片的な字句が復原できるにすぎないが、それでも全体としてみれば、大宝令条文と養老令条文との間にそれほど大きな相違はなかったと推測することは、充分可能であろう。(10)

Ⅲ　任官条の実効性

ではこの任官条の規定は、大宝令および養老令の施行期間を通じて、どの程度遵守されたのであろうか。つぎに、そうした意味での、この条文規定の実効性を判定してみたいと思う。判定の手がかりは、本条に明記されていない官についての、九世紀なかばまでの明法家の解釈に求める。順序として、はじめに諸説の一致するものをみ、つぎに一致しないものをみる。

(a)諸説の一致するもの

(1)皇太子傅を准勅任とする

3任官条集解跡記は、「跡云、(皇太子傅)亦同准二勅任一」とし、義解も「謂、皇太子傅、官位高二於七省卿一、故准為二勅任一也」とする。但し相当位を以て勅任であるか否かを判定する義解の解釈は、かならずしも妥当なものとはいえない。[11]

(2)内長上の諸官の大部分を奏任とする

古記は上掲のように、弁官の史、内・外記、五衛府の志、諸司の長上、大宰の典などを「余官」とし、令釈も「釈云、余官奏任、神祇伯以下、官史、省録、亦是奏任」といい、義解も令文「余官奏任」の下に「謂、内外諸司主典以上」という注釈を施している。

(3)大舎人・東宮舎人を式部判補とする

穴記の私案は、兵衛は兵部省が「充」てるべきであることの理由として、「大舎人東宮舎人、式部充故」を挙げ、朱説は本条の「舎人」は「謂、大舎人并東宮舎人等」であるとする。

(4)軍団の大毅・少毅を奏任とする

古記は「問、……大少毅等類若為、答、除レ載レ文外、皆入二余官一」とし、穴記も「軍毅亦同」、義解も「其郡領軍毅亦為二奏任一也」とする。さらに考課令16兵部之最条集解朱説も「軍毅、国司簡取申二兵々一、部々銓擬奏任也」という。(12)

(b)諸説の一致しないもの

①文学——奏任説と判任説——

文学は、一品家文学＝従七位上、二品家文学＝従七位下、三品四品家文学＝正八位下の相当位を官位令に載せる内長上の官である。だがこれについて、穴記は「文学、奏任」とするが、義解は令文「判任」の下に「其文学、才伎長上亦同也」としている。おそらく穴記は、文学は相当位を有する内長上の官であるという理由で奏任と解し、義解は文学を家令と認定して判任としたのであろう。

②才伎長上——奏任説と判任説——

古記が令文「奏任」の下に「才伎長上亦同」とし、紅葉山文庫本令義解書入に「穴云、卜部長上為二奏任一」とするのに対し、義解は上掲のように、令文「判任」の下に「其文学、才伎長上亦同也」とする。

③内舎人——奏任説・判任説・式部判補説——

古記は令文「奏任」の下に「但内舎人一色、依二軍防令一、式部選充耳」とするから、式部判補の官と解していたようであるが、古記はさらに続けて「然今行事、此亦奏任耳」ともいう。穴記も同様に令文「奏任」の下に「内舎人軍毅亦同」とする。しかし義解は令文「判任」の下に「謂、依二軍防令一、内舎人亦為二判任一」としている。

④兵衛——奏任説・判任説・式部判補説・兵部判補説——

穴記は「兵衛、如二先私記一、式部選充」とするから、先私記(古記か)は式部判補と解していたことが知られる。しかし穴記はこの文に続けて「然今行事、此亦奏任、一云、判任合レ称」とするから、穴記は式部判補説・奏任説・判任説の三説を挙げていることになるが、結局その私案では「私案、依二軍防令一、以二判任〔補カ〕一為レ長、(中略)兵衛亦兵部充也」として、兵部判補説を採っている。同じように朱説も分裂していて、令文「式部判補」の下に「未レ知、兵衛、或云、入二史生所一者、私不レ同、何」と注して、兵衛は史生と同じく式部判補であるとする或云に異をとなえている。

⑤国博士・国医師

これは、諸説が異なるというよりも、選任の方法自体に変遷があったため、それが諸説に反映している事例である。いま野村忠夫氏の所論に依拠しつつ、その選任方法の変化を述べれば、概略以下の如くである(13)。

そもそも国博士・国医師は、養老選叙令27国博士条によれば、勅任・奏任・判任・式部判補という四区分の範疇外の、国司による現地採用の官であった。そしてこのことは、大宝選任令の規定でも同様であったとみられる(14)。ところが大宝令の施行後まもなくの大宝三年三月丁丑の制(続紀)により、部内・傍国に人物をえがたいときは、式部省が国博士の任用候補者を「選擬」し、それを太政官が「処分」するという方式で、土人に非ざる中央出身者を任用する例がひらかれることとなった。つまりこの方式によって任命される国博士は、事実上、(官)判任扱いとなったわけである。

このような任用方式は、その後、国医師にも拡大された。和銅元年四月癸酉の制(続紀)によれば、国博士・国医師の考選について、(a)土人・傍国で採用した者は令条によるが、(b)「朝」より補せられた者の考選は史生と同じとするとの、任用方法の相違に対応する考選法が定められている。すなわち後者の中央出身者の任ずる国博士・国医師は、内分番として扱われることになったのである。そしてそれ以後は、選任令・選叙令に定める土人採用は次第に行なわれなくなったらしく、神亀五年八月壬申の太政官処分(続紀)では(a)と(b)の区別をせずに「博士医師、以二八考一成選」とし、宝亀十年閏五月丙申の太政官奏(続紀)でも両者を区別することなく六考成選に改めているから、国博士・国医師は早くより「自レ朝遣レ補」「従二朝廷一補任」「朝庭補任」(15)といわれる中央出身者によって占められることになったようである。

以上のような任用方法の変化が、集解の諸説にも反映している。27国博士条の古記は「但今行事、従二朝廷一補任耳」というが、もしこれが大宝三年三月丁丑の制をふまえた解釈であるとすれば、(官)判任をいうものであろう。これに対して3任官条穴記・27国博士条穴記・義解が式部判補とするのは、「朝廷」より補任された国博士・国医師が内分番扱いとされたことに基づく解釈であろう。

以上、選叙令3任官条についての明法家の説をみてきたが、これをみてまず不審に思うことは、官職の任命という官人制の最も基本的な事項について、一部に解釈の異なるものが存したことである。これは、一見些細なことのようにみうけられる。しかし私は、その背後にはかなり大きな問題がひそんでいるのではないかと考える。なぜならば、たとえば諸家の説が錯綜している文学・才伎長上・内舎人・兵衛などの例をみれば、然らばこれらの官は、現実にはどのような手続きによって任命されたのかと、改めて問いたくなるであろうし、こうした疑問はさらに、果して勅任・奏任・判任・式部判補などという任用手続きのうえでの区別が、現実に、どれほどの厳密さを以て行なわれていたのかという疑念に、発展せざるをえないからである。

このような疑問が、決して私のひとりよがりによるものでないことは、八世紀前半にみられるつぎのような事例を知ることによって、諒解されるものと思われる。

一つは、囚獄司の物部三〇人の場合である。物部は伴部の一つであり、したがって養老選叙令の規定にしたがえば式部判補の官であったし、大宝選任令でも、すでに明らかにしたように、伴部は式部判補の官とされていた。だがその任用の実情について、職員令32囚獄司条集解古記が引く養老四年三月十日刑部省解とそれに付された「官判」は、つぎのような興味深いことを述べている。

囚獄司の物部の任用にあたっては、これまでは「常例」によって、上官の刑部省が京・畿内諸国に専使を派遣して人物を簡点し、その結果のみを式部省に報告していた。つまり「式部ニ経《フ》レテ補ス」という形式はとるものの、実質的な人選は刑部省が行なうのが、従来の「常例」であった。ところが近年では、京・畿内諸国は刑部省による専使派遣を「承行」するのをがえんじなくなり、そのため物部の簡点が行ないがたくなった。そこで刑部省は、こうした実情を記した解を修し、太政官の裁定を請うた。ところがこのような刑部省の主張は、逆に藪をついて蛇を出す結果となる。太政官の「官判」はこういう。そもそも「令」(大宝選任令任官条をいう)の規定では、伴部の補任は式部省の職掌とされている。そして問題の囚獄司の物部は伴部の色であるから、もともと物部の補任権は式部省にある。それゆえ今後は、刑部省は「須《モチ》キルトコロノ人数」を録して式部省に申送することとし、それをうけた式部省は「令」の規定に基づいて「判《コトワ》リ任ジ補」することにせよ。但しもし選人が少なくて白丁を採用する場合は、刑部省はその旨を太政官に申し、太政官が白丁の本貫のある京・畿内諸国の官司に仰せて簡点させることにする。そのうえで本人を出頭させて、これを「式部ニ附《サツ》ケテ」補任することにする。衛門府の物部についても、兵部省は同様にせよ。

これによって、㈠物部は大宝令でも式部判補の官と定められていたにもかかわらず、実際にはその補任権は刑部省が有し、式部省は単に形式を整えるための機関にすぎなかったというのが、養老四年までの「常例」であったこと、㈡国郡制が整備されるにしたがい、このような「常例」によって派遣された刑部省の使者を、国司が「承行」しなくなったこと、㈢式部省が物部に対する「判」すなわち銓擬権と「補」すなわち補任権をみずからのものとしたのは、この「官判」以後のことであること、などの諸点が知られるであろう。殊に㈠の「常例」の存在に注目しなければならない。なぜならば、このことは、物部のみならず、令制諸官の任用一般についても、令条にかかわらない慣行が存し、それが行なわれていた可能性を示唆するものであるからである。

いま一つは郡司の主政・主帳の任用の場合である。続日本紀、和銅五年四月丁巳条に、主政・主帳の任用方法を改めた詔が載せられている。この詔については、第二節で詳しく検討したいと思うので、ここでは要点だけを述べることにするが、それによると、これまで主政・主帳の補任は、国司が任用し、その名帳を式部省に送るという手続きのみで済まされるのが実情であったという。つまり式部判補でもなく、まして選任令任官条に定める(官)判任でもなく、実質的な銓擬権と補任権は国司が有していたのである。(16) この詔は、そのようないわば「常例」を是正するために出されたものであって、これによってはじめて、候補者を上京させて式部省が「試練」したうえで補任し、そのうえでさらに官裁を請うという、名実ともに(官)判任とする方式が確定したのである。(17)

このように、わずかな事例ではあるが、選任令・選叙令の任官条の規定が現実に遵守されなかった実例が存する。とすれば、その他の官の任官にさいしても、令の規定の如くに行なわれていたか否かについて、疑念を抱かざるをえないであろう。明法家の解釈に不統一があるのも、こうしたことの反映なのではなかろうか。

もちろん、こうした事態がなぜ生じたかについては、いくつかの理由が考えられる。その第一は、任官についての勅任・奏任・判任・式部判補の別が定められたのは、比較的新しい時期においてであって、それが現実に行なわれるためにはある程度の時間が必要であったことである。推測するに、この四種の別が設けられたのは、大宝選任令においてであった。これを証する材料はほとんど存しないが、ただ大宝令制定者が浄御原令の考仕令という編目名を養老考課令に相当する一編の名称として継承したことが、この推測の手がかりとなる。考課令集解冒頭の古記によれば、「考仕令、考者校也、仕者労也、年終考㆓校所㆑任功過㆒也」という。すなわち官に任じている者の労=功過を校《カンガ》えることを定めたのが考仕令なのである。そのような意味をもつ名称を養老考課令に相当する編目名として用いることに違和感がなかったとすれば、さかのぼって浄御原令の考仕令も同様の意味と内容のものではなかったかと推察される。つまりそれは、主として「校労」について定めた一編であって、任官についての規定が全くなかったとはいえないにしても、きわめて不備な状態のものであったと思われるのである。

だがこのことは、任官条の規定が物部や主政・主帳の任用に適用されるのがおくれたことの理由にはなっても、古記をはじめとする明法家の解釈が不統一であることの説明にはならない。それゆえ私は、このことの背後には、もっと根本的な理由があったと考えている。それは、唐選挙令の任官に関する規定の多くを叙位規定に改変したことに象徴される、叙位重視、位階重視という、律令制定者ならびに一般官人のもっていた意識である。改めて述べるまでもなく、日本律令官人制においては、位階の授与が任官に優先する。少なくとも内長上の職事官についていえば、まず位階が授与され、然るのちにその位階に相当する官職に任命されるのである。日本では、位階授与の証書としての位記の制は設けたが、唐の告身に相当する任官の証書の制は設けなかったという一事が、このことを端的に物語っている。「今我習俗、偏取㆓位高下㆒、不㆑顧㆓官高下㆒」とは、八世紀末に成った令釈の言だが（儀制令9元日条集解）、日本律令制のもとでの叙位と任官との関係とそれに対する律令官人の意識を、みごとにいいあらわしたことばだといってよい。

叙上の如き、任官条の規定がかならずしも遵守されず、明法家の説もまた分裂していたことの理由として、このような意識の存在があった。極言すれば、任官条の規定自体が、叙位にくらべれば二義的なものであったのである。

ところがそうしたなかにあって、全く逆の位置づけをされた官職があった。それは、郡司の大領・少領である。郡領は、任官することが決定的な意味をもつ。すなわち選叙令13郡司条によれば、郡司の大領・少領は、まずその官職に任命され、然るのちに無位の大領には外従八位上が、少領には外従八位下が授与されるのである。そしてこのような郡領の処遇のしかたは、浄御原令制下にさかのぼることが確認される。日本書紀、持統八年三月甲午の詔は、つぎのように述べている。

詔曰、凡以㆓無位人㆒、任㆓郡司㆒者、以㆓進広弐㆒授㆓大領㆒、以㆓進大参㆒授㆓小領㆒、

「郡司」「大領」「小領」などはみな文飾だが、進広弐は大初位下に、進大参は少初位上に相当する。

ロ　応選条の検討

養老選叙令4応選条は、つぎのような条文である。

凡応㆑選者、皆審㆓状迹㆒、銓擬之日、先尽㆓徳行㆒、徳行同、取㆓才用高者㆒、才用同、取㆓労効多者㆒、

これは、任官にさいして行なわれる銓擬の基準を定めた条文であるが、この条文についての問題点は二つある。一つは、この条にいう「銓擬」とはどの官司が行なうもので、またそれはどのような官職の任命にあたって行なわれるかということであり、いま一つは、大宝選任令の相当条文はどのようなものであったかということである。以下、この二つの問題を順次検討する。

Ⅰ　令集解諸説の整理

4応選条にいう「銓擬」とは、いかなる官司が行ない、またそれはどのような範囲の官職の任命にさいして行なわれるのであろうか。この点を、例によって令集解の諸説に聞いてみよう。

(a)古記

古記は「問、銓擬之日、未㆑知、誰司銓擬也」ということの問題の核心についての質問を発し、「答、太政官并式部兵部也」と自答している。つまり「銓擬」には、太政官の行なう銓擬と式部省の行なう銓擬と兵部省の行なう銓擬の、三種があると解したわけである。したがってこの解釈に基づけば、本条の銓擬の対象となる官には、少なくとも奏任

以下の官が含まれることになる。すなわち、奏任官は太政官が銓擬して奏聞し、判任官は式部・兵部二省が銓擬して太政官に申送し、式部・兵部の判補の官は式部省および兵部省が銓擬して判《コトワ》り補すという解釈であろう。

(b)令釈

令釈はこのことに関しては、大宝元年七月廿八日太政官処分を引くのみである。この太政官処分は続日本紀にも載せられており(大宝元年七月戊戌条)、これについてはのちに改めて検討を加えたいと思うが、ともかくそれによれば奏任以上、すなわち勅任官と奏任官は、式部省が「可レ用人名」(続紀では「名籍」、すなわち候補者名簿)を太政官に申送し、官判任の官は式部省が銓擬して太政官に申すこととされている。したがって銓擬を行なう官司は、勅任・奏任の官については太政官、官判任の官については式部省ということになる。しかし一方で令釈は、考課令13式部之最条集解において、「或説」を引きながら、式部省の行なう「銓二衡人物一、擢二尽才能一」とは奏任以下の官についていうもので、勅任官は含まれないと明言している。したがって令釈は、本条に基づいて銓擬を行なう官司は太政官と式部省(兵部省も含むか)で、それぞれの銓擬の対象となる官は、式部省の行なう銓擬は奏任・官判任・式部判補の官、太政官の行なう銓擬は奏任の官と解していたらしい。とすると、奏任官の任命には太政官と式部省との、二度の銓擬が行なわれることになる。

(c)朱説

朱説は本条集解において、本条の銓擬の対象は、勅任・奏任を含むすべての官であるとする。また考課令13式部之最条においても、式部省の行なう「銓衡」の対象は勅任以下のすべての官であるとする。一般に朱説は、質問のみを提出して回答を記さない場合が多いという特徴をもっているが、この問題に関しては、めずらしく明快な回答を記している。朱説は、本条によって銓擬を行なう官司は式部省であり、その対象は勅任以下のすべての官であると解していたとみられる。

(d)義解

義解は、およそ銓擬には太政官の行なう銓擬と式部省の行なう銓擬があるが、しかし応選条は「為二奏任一立レ文」てた条文、すなわち奏任官の任官にさいして行なわれる銓擬について定めた条文であって、それを行なうのは太政官であるとして、つぎのような図式を示す。

奏任　式部省は「其徳行才用之応二採授一者」を「条《オチオチ》」にして太政官に申し、太政官は「銓擬」して奏聞する(これが応選条に規定するものである)。

判任　式部省が「銓擬」して太政官に申し、太政官が補任する(だがこれは応選条の規定するものではない)。

つまり義解は、「銓擬」の語が人物の銓衡一般をいうことばであることを認めたうえで、応選条が規定するものは、奏任官の任官のさいに行なわれる太政官の銓擬であるとするのである。

このように、明法家の説はここでも一致しない。一般論としていえば、「銓擬」の語そのものは、義解も認めているように、〃人物を銓衡する〃意であるから、それぞれの官についてそれぞれのレベルでの銓擬が行なわれたとみるべきであろう。たとえば式部判補の官ならば、式部省が銓擬して同省が補任し、判任の官ならば、式部省が銓擬し、さらに太政官が銓擬して同官が補任し、奏任の官ならば、式部省が銓擬し、さらに太政官が銓擬して奏聞するということもありえたであろう。事実後述するように、郡領の選任の場合は、国司による銓擬すなわち「国擬」と式部省の銓擬とが重ねて行なわれていた。だが応選条の「銓擬」は、そのような一般的な意味のものとして使用されていたのであろうか。あるいはまた、なんらかの特定の〃場〃における「銓擬」であったのであろうか。

しかし諸説が不一致である以上、その判定を、これまでの検討結果から導きだすことはできない。別の手がかりを探さなければならない。そのためには、大宝選任令の応選条が範とした唐令の条文までさかのぼって考える必要がある。

II　大宝選任令応選条と唐令相当条文

大宝選任令応選条文の復原と唐選挙令相当条文との関係については、すでに利光三津夫氏の研究があるが[18]、まず大宝令文を復原することからはじめよう。

大宝令文の復原のための材料は、つぎの五つである。

①選叙令1応叙条集解朱云(令文「本司量程申送集省」の下)

朱云、(中略)或説、為ニ銓擬一者、古令、依ニ応レ選責レ状試練一之耳、

右は、1応叙条の令文の「申送集レ省」の目的について、「或説」が銓擬のためであると解しているのは、大宝令(応選条)が「応レ選、責レ状試練」としていることに依拠した解釈にすぎない、という意味の文だが、これによって、大宝選任令応選条に「応レ選、責レ状試練」の字句があったことが知られる。「責レ状試練」の四字は養老令文にはないものである。

②選叙令3任官条集解古記云(令文「余官奏任」の下)

古記云、(中略)問、郡大領以下、式部銓擬、若為其意、答、擢ニ尽才能一、責レ状試練、職掌省故、銓擬申レ官耳、

この文はつぎのようによむ。〃問フ、郡ノ大領以下ヲ、式部(省ガ)銓擬スルハ、イカンソノココロハ、答フ、才能ヲ擢尽シ、状ヲ責ヒテ試練スルコトハ、(ソノ)職掌ハ(式部)省ノユエ、(式部省ハ)銓擬シテ官ニ申スノミ〃。ちなみに、ここに引かれている「擢尽才能」は考課令13式部之最条の大宝令の字句であり、「責レ状試練」は①によって復原された選任令応選条の字句である。

③選叙令4応選条集解古記云（令文「先尽徳行」の下）

古記云、問、銓擬之日、未知、（下略）

④選叙令4応選条集解古記云（令文「取労効多者」の下）

古記云、問、労効、答、（下略）

③・④により、大宝令文にも「銓擬之日」「労効」の字句が存したことが知られる。

⑤考課令13式部之最条集解古記云（令文「謂少輔以上」の下）

古記云、（中略）又選任令云、凡応レ選者、皆責レ状試練、曾有レ犯者、具注二犯由一、銓擬之日、先尽二徳行一、徳行同者、取二才用高者一、才用同者、取二労効多者一、

これはおそらく、大宝選任令応選条の全文である。

これらによって復原される大宝選任令応選条の文章を改めて記せば、つぎのようになる。

凡応レ選者、皆責レ状試練、曾有レ犯者、具注二犯由一、銓擬之日、先尽二徳行一、徳行同者、取二才用高者一、才用同者、取二労効多者一、

ところでこの大宝令文は、実は、唐選挙令の相当条文を、一部に修正を加えながらも、ほとんどそのまま引き写して作成されたものであった。もっとも『唐令拾遺』に復旧されている選挙令文には、若干の修訂を加える必要があるので、その点から述べよう。

本条に相当する唐令条文は、『唐令拾遺』では、選挙令復旧第三条として、つぎのように復原されている。復原材料は、唐六典巻二、通典巻十五、選叙令22職事官患解条集解穴云である。

銓擬之日、先二乎徳行一、徳行同、取二才用高一、才用同、取二労効多一、

だが、考課令13式部之最条集解令釈所引或説は、「唐令云」として、つぎの文を引いている。

釈云、(中略)或説、謂二奏任以下一也、勅任者非、何者、唐令云、「応レ選者、皆責レ状試練、曾有レ犯者、具注二犯由一、銓試訖、五品以上、及計レ階至二五品一者、並引見」、此令既除二此令文一、明勅任者、待二勅裁一耳也、

仁井田陞氏は、右の「唐令云」の文を以て前掲の復旧第三条とは異なる条文とみなされ、復旧第二八条としてその全文を掲げたうえで、「本条は選挙令の規定と思ふが、順位は詳らかでない」との注記を加えておられる。しかし右の「唐令云」の文中にみられる「皆責レ状試練、曾有レ犯者、具注二犯由一」の字句は、さきに復原した大宝選任令応選条の字句と、全く同じである。それゆえ、利光氏も指摘しておられるように、大宝令文を媒介にすれば、この「唐令云」も、選挙令復旧第三条をいうものであったことが知られるのである。

このようにして、大宝選任令応選条・養老選叙令4応選条に相当する唐選挙令条文は、『唐令拾遺』の復旧第三条と第二八条をあわせたものであることが知られた。試みにその文章を推定すれば、つぎのようになるであろう。

①(諸)応レ選者、皆責レ状試練、曾有レ犯者、具注二犯由一、②銓擬之日、先二乎徳行一、徳行同、取二才用高一、才用同、取二労効多一、③銓試訖、五品以上、及計レ階至二五品一者、並引見、

「唐令云」の文章を二つに分け、その間に②を挿入したのは、「銓擬之日」と「銓試訖」という手続上の時間の経過を考慮したからである。

こうして、唐選挙令・大宝選任令・養老選叙令のそれぞれの応選条の文章を知ることができたが、三者を比較することによって、相互の相違および大宝令・養老令の唐令条文継受のありかたをも知ることができる。

(一)唐選挙令応選条は、①・②・③の三つの文によって構成されていた。

(二)大宝選任令応選条は、唐令の①と②の文をほぼそのまま引き写して作成された。しかし唐令の③は、任官では

なく、叙位についての規定として、文章を「(計レ考応レ至二五位以上一)、奏聞別授」と改め、選任令遷代条の文とした[19]。

㈢養老選叙令応選条は、②はそのまま大宝令文を踏襲し、③も選叙令9遷代条文のなかに「計レ考応レ至二五位以上一、奏聞別叙」として継受したが、①については大幅に文章を改め、「凡応レ選者、皆審二状迹一」という短い文とした。

さて、のちに述べるように、養老令による大宝令文改訂の最大の眼目は、この条から「試練」の語を削除することにあったと考えられるが、大宝令が文章をそのまま引き写した唐令の「試練」「銓擬」とは、どのような意味内容のものであったのであろうか。

唐では、この「試練」「銓擬」に相当するものを、「銓選」といった。やや長文ではあるが、その具体的なありかたを述べた通典、巻十五、選挙三の必要な箇所を挙げておこう。

(イ)凡旨授官、悉由二於尚書一、文官属二吏部一、武官属二兵部一、謂二之銓選一。(下略)

(ロ)凡選、始二於孟冬一、終二於季春一、其択レ人有二四事一、一曰レ身〈取二其体貌豊偉一〉、二曰レ言〈取二其言詞弁正一〉、三曰レ書〈取二其楷法遒美一〉、四曰レ判〈取二其文理優長一〉、四事皆可レ取、則先二徳行一、徳均以レ才、才均以レ労、其六品以降、計レ資量レ労、而擬二其官五品以上一、不レ試列レ名、上二中書門下一、聴二制勅処分一。

(ハ)凡選、始集而試、観二其書判一、已試而銓、察二其身言一、(下略)

ここに述べるものは、つぎのような方式である。

(1)旨授すなわち六品以下の官の銓擬は、尚書都省に由《フ》れて、文官は吏部が行ない、武官は兵部が行なう。これを銓選という。ちなみに、唐では、諸王・職事正三品以上・文武散官二品以上の官は冊授、五品以上の官は制授、六品以下守五品以上および視五品以上の官は勅授、六品以下の官は旨授、視品の官および流外官は判補である。
(2)選は、孟冬十月からはじめて、翌年の季春三月に終る。
(3)選にあたっては、四つの事項についてその人物を評定する。
一を身といい、体貌豊偉なる者をえらぶ。
二を言といい、言詞弁正なる者をえらぶ。
三を書といい、楷法遒美なる者をえらぶ。
四を判といい、文理優長なる者をえらぶ。
(4)身・言・書・判の四事項のすべてが任用の条件にかなう者については、徳行のある者を優先し、徳が均しければ才を以てし、才が均しければ労を以てする。
(5)六品以下の官の者が「計〻資量〻労」の結果、五品以上の官に擬せられる場合は、「試」を行なわずに、名を列記して中書省・門下省に上申して、制勅の処分を聴く。
(6)選にさいしての「試」では、はじめに書と判を調べ、その後に身と言を察る。

これにより、唐選挙令応選条の具体的な内容に関して、以下の諸点をたしかめることができるであろう。第一に、応選条にいう「試練」「銓擬」とは、旨授すなわち六品以下の官の任官にさいして、尚書省の吏部と兵部が行なうものである。勅授以上すなわち五品以上の官の任官には、「試練」「銓擬」は行なわれない。第二に、応選条にいう徳行・才用・労効の優先順位は、身・言・書・判の「試」のすべてに合格した者の優先順位である。第三に、応選条の③「銓試訖」以下の文は、(5)に相当する手続きをいうものである。第四に、そうであるとすれば、応選条にいう「責〻状試練」の具体的内容は、(3)の身・言・書・判の「試」にほかならない。そして第五に、その「試」は、(6)によれば、まず書と判を試し、つぎに身・言を試すとするが、前者は書面審査が可能であるとしても、後者は正身を出頭させなければ実行不可能である。

大宝令の制定者は、このような「銓選」の行事を背後にもつ唐選挙令応選条を、字句もそのままに引き写して継受し、選任令応選条を作成したのであった。したがってかれらが、唐の「銓選」の制を熟知したうえでこの条文を成したと想定することが許されるならば、大宝選任令応選条は、そしてまた養老選叙令応選条は、本来は奏任官の任官についていうものであって、したがってこの条のいう「銓擬」とは、式部省[20]が行なうそれであったと認定することができるであろう。

では、なぜ明法諸家はあのように多様な解釈を施したのであろうか。その理由として考えられることは、つぎのようなことである。一つは、さきにも述べたように、「銓擬」ということば自体が、〃人物を銓衡する〃という一般的な意味の語であったことである。したがっていろいろのレベルでの銓擬がありえたし、事実そうしたことが行なわれていたから、どのような解釈も可能であったのであろう。しかしそれ以上に大きな理由は、のちに述べるように、式部省による奏任官の任官のさいの「試練」と「銓擬」が、大宝令が施行された直後に廃止されたことであろう。実は、大宝選任令応選条に定める奏任官一般に対する「試練」は、日本では一度も行なわれたことがなかったのである。そのような事情のために、応選条は奏任官の任官にさいして式部省が行なう銓擬について定めた条文であるという立法意図が、忘れ去られてしまったのではないであろうか。そうなれば、「銓擬」の解釈はますます一般化せざるをえないであろう。「此為二奏任一立レ文」とした義解の解釈は、そのかぎりでは立法意図にそった解釈であったが、しかし「銓擬」については、太政官の行なうそれと解さざるをえなかったのである。

3　選任令から選叙令へ

上述のように、大宝令の制定者は、「銓選」の行事を背後にもつ唐選挙令応選条を、字句もそのままに継受して、選任令応選条を作成した。とすれば、本条作成の意図は、唐と同じく、奏任官の任用にさいして行なう式部省の「試練」を、法制化することにあったとみることができるであろう。

もっとも、そうではなく、大宝令の制定者は唐の「銓選」など知らず、条文の意味を理解しないまま、ただ単に唐令文を引き写して体裁を整えたにすぎない、という解釈もできないわけではない。しかし私は、以下に述べるような理由によって、そうした解釈は採らない。

まず、百歩譲って、大宝令制定者が唐の「銓選」を充分に理解しないまま応選条文を作成したのだとしても、少なくとも条文内の「試練」の語が〝正身をこころみる〟の意であることは、理解していた。いま養老令で用いられている「試練」の語をみると、この語は三箇所において使用されている。その一つは、職員令17雅楽寮条の頭の職掌にみられる「試二練曲課一」であるが、これは歌人らに調習することを課した曲をこころみためすことをいう。大宝令のこの条にも「試練」の二字があったということは確認できないが、「曲課」についての古記の解釈「一日若干調習、是謂二曲課一也」から推せば、大宝令でも「試二練曲課一」となっていた可能性が大きい。その二は、軍防令11衛士上下条の「仍本府試練」だが、これは衛士に教習した弓馬、用刀、弄槍、発弩、抛石などの術の習得の度合いをこころみためすことをいう。但しこの大宝令文は復原できない。その三は、同じく軍防令47内六位条の「中等、送二兵部一試練、為二兵衛一」である。この条文は、内六位以下八位以上の嫡子の、年二一以上で見任なき者を、上等・中等・下等の三等に分ち、上等は大舎人に、中等は兵衛に、下等は使部に任用することを定めた条文であるが、兵部省の行なう「試練」とは、その者の弓馬の便をこころみためすことをいう。なおここでの「試練」の字句は、学令2大学生条集解古記によって、大宝軍防令の相当条文にも存したことが確認できるものである。

このように、令条で用いられている「試練」の語は、いずれも〃正身をこころみためす〃意のものである。それゆえ、選任令応選条の「試練」のみが例外であったとすることはできない。大宝令制定者は、唐の「銓選」の行事をそのまま日本に導入することを意図していたかどうかは別にしても、少なくとも、奏任官の任官にさいしての人物の銓衡にあたっては、式部省が候補者の正身をこころみることを前提として、応選条を定めたとみなければならないのである。ちなみに、令条では「試」「練」の熟語として、「簡試」「課試」「考試」「問試」「覆試」「試験」「考練」「校練」などが使用されているが、いずれも〃正身をこころみる〃の意である。

しかし私が、大宝令制定者の応選条の立法意図を上述のように解する最大の理由は、ほかならぬ、「選任令」という この令の編目名そのものにある。

本稿のはじめに述べたように、大宝令制定者は、唐令にも拠らず、浄御原令にも拠らず、全く独自にこの編目名を考案したのであった。しかもそれは、唐では任官にかかわる語として用いられていた「選」と、任官そのものを意味する「任」とを接合したものであるから、字義が重複する。だが同時に、選任令を、叙位規定を主体とする令として編したのも、大宝令制定者であった。しかしかれらは、その内容によりふさわしい「選叙令」という名称は、採用しなかった。

この間の問題を探るためには、大宝選任令と養老選叙令との異同を確認し、養老令編纂者による選任令修訂の目的が、どのようなものであったかを知る必要がある。

私が知りえた範囲で、選任令条文と選叙令条文との間で字句が相違していたことの確認できるものは、つぎの通りである。

①4応選条において、大宝令の「凡応レ選者、皆責レ状試練、曾有レ犯者、具注二犯由一」の文を、養老令では「凡応レ選者、皆審二状迹一」に改めた。このことについては、すでに詳しく述べた。

②8在官身死条において、大宝令では条文末尾の文が「還馳駅発遣」となっていたが、養老令は「還」字を削除した。[21]

③9選代条において、大宝令は「(其)進二四階以上一、(及計レ考応レ至二五位以上一)、奏聞別授」となっていたが、養老令はこれを「其進二加四階一、及計レ考応レ至二五位以上一、奏聞別叙」に改めた。[22]

④14叙舎人史生条において、大宝令文には「史生」の二字がなかったが、養老令ではこれを加えた。

⑤16帳内資人条において、「才堪二文武貢人一者」の下に、大宝令には「不レ限二年之多少一」の文があったが、養老令はこれを削除した。

⑥17本主亡条において、養老令の「皆送二式部一」は、大宝令では「皆申送」となっていたらしい(喪葬令17服紀条集解古記)。また養老令の「即改入二内位一」「其雑色任用」は、大宝令では「即入二内当位一」「其当色任用」となっていた。[23]

⑦18以理解条において、大宝令では「停レ私、過二一年以上一」となっていたが、養老令は「停レ私、過二一年一」に改めた。

⑧21官人致仕条において、大宝令文は「六位以下、申二牒省一奏聞」であったが、養老令は「六位以下、申二牒官一奏聞」に改めた。[24] 大宝令が、唐令の「六品以下、申レ省奏聞」という文を不用意に引き写していたのを、修訂したものである。唐令の「省」は尚書省を指す。日本のそれに相当するのは、太政官である。

⑨23癲狂酗酒条において、大宝令文は「父祖被レ戮」または「祖父母々々被レ戮」であったが、養老令はこれを「父祖子孫被レ戮」に改めた。これは大宝選任令に存した「一等親条」を、養老令では削除して本条に併せた結果である。[25]

⑩27国博士条において、大宝令本注の「考限叙法及准折、並同二主政等一」を、養老令は「考限叙法及准折、並同二郡司一」に改めた。[26]

⑪32為人後条のつぎに、大宝選任令には、「一等親被レ戮」「宿衛及近侍之官」の字句を有する「一等親条」があったが、養老令ではこの条文を削除し、23癲狂酗酒条と併せて一条とした。

⑫36考満応叙条において、大宝令文は「後叙日、聴レ従レ高」であったが、養老令は「後叙日」の三字を削除した。

⑬37除名応叙条に相当する条文は、大宝選任令にはなかった。[27]

⑭38五位以上子条における帯勲者の蔭についての規定は、大宝令では「其五位以上、帯二勲位高一者、於二当勲一位(行カ)一降二一等一、其八位以上帯二勲位二等以上一、降二四等一」であったが、養老令ではこれを「其五位以上、帯二勲位高一者、即依二当勲階一、同二官位蔭一、四位降二一等一、五位降二二等一」に改めた。[28]

以上が、私の知りえた大宝令文と養老令文の異同であるが、[29]これによって知られる養老令編纂者による修訂は、その多くが、大宝令で不用意に用いられていた文字・字句を改めて、より正確を期すためのものであった。②・③・④・⑥・⑦・⑧・⑩・⑫などは、そうした例とみてよいであろう。条文の内容あるいは立法精神にかかわりそうな修訂は残る六例であるが、そのうち⑤は考仕令・考課令の貢人条と連動した修訂であって、選任令・選叙令の独自の修訂とはいえない。⑬の除名応叙条の補充も、養老令の編纂される以前の、慶雲三年二月十六日に行なわれたのであるから、これは養老令での修訂ではない。また⑨と⑪は、内容のうえで重複する二つの条文を統合して一つの条文としたものであって、選任令の性格を左右するほどの修訂であったとは思われない。これにくらべれば⑭の修訂は、帯勲者の蔭についての根本的な改正であるから、内容上の著しい変更といわなければならないが、しかしこれとても蔭の一部に関する修訂であるから、選任令あるいは選叙令の全体に影響を及ぼすほどのものであったとは思われない。

結局私は、養老選叙令による大宝選任令改訂の最大の眼目は、①の応選条の改訂、就中大宝令文に存した「試練」の二字を削除した点にあると考える。大宝選任令応選条の意味するところは、奏任官の任用にあたっては、正身と面接したうえでの「試練」を式部省が行ない、そのうえで銓擬するというものであった。養老令はこれを改めて、単に「皆審㆓状迹㆒」とする。すなわち面接試験を廃して、書面審査のみとしたのである。こうした養老令の消極性と対比するならば、大宝令の制定者は、任官にあたって「試練」が実施されることにより、厳重な人物銓衡が果されることを期待して、選任令応選条文を作成したといえるであろう。これはまさに、任官を重視するという意志の表明である。

しかしながら、唐選挙令の諸条文を換骨奪胎してその多くを叙位に関する規定に改め、さらに「凡内外五位以上勅授、内八位、外七位以上奏授、外八位及内外初位、皆官判授」という条文を創作したのも、ほかならぬ大宝令の制定者であった。それゆえかれらの意識は統一性を欠いていたと評されても、止むをえない。だが私はむしろ、選任令を、全体として叙位を主とする令として編しながらも、同時に任官をも重視するという、大宝令制定者の意識に注目したい。そうした意識の反映が、応選条における「試練」の法制化であり、「選任令」といういささか穏当を欠く編目名の採用であったと思うのである。

だが、このような大宝令制定者の意志は、大宝令施行後の現実政治のなかで、貫徹することはできなかった。大宝令の施行の直後に、はやくも、式部省が行なうはずであった奏任官についての「責㆑状試練」は、原則として行なわれないこととなるのである。続日本紀と、選叙令４応選条集解令釈が引く大宝元年七月の太政官処分は、つぎのようにいう。

太政官処分、凡選任之人、奏任以上者、以二名籍一送二太政官一、判任者、式部銓擬而送レ之、(続紀、元年七月戊戌条)

大宝元年七月廿八日太政官処分、夫選任者、奏任以上者、注二可レ用人名一、申二送太政官一、但官判任者、銓擬而申二太政官一、(選叙令4応選条集解令釈所引)

これによれば、勅任官と奏任官の任官に関しては、式部省は「名籍」すなわち「可レ用人名」を注した候補者名簿を太政官に申送するにすぎない。したがってその銓擬は、太政官が行なうこととなる。それゆえ、太政官に奏任官の銓擬権を奪われた式部省は、応選条の定める「試練」ももちろん行なわないこととなる。後世の除目にさいして作成される大間書に、勅任官と奏任官が区別なく「入眼」されるというような、両者の区別のあいまいな状態は、実に、この大宝令施行直後に出された太政官処分に端を発するのである。そしてこの結果、任官にさいして式部省が銓擬権を行使できるものは、官判任と式部判補の官のみとなった。

このようにして大宝選任令応選条は、大宝令の施行直後に、はやくも空文化した。養老選叙令による「試練」の語の削除は、こうした現実をふまえたうえでの修訂であったのである。そしてこのことは同時に、任官を重視するという意識の後退でもあった。選任令から選叙令への編目名の変更は、こうした立法者の意識の変化を、象徴的に物語るものであった。

大宝令制定者が意図した、奏任官一般の任用にさいして式部省が行なうことになっていた「試練」は、このようにして、史上一度も行なわれることはなかった。だがこれには一つの例外があった。それは、郡司の大領・少領と主政・主帳である。奏任官である郡領の任用にあたっては、以後ながく式部省の「試練」が行なわれたし、官判任の主政・主帳の任用のさいにも、和銅五年以後、これが行なわれたのである。このことについては、節を改めて述べることにしよう。

二　郡領の「試練」

前節で明らかにしたように、大宝選任令応選条にいう「試練」とは、奏任官の任用にさいして式部省が行なうところの、正身をこころみためすことを意味した。しかし大宝令の施行直後に、はやくもこの「試練」は奏任官一般に対しては行なわれないこととなった。後世の文献ではあるが、延喜式において、任用にあたって「試練」が行なわれるとされているのは、これから検討しようとする郡司の大領・少領と主政・主帳を除けば、わずかに式部判補の官の一部があるにすぎない。すなわち式部式によれば、式部・民部・兵部三省の史生の任用にあたっては「試二練景迹一」し、雑色の輩を諸司史生に補任する場合は式部省が「課試」するが、太政官以下の一般官司の史生の補任は、官より名簿が下るのを待って「不レ試直補之」するのである。また兵部式においても、兵部省の書生[30]は「省試二身才一、勘籍便補之」とし、近衛・兵衛を「本府簡試」とするにすぎない。出身階層としては郡司と同じであり、郡領と同じく奏任官でもあった軍団の大毅・少毅の任用も、兵部式では「凡軍毅者、国司銓二擬器量弁了身才勇健者一、言上奏聞、然後補之、(中略)其勘二譜図譜牒之事一、先移二式部省一、待二返移一、然後補之」とするのみで、兵部省の「試練」「簡試」が行なわれた形跡はうかがわれない[31]。

こうしたなかにあって特異な存在であるのが、奏任官である郡司の大領・少領と、官判任の官である郡司の主政・主帳である。これらの任用にあたっては、式部省に正身を出頭させたうえでの「試」、すなわち文字通りの「試練」が行なわれたのであった。弘仁式部式の「試諸国郡司主帳以上」とする条文と、延喜式部式下の「試諸国郡司主帳以上」とする条文にみられるものが、それである。

1　弘仁式部式にみられる「試」

弘仁式部式の文と延喜式部式の文を比較すると、弘仁式文末尾の細字双行注の「陸奥出羽西海道等郡司、不レ在二進限一」が、延喜式文では「陸奥出羽西海道等郡司、不レ在二集限一」となっているという、わずか一字の違いがみられるのみで、両者は全くの同文である。したがって延喜式に記されている行事(それが延喜式の編纂時ないし施行時に事実行なわれていた行事であるかどうかは問わない)は、弘仁式の編纂時にさかのぼるものであることが知られ、弘仁式文はおそらく八世紀末から九世紀はじめころに行なわれていた行事を記述したものであることが推測できる。そこで弘仁式文にしたがって、その行事をみることにする。なおそのさい、延喜太政官式の任郡司条および式部式上の郡司有闕条・諸国郡司条に相当する弘仁式文を併用する。[32]

それらによれば、国司による銓擬すなわち「国擬」を経た郡司任用候補者に対する式部省の「試」は、二度にわたって行なわれることになっている。但しその「試」にさきだって、以下のような準備が行なわれる。まず、正月三十日以前に、諸国が銓擬して申上した大領・少領・主政・主帳の候補者を、式部省に召集し、輔以下の式部省官人の立会いのもとに、史生に命じて名簿を勘造させ、これに功過を顕注する。この名簿はあわせて五通(主政・主帳については二通)の写が作られ、一通が省掌に授けられる。省掌はこの名簿に基づいて、「試」が行なわれるまで毎日、候補者を集め、「申詞」(申スコトバ)すなわち「試」の場で候補者が述べることばを教習する。また四通(主政・主帳については一通)の写は、丞以上の式部省の官人に回覧して、候補者名などを周知させる。このような準備を経たうえで、大領・少領すなわち郡領の任用候補者の場合は、二月二十日以前に第一回の「試」が行なわれる。

第一回の「試」は、式部省において、輔以下の立会いのもとに行なわれる。郡領任用候補者は、それぞれの国の朝集使にともなわれて出頭し、東海道からはじめて（畿内と西海道は除く）〔補注１〕、国別に一人ひとり朝集使とともに庭中に呼びだされ、口頭で「譜第」が問われる。これが終ると、日を改めて第二回の「試」が行なわれる。この「試」は、式部卿が出席して行なわれるもので、郡領任用候補者は前回と同じく国の朝集使にともなわれて、式部省に出頭する。庭中の郡領任用候補者の座には必要な数だけの硯が用意されていて、東海道からはじめて一道ごとの朝集使と郡領任用候補者が呼び入れられる。そして再び口頭で「譜第」が問われたのち、国司朝集使を退席させたうえで、文字通りの筆記試験が行なわれる。この試験について、弘仁式文はつぎのように記述している。

訖丞命二国司一曰、候之、称唯退出、乃命二省掌一、令二郡司侍一レ座、省掌伝告、郡司倶称唯就レ座、省掌退出、訖他省掌執レ筥、就二丞後一受二問頭一、降就二郡司傍一授レ之、訖置二筥於西階上一復レ座、郡司執レ筆各答二其問一、随レ了且進、納レ筥退出、毎二一道訖一、他省掌逓引進如二前儀一、

すなわち郡領任用候補者には式部省掌から「問頭」が手渡され、候補者は筆を執って解答を記入し、それを提出して退出するのである。「問頭」という語は、「対策問頭」「問頭博士」などのように、一般には出題者ないし試験官の意味として用いられることばであるが、ここでの「問頭」は、前後の文脈からみて、試験問題そのものを意味している。どのような内容の試験問題であるかを知ることができないのは、まことに残念である。

こうした「譜第」を問う「試」と「問頭」の「試」は、東海道諸国からはじめて各道ごとに六回くりかえされるが、「問頭」の「試状」すなわち答案は、式部卿みずからが採点して等第を定め、「状」すなわち成績にしたがって黜陟される。

以上が郡司の大領・少領の任用候補者に課せられる二度の「試」の内容であるが、主政・主帳の任用候補者に対す

る「試」については、弘仁式文は条文末尾に

　但主政主帳者、卿以下唱試二其身一、不レ召二国司一

と附記するのみである。国司朝集使が同伴せず、「唱」すなわち口頭による「試」のみで、筆記試験が行なわれなかった点が、大領・少領の場合と異なる。

「試」に合格し、「叙任」が決定した場合の行事に関しては、弘仁式部式・延喜式部式下のいずれも、大領・少領については次条の「叙任諸国郡司大少領」条に、主政・主帳については「叙任諸国主政帳」条に定められている。いずれも「叙任」とするのは、大領・少領の場合は「任」ずるにしたがって選叙令13郡司条の規定が適用され、大領は外従八位上に、少領は外従八位下に「叙」せられるからであり、主政・主帳の場合も天平神護三年五月廿一日勅(三代格七)の

　勅、諸国郡司主政已下、初任之日、叙二位一級一、自レ今已後、永為二恒例一

が適用されて、「任」ずるとともに外少初位下に「叙」せられるからである。それはともかくとして、この二条と太政官式・式部式(延喜式では式部式上)の関連条文の述べるところをみると、大領・少領の「叙任」の場合は、三月二十日以前に式部輔もしくは丞が「奏案」を作成し、天皇に奏する日の前日(延喜式では四月二十日以前)に外記を通じて大臣にその旨が告げられる。当日は、式部輔以下が必要書類をもって内裏に候し、大臣が天皇に奏上する。「御定」すなわち天皇の裁可が終ると、郡司の勘籍が行なわれて、位記が書かれ、その位記の請印が行なわれる。一方式部丞は「除目」を書き、また任人の「歴名」を抄録する。その後吉日をえらんで(延喜式では六月三十日以前)太政官に任人を召集し、式部省官人の立会いのもとに補任する。そのさいには、はじめに位記を授与し、その後に任人の名を唱える。つまり大領・少領の任官そのものは、一般の奏任官の任官の場合と同じように、口頭による「唱名」で行なわ

れるのである。[33] 但しそれの行なわれる場所は太政官であるから、天皇の出御はなかったとみられる。なお、大臣が天皇に奏上して裁可をうるという手続きをふむことが、奏任の奏任たる所以であることは、いうまでもない。

これに対して主政・主帳の場合は、「試」に基づいて等第を判定し、任用するか否かを決定するのは、式部卿である。任用が決まると、勘籍して位記が書かれ、太政官に請印し、また式部録によって「除目」が作られ、史生が「歴名」を抄録する。吉日をえらんで「叙任」の儀が行なわれるが、その場所は式部省であって、式部卿の立会いのもとに、庭中に列立した任人を「唱名」して補任したのちに、省掌から位記が手渡される。ここでも、補任そのものは口頭で伝達されるわけである。なお郡司の主政・主帳は、選叙令3任官条では官判任の官とされており、また後掲の和銅五年四月丁巳詔(続紀)でも官裁を請うべしとされているが、弘仁・延喜の式文では、ここに述べたように太政官が介在するのは位記の請印についてのみであって、補任そのものは式部省が銓擬して任ずる式部判補と等しい扱いとなっている。

以上のような、弘仁式にみられる郡司に対する「試」とその後の「叙任」の儀について、後論のための注目すべき事項を摘記すれば、以下の諸点が挙げられるであろう。

㈠郡司の大領・少領および主政・主帳の任用にあたっては、国司による銓擬を経た任用候補者は、国司朝集使とともに上京し、式部省の行なう「試」を受ける。

㈡式部省の「試」は、郡領任用候補者に対しては二度にわたって行なわれる。第一回は口頭で「譜第」が問われ、第二回は口頭で再び「譜第」が問われたのち、筆記試験が課せられる。これこそまさに大宝選任令応選条のいう「試練」であり、唐の「銓選」にも匹敵するものである。但し主政・主帳の任用候補者には口頭による「試」が課せられるにすぎない。

㈢「試」の結果に基づいて式部省は任ずべき人物を銓擬するが、郡領についてはその案を太政官に申上し、大臣が奏上して天皇の裁可をうることによって、任人が決定される。これが、郡領が奏任官であることの実質的な意味である。これに対して、主政・主帳の任人は式部卿が決する。

㈣郡領の任官は、太政官において、本人に口頭で伝えられ、位記が授与される。主政・主帳の任官は、式部省において、本人に口頭で伝えられ、位記が授与される。

そして最後に、大宝元年七月廿八日の太政官処分によって、一般の奏任官の任官にあたっての式部省の「試練」は、原則として行なわれないこととなったにもかかわらず、同じ奏任官でありながら、郡領の任用にあたっては、このような「試練」を行なうべきことを、弘仁式が規定しているという事実に、改めて注目しておきたい。これは、従来の郡司に関する諸多の研究が、全く顧ることのなかった事柄である。(34)

2　八世紀における郡領の「試練」

弘仁式にみられるような郡領任用候補者に課せられる式部省の「試練」は、いつごろから行なわれ始めたのであろうか。もちろん、その行事が弘仁式文のようなかたちで定着するまでには、細部においてさまざまな変遷があったであろうことは当然予測しておかなければならないが、郡領の任用候補者を上京させて「試練」するという弘仁式の述べる行事の中核がどこまでたどれるか、関係史料を逐次さかのぼってみたい。

はじめに挙げなければならないのは、天平神護二年四月廿八日の勅(三代格七)である。それによると、式部省が郡司を銓擬するにあたって「課試」すべき候補者があまりにも多く、そのため全員の「課試」が終了したのちに「惣《ス》」べて補任したのでは(つまり一度の任官の儀で全員を補任したのでは)、日時が経過してしまう。そこで今後は「且試且任」（カツガツ試シカツガツ任ズル）ことにせよ、という。つまり式部省の「試」を終えた者は逐次任用することにしたわけである。ここでいう「課試」「試」が、式部省における正身の「試練」をいうものであることは、改めて指摘するまでもあるまい。

第二は、続日本紀、天平宝字元年正月甲寅条に記されている、つぎの詔である。

詔曰、比者、郡領軍毅、任二用白丁一、由レ此、民習二居レ家求一レ官、未レ識二仕レ君得一レ禄、移レ孝之忠漸衰、勧レ人之道実灘、自レ今已後、宜レ令下所司、除二有位人一以外、不上レ得レ入二簡試例一、其軍毅者、省選二六衛府中器量弁了、身才勇健者一、擬二任之一、他色之徒、勿レ使二濫訴一、自余諸事、猶如二格令一、

詔文が「郡領軍毅」にはじまるので、「不レ得レ入二簡試例一」の文は郡領と軍毅の両者についていったものと解されそうであるが、それに続けてさらに「其軍毅者」として軍毅のみの擬任方法を述べていることよりすれば、詔の前段は郡領の任用について述べたものとみるべきである。そしてこれによって、天平宝字元年の時点で、「所司」すなわち式部省による、郡領選任のための「簡試」が行なわれていたことを、知ることができる。

第三は、続日本紀、天平廿一年二月壬戌条に記されている勅である。

勅曰、頃年之間、補二任郡領一、国司先検二譜第優劣、身才能不、舅甥之列、長幼之序一、擬二申於省一、式部更問二口状一、比二校勝否一、然後選任、（下略）

①譜第の優劣、②身才の能不、③舅甥の列、④長幼の序の四項は、国司による大領・少領の銓擬すなわち「国擬」を行なうさいの判定の基準を具体的に示したものだが、こうした「国擬」ののち、式部省でさらに口頭で試問され、勝否を比較するという。ここには弘仁式文にあるような筆記試験のことは述べられていないが、大宝令制下の天平廿一年という時点で、少なくとも弘仁式の「令レ申二譜第一」に相当する、式部省に出頭したうえで行なわれる口頭試問

が実施されていたということが、これによって確認できる。

第四は、続日本紀、天平七年五月丙子条の制である。

制、畿内七道諸国、宜下除二国擬一外、別簡二難波朝廷以還、譜第重大四五人一副上之、如有下雖レ无二譜第一、而身才絶倫、并労勤聞レ衆者上、別状亦副、並附二朝集使一申送、其身限二十二月一日一、集二式部省一、

この制は、国擬による候補者以外に複数の候補者の推薦を国司に対して義務づける、いわゆる副擬制を採用した法令として著名だが、その意図の一つに、今泉隆雄氏が指摘された、式部省の実質的な銓擬権の掌握ということがあったことは、たしかであろう[35]。すなわち今泉氏がいわれるように、それまでの方式でも国擬による候補者が正式に郡領に任命されるためには式部省の簡試を経なければならず、そのかぎりで形式的には最終の銓擬権は式部省が有していたが、国擬による候補者は一人であったため、現実には式部省は国擬をそのまま承認しなければならない状態であった。それがこの制によって、国司の推す候補者を複数にすることによって、郡領補任における国司銓擬の意義は相対的に低下し、式部省が実質的な郡領の銓擬権を掌握することとなった、とみられるのである。私もこの制の出された意義は、今泉氏のいわれるようなところにあったと考えるが、それはともかくとして、本稿の立場から注目しなければならないのは、文末の「其身限二十二月一日一、集二式部省一」である。郡領任用候補者の正身が式部省に召集されるのは、「試練」のためであることはいうまでもない。郡領に対して行なわれる「試練」[36]の存在は、ここまでたどることができる。但しそれが、それ以前から行なわれていたか、このときに始まるかは、つぎの第五の史料に対する理解の如何による。

第五は、続日本紀、和銅五年四月丁巳条の詔である。これは第一節で言及したものであるが、改めて全文を示そう。

詔、先レ是、郡司主政主帳者、国司便任、申二送名帳一、随而処分、事有二率法一、自レ今以後、宜下見二其正身一、准レ式

試練㆖、然後補任、応㆑請㆓官裁㆒、

まず確認しておきたいのは、この詔は、式部省（とおそらく太政官）に対して下された詔であるということである。そのことは、文末の「応㆑請㆓官裁㆒」によって明らかであろう。式部省に対して官裁を請うべしと命じている文であるからである。したがって「宜㆘見㆓其正身㆒、准㆑式試練㆖」の主語も式部省である。この点を確認したうえで詔文を読むと、それはつぎのような意味のものであると解せられる。

郡司の主政・主帳の選任は、従来は、国司が現地で任命してしまってから、その名帳だけが中央に送られ、式部省ないし太政官はそれを追認して処分するという方式が慣例となっていた。しかし主政・主帳の任用に関しては、選任令任官条にこれを「判任」とするという「率法」があるのだから、今より以後は、式部省は候補者を出頭させ、その正身を見たうえで、「式」に准じて「試練」し、そののちに適格者を補任し、さらに太政官の許可を請うことにせよ。

ここに用いられている「試練」の語が、大宝選任令応選条の「責㆑状試練」に由来するものであることは、明らかである。そしてこれによって、弘仁式にみられた主政・主帳候補者に対する「試」は、この詔によって始められたものであることを、知ることができる。然らば「准㆑式試練」の「式」とはどのようなものであったのであろうか。これを、このとき新たに定められた式、すなわち主政・主帳候補者に対して課す「試練」の施行細則と解することは、もちろん可能である。しかし私は、そうではあるまいと考える。もしこの「式」がこのとき新たに制定されたものであるならば、「事依㆓別式㆒」とか「事具㆓別式㆒」と記してよさそうであるのに、詔文ではあたかも「試練」に関する「式」がすでに別に存しているのが自明であるかのように、「准㆑式試練」というにすぎないからである。この場合、弘仁式部式文がもっぱら大領・少領に課する「試」を中心として記述し、主政・主帳に課する「試」は条文末尾に附記しているにすぎないことも、参考となるであろう。それゆえ私は、この「式」は、和銅五年詔の発布以前に制定せられたものであり、それは大領・少領候補者に対して行なう式部省の「試練」の細則を定めた式であったと推測する。すなわち「准」式試練」の文は、主政・主帳の任用候補者に課す「試練」は郡領の任用候補者に課す「試練」の施行細則を定めた「式」になずらえて行なえ、と命じた文と解する。

それでは郡領「試練」のための「式」は、いつごろ制定されたのであろうか。ここにいたって私は、再び大宝令の施行直後に出された大宝元年七月廿八日(続紀では戊戌)の太政官処分に着目しなければならない。第一節で述べたように、この太政官処分は、大宝選任令応選条が定めていたところの、奏任官の任用にあたっては式部省は正身を「試練」すべしという規定を、全面的に覆したものであった。だがこの太政官処分はただ「奏任以上」とのみ述べて、勅任官と奏任官一般に対する式部省の「試練」を否定しているのであって、特例は全く考慮されていない。したがってこれに依拠すれば、郡領を含むすべての奏任官に対する「試練」が行なわれないことになる。そこでその除外規定として制定されたのが、この郡領「試練」の「式」であったのだと思われる。

思うに、郡領の選任は、このときすでに、一般の奏任官の選任とは異なる方式のもとで行なわれていたのであろう。式部省が、国司から送付される書類を審査するのみでなく、候補者の正身をも「試練」することは、すでに古くからの慣行として行なわれていたのではないかと思われる。そのために、奏任官一般の選任手続きから「試練」を除外した大宝元年七月廿八日の太政官処分が出されたのちに、その例外としての、郡領の「試練」に関する細則を定めた式を改めて制定しなければならなかったのであろう。このような事情によって公布されたのが、和銅五年詔にいう「式」であった。そして、以上のような推測に基づいて私は、この「式」の制定・公布されたのは、大宝元年七月からあまり時期を降らないころであったと推定する。

右のような推測の過程を経て、郡領任用候補者に対して式部省が行なう「試練」の起源が、大宝令施行の直後までさかのぼる可能性の大きいことが明らかとなった。それでは、それよりさき、いつごろまでこの「試練」の存在を追跡できるであろうか。これ以前といえば、それはすなわち浄御原令の施行期であり、式部省の前身官司は法官と称せられていた時期である。また、郡は評と、大領・少領は評督・助督(これを以後評造と称する)と称され、主政・主帳のうち少なくとも主帳に相当する官はいまだ存しなかったと考えられる時期である。(37)

浄御原令の施行期における評造任用の手続きを推察しうる材料として、私が知ることのできた唯一の史料は、続日本紀、文武二年三月庚午条のつぎの記事である。

任二諸国郡司一、因詔、諸国司等、銓二擬郡司一、勿レ有二偏党一、郡司居レ任、必須レ如レ法、自今以後、不二違越一、

「国司」は国宰の、「郡司」はおそらく「評造」の文飾だが、諸国の評造の任官にあたって、国宰と評造のそれぞれに対する詔が同時に発せられていることに注意したい。すなわちこの記事の背後には、評造任官の朝儀があるのであって、この詔は文書によって発せられたのではなく、口頭で伝達されたものと断定してよい。評造任官の儀式の場に国宰と評造が列立し、この詔はかれらに直接口頭で伝えられたのである。(38)

もっとも、このような方法で詔が伝達されたからといって、その朝儀の場に天皇の出御があったとはかぎらない。詔は一般に近侍する臣下が朗読するものであるから、天皇の出御を前提としなくても、朝儀そのものは行ないうるからである。だがこの記事から、少なくとも以下の三点を確認することは可能であろう。第一は、評造の任命にさいしては、任人は上京して、その儀の場に列立し、口頭で任官のことが伝えられたことである。後世の郡領の任官も、太政官庭中に列立する任人に口頭で伝えられた。第二は、その任官の儀には、任人のみでなく、その国の国宰も参列したことである。後世の郡領の任官の儀には国司は同伴しないが、式部省が行なう「試練」には、二度にわたって諸国

朝集使が同道した。したがってこの記事と弘仁式文とでは、国宰・国司が参列した場は異なっている。しかし評造・郡領の任用にあたっては、任人とともに国宰・国司も上京したという事実においては、両者は一致している。すなわち大宝令の施行以後に、郡領任用候補者が国司朝集使とともに上京したことの原型が、浄御原令制下にまでさかのぼって存したことが、知られるのである。第三は、評造任命後に国宰・評造に対して詔が下されていることから推せば、評造の最終的な任命権者は天皇であったとみてよいことである。郡領を奏任官とする大宝令制・養老令制の原型もまた、浄御原令制下にまでさかのぼって存したのである。

然らば、評造任用候補者に対する法官の「試練」が、任官にさきだって行なわれた可能性を、この記事から読みとることができるであろうか。国宰への詔が、評造銓擬の公平をはかるべしという一点のみを述べていることからすれば、この時期には、国宰による銓擬すなわち「国擬」が選任の確定案としての意味をもち、法官の介入する余地はいまだなかったのではないかと考えられなくもない。だが、旧稿で推測したように[39]、浄御原令制下において惣領と国宰が併置された地域での評造の任用候補者は、〈国宰銓擬→惣領銓擬〉という二段階の銓擬を経て決定されたと考えられるのである。とすれば、惣領の廃止された地域での任用候補者の決定には、国宰銓擬ののち、嘗ての惣領銓擬に代る別の機関による銓擬が行なわれたと考えるのが自然であろう。そしてそれが法官銓擬ではなかったかと考えることは、決して無理な推測ではないと思われる。さきに、続日本紀、和銅五年四月丁巳条の詔をめぐって述べた「式」制定の事情を、ここで想起したい。そこで述べた私見が容認されるものであるならば、その「式」は郡領「試練」の細則を定めたものであり、それは奏任官一般に課する式部省の「試練」を廃止した大宝元年七月廿八日太政官処分の例外規定として制定されたものであった。そして私は、この「式」の制定の理由を、浄御原令制下で行なわれていた法官による評造「試練」を、大宝令制下でも式部省による郡領「試練」として継承することにあったということ以外に、求めることができない。

そもそも大宝令施行以後の郡領の任用手続きは、(1)郡領任用候補者が国司朝集使とともに上京すること、(2)式部省が任用候補者の正身を「試練」すること、(3)その任用は天皇の裁可をえて決定すること、すなわち奏任の官であることとの、三つの要件によって構成されていた。そして上述のように、文武二年三月庚午の記事によって、浄御原令制下にこのうちの(1)と(3)が行なわれていたことを、確認ないし推測することができた。とすれば残る(2)に相当する法官の「試練」も、浄御原令制下にさかのぼって行なわれていたとみることも、あながちに付会の解釈とはいえないと思われるが、いかがであろうか。

3　「東国等国司」と評造の銓擬

前項での検討によって、弘仁式制ないし大宝・養老令制下で行なわれていた郡領選任の手続き面での特徴のいくつかは、浄御原令制下にさかのぼって検出されることが明らかとなった。少なくとも、評造・郡領の任用にさいし、任用候補者は国宰・国司とともに上京すること、その官は天皇が任命権を有する奏任の官であることの二点は、確実に浄御原令制下にさかのぼるとみてよい。そこで残された課題は、それ以前、ことに評制・評造制の始期において、評造はどのような銓擬を経て任用されたのかを知ることである。それゆえ検討対象の最後のものとして、大化の「東国等国司」と「国造・郡領」との関係をとりあげなければならない。

大化の「東国等国司」については、すでに数多くの論考が公にされており、しかも重要な問題について論者により理解を異にする場合も多い。しかしそれらの論点・問題点のすべてに言及する余裕はいまはないし、また本稿の立場からすればかならずしもその必要はないので、後論に関係するかぎりの事項について、私の理解するところを摘記するにとどめる。但し以下に述べるものは、日本書紀、孝徳紀の記事に依拠したうえでのものであって、そこに述べられている事柄がまさしく大化元年・同二年に生起したものであるかどうかという問題についての史料批判は、捨象している。なおこれまでの研究にならって、

大化元年八月庚子条の詔を、第一詔
大化二年三月甲子条の詔を、第二詔
大化二年三月辛巳条の詔を、第三詔

と呼ぶことにする。

「東国等国司」について、私の理解するところを示せば、概略以下の如くである。

Ⅰ　第一詔は、「東国等国司」と倭国の六御県への「使者」の派遣のみを述べるが、この前後の時期に、これらと同様の任務を帯びた使者が、その他の地域にも派遣された可能性がある。たしかに井上光貞氏が強調されたように「この詔の当面の対象は、東国と大和の六御県だけ」(傍点井上氏、なお正確にいえば第二詔・第三詔の対象は東国だけ)であるが、(40) この前後の日本書紀の記事をみると、大化元年九月丙寅朔条に「遣㆘㆓使者於諸国㆒治㆖兵」とし、これに注して「或本云、従㆓六月㆒至㆓于九月㆒、遣㆓使者於四方国㆒、集㆓種種兵器㆒」という。また同年九月甲申条にも「遣㆓使者於諸国㆒、録㆓民元数㆒」、二年正月是月条にも「天皇御㆓子代離宮㆒、遣㆘㆓使者㆒、詔㆓郡国㆒修㆗営兵庫㆖」として、「東国等国司」の発遣とあい前後して「諸国」「四方国」に使者が発遣されたらしいことを示す記事が記されている。その「諸国」「四方国」が具体的にいかなる地域をいうものかは明らかではないが、私見では、案外、元年九月丙寅朔条に注記された「或本」が実相を伝えているのではないかと思われる。すなわち元年六月の蘇我本宗家滅亡後、新政権は数次にわたって、地域別に使者を派遣したのであって、そのうちの一つが「東国」に派

遣された「国司」であり、いま一つが倭国の六御県に派遣された「使者」であったのではないか。それが、日本書紀の編纂のさいに、あたかも一時に派遣されたかの如くに誤認されたため、「東国等国司」と表記されたのではあるまいか。日本書紀が使者の行動として「東国」のそれのみを記述しているのは、編纂時の史料の残存状態に制約されたためであろうと思われる。

Ⅱ　大化元年八月に「東国」に八グループに分かれて発遣された「国司」は、大化前代にみられる「国司」の系譜を引くものであって、令制国司のように、一定期間、一定の治所に常駐したとは考え難い[41]。むしろかなり広い地域を巡回した、巡検使ないし巡回使とみるべきものである。

Ⅲ　この「東国」に派遣された「国司」らは、発遣からわずか半年後の大化二年二月、遅くも大化二年三月までに、任務を終えたものとして全員が帰還した。この点は従来あまり指摘されなかったことであり、また上記Ⅱの理解にもかかわることでもあるので、そう考えられる理由を述べておく必要があろう。まず「国司」らは大化二年二月ころまでに帰還したであろうと考えるのは、後述の大化二年二月戊申条のいわゆる鍾匱の制に関して出された詔との関係で「東国等国司」を理解するからであるが、この点についてはのちに詳しく述べたい。つぎに帰還したのは「国司」の全員であったと解する理由は、以下の如くである。第一に、第二詔にせよ第三詔にせよ、詔文を素直に読めば、これらは列立する「国司」らの面前で宣せられたとしか解しえない。第二詔冒頭では、「詔₂東国々司等₁」と記し、第三詔冒頭では「詔₂東国朝集使等₁」と記すが、この二つの文言が文飾であって、二詔とも「集侍」する「群卿大夫及臣連国造伴造幷諸百姓等」(第二詔による。第三詔では「群卿大夫及国造伴造幷諸百姓等」)に宣せられたものであることは坂本太郎氏が指摘された通りであって[42]、その「集侍」する者のなかに「東国等国司」も含まれていたと解するのが、最も自然であろう。そうでなければ、第三詔で個々の「国司」の「犯」

「過」をあげつらうことの意味が半減してしまう。第二に、「国司」らの発遣にさいして出された第一詔には、「上京之時」の従者についての指示があるが、これは全員の帰還を前提とした指示であったとみられる。そして事実、「東国等国司」のうちのある者は、明らかに帰還している。第三グループの長官紀麻利耆拖臣およびこれと同過とされた介三輪君大口・河辺臣百依等が刀を盗まれたのは「倭国」においてである。また第五グループの涯田臣(闕名)が官刀を盗まれたのも「倭国」においてであった。これらは、帰還の途次ないし帰還後に発生した「過」としか考えられない。第三に、門脇禎二氏が指摘されたように、「東国等国司」の任務の一つに、武器・馬匹および貢納物を京へ搬送することがあったと推定されるが、[43]一部の「国司」が帰還するだけでは、そうした任務の趣旨にそわないものとなる。第四に、これが最も重要な点なのだが、第一詔でも、それを引用した第三詔でも、「介以上、奉レ法、必須二褒賞一、違レ法、当レ降二爵位一、判官以下、取二他貨賂一、二倍徴之、遂以二軽重一科レ罪」「若違レ所レ誨、次官以上、降二其爵位一、主典以下、決二其笞杖一、入レ己物者、倍而徴之」というように、任務終了後に全「国司」に対し褒貶を加えるとするくだりがあるが、これは全員が帰還するのを前提とするのでなければ、意味を有さないものである。以上が、「東国等国司」は全員が帰還したと考える理由であり、同時にこの「国司」を巡検使ないし巡回使とみなす理由である。

IV

こうして「国司」らは京に帰還し復命したが、その後かれらの任地での行動について種々の風評がたった。それによれば六人の長官は法を守り、二人の長官は法に反したということであった(第二詔)。そこで「国司」らの任地での行動を「前勅」(第一詔をいう)に徴して調査することになった。その調査は、「朝集使」[44]と、「国司」らにともなわれて上京した「諸国造等」とが行ない、その結果が整った時点で第三詔が出されて、群卿大夫および国造・伴造・諸百姓等の面前で「国司」らの所業が曝露され、「犯」「過」が糾弾された。しかし結局、かれらは処罰されることなく放免された。このとき上京した「諸国造等」は八月まで在京し、八月癸酉に再び「国司」(この「国司」は前のと別人の可能性がある)とともに任所に赴いた。

Ⅴ　「東国等国司」に課せられた任務は第一詔と第三詔に記されており、また第三詔の述べる個々の「国司」の「犯」「過」の状況からも第一詔ではうかがえない任務を知ることができる。その主要なものは、つぎのようなものであった。

①任地において「戸籍」を作り、「田畝」を校《カンガ》えること。
②在地の実情を調査し、これを中央に報告すること。
③武器を公的管理下に置くこと(45)。
④公的管理下に置いた武器の一部を、京に搬送すること。
⑤任地で貢納物を徴収し、京に搬送すること(46)。
⑥「国造・郡領」をともなって帰還すること(このことについてはのちに述べる)。

Ⅵ　「東国等国司」には、これらの任務を遂行するにあたって、許容される事項と禁止される事項とが、こまかく指示されていた。まず許容事項には、つぎの二つがあった。ⓐ上京の場合を含む「公事往来」にあたっては、「部内」から馬とその飼料および食料を調達してよい。但しその調達は「国造」を介して行ない、「国司」が直接「戸」ごとに求めてはならない。ⓑ上京にさいしては従者をともなってよい。但しその従者は「国造・郡領」にかぎる。また禁止事項の主要なものには、つぎの三つがあった。㋑訴訟を受けても「国司」は「断《コトワ》」ってはならない。㋺「国造」等から貨賂を受け、また「国造」等に貨賂を強要してはならない。㋩「戸」ごとに直接物資・武器・馬・食料などを求めてはならない。これらの調達は「国造」等を介してのみ許される。

Ⅶ　以上を通じていえることは、「国司」らは、その任務を遂行するにあたり、在地に形成されている「国造、伴造、県稲置」らの土地・人民に対する支配関係あるいは所有関係を否定しないどころか、それらの存在を前提とし、これに依存しつつその任務を果すべきものであった、ということである。(47)

「東国等国司」を概略以上のように理解したうえで、本稿の課題にたちかえってみた場合、注目しなければならないのは、いうまでもなく任務②の〝在地の実情を調査してこれを中央に報告すること〟と任務⑥の〝「国造・郡領」をともなって帰還すること〟である。

任務②とされているのは、第一詔でつぎのように述べられている事柄である。

若有二求レ名之人一、元非二国造、伴造、県稲置一、而輙詐訴言、「自二我祖時一、領二此官家一、治二是郡県一」、汝等国司、不レ得三随レ詐便牒二於朝一、審得二実状一而後可レ申、

薗田香融氏はこれを以て「新しい郡領への登用を前提としたもの」と解されたが、(48) 私も氏の理解に全面的に賛成する。もっとも常陸国風土記などでは、「評」の設定と評造の任命は大化五年から白雉四年にかけて行なわれたと伝えているから、このときの調査がただちに任命という結果となってあらわれたかどうかは疑問としなければならないが、(i)国造・伴造・県稲置などの在地首長が在地支配の歴史的正当性を主張した場合にはその申告を受理し、(ii)その主張の真偽を調査し、(iii)その結果を中央へ報告するということが、評造任命のための準備作業であったことは、疑いない。私は旧稿において、この詔文の後段から、「東国等国司」に与えられた権限は、後世の国司による銓擬すなわち「国擬」のみでなく、式部省の銓擬にも相当するものであったと読みとることも不可能ではないと述べたが、(49) 本稿でもこれを再確認しておきたい。

私が⑥として挙げた、「国造・郡領」をともなって帰還するという任務は、一面では右の②の任務から必然的に生

まれたものである。もっとも第一詔では、「上京之時」に「国造・郡領」を従者とすることは、上記ⓑのように許容事項として述べられているにすぎないし、また「国司」の任務のなかに④武器の搬送と⑤貢納物の搬送が含まれていたとすれば、運脚夫ないし部領使としてなにほどかの在地人が「国司」にしたがって上京する必要があろうから、許容事項ⓑはそれを「国造・郡領」にかぎったのだと解せられなくもない。しかし私は、「国造・郡領」の上京にはもっと積極的な意味があったのであって、かれらをともなって帰還することは「国司」らの任務そのものであったと考えるべきものと思う。なぜならば、第三詔によれば、「国司」らの任中の所業を告発したのは、「朝集使」と、「国司」に随伴して上京した「諸国造等」である。また同詔の後段では、「又諸国造、違レ詔送二財於己国司一、遂倶求レ利、恒懐二穢悪一、不レ可レ不レ治」というように、「国造」らをも譴責している。そしてその「国造」らは二年八月まで在京し、同月癸酉条の詔によって「去年付二於朝集一之政」を遵守すべきことをはじめとする数箇条の任務を課せられて、このとき発遣された「国司」とともに帰国している。それらの箇条のすべてが、大化二年八月の時点で事実として命ぜられたか否かについては慎重な検討を要するが、このなかで特に注目すべき箇条は、「宜下観二国々壃堺一、或書、或図、持来奉上示、国県之名、来時将レ定」である。薗田氏が指摘されたように、これはまさに「立評」のための準備作業ではないか。

　単なる「国司」の従者あるいは運脚夫として上京した者が、入京後、果してこのような重要な役割を演ずる必要があるであろうか。許容事項ⓑとして特に「国造・郡領」を指定したのには、なにか別の理由がなければならない。そこで想起されるのが、いわゆる鍾匱の制に関して出された大化二年二月戊申の詔である。儒教的色彩の濃い鍾匱の制が、この時点でどれほどの実態をともなって実施されたかは、疑問なしとしないけれども、この制を「東国等国司」との関連で理解すべきことは、関晃氏が説かれる通りであろう。[50] そしてこの詔によれば、問題となった事柄は、「国政ヲ奉《ウケタマハ》ツテ」京に到った「民」が、官に留められて「雑役」に駆使されているということであった。同日に出された詔はまた、「又詔、集在国民、所レ訴多在、今将レ解レ理、諦聴レ所レ宣、其欲レ決レ疑、入レ京朝集者、且莫二退散一、聚二侍於朝一」ともいう。ここにいう「縁レ奉二国政一、到二於京一民」や訴訟のために上京した「集在国民」は、決して一般の民、人民ではなかったであろう。そのことは、「国政」と「朝集」の二つの語が示していると思われる。

これまでこの詔のいう「国政」は、「具体的には国役租税の納入などを指すか(51)」とされ、これを奉じて入京した「民」は「地方から租税などを運んで上京した人々(52)」と解され、大宝二年御野国戸籍にみられる「政戸」や天平勝宝二年二月廿六日太政官符(大日本古文書編年二五—二頁)にみられる「五十戸政」と同じように、人民の負担義務をいうものとみられてきた。だが「政」には、いうまでもなくいま一つの意味がある。大化二年八月癸酉の詔のいう「去年付二於朝集一之政」がそれで、これは為政者の立場からする「政」、つまりマツリゴトの意である。そして「民」が匱に投じた「表」で主張したのは、自分たちは「国政」を奉じて上京したのであるのに、「雑役」(ここでは造宮役など)などに使役されてはかなわない、ということであった。「国政」の語は、ここでは、人民の負担義務とは異なる意味あいのものとして用いられている。つぎにここでの「朝集」は、少なくとも大宝令制以後の「朝集」あるいは「朝集使」とは、著しく異なった用法である。大宝令制以後においては、国司の一員が毎年定期に朝《ミカド》に参集するのが朝集で、その任を負った者が朝集使であった。しかしこの詔では、所訴の疑を決するために入京した「国民」が朝《ミカド》に集うことを「朝集」といい、しかもかれらに対して、帰散せずに以後も朝《ミカド》に聚侍せよと命じている。すなわち「国民」が疑を決するため「入レ京朝集」することは、中央政府が命じた、いわば政策ともいえる事柄であったのである。おそらく「朝集」の語そのものは日本書紀編者の修辞であろうけれども、この語によって表現された「国民」の行動自体は、マツリゴトに対する奉仕であったとみなしてよい。さきの「国政」とは、こうしたことを指すものなのではなかろうか。

このような「国政」を奉じて「入レ京朝集」した「民」「国民」が、人民一般であったとはとうてい考えられない。そもそも第一詔に続けて記されている鍾匱設置の詔によれば、訴訟を「奏」する資格を有する者は、「伴造」ないし「尊長」であった。これは京畿周辺に居する者についていったものと解されるが、地方に居する者にこれを準用すれば、有資格者はまさに「国造・郡領」にほかならなかったであろう。もちろんこれに「伴造・県稲置」が含まれてもさしつかえない。

ともあれこの二年二月戊申の詔によれば、このころ多数の在地の有勢者が朝《ミカド》に聚侍していたのである。これらの者たちは、「東国等国司」(これには前述のように「東国」以外の地域に派遣された「使者」を含む可能性がある)らが帰還にさいしてともないきたった者たちではなかったか。「国政」「朝集」というような特殊な表記より推して、私はそのように推測したい。さきに私が、「東国等国司」は大化二年二月ころまでに帰還したと推定したのは、このような理解によるのである。そしてまた私は、かれらの「訴」の主要なものが、「東国等国司」の任務②にかかわる事柄であったであろうと推測する。しかしこのような推測を下すためには、「東国等国司」に課せられた禁止事項㋑のいわゆる〝国司自判の禁〟を検討しておかなければならない。

禁止事項㋑〝国司自判の禁〟については、今日のところ、一見対立するようにみうけられる二つの見解が示されている。一つはこれを「裁判権を有する国造の支配権への干渉を戒めたもの」として、在地の首長層がみずからの領域内の人民に対して行使する裁判権を保護する目的をもつ禁止事項と解するものである[53]。いま一つはこうした通説に対する批判として提起された見解で、この禁止事項は「訴訟問題の現地での解決を禁じ、中央への上申を義務づけたもの」であって、その意味で裁判権を中央に集中しようと意図したものと解するものである[54]。だが私は、この二つの見解は決して対立するものではないと考えている。

この禁止事項について、第一詔は「又国司等、在レ国不レ得レ判レ罪」と述べるにすぎないが、第三詔ではこれを第五グループの長官大市連(闕名)の「所犯」に関連して「前詔曰」として引用し、「国司等、莫下於二任所一、自断中民之所上レ訴」と記している。後者は、その文言が素朴なことといい、またこれが「朝集使及諸国造等」の提出した陳状のなかでの引用文であることといい、この方が前者より詔の原型に近い文言であったと考えてよいであろう。そしてそのように認めたうえで、その文が「民之所レ訴」と記していること、そしてその「民」が一般の人民ではなく在地の首長層をいうものであることに、改めて注目したい。(55)

「民之所レ訴」という文言からは、つぎの二つの事柄が読みとれるであろう。第一は、第一詔の「不レ得レ判レ罪」の文言だと、あたかも「国司」らが犯罪を摘発して罪を決することを禁じたかの観をうけるが、この禁止事項は決してそのような意味あいのものではなかったということである。すなわちこれは、「国司」らが「国造」等の在地首長層の領域内に侵入して犯罪を摘発し、判決を下すというような事態を想定して、そうした行為を禁止するというような性質の禁止事項ではなかったのである。第二は、「国司」らが行なうことを禁止されたのは、「民」すなわち在地首長層が提訴する「訴」を「自断」することのみであったことである。

右の第一点から、ただちに以下の推測が導かれる。すなわちそれは、改新政府ははじめから、「国造」等の在地首長層の有する各領域内での検断権・裁判権を侵害する意志など、全くもっていなかったということである。その意味でこの禁止事項は、「国造等のもつ裁判権への干渉を戒めたもの」以上の意義を有している。「国造」等のもつ裁判権への干渉など、そもそも改新政府の考慮外にあるのである。だがむしろここで重要なのは、第二点の背後にある事態であろう。なぜならば、このように、「国造」等の裁判権に干渉することなどは改新政府の慮外のことであったのだが、それにもかかわらず「国造」等が、保障されているはずのみずからの有する裁判権を行使して争訟を解決することができず、「国司」らに提訴するという事態の生ずることを、改新政府は予測していた、ということをこの第二点は示しているからである。そのような事態の発生が予測されたからこそ、「国司」による「自断」を禁止したのであり、そのような提訴に関してのみ、改新政府は上申を義務づけ、中央政府の判断で争訟を解決しようとはかったのである。裁判権の中央への集中が考えられるのは、こうした提訴についてのみである。

然らばどのような性質の争訟が、「国造」等ではみずから解決しえず、「国司」らに提訴されたのであろうか。このことに関する唯一の実例は、第三詔で指弾されている第五グループの長官大市連(闕名)が犯したという「菟砺人之所訴」と「中臣徳奴事」のみであって、後者はおそらく奴の帰属をめぐる争訟であったろうと推測しうるものの、前者にいたっては全く内容不明である。だが、可能性としては、二つの場合が考えられるのではないか。一つは、個別の首長が、みずからの領域内に発生した争訟を、自力で解決しえない場合に、これを「国司」に提訴することである。いま一つは、在地首長相互の間に発生した争訟を、当事者のいずれかが「国司」に提訴することである。

もし第一のケースが起りえたとすれば、それはとりもなおさず、首長層のかたちづくる在地の支配秩序が、かれらのもつ裁判権を行使できないほど弛緩していたことを物語るから、事柄としては興味深い問題を提起する。そしてまた、七世紀の半ばの時期に、そのような状況が存在しなかったとはいえないであろう。しかしこの時期に一般的に起りうる可能性があったのは、第二のケースであったのではなかろうか。このことを証明する材料は存しないので、あくまでも推測の域をでるものではないが、その可能性はかなり大きいであろう。そしてそのようなケースの発生は、鎌田元一氏が明らかにされた(56)、以下のような事柄と密接にかかわっていると思われる。

鎌田氏は、常陸国風土記を手がかりとして、「国造」とは「特定の族長個人を限って与えられた官職的称号」ではなく、族長に代表される「一族全体にかかる身分的称号」であって、したがってその称号は「国造一族の本宗家の長のみならず、その族制的支配を担う一族の者もまた国造とよばれ」、しかも七世紀半ばのころには、「国造」の枝氏族は個別に「伴造」としてヤマト王権と結合していたことを、明快に論証された。そしてさらに、「那珂国造壬生直夫子」が「行方郡」の建評申請者であったことに関説して、それは「国造」一族の内部においてその族的結合がゆるみ、枝氏族が「相対的に本宗家からの独立性を強め」ていたことを示すものであって、「国造の領域支配はこの面からも次第に動揺しつつあった」ことを明らかにされた。

もし「国司」に対する上記の第二のケースの提訴がはじめから予測されていたとすれば、それは、鎌田氏が明らかにされた右のような在地の状況なくしては、考えがたいことである。そしてそのような在地秩序の動揺・弛緩は、ひとり「国造」一族内部の族的結合においてみられたのみでなく、諸多の中小首長層の相互の関係においても、ひろく存在していたのではなかろうか。

「東国等国司」に与えられた任務②とは、まさにこうした実情を調査して、中央に報告することであった。「元《はじめ》より国造・伴造・県稲置に非ずして、輙く詐り訴へて言さまく、〃我が祖《おや》の時より、此の官家を領《あつか》り、是の郡県を治む〃と」という争訟は、まさしく首長相互間の争訟であり、当事者の解決能力を超えた、王権にかかわる問題にほかならない。この意味で禁止事項㋑と任務②とは、密接な関連を有するものであったといわなければならない。そしてこの二つを梃子として改新政府が掌握しようとしたものは、首長層相互間に発生する紛争の調停権であり、これを掌握することによって改新政府が意図したものは、調停を中央権力が行なうことによって設定される、在地の新たな秩序の確定であった。而してこれこそが、改新政府が企図した、「評」の設定、「評造」の任命を実現する、前提であった筈である。

このようにして「国司」らには「自断」の権限は与えられなかった。争訟の解決は京に帰還してのちに行なわれなければならない。しかもそうした争訟のなかでも最も重要なものは、近い将来に任命するであろう評造の適格者の銓擬にかかわる事柄である。そしてその公正をはかるためには、当事者を上京させて判定する必要がある。許容事項ⓑが「国司」の帰還にさいしての従者を特に「国造・郡領」に限定したのはそのためであったのだし、疑を決せんとして京に入り朝集するかれらが「且《しばら》く退り散つこと莫くして、朝《みかど》に聚《つど》ひ侍れ」と命ぜられたのもそのためであったのだ。それゆえ「東国等国司」が「国造・郡領」をともなって帰還することは、許容事項というよりは、任務そのものであったといわなければならない。

こうして、「自㆓我祖時㆒、領㆓此官家㆒、治㆓是郡県㆒」という主張が「詐訴」であるか否かの判定、つまりは「譜第」の審査は、入京した「国造・郡領」に口頭で直接訊問するという方法で行なわれたのである。その訊問にどのような地位・役職の者があたったか、またその結果はどのような手続きを経て処分されたかは、もちろん不明である。ただ、鍾匱の制に関する二つの詔によれば、「訴」は「群卿」に評議させたという。推測にすぎないけれども、「譜第」についての「訴」も同様に扱われたのではなかろうか。そしてまた、鍾匱の制では「表」を「群卿」に示すにさきだち、天皇みずから「題㆓年月㆒」したというから、評議の結果は再び天皇に奏上されたものと思われる。

おわりに

二つの節にわたって縷々述べてきた私見を、以下のようにまとめておくことにしたい。

職事官・散官を含めて、官の任・解について規定した唐選挙令の諸条文を換骨奪胎し、その多くの条文を叙位に関する規定に改変してこれを継受したのは、大宝令の制定者であった。しかし大宝令制定者の立法意識のなかには、このように叙位を第一義とし任官を第二義とする意識とともに、それにもかかわらず任官をも重視しようとする意欲が存した。その意欲が直接的に反映したものが、「選任令」という編目名の採用であったし、また唐制にならって奏任官の任官には式部省が「試練」を行なうことを応選条に条文化したことであった。この「試練」とは、唐で旨授の官の任用にあたって行なわれていた「銓選」を模したものであって、任用候補者の正身を式部省がこころみためすことであった。だがこの奏任官の任官候補者に課す「試練」は、大宝令制定者の意欲にもかかわらず、大宝令の施行の直後に一般的には行なわれないものとされ、この方針を継承した養老令編纂者は、応選条から「試練」の語を削除し、編目名を「選叙令」と改めることになる。「選任令」から「選叙令」への編目名の変化の背後には、このような「試練」をめぐる、ひいては任官についての意識をめぐる、大宝令制定者と養老令編纂者の、立法意識の相違が伏在していたのである。大宝令の施行直後に「試練」が廃止された理由としては、利光三津夫氏が養老令での修訂の理由として挙げておられるような、日本では銓衡に姓の貴賤、氏族の優劣という律令外的要素を考慮せざるをえなかったこと、また試験を行なえば唐とは違って蔭位制による出身者が多い高級官人層の子弟は不利益をこうむることになる、ということがあったであろう(57)。それに加えて、私はいま一つの別の理由を指摘しておきたい。それは、「試練」を廃止するとした大宝元年七月廿八日太政官処分が「凡選任之人、奏任以上者、以二名籍一送二太政官一」(続日本紀による。選叙令4応選条集解令釈所引では「夫選任者、奏任以上者、注二可レ用人名一、申二送太政官一」)と述べていることから知られるように、式部省の行なう「試練」の廃止とは、実は勅任官と奏任官の任官者の銓擬権を太政官が掌握することであったのである。奏任官の銓擬権のみでなく、勅任官の銓擬権をも太政官が掌握したことに、特に注意したい。この場合の銓擬にあたる太政官とは、いうまでもなくその議政官組織である。勅任官・奏任官すなわち内長上の諸官の任用候補者の銓擬権を、畿内およびその周辺に本拠を有する豪族の長によって構成される議政官組織が吸収し、その合議によって候補者を判定すること、これが式部省の「試練」を廃止したいま一つの理由であった。後世の除目儀における公卿の仗議の原型は、ここにかたちづくられたのである。

このようにして、大宝選任令で式部省が行なうべきものとされていた奏任官の任用候補者一般に対する「試練」は、一度も実施されることなく廃止された。換言すれば、大宝令の施行の直後から、令制とは異なる方式の銓擬が行なわれたのである。後世の明法家たちの解釈の混乱は、ここに起因している。加えて日本では、唐官品令と日本官位令の相違が象徴するような、任官よりも叙位を優先する意識が強かった。選任令・選叙令の任官関係条文についての明法家の解釈がしばしば分裂し、それらの条文の規定が遵守されたか否か疑問を生ぜしめる事例が存するのも、こうした理由によるのである。但し本稿が扱ったのは、ほぼ八世紀およびそれ以前の日本律令制初期におけるこれらについての問題である。平安時代中期以後の除目重視の風潮がもつ意味については、別の視角からする検討が必要であろう。

さて以上のように、一般の奏任官の任官のさいには式部省の「試練」は課せられることがなかったのに、ただ一つ例外的にこれの課せられた奏任官の官職があった。それがすなわち郡司の大領・少領、つまり郡領である。「非律令的性質」の官職といわれる郡領に、皮肉なことに、隋・唐的という意味での「律令的」な「試練」が課せられていたのである。

一般の奏任官が官位令に相当位を規定する内長上の官であったのに対し、郡領は外長上の官であるにもかかわらず奏任官とされていた。また郡領は日本的な意味での官位相当の官ではなく、叙位よりも任官が優先された官であった。こうしたことをも含めて、郡領のもつ特殊性については、つとに坂本太郎氏が指摘されたところである[58]。それに加えて、その選任手続きをめぐって、なお以下のような特殊性を挙げることができる。

令制下において、郡領を任用するにあたっては、国司による銓擬すなわち「国擬」を経た候補者は、当該国の国司朝集使にともなわれて上京することを原則とした。このことは浄御原令制下においても行なわれていたことが確認できる事柄であり、さらに「東国等国司」を媒介として推測すれば、郡領の前身である評造を設置した当初より行なわれたことであった可能性がある。

上京した郡領候補者は、国司朝集使とともに式部省に出頭して「試練」を受けた。この式部省の行なうところの正身に対する「試練」は、上述のように、大宝選任令応選条で奏任官の任用候補者一般に対して課するものと定めながら、大宝令の施行直後に廃止されたものであって、郡領候補者に対するそれは、例外的に、選叙令応選条で「試練」の二字を削除した養老令が施行されてからのちも、実施されたものである。上に述べた大宝令制定者の立法意識は、この点においてのみ継承されたといえる。弘仁式部式・延喜式部式下に記すところによれば、この「試練」は二回にわたって行なわれる。まずはじめに、口頭で「譜第」が問われ、つぎに再び口頭で「譜第」が問われたうえで筆記試験が課せられる。このような式部省の行なう郡領の「試練」も、浄御原令制下にさかのぼって行なわれていた可能性があるが、しかしその時期にはまだ評造の銓擬権を有する惣領が配置されていたので、つぎの二つの方式が併存していたと考えられる。

(イ)惣領の配置されている地域の場合　国擬→惣領による銓擬→太政官→天皇
(ロ)惣領の配置されていない地域の場合　国擬→法官による銓擬→太政官→天皇

但し(イ)の場合でも、評造の任官は、任人を上京させて、口頭で本人に伝えたものと思われる。

郡領は、外長上の官でありながら奏任官であった。すなわち郡領の最終の任命権者は、天皇であったのである。任用にあたって厳重な「試練」が行なわれたのも、その官が終身の任であったことともに、こうした官職の位置づけに由来することとみてよい。そして、最終の任命権を天皇が有すること、すなわちそれが奏任の官であるということも、浄御原令制下にまでさかのぼって検証できることであり、「東国等国司」および鍾匱の制を媒介として考えるならば、このこともまた評造設置の当初にまでさかのぼる可能性がある。

それではなぜ、評造・郡領の任官についてのみ、このように厳重な銓衡が行なわれ、その官は奏任官であったのであろうか。最後にこうした問題についての私見を述べておきたい。

この問題はおそらく、日本における律令国家の形成過程において、畿内を中心とする政治的支配者集団が、畿外全国の政治的諸集団にどのように対したかという問題と、同質の問題であるように思われる。同じ奏任官でも、畿内を中心とする支配者集団の構成員を以て任ずる内長上の諸官を奏任官とするのと、この集団外の、畿内政権に従属する政治的首長を以て任ずる評造・郡領を奏任官とするのとでは、意味あいが違っていたのではないか。前者における勅任・奏任・判任・式部判補の別は、各官職の重要度に基づくいわば一種のランクであったといえようが、後者の場合は、それとは違った論理によって奏任官とされたのではなかろうか。畿外の政治的諸集団は、畿内政権にとっては屈伏させ従属させるべき存在であって、畿内を中心とする支配者集団と決して同質のものではない。ここにおいて、畿内の郡領が「試練」の対象外とされたことのもつ意味は、重要である。〔補注2〕比喩的にいえば、畿内政権にとって、畿外の政治的諸勢力は、いまだ自己と同質の「日本」ではなかったのだと思われる。それゆえ、畿内政権が地方の政治的諸集団の長と対峙する場は、いわば「外交」の場であった。評造・郡領の任用候補者をことさらに上京させて厳重な銓衡を行なったのは、畿内政権の置かれた状況から生まれた、このような認識によるのではなかろうか。そしてまたそれが「外交」であるならば、畿内政権を代表して畿外の政治的諸集団の長と対する者は、畿内政権の政治的首長としての大王=天皇であらねばならない。評造・郡領が外長上の官であるにもかかわらず、これを奏任官としたのは、このような論理によるのではないかと考える。だからこそ大王=天皇は、畿外の諸政治集団の首長に対する与奪の権をにぎる専制主として、その姿をあらわさなければならなかったのである。

（1） 宮崎市定「日本の官位令と唐の官品令」（『東方学』八、一九五九年、のち『アジア史論考』中巻所収、一九七六年、朝日新聞社）、時野谷滋「日唐令に於ける官と位」（『芸林』四―五・六、一九五三年、のち『律令封禄制度史の研究』に序篇第一章「唐の官品令とわが官位令」として収める、一九七七年、吉川弘文館）。また曾我部静雄「中国の品階制度と我が位階制度」（『律令を中心とした日中関係史の研究』所収、一九六八年、吉川弘文館）参照。

（2） 野村忠夫『官人制論』各論第一章「官人の定義と官人制構造の基本構成」（一九七五年、雄山閣）。

（3） 養老選叙令に相当する大宝令の一編の名称が選任令であったということは、すでに大方の認めるところであるが、本文で述べるように、本稿はこの名称についての理解を前提としているので、念のため、大宝令の編目名について確認しておくことにする。

管見によれば、大宝令の施行期に出された法令で選任令ないし選叙令の語がみえるのは、神亀五年三月廿八日太政官奏（三代格五、官位令集解）が唯一のものであるが、そこでは「拠二選叙令一云」として内外五位条を引いている。つぎに令集解をみると、大宝令の注釈書古記には六箇所にこの語がみられるが、それには「選任令」とするものと「選叙令」とするものがある。これを新訂増補国史大系本に拠って示せば、つぎの如くである。

①戸令4置坊令条古記「選叙令」

②田令18王事条古記「選叙令」

③賦役令18三位以上条古記「選叙令」

④考課令13式部之最条古記「選任令」

⑤宮衛令28宿衛近侍条古記「選叙令」（二箇所）

⑥喪葬令17服紀条古記「選任令」

但し③は、底本では「選任令」とあったのを、国史大系本の校訂者が「意改」して「選叙令」としたものであるから、これは「選任令」の例に加えるべきものである。しかしこれを加えても、「選任令」は③・④・⑥の三例にすぎず、先の神亀五年太政官奏の例をあわせれば、用例の数としては「選叙令」の方が多いから、大宝令の編目名は養老令のそれと同じであったと疑われなくもない。しかしこれらは、後人の手によって改められたものであるか、あるいは養老令の編目名を知っていた古記の場合などは、不用意にそう記したものであろう。なぜならば、養老令に対する知識によって「選任令」を「選叙令」と書き改めた可能性はあっても、「選叙令」を「選任令」と改める可能性はほとんど存しないうえに、法曹類林巻一九七に載せる、大宝令施行直後の「令官藤原卿式部葛野王等」の令問答は、「選任令曰」として内外五位条と遷代条を引いているからである。以上のような理由により、大宝令の編目名は「選任令」であったと認定して、考をすすめる。なお法曹類林に載せる右の令問答については、本書第I部第三章「大宝令制太政官の成立をめぐって」および本書第II部〈附論二〉「奈良時代前期の大学と律令学」参照。

(4) 野村忠夫『律令官人制の研究』序篇第一章「天武・持統朝の官人法」（一九六七年、吉川弘文館）。

(5) 野村忠夫『官人制論』各論第二章二「下級官人の出身をめぐる一方式——「未選」の定義とその意義——」（前掲）。

(6) 池田久「「預選」について」（皇学館大学史料編纂所報『史料』五〇、一九八二年）。

(7) たとえば延喜式部式上には一六箇条に「選」の語がみられるが、そのうちで①任官にかかわるものは、選任条の「凡選任者、奏任以上者、省注二可レ用人名一、申二送太政官一、但官判任者、銓擬而申二太政官一」とする「選」のみで、他はすべて②叙位にかかわる用法のものである。ちなみにこの選任条の式文は、のちに本文で詳しく触れる予定の、大宝選任令応選条の規定を改めた大宝元年七月廿八日太政官処分を、継承したものである。

(8) 時野谷滋『律令封禄制度史の研究』序篇第二章「唐の散官及び封爵とわが文位」（前掲）。

(9) 関係史料によって復原しうるこれらの条文の大宝令文の字句は、つぎの如くである。

（応叙条）

本条集解古記により、「量程」「集省」の字句のみが復原できる。

（遷代条）

28内外文武官有闕条古記によって「長上官遷代、皆以六考為限」が、法曹類林巻一九七に引く「令官藤原卿式部葛野王等」の令問答によって「進四階以上」（養老令文は「進加四階」）「奏聞別授」（養老令文は「奏聞別叙」）が、本条古記によって「余考」が復原できる。

（秀才出身条）

本条古記によって、「秀才」「明経」「其秀才明経」「蔭（及）孝悌」「加（本蔭本第）一階（叙）」「（通）二経」等の字句が復原できる。

本条古記により、「諸王子従五位下」「其五世王者従五位下、子降一階」が復原できる。

(蔭皇親条)

条文の前半は、本条古記および戸令23応分条古記により「三位以上蔭及孫、降子一等」が復原できるが、後半の勲位の蔭に関する規定は、養老令の規定とかなり異なっていた。この点については、のちに本文で触れる。

(五位以上子条)

(10) 任官条の大宝令文の復原に関して、なおつぎの二点を附言しておく。

その一。本文に①として掲げた文に続けて、古記はさらに「問、郡大領以下、式部銓擬、若為其意、答、擢二尽才能一、責レ状試練、職掌省故、銓擬申レ官耳」と述べている。一般に、古記が令文を引用するさいに用いる方法には、(イ)「(令文の引用)、謂……」とする場合と、(ロ)「問、(令文の引用)何、答、……」とする場合の二つがあるから、右の問答は(ロ)の形式のもので、「郡大領以下、式部銓擬」は大宝令文ではないかとみられなくもない。しかしおそらくそうではないであろう。これは、本稿第二節で述べるような、郡領以下の補任にさいして行なわれる式部省の銓擬が、現に実施されているという行事をふまえて、その理由を問うた文であろう。なおこの古記の問答のよみについては、後文参照。

その二。大宝令制下の舎人は、内分番の官でありながら、あたかも内長上の官であるかの如くに、考仕令に舎人之最が規定されており、事実内長上に准じて成選している例も存する(野村忠夫『律令官人制の研究』第一篇第一章第五節「最条の構造」(前掲))。したがって大宝令では、舎人は式部判補の官ではなかった可能性も否定できない。しかし、勅任以下の四区分が内長上以下の考選法上の四科の区分にかならずしも対応していないとはいえ、式部判補の官として列挙されている諸官にかぎってすべて内分番の官であること、また考仕令に舎人之最を設けたこと自体が同条集解古記のいうように理解しがたいことであったことなどを勘案すれば、大宝令でも舎人は式部判補の官とされていたとみてよいと思われる。

(11) 勅任官として列記されている官の相当位をみると、大納言＝正三位、左右大弁＝従四位上、中務卿＝正四位上、七省卿＝正四位下、衛門督・左右衛士督＝正五位上、左右兵衛督＝従五位上、弾正尹＝従四位上、大宰帥＝従三位である。したがって義解の解釈を敷衍すれば、相当位が従五位上以上のすべての官は勅任官であるべきことになる。

(12) 野村忠夫氏は『官人制論』各論第一章二の(一)「郡司と軍毅——その官人法上の位置——」(前掲)において、続紀、養老三年四月乙酉条に基づき、軍団の大毅・少毅は嘗て「判任ノ官」であったが、古記以前のいずれかの時点で「奏任」となったといわれる。だがこれは、ひごろ慎重な野村氏らしからぬ、続紀の記事を誤って引用されたことから生じた誤解である。

続紀、養老三年四月乙酉条は、つぎのようになっている。

　制、諸大小毅(マヽ)、量二其任一、与二主政一同、自レ今以後、為二判官任一、

但しこの結文は、朝日新聞社版増補六国史本では底本の印本のまま「為二判官任一」としているが、新訂増補国史大系本は、底本である谷森本では印本と同じく「為二判官任一」であったのを、「意改」して「為二官判任一」に改めている。おそらく後者は村尾元融『続日本紀考證』の「疑当レ作二為官判任一」という説にしたがったのであろう。だが野村氏が立論のために引用された続紀の文はそのいずれでもなく、「為二判任官一」である。

私見によれば、これは谷森本・印本のままの「為二判官任一」とするのが正しい。その理由は二つある。まず、この記事を素直に読めば、〝大小毅の「任」をはかると主政(の任)と同じだから○○とする〟というのであって、文中の「任」は任用の任ではなく、任務の任すなわち職掌をいうものである。したがって文末を「官判任」としたのでは、その「任」は任用の任になってしまう。この場合、この記事で大少毅の「任」との比較のうえで挙げたのが主政のみであって、(官)判任の「主政主帳」でないことにも注意する必要がある。つまり郡司主政は四等官の判官に相当するものであったからこそ比較の対象となったのであって、これを「主政主帳」としたのでは、意味をなさないのである。理由の第二は、この記事は、二か月後の六月辛未条の「初令下二諸国史生主政主帳大少毅一把上笏焉」という把笏の記事との関連で理解すべきものと考えられることである。同じく野村忠夫氏の『律令官人制の研究』第二篇第六章「官人的把笏の問題」(前掲)によれば、把笏の制は内長上の四等官からはじまり、ついで外長上・内分番の準四等官に拡大されたという。だが同じ外長上でも、郡司には大領＝長官、少領＝次官、主政＝判官、主帳＝主典と、四等官に準ずる序列が存したが、軍団の大毅・少毅にはそれがない。そこで四月乙酉の制でこれらを郡司の主政と同じ判官相当の任に位置づけ、そのうえで六月辛未に把笏せしめたのであろうと考えられる。

いずれにせよ、四月乙酉の制は、大毅・少毅が奏任の官であったか判任の官であったかという問題とは、無関係の記事である。したがって他にこれが判任の官であったことを積極的に示す史料が存在しない以上、令集解の諸説にしたがって奏任の官であったとするのが妥当であろう。

(13)　野村忠夫『律令官人制の研究』第一篇第四章「延喜式考叙法の基本構造」(前掲)。

(14) 大宝選任令の国博士条はほぼ全文が復原できるが、養老令文と異なるのは、本注末尾の「並同㆓主政等㆒」(養老令文は「並同㆓郡司㆒」)のみであったと考えられる。

(15) 続紀、和銅元年四月癸酉条に「自㆑朝遣㆑補」、選叙令27国博士条集解古記今行事および令釈所引式部例に「従㆓朝廷㆒補任」、儀制令11遇本国司条集解古記に「朝庭補任」。

(16) 今泉隆雄「八世紀郡領の任用と出自」(『史学雑誌』八一—一二、一九七二年)。

(17) ちなみに附言すれば、続紀、和銅四年七月甲戌朔条に「張㆓設律令㆒、年月已久矣、然纔行㆓一二㆒、不㆑能㆓悉行㆒」と述べる著名な詔がある。これは、続く文によって、主として官人制にかかわる事柄についていったものであることが知られるが、ここに述べた物部や主政・主帳の任用に関する「常例」の存在は、「不㆑能㆓悉行㆒」の実例である。

(18) 利光三津夫『律令制の研究』第一章第二節第二項「大宝選任令逸文一条」(一九八一年、慶応義塾大学法学研究会)。

(19) 大宝選任令遷代条のこの文章の復原については、注(9)参照。

(20) 式部省は、大宝令の施行後しばらくの間、文官のみでなく武官の考選・叙任をもその職掌としていた。北啓太「律令制初期の官人の考選について」(『史学論叢』六、一九七六年)参照。

(21) 瀧川政次郎『律令の研究』第三編第四章「新古令の比較」第十一節選叙令(一九三一年、刀江書院)は、本条古記の「古記云、問、還守若為訓、答、反而馳駅発遣耳、(下略)」という文によって、大宝令文には「還守」の二字があったと推定しているが、日本思想大系『律令』(一九七六年、岩波書店)選叙令補注8に指摘されているように、「守」の字は「字」の誤りとみられる。すなわち「還字若為訓」で、古記は「還」の字のよみを問うたのである。

(22) 注(9)参照。

(23) 瀧川政次郎『律令の研究』(前掲)。なおこの条の古記は、「古記云、未㆑満㆓六考㆒、謂、満㆓六年㆒之人、不㆑論㆓考得不㆒、皆留㆑省也」というから、養老令の「未㆑満㆓六年㆒」は大宝令では「未㆑満㆓六考㆒」であったかとも疑われるが、続く古記一云は「一云、六年、謂、六考」としているので、古記の「六考」は「六年」の誤引とみなしておく。

(24) 瀧川政次郎『律令の研究』(前掲)。

(25) この条の大宝令文の当該箇所の復原には、若干未確定のところがあるので、附言しておく。本条の養老令文は、凡経㆓癲狂酗酒㆒、及父祖子孫被㆑戮者、皆不㆑得㆑任㆓侍衛之官㆒、であるが、このうちの「経二癲狂酗酒一」と「不レ得レ任二侍衛之官一」という大宝令の字句は、本条集解古記によって、容易に復原できる。しかし養老令の「及父祖子孫被レ戮者」に相当する文に関しては、本条古記は「古記云、父祖被レ戮、謂、因レ犯判断、処レ死皆是也」とし、また選叙令32為人後条集解の末尾に附記されている大宝選任令一等親条について述べた古記も「古記云、一等親条、問、一等親被レ戮、上条父祖被レ戮、〔若脱〕為分別、答、上条父祖被レ戮、子孫不レ得二任用一、此条子被レ戮、父不レ得二任用一、祖得二任用一也」とするが、宮衛令28宿衛近侍条集解の古記が引く本条は「又選叙令云、祖父母々々被レ戮、不レ得レ任二侍衛之官一」となっている。大宝令文が「父祖被レ戮」と「祖父母々々被レ戮」のいずれであったか決めがたいので、本文のように記述した。

(26)　瀧川政次郎『律令の研究』(前掲)。
(27)　瀧川政次郎『律令の研究』(前掲)。
(28)　野村忠夫『律令官人制の研究』第二篇第四章「律令勲位制の基本問題」(前掲)。
(29)　なお、大宝選任令条文と養老選叙令条文の字句の異同に関しては、本文で述べたこと以外に、つぎの二点を附言しておきたい。

㈠、22職事官患解条において、古記は「古記云、並下二外属一、謂、番官以上、(下略)」とするので、養老令の「並下二本属一」に相当する大宝令文は「並下二外属一」であったかとも疑われるが、古記の誤記と判断して、両令に異同ある例には加えなかった。

㈡、瀧川政次郎『律令の研究』(前掲)では、16帳内資人条古記の「古記云、(中略)不レ限二年之多少一、謂、依二貢人条一、凡貢人、並限二年廿五以下一、但帳内資人、縦年廿五以上、聴二貢挙一、故云レ不レ限二年之多少一之也」という文に基づいて、大宝選任令に「貢人条」という条文があったとし、「凡貢人」から「聴二貢挙一」までの文をその逸文として掲げている。また日本思想大系『律令』(前掲)選叙令補注16でも、大宝選任令に「貢人条」という条文があったとする。だが私見では、大宝選任令にはそのような条文は存しなかったと考えるので、これも両令に異同ある例には加えなかった。その理由は、以下の如くである。

まず、古記の文の(イ)「凡貢人、並限二年廿五以下一」は、たしかに令文と認めるべき文であるが、(ロ)「但帳内資人、縦年廿五以上、聴二貢挙一」は、古記の地の文であろう。つぎに(イ)は、大宝選任令の文ではなく、大宝考仕令の文であったと考えられる。つまり古記のいう「貢人条」とは、考仕令の貢人条をいうものと思われる。というのは、養老考課令75貢人条は「凡貢人、皆本部長官、貢二送太政官一、若無二長官一、次官貢、其人随二朝集使一赴集、(下略)」とする条文であるが、その条の集解古記は、「古記云、問、文限二六位以下一、若五位以上子若為、答、為レ限レ年別生レ文」と述べているからである。「限二六位以下一」は養老考課令75貢人条にはない、大宝考仕令貢人条の独自の文であるが、この文が存するのは「年ヲ限ラムガタメ」であると古記はいう。また古記は、五位以上の子・孫の場合は、学令21被解退条に基づいて年廿一以上をかぎるのだ、ともいう。したがってこの条で、六位以下(の子)を貢人とする場合の年齢制限が規定されていたとみられるのである。それゆえ(イ)「凡貢人、並限二年廿五以下一」の文は、大宝考仕令貢人条の文とみるのが妥当である。なお、このようにして大宝考仕令貢人条には、「凡貢人」の下に「六位以下(子)、並限二年廿五以下一」の文があったことが知られたが、貢人条全体の構成からみて、この文は本注であったと思われる。

(30) 弘仁四年七月十六日太政官符により新置(三代格四)。

(31) 後掲の続紀、天平宝字元年正月甲寅条の詔は、軍毅にも「簡試」が課せられたかのような記述を残しているが、しかしその「簡試」は郡領についていったものである。後文参照。

(32) この三条の延喜式文と、本朝月令にみられる弘仁式の逸文は、つぎの通りである。

(延喜太政官式任郡司条)

凡諸国銓擬言上郡司大少領者、式部対試造レ簿、先申二大臣一即奏聞、訖式部書二位記一請印、其後於二太政官一、式部先授二位記一、次唱二任人名一、如二除目儀一、

(同右弘仁太政官式逸文)

弘仁官式云、凡諸国銓擬言上郡司大少領者、式部対試造レ簿、先申二大臣一即奏聞、訖式部書二位記一請印、於二太政官一叙位、

(延喜式部式上郡司有闕条・諸国郡司条)

凡郡司有レ闕、国司銓擬、歴名附二朝集使一申上、其身正月内集レ省、若二月以後参者、随二返却一、厥後擬文者、四月廿日以前奏聞、但陸奥、出羽、及大宰管内、唯進二歴名一、若以二白丁一銓擬、副二勘籍簿一、其病患年老及二致仕一者、国司解却、具レ状申レ官、更不レ責二手実一、

凡諸国郡司、補任之後、皆移二民部省一、

(同右弘仁式部式逸文)

弘仁式部式云、凡諸国郡司、補任之後、皆移二民部省一、其銓二擬郡司一、正月卅日以前、令レ集レ省、若二月以後参者、随二返却一、但擬文者、以二四月廿日以前一為レ限、

延喜式部式上の二つの条文は、弘仁式部式では一条であった。和田英松「式逸」(『続々群書類従』六所収、一八九五年)、宮城栄昌『延喜式の研究・史料篇』(一九五五年、大修館)参照。

(33) 任官のさいの「唱名」については、本書第Ⅱ部第三章「八世紀の任官関係文書と任官儀について」参照。

(34) 郡領の任用にさいして行なわれる式部省の銓擬そのものについては、従来も注目されてきた。たとえば今泉隆雄氏が「八世紀郡領の任用と出自」(前掲)において、後述の天平七年五月丙子の制(続紀)の意図の一つとして「式部省の実質的な郡領補任権の掌握」を挙げておられることや、米田雄介氏が『郡司の研究』第三章第二節「郡司の出自と任用」(一九七六年、法政大学出版局)において今泉氏と同様の観点から天平七年制を論じておられることなどは、その例である。しかし、その式部省の銓擬がどのようにして行なわれ、それが一般の奏任官の任官の場合とどのように異なるかということは、従来は全く議論の対象とはならなかった。

(35) 今泉隆雄「八世紀郡領の任用と出自」(前掲)。但し今泉氏は「式部省の実質的な補任権の掌握」といわれるが、奏任官である郡領の最終的な補任権は天皇が有するものであるので、銓擬権の掌握とすべきである。

(36) 渡部育子氏は、「律令国家の郡領政策――大宝令制定から天平初年まで――」(『関晃先生還暦記念・日本古代史研究』所収、一九八〇年、吉川弘文館)において、郡領の補任にさいして式部省の銓擬が行なわれることは、この天平七年の制にはじまるとされる。

(37) 「己亥年」(文武三年)の年紀をもつ伊場遺跡出土第一〇八号木簡に「評史川前連」と記されていることによって、その「史」が正式の官名であったかどうかはともかく、評制下に評造の下僚としてのなんらかの官が存したことが明らかとなった。しかし一方、職員令74大郡条集解の穴記は「穴云、主帳无レ訓也」と述べている。主政には和訓があるが、主帳にはそれがない、というのである。主政の和訓はおそらくマツリゴトヒトであろうが、主帳に和訓がなかったということは、その官の成立が新しいものであることを推測せしめる。但し伊場木簡の「史」が、フミヒトとよまれたかマツリゴトヒトとよまれたかは、不明である。なお、東野治之氏は「伊場遺跡出土己亥年銘木簡と評の官制」(『伊場木簡の研究』所収、一九八一年、東京堂出版)において、この「評史」を評造の第四等官に比定しておられる。

(38) 続日本紀巻第一の文武二年紀には、続日本紀の全構成からみた場合、やや異色の記事が多く収められている。たとえばこの評造任命の記事の場合、評造の任官は孝徳朝以後綿々と行なわれた筈であるのに、日本書紀にはこうした記事は存しないし、続日本紀でもこれ以後はみられない。したがって私は嘗て、この記事は評造の全国的配置が完了したことを示すものではないかなどと、重大視したこともあったが、今日では別の考えをもつにいたっている。それは、この記事は、続日本紀の巻頭にあたって、文武即位以後の初出記事として、あるいは続日本紀としての初出記事として記述されているだけのことにすぎず、以後毎年くりかえされた郡領の任命は、記事としては省略されたのではないかということである。そのことは、この前月の二月癸卯条と丙午条に季禄支給の記事と思われるものがあるが、この種の記事は以後省略されていること、またこれらの記事の前後に頻出する諸国からの鉱産物・顔料等の貢納が、以後ほとんど再び記されることがないということによって、類推することができるように思われる。

(39) 拙稿「律令制の形成」(『岩波講座日本歴史』2所収、一九七五年、岩波書店)。

(40) 井上光貞「大化改新と東国」(『日本古代国家の研究』所収、一九六五年、岩波書店)。

(41) 「東国等国司」と、大化前代にみられる「国司」および令制国司の三者の関係については、大別して、「東国等国司」は令制国司とは異なるものとして、それを大化前代「国司」に類する性格のものとみるみかたと、逆に「東国等国司」と大化前代「国司」との間には質的な差があるとして、これを令制国司の直接的な前身官職と考えるみかたとの、二つの見解がある。たとえば井上光貞「大化改新と東国」(前掲)、門脇禎二「いわゆる大化の東国「国司」について」(『日本史研究』一三〇、一九七三年)などは前者の見解に立つ論考であり、関晃「大化の東国国司について」(『文化』二六―二、一九六二年)、薗田香融「国衙と土豪との政治関係」(『古代の日本』9所収、一九七一年、角川書店、のち『日本古代財政史の研究』所収、一九八一年、塙書房)などは後者の立場に立つ論考である。私見は、前者の観点に立つ。

(42) 坂本太郎「朝集使考」(『史学雑誌』四二―五、一九三一年、のち『日本古代史の基礎的研究』下、制度篇所収、一九六四年、東京大学出版会)。

(43) 門脇禎二「いわゆる大化の東国「国司」について」(前掲)。

(44) この「朝集使」がなにを指すかについても議論のあるところだが、私はこれを、帰還した「東国等国司」の一部の者をいうものと解している。なお直木孝次郎氏は「朝集使二題」(『家永三郎教授退官記念論集・古代中世の社会と思想』所収、一九七九年、三省堂)において、この「朝集使」は、諸国に設置された屯倉を管理するために派遣された官人であるという、新しい見解を提示しておられる。

前掲)。
(45)　①・②・③の任務については、井上光貞「大化改新と東国」(前掲)参照。
(46)　④・⑤の任務については、門脇禎二「いわゆる大化の東国「国司」について」(前掲)参照。
(47)　井上光貞「大化改新と東国」(前掲)、石母田正『日本の古代国家』(一九七一年、岩波書店)。
(48)　薗田香融「国衙と土豪との政治関係」(前掲)。
(49)　拙稿「律令制の形成」(前掲)。
(50)　関晃「大化の東国国司について」(前掲)、同「鍾匱の制と男女の法」(『歴史』三四、一九六七年)。
(51)　日本古典文学大系『日本書紀』下、頭注(一九六五年、岩波書店)。
(52)　関晃「鍾匱の制と男女の法」(前掲)。
(53)　井上光貞「大化改新と東国」(前掲)。
(54)　薗田香融「国衙と土豪との政治関係」(前掲)。また佐藤和彦氏も「大化の国司派遣について」(『国学院雑誌』七九―一、一九七八年)において、同様の観点からこの禁止事項について検討を加えておられる。
(55)　第五グループの長官大市連の「所犯」は、「前詔」に違って「菟砺人之所レ訴」と「中臣徳奴事」を「自判」したことであった。このうちの「菟砺人」は第八グループについての記述にあらわれる「三国人」と同じ用法であって、これは「国司」に随伴して上京した「国造・郡領」の一人であったとみてよい。同様に「中臣徳」も、「中臣徳亦是同罪也」と指弾されているから、「国司」とともに上京した在地の「国造・郡領」の一人であったとみられる。
(56)　鎌田元一「評の成立と国造」(『日本史研究』一七六、一九七七年)。
(57)　利光三津夫「大宝選任令逸文一条」(前掲)。
(58)　坂本太郎「郡司の非律令的性質」(『歴史地理』五三―一、一九二九年、のち『日本古代史の基礎的研究』下、制度篇所収、前掲)。

〔補注1〕
旧稿ではこの部分を、弘仁式文の記述にしたがって「西海道を除く」とのみ記したのであったが、本書に収録するにあたり、新たに「畿内と」の三字を加えることにした。

弘仁式文は、「試」の対象となる郡領を「六道除西海道」とだけ記していて、畿内を除くということは特に述べていない。しかし式文は畿内郡領の「試」については全く言及していないし、また「六道」に畿内が含まれないのは自明のことであるから、旧稿のこの部分の記述では畿内にいい及ばなかったのである。ところが旧稿発表後、大町健氏（「日本の古代国家と『家族・私有財産および国家の起源』」『歴史学研究』五四〇、一九五八年）と大平聡氏（「一九八四年の歴史学界――回顧と展望――」『史学雑誌』九四―五、一九八五年）から、あいついで同じ趣旨の批判があった。それは、「畿内にも郡司が設定され式部省試練の対象となった」（大町氏）とすれば、私が本稿の「おわりに」の最後に述べたような畿内政権論は成立しない、というものである。

両氏はどうやら弘仁式文を読まずに私見を批判されたようだが、しかし旧稿にそうした誤解を招くようないたらないところがあったことも、認めなければならない。なぜならば、畿内の郡領が「試練」の対象から除外されていたということは、本稿の論旨全体にかかわる重要な論点であるのに、そのことを強調するのを怠っていたからである。両氏の批判はそうした蒙をつかれたものとうけとめて、畿内郡領は「試練」の対象外であったことを改めて指摘するとともに、「おわりに」の最後の記述に、「ここにおいて、畿内の郡領が「試練」の対象外とされたことのもつ意味は、重要である」の一文を加えることにした。畿内の郡領が「試練」の対象外とされた理由は、おそらく、大津透氏が「律令国家と畿内制」（『日本書紀研究』一三、一九八五年、塙書房）で明らかにされたような、律令国家は畿内支配の面においては在地首長に依存する度合いは少なく、むしろ「個別人身的支配」を貫徹していた、という事情にあるのであろう。なお二六六頁に引用した天平七年五月の制が「畿内七道諸国」とするのは、「試練」から除外されている西海道を含めて「七道」としていることから推して、慣用句的な表記とみられる。

西海道の郡領が式部省の「試練」から除外されていた理由についても、旧稿では特に言及しなかったが、このことは、続日本紀大宝二年三月丁酉条の「聴㆔大宰府専銓㆓擬所部国掾以下及郡司等㆒」という処置を法的な根拠とするものである。そしてこの処置は、拙稿「律令制の形成」（『岩波講座日本歴史』2所収、一九七五年、岩波書店）で述べたように、嘗て惣領一般が有していた評造の銓擬権が、大宝令の施行によっていったん消滅したのち、惣領の唯一の後身官司である大宰府において復活したことを意味するものと推定される。

〔補注2〕

この一文は、旧稿を本書に収めるにさいして、新たに書き加えた。〔補注1〕参照。

第二章　前期難波宮と古代官僚制

はじめに

近年の古代都城の発掘調査によってえられた考古学上の成果は、めざましい。飛鳥京・難波宮・藤原宮・平城宮・長岡宮・平安宮などにおいて、宮の規模、殿舎の配置とその構造などがつぎつぎと明らかにされ、さらには、先年、平城宮の第二次朝堂院の大極殿の基壇の下から、基壇上の大極殿と同じ規模の掘立柱の大建築物遺構が発見されたことに代表されるような、ひとつの遺構から時期を異にして重層して存した建築物が発見される事例の報告も、あいついでいる。そしてまたそうした考古学上の成果を、歴史学がどのようにうけとめ、どのようにして両者共有の成果として受容していくかという試みも、それぞれの発掘調査を担当している機関を中心に進められている。だがそうした試みは、文献史料の比較的多く残されている平城宮以後の宮についてはかなりの成果を挙げているものの、時代のさかのぼる宮の場合は、文献史料が僅少であることが隘路となって、その作業ははなはだ困難であるのが実情である。前期難波宮は、そうした宮のひとつであるといってよい。

難波宮跡からは、時代を異にする二層の建築遺構群が検出されている。その古いものを前期難波宮といい、新しいものを後期難波宮というが、前者が七世紀、後者が八世紀のものであることは、まず間違いない。しかし前者を七世紀のどの時代のものと認めるかについては、次節で詳しく述べるように、主として歴史学研究者、古代史研究者の側に、やや釈然としない問題が残されていた。

藤原宮以後の都城の展開が明らかに示しているように、都城制の発展と、律令制的な「官僚制」の形成・発展の過程とを切り離して考えることはできない。それゆえ前期難波宮についても、これまで歴史学の立場からは、もっぱら日本における律令制的な「官僚制」の形成過程のなかに、この宮をどのように位置づけるかという観点から検討が加えられてきた。そして私も、こうした観点からの検討が、決して誤っていたとは思わない。ただ、その「官僚制」の形成なるものをはかる尺度に、問題がありはしなかったかと考える。

本稿では、日本古代の律令制的な「官僚制」といわれるものの内実が、いかなるものであったかを再検討することを通じて、前期難波宮が、日本古代史上でどのような位置を占めた宮であったかを、考えてみたい。

一　前期難波宮に関する二つの問題

前期難波宮の遺構については、これまで、さまざまな角度から問題が提起され、議論されてきた。しかし種々の問題のなかでの最も大きな問題は、その遺構がいつの時代にまでさかのぼるものなのか、ということであった。すなわちそれは、天武十二年十二月の「凡そ都城《みやこ》宮室《おほみや》、一処《ひとところ》に非ず、必ず両《ふたところ》参《みところ》造らむ、故《かれ》、先づ難波に都《みやこ》つくらむと欲《おも》ふ」という複都宣言とともに造営され、朱鳥元年正月に焼失したと伝えられる(以上書紀)、天武朝の難波宮の遺構なのか、そうではなくて、もっと時代がさかのぼり、いわゆる大化改新ののちに造営された、孝徳朝の難波長柄豊碕宮の遺構なのか、という問題である。

この問題は、一時期までは、発掘調査を担当しておられる方々が、考古学の立場から、孝徳朝の遺構である可能性が大きいという見解を示されたのに対して、文献によって古代史を考える古代史研究者が、天武朝のものではないかと主張するかたちで、議論が進められてきた。あるいはそう主張しないまでも、文献史学者の多くが、前期難波宮の遺構を孝徳朝のものと認めることに、消極的であったことは否めない。

なぜ文献史学者の多くが、このように孝徳朝説に対して慎重であったかというと、それにはそれなりの理由があった。古代史研究者には、つぎのようなことが、ほぼ〃常識〃となっていたからである。

日本古代の「宮」あるいは「都城」の発達のあとをたどると、藤原宮にしても平城宮にしても、それらは国家体制の整備すなわち律令国家の形成と、密接な関係がある。なかでも官庁機構の発達およびそれにともなう官僚制の発達と、「宮」「都城」の発達とは、切り離せない関係にある。なぜならば、「宮」とは天皇の居所であると同時に、役人たちが出勤して執務する場所であり、「京」とはそういう役人たちが集住するために設けられた場であるからである。事実、藤原宮・藤原京は、浄御原令で定められた官庁機構・官人組織に対応して造営されたのであったし、その藤原宮・藤原京がわずか十数年で廃棄されて、平城宮・平城京が新たに造営されたのは、大宝令で定められた官司制・官僚組織の規模が、浄御原令のそれの、数倍に拡大されたためであったと思われる。

ところが前期難波宮の「朝堂院」の規模をみると、後期難波宮（八世紀・聖武朝の造営）よりも大きいばかりでなく、平城宮の第二次朝堂院よりも大きい。一方、律令国家の官庁機構・官僚組織の発展の過程をみると、近年の学説では、それがようやく整いはじめたのは、壬申の乱後の天武朝においてであって、その後天武・持統朝を経て、大宝令の制定・発布によりその完成をみた、と考えられている。逆にいえば、壬申の乱以前になにほどかの官庁機構・官僚組織が存在したとしても、それはいまだ整ったものではなく、その規模もそれほど大きなものであったとは考えられない、というのである。

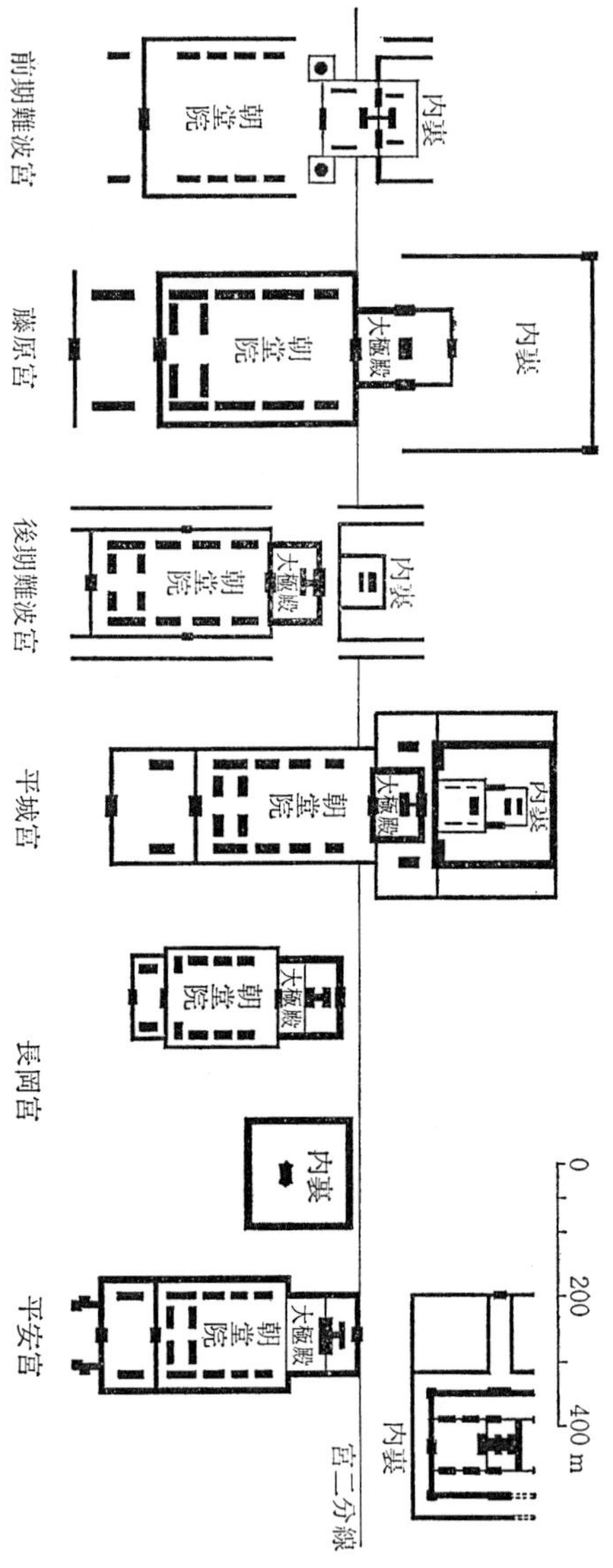

内裏・朝堂院の変遷
（岸俊男『日本の古代宮都』日本放送出版協会刊より作成）

だから、古代史研究者の多くは、以下のように考えた。前期難波宮の遺構が孝徳朝のものでは、時期が早すぎるのではないか。孝徳朝に、前期難波宮「朝堂院」の規模にみあうような官庁組織・官僚機構が形成されていたとは、とうてい考えられない。とすればむしろ、そうしたものがある程度の発達をみた天武朝のものと考えた方が、無理なく理解できるのではないか、と。実は、ここ十年来、律令官僚制の形成過程の解明をみずからの研究課題としてきた私自身、そのように考えていたのである。そしてこの問題は、いわゆる大化改新をどのように評価するかという問題と、

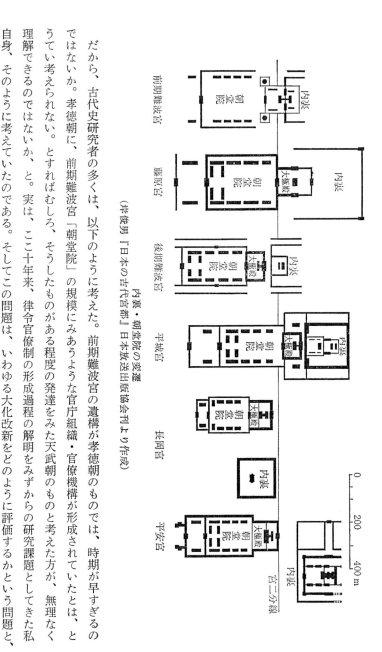

微妙にからみあう問題でもあった。

しかし今日では、前期難波宮の遺構を孝徳朝のものとみることは、ほぼ確定しているといってよい。一九七〇年に刊行された『難波宮址の研究』第六[1]において、発掘担当者の中尾芳治氏らは、考古学的見地から、前期難波宮の遺構は孝徳朝のものであるとの見解を示しておられたが、その後の一〇年間の発掘調査によって、そのことはほぼ確定的となった。このことは、一九八一年に刊行された『難波宮址の研究』第七[2]をみれば、明らかである。

このようにして、前期難波宮の遺構が孝徳朝のもの――正確にいえば、孝徳朝に造営され、天武朝にいたるまでの三十数年間、継続して存在した宮――であることが、今日では確定的となったのであるが、そうなると今度は逆に、官僚制・国家機構の未発達な孝徳朝に、なぜあのような巨大な「朝堂院」が造られたのかという問題が、古代史研究者にとって解明しなければならない課題として、つきつけられることとなった。

このような現状において、前期難波宮について、歴史学の立場から今後解明しなければならない大きな問題は、二つあるように思われる。

第一は、以上に述べてきた問題である。のちに改めて述べるように、官庁組織・官職機構の発展過程をみるかぎり、律令制的な官僚制は、やはり天武朝においてその大枠が形成されたとみるのが、正しいように思われる。そして、孝徳朝になにほどかのそれに類似する組織・機構が存在したとしても、それはまだ、大化前代からの氏姓制と部民制を基礎とした組織・機構、つまりカバネでランクづけられたウジとその隷属民からなるタテ割りの人間集団を基礎としてかたち作られた組織・機構であったのであって、これを大宝令以後の、個人をウジの集団からたてまえとしては切り離し、「官職」を与えることによって「官人」として編成するという、律令制的な官僚制と比較すれば、組織原理そのものが違っていたと考えられる。このような、国家体制およびそれを支える官僚制の未熟な段階にある孝徳朝に、前期難波宮の「朝堂院」が造営されたのは、どのような意味をもつのか、つまり律令制的な国家体制の形成過程のなかで、前期難波宮をどのように位置づけたらよいのか、という問題である。

第二は、現実に進行した「宮」および「都城」の発展系列のなかに、前期難波宮をどのように位置づけるかという問題である。「宮」は、難波長柄豊碕宮ののち、斉明朝の後飛鳥岡本宮、天智朝の近江大津宮、天武朝の飛鳥浄御原宮、そして藤原宮と続くことになるが、岸俊男氏が指摘しておられるように、(3)近江大津宮と飛鳥浄御原宮には、地理的条件からみて、前期難波宮の規模の「内裏」「朝堂院」を造ることは、不可能であったとみられる。つまり前期難波宮に匹敵する規模の「内裏」「朝堂院」は、この二つの「宮」を越して、藤原宮に連なるわけである。この点からみれば前期難波宮は、「宮」の発展系列のうえで突出していることになる。このことをどのように考えるか、というのが第二の問題である。

そこで、以下、主として第一の問題について、日本の古代「官僚制」の特質を手がかりとして検討し、そのうえで第二の問題についての見通しをうることにしたいと思う。

二　律令制と公文書制度

官僚制を構成する要件のひとつに、官職階層制があることは、誰しも認めるところであろう。多数の各級の官庁があって、それぞれの官庁には独自の職務権限が与えられている。またそれらの官庁には、階層をもつ官職があって、その官職にもそれぞれ定められた職務権限が付与されている。そして官職に任命された者は、その職務権限を行使することによって、国家の公権力を行使する。このように、人間が、それぞれ定められた職務権限をもつ官庁と官職を媒介として編成されることが、官僚制のひとつの特色であることは、ことさらにいうまでもないことであろう。

日本の古代にも、それに類似したものが存在した。たてまえとしての律令制の官人組織がそれである。「百官」といわれる官司は、二官・八省・五衛府・職・寮・司などにランクづけられ、それぞれ独自の職掌をもっている。各官司に属する官職は、カミ・スケ・ジョウ・サカンの四等官と雑任にランクづけられ、これらもまたそれぞれ独自の職掌をもっている。官職に任命された官人は、与えられた権限を行使することによって、国家行政の一端を荷うことになる。それに加えて、たてまえのうえでは、官人の勤務成績は能力によって評価され、能力のある者はより高い官職に昇任することが可能であるということになっているから、官職は世襲職でも終身の任でもない。

こうした特徴をひとつの尺度として、日本古代の官司制・官人制の形成過程をたどると、さかのぼれるのはやはり天武朝、さらにさかのぼってもせいぜい天智朝末年くらいまでである。

もちろん、官司組織そのものの存在については、もっと古くからそれに類似したものの存したことがたしかめられている。たとえば七世紀はじめの推古朝以後、「馬官」「大椋官」「前事奏官」「祭官」「祠官」などという官司または官職の存在したことが知られているし、またそれ以前から「大臣《オホオミ》」「大連《オホムラジ》」「大夫《マヘツギミ》」があったことも、周知の事柄に属する。しかしこれらはいずれも、さきにも述べたように、氏姓制と部民制を基礎とした官司または官職であって、したがってそれらは世襲職であったとみられている。つまり、律令制的な官司制・官職制とは異質のものであったと思われるのである。

ついで日本書紀によると、いわゆる大化改新のさいに「左大臣」「右大臣」「内臣」「国博士」を置き、大化五年には「八省百官」を置いたと伝えられている。またこの時期に存した官司または官職として、「刑部尚書」「衛部」「将作大匠」なども知られている。しかし「左大臣」「右大臣」は、それ以前の「大臣《オホオミ》」を左・右に分けたものにすぎないと考えられているし、大化五年の「八省百官を置く」という日本書紀の記述をそのまま信ずることもできない。「刑部尚書」「衛部」「将作大匠」など、唐風の名称の官司または官職が知られることから考えれば、この時期に、唐の官制を模した、あるいは直輸入した官司制が、なにほどか形成されたことはたしかであるにしても、それが「八省百官」といわれるほどの体系的なものであったかどうか、疑問である。

体系的な官司制らしきものが出現するのは、天智朝の末年にいたってからである。天智十年、翌年の壬申の乱で敗死することになる大友皇子を「太政大臣」とし、さらに「左大臣」と「右大臣」を各一人、「御史大夫」を三人任命したという。また同じ年の日本書紀の記事には、「法官大輔」「学職頭」という官職名も見出せる。しかし官司制が体系的なものになったと確実にいいうるのは、やはり天武朝に入ってからである。天武朝には、のちの神祇官の前身である「神官」、やはりのちの太政官の前身である「太政官」と「大弁官」が置かれ、この「太政官」と「大弁官」には、のちの八省の前身である「法官」(式部省の前身)・「理官」(治部省の前身)・「大蔵」(大蔵省の前身)・「兵政官」(兵部省の前身)・「刑官」(刑部省の前身)・「民官」(民部省の前身)の六官が所属していた。そのほかにも、いくつかの中小官司が存在したことも確認されている。またそれぞれの官司には複数の官職が所属していた。(4)

そしてさらに重要なことは、天武朝にいたってはじめて「官人法」が定められたことである。天武朝の「官人法」は、天武二年と同五年に制定された「出身法」(どのような方法・手続きで官職に任用するかを定めた法)と、同七年に制定された「考選法」(官職に任じている者の成績審査の方法とその評価のしかたを定めた法)からなるが、この両法の制定によって、官職はもはや世襲職でも終身の任でもないことが、確定したのであった。

このようにみてくると、律令制的な官司機構・官人組織が形づくられたのは、やはり天武朝においてであったとしか考えることができない。だがその天武朝の「官僚制」的な組織・機構には、のちの大宝令・養老令に定める「官僚制」的なシステムにくらべると、ひとつ重要な点で未成熟な面があった。それは、公文書制度が確立しておらず、日常の政務の大部分が口頭で処理されたことである。そして私は、そのような口頭で行なわれる政務のありかたと、それのもつ日本的な特質が、「宮」あるいは「朝堂院」を考える場合のひとつのカギになるのではないかと、最近考えるようになった。そこで、いささかまわり道のようではあるが、大宝・養老令制の公文書制度の特徴について、簡単に述べておくことにしたい。

律令制のもとでは、行政上のあらゆる命令および報告は文書を以て行なう、ということが原則とされていた。そしてその原則を維持するために、令のなかに「公式令」という篇目が設けられ、そこには各種の公文書の様式と、発布・施行などの細則が定められていた。たとえば、天皇の命令は詔書または勅旨として発布すること、そのさいに必要な手続き、上級官司が下級官司に行政命令を下す場合に用いる公文書(「符」)の書式、逆に下級官司が上級官司に対して政務を報告するときに用いる公文書(「解」)の書式などなど。

そしてこの原則は、八世紀には現実に実施されていたのであった。奈良時代は、まさに文書の時代、公文書の時代であったといっても、おそらくいい過ぎではないであろう。もっともここで「文書」というのは、なにも紙に書かれた文書とはかぎらない。平城宮跡・藤原宮跡をはじめ全国のこの時代の遺跡からおびただしい量が出土している〝木に書かれた文書〟すなわち木簡も、ここでいう「文書」に含まれる。

奈良時代が文書の時代、公文書の時代であったということは、つぎのような事例からも諒解されることと思う。

正倉院文書のなかに、天平六年八月廿日付で出雲国から太政官に提出された、「出雲国計会帳」という政務報告書が残されている。もとは長大な文書であった筈だが、太政官に送られてから数年後に造東大寺司の写経所に払いさげられ、そこで切られてしまったため、今日に残るのはそのごく一部にすぎない。

この計会帳には、天平五年八月一日から翌六年七月末日までの一年間に、出雲国が授受した公文書の目録が記載されている。太政官をはじめとする中央・地方の上級官司から送られた命令書(太政官符や八省の符など)、近隣諸国から送られてきた事務連絡書(「移」)、そしてまた出雲国が上級官司や近隣諸国に送った公文書(「解」と「移」)の一通一通について、その到着年月日、発送年月日、簡単な内容などを記している。なぜこのような報告書が太政官に提出されたかといえば、太政官には同時に中央・地方のすべての官司から同様の計会帳が届けられることになっていたのであって、その記載を対照しチェックすれば、その一年間に官司相互に伝達された行政命令が確実に履行されたかどうかが、確認できることになっていたからである。

このように、計会帳という帳簿は、あらゆる行政命令および報告は文書を以て行なうという、律令公文書制度の申し子のような帳簿であった。だから「出雲国計会帳」の今日に残されている部分は少なくても、これによって、この一年間に出雲国が授受した公文書を、かなり詳しく知ることができる。そしてそれをみると、いかに頻繁に文書による事務連絡が行なわれていたかに、私たちは驚かざるをえない。毎月、かならずといってよいほど、何通かずつの太政官符・民部省符・兵部省符が届けられる。出雲国はその都度、報答の「解」を送っている。それだけではなく、出雲国は年に数度に分けて、国衙の行政事務報告書を大量に中央官司へ送っている。一例を挙げれば、天平五年十月に上京した朝集使が持参した国衙の政務報告書は、「四十五巻六紙」であった。

右は、地方官司としてのひとつの国衙と中央・地方の他の官司との間で、文書による行政事務連絡という原則が、いかに徹底して行なわれたかという事例であるが、この時代にひとつの官司がどれほど文書であふれていたかということは、正倉院文書の存在そのものが示している。一万点を超すといわれる正倉院文書の正確な点数は、実は明らかではない。何通もの文書を貼りついで帳簿様に仕立てたものが多いから、そうしたものの中味の点数まで数えたら、その数倍になるのではなかろうか。ともあれ、活字にして一冊平均六〇〇頁の大日本古文書編年の部二五冊に収めるほとんどすべての文書が、正倉院文書である。その時代は天平年間から宝亀年間にいたる約五〇年にわたるが、これだけの文書が、造東大寺司という東大寺を造るために臨時に置かれた一官司の、さらにその一部局にすぎない写経所という機関が、この間に書いた、あるいは受けとった文書なのである。

このように、奈良時代は文書の時代、公文書の時代であった。但しこうした状態が現出したのは、それほど古い時期ではないであろう。浄御原令にも「公式令」という篇目が存在した可能性は否定できないが、しかし本格的に文書による行政が開始されたのは、大宝令が施行されてのち数年を経てからであったと思われる。なぜならば、たとえば中央政府が出す最も重要な行政命令書である太政官符についてみると、その確実な初例は和銅元年のものである。また続日本紀には、やはり和銅前後に、公文書の授受をめぐっての事務上の細則を定めた法令が、集中して載せられている。こうしたことからみて、行政は文書によって行なうという原則は大宝令で定められたけれども、すぐには実現せず、数年ないし十数年を経て実施されるにいたったのであろうと推測される。そしてこのことから逆に、天武朝以前にあっては、日常の政務の多くは口頭で処理されたものと推定できるのである。但しいうまでもないことだが、このことは、天武朝以前に文字を以て紙または木片などに記録することが全く行なわれなかったことを意味するものではない。ただ日常の政務伝達についてのみ、いえることである。

三　儀式・政務と口頭伝達

以上のように、八世紀の行政には、文書・公文書が重要な意味をもっていた。そしてそれが、日本律令の定める

「官僚制」的機構を支えた重要な要素でもあった。

だが、それにもかかわらず、この時代のマツリゴトにおいては、文書・公文書以上に重要なものがあった。それはほかならぬ、行政命令を口頭で伝達すること、すなわち公文書制度の形成される以前の時代の方式を引き継いだ〝音声の世界〟である。

実をいえば、口頭で行政命令を伝達することは、いつの時代にもありうることである。たとえば今日においても、ある官庁のある部局が他の官庁や他の部局に対して行政命令を発するような場合は当然公文書が用いられるであろうが、ひとつの部局のなかで上司が部下に命令を下すような場合は、よほど重要な事柄でないかぎり、一般に口頭で伝えられる。八世紀でも同様であって、正倉院文書をみると、造東大寺司の政務が他の官司とかかわるときは公文書が作成されているが、造東大寺司の内部での命令の伝達は「宣」で行なわれている。たとえば、長官市原王の「宣」によってある経典を書写したとか、次官佐伯宿祢今毛人の「宣」によって写経所の経師に紙や筆・墨を支給したとかというように記録されているのは、みな口頭伝達であったとみられる。正倉院文書には、この類の「宣」がきわめて多数記されている。

しかし私が、この時代の口頭伝達のもつ意味を重視するのは、このような常識的かつ一般的な意味においてではない。私がいうのは、口頭あるいは音声のもつ特殊な機能であって、いわば霊的な、マジカルな機能とでもいうべきものである。それが、この「官僚制」の整備されていたとみられる時代にも〝生きて〟いたのではないか。音声には生命(コトダマ)があり、自分の意志を相手に向って宣言すること(コトアゲ)に霊的な力があるという観念は、神話の世界において一般的にみられることであるが、それがこの時代にも〝生きて〟いたのではないかと思われるのである。なぜならば、八世紀には、国家的な重要な政務の布告は口頭で行なわれ、その政務が文書で伝達される場合でも、文書の授受にさきだって口頭で宣布されるという原則があったからである。このことを端的に示すのが、「宣命」の存在である。

続日本紀には、文武即位の「宣命」からはじめて全部で六二の「宣命」が載せられているが、それの宣布されたのは、即位・譲位・立太子・立后・改元などの、国家の重要な行事・儀式においてである。そしてこれらの行事・儀式の行なわれる場所は、原則として大極殿とその前庭(「朝庭」)すなわち「朝堂院」であった。たとえば聖武即位の儀について続日本紀が、「禅を受けて大極殿に即位す、天下に大赦す、詔《みことのり》して曰く、…(宣命)…」と記すように、「朝庭」に列立する群臣の前で口頭で「宣」せられるのである。

「宣命」を「宣」する、すなわち「宣命」を口頭で読みあげるのは中務卿の任務であったが、天平勝宝元年に陸奥国に黄金が産出したという報があり、これを慶賀して盧舎那大仏の前で「宣命」を「宣」したときのように、左大臣(橘諸兄)と中務卿(石上乙麻呂)の二人が別々の内容の「宣命」を「宣」したというような例もある。また儀式の場に召集される官人も、「群臣百寮及び士庶、分頭して行列す」というように在京の全官人(雑任も含む)である場合もあるし、五位以上の位階を有する者だけの場合もある。雑任を含む全官人が召集されるような場合は、その人数は数千人となるであろうから、かなり広い場所が必要となる。平城宮第二次朝堂院のあの広大な広場＝「朝庭」は、こうした儀式に備えてのものであった。なお念のため附言すると、こうした儀式の場において、「宣」する音声がきこえるかきこえないかということは、さほど重要なことではない。音声によって宣布されたということと、臣下がその場に参列したということが重要なのである。

「宣命」の口頭による宣布は、その政務が最終的には文書の授受によって完了するような場合にも、文書の授受にさきだって行なわれる。例を挙げれば、僧綱すなわち僧正・僧都・律師を任命する場合が、そのひとつである。八世紀には、僧綱所は薬師寺にあったので、僧綱の任命が決まると、あらかじめ京内諸寺のすべての僧侶が薬師寺に召集される。そこへ、宮中から多数の官人を率いた「宣命使」が派遣されるのである。「宣命使」は、僧侶の列立する前で、天皇の命令としての、某僧を僧正なり僧都なりに任命するという「宣命」を口頭で宣布して、宮中に帰る。そしてそのあとで改めて、某僧を僧正なり僧都なりに任命したことを僧綱に対して告げる(任命された本人宛でないことに注意)公文書、すなわち「任僧綱告牒」といわれる太政官牒が作成されて、下達されるのである。(5)

これとやや似た例に、一般の官人に位階を授与する叙位の儀がある。これは、大極殿とその前庭で行なわれる。すなわち位階を授与される者が「朝庭」に列立し、天皇の大極殿への出御のもとに行なわれる。やはり、まず「宣命」の口頭宣布にはじまり、ついで式部卿が、叙位される者の一人一人の名をとなえると、呼ばれた者は大極殿前に進み出て、叙位の証書である「位記」を式部卿から受け取る。

このように八世紀においても、政務の口頭伝達ということは、重要な意味をもっていた。公文書が用いられるような場合でも、口頭伝達が優先されることがあったのである。そしてこのことを最も端的に示すのが、任官の儀であろう。(6)

日本の律令には、位階を授与するときには、その証書として本人に「位記」を授与すると定められている。ところが、ある者をある官職に任命する場合に、そのことをその者に告知するために交付する公文書の制は、定められていなかった。つまり今日の辞令に相当するものは、なかったのである。ならばどのような方法で、任官のことを本人に告知するのか。それは、口頭伝達であった。

律令制の官職は、その任命権者の別によって、四種に分けられていた。第一が、天皇の意志によって任命する勅任官で、太政官の太政大臣・左大臣・右大臣・大納言(のち中納言も)・左右大弁、八省の卿、五衛府の督、弾正尹、大宰帥がこれである。第二が、太政官が候補者をえらび、天皇に奏上してその裁可を経て任命する奏任官で、全官司の四等官および准四等官がこれである。そして第三が、太政官が任命する判任官、第四が、式部省が任命する式部判補の官で、諸司の雑任などがこれにあたる。

これらの任命は、すべて口頭で伝達されるが、勅任官と奏任官にこれを正式に伝える儀式は、「朝堂院」で行なわれるのが原則であった。「朝庭」に任命される官人が整列し、天皇が大極殿に出御すると、式部省の官人が一人一人の名をよび、口頭で任官のことを告げる。告げられた者は「称唯」すなわち「オオ」と答えて拝礼する。これが、任官の行事のすべてである。

これで知られるように、文書・公文書があふれていたようにみられる八世紀においても、国家的な行事・儀式・政務は大極殿とその前庭すなわち「朝庭」において行なわれ、重要な命令の伝達はまず口頭で行なわれたのであった。文書・公文書の交付は、そうした口頭による宣布が終了したのちに、改めて行なわれるのである。このことは、口頭による宣布ということが、この時代にいかに重要な意味をもつものであったかを、示している。ここには嘗てのコトアゲの霊的な機能が〝生きて〟いたのである。そうでないまでも、叙位・任官の口頭伝達のような場合には、それがプリミティヴな様態であればあるだけ、そうすることが君臣関係を保つうえで、より親近性のあるものと考えられていたのだと思われる。官人個人にとって、天皇の面前で自己の名をとなえられることのもつ意味は、重大であった筈である。公文書制度の整った八世紀においてすらこのような状態であったとすれば、それ以前、時代がさかのぼればさかのぼるほど、口頭伝達、口頭宣布のもつ重要性は大であったと推察される。

さらにまた、天皇が大極殿に出御し、その前庭に諸臣が列立して行なわれる儀式・行事は、以上述べてきた、臨時の国家的行事や叙位・任官の儀のみではなかった。年間を通じて定期的に挙行される儀式、すなわち年中行事――これもマツリゴトである――もまた同様であった。したがって、行事の都度、儀式の都度、在京の諸臣の全員または一部が、「朝庭」に列立することになる。そうなると諸臣にとっては、天皇の面前での、その並びかたが重大な関心事となる。そしてこの並びかたを定めて、律令は、「位次」による、つまり位階＝クライの上下によるとしたのである。

四　クライの特質

ここにいたって私は、日本律令「官僚制」のもつ、いまひとつの日本的な特質について述べなければならない。それは、日本古代の律令制のもとでの「官僚制」の基本にあるものは、実は官職ではなく、位階すなわちクライであったということである。

このことを理解するためには、日本が模範とした隋・唐の「官僚制」を構成する原理と、日本律令制のそれとが、どのように違っていたかを知るのがはやみちであろう。

隋・唐には、日本の位階＝クライに相当するものは存在しなかった。クライに類似する称号として「散官」があったが、これも「官」であって、日本のようなクライではない。隋・唐の時代、役人として出身しようとする者は、まず国家試験すなわち科挙を受ける。合格すると、然るべき官職に任命される。そしてその官職が官職組織全体のなかでどの程度の地位のものであるかということが、別に定められている。それを定めたのが、「官品令」である。「官品令」は全官職の等級表であって、官職に任命された者は、その等級表によるランクに相当する政治的・経済的・社会的特権をうる。(7) 要するに隋・唐では、官職に就任するかどうかが、その者が皇帝の「官僚」となるかどうかの分岐点であった。だから、隋や唐でも、国家的な重要な儀式は、皇帝の面前に諸臣が列立して行なわれたが、諸臣の並びかたは「官品」の順序、すなわち官職の等級の高下によるものであった。

だが、日本ではそうではなかった。律令法を隋・唐に学び、「官僚制」をも隋・唐の制を模してつくりあげた筈であるのに、この点では、日本は隋・唐と根本的に異なっていた。日本は、隋・唐にはなかった位階＝クライを設け、クライによって人物をランクづけ、しかも官職を位階＝クライに従属するものとして位置づけたのである。

日本では、ある者が、天皇あるいは律令国家の官人となるためには、なによりもまず位階＝クライを獲得しなければならなかった[8]。クライを授与されて天皇の臣となることが、官人となるための第一歩であったのである。そしてクライをえた者、クライを有する者は、そのクライにみあった官職に任命されて、天皇あるいは律令国家の官人となる。クライと官職がみあうことを、「相当」するという。その、クライに「相当」する官職を定めたのが、日本の「官位令」であった。その意味で、唐の「官品令」が全官職の等級表であったのに対し、日本の「官位令」はクライと官職の相当表であったのである。「官品令」と「官位令」とは、その名は一字しか違わないが、その内容は全く異なっていたのである。この相違、そしてまた唐の官品と日本の位階の相違を理解するためには、つぎのような事例を挙げれば足りるであろう。すなわち、日本では「右大臣正二位藤原朝臣不比等」というように、クライは官職とともにその者の政治的地位を示す肩書きとなる。しかし唐では、唐で日本の右大臣に相当する官職は尚書省の右丞相で、それは従二品の官であるが、右丞相は肩書きになっても、その官職の等級を示すにすぎない従二品は、決して肩書きにはならないのである。

このように、日本の律令「官僚制」を根底において支えていたものは、隋・唐のように官職ではなくて、それとは別の原理による位階＝クライなのであった。日本では、官職はあくまでも位階＝クライに従属するものとして位置づけられていたのである。そしてそのことは、実は、歴史的にもたしかめることができる。よく知られているように、日本のクライは推古朝の「冠位十二階」を起源とするが、すでに述べたように、その時代に存した官司あるいは官職は、律令制のそれとは異質のものであった。それでも冠位を授与することによって、人間を大王あるいはヤマト朝廷の臣として編成することが、行なわれたのである。さらにその後も、大化三年の「七色一十三階之冠」、大化五年の「冠十九階」、天智三年の「冠位二十六階」というように、官司制・官職制の形成に先行して、冠位の改正・拡大がはかられている。こうしたことから知られるように、日本では、冠位・位階＝クライの制度が、律令制的な官司・官職の制度とは別個に、独自に発達したのであった。

なぜそのようなことが可能であったかというと、人物を等級づけるという点では官職も位階＝クライも同じ機能をもつものでありながら、この両者には以下のような相違があったからである。まず、冠位・位階は、それを授与することがただちにその人物を等級づけることになる。それは、人物の等級づけの直接的な方法である。これに対して、官職で人物を等級づけるのは、官職の等級を媒介にするものであるから、いわば間接的な方法であるといえる。そしてこのことからわかるように、冠位・位階によって人物を等級づけることは、それのみで可能である。すなわち、体系的な官司制や官職制の存在を前提としなくても、できる。私の率直な意見をいわせてもらえば、従来の前期難波宮についての議論は、あまりにも官司制・官職制の発達にひきつけて論じられ、冠位・位階＝クライのもつこのような性質が、顧られなかったように思われる。

然らば、冠位・位階＝クライとは、いったい何であろうか。それは、一言でいえば、君と臣との「距離」を表示するものである。出自・年功・功績・恩顧などさまざまな要素によって形づくられる君と臣との親近性の厚薄・親疎を表示するものが、クライである。そして重要なことは、さきに述べたような国家の重要な儀式・行事にさいして、天皇の面前で臣下が「位次」すなわちクライの順序で列立したとき、クライはまさに物理的な意味での君と臣との距離そのものを示すものとなるということである。日本では、このようなかたちでの、人の編成、臣下の編成が、「官僚制」よりもさきに行なわれていたのであった。

五　前期難波宮の歴史的意義

これまで、律令「官僚制」が整備され、文書による行政がかなり徹底して行なわれた八世紀でも、重要な行事・儀式・政務は大極殿とその前庭である「朝庭」すなわち「朝堂院」で行なわれたこと、そこでは音声による口頭伝達が重要な意味をもったこと、そしてその場に列立する官人の整列の順序をめぐって、冠位・位階＝クライのもつ特質などについて述べてきた。それでは、これらの事柄を前提にしたならば、前期難波宮について、どのようなことが考えられるであろうか。

すでに、岸俊男氏および狩野久氏によって、前期難波宮跡にみられるような、内裏―大極殿院―朝堂院からなる「宮」の構造あるいは配置について、つぎの二点が明らかにされている(9)。

㈠、内裏―大極殿院―朝堂院という構造・配置は、推古朝の小墾田宮、孝徳朝の難波小郡宮(難波長柄豊碕宮にさきだって造営された「宮」)にもみられるもので、この構造・配置は、藤原宮・平城宮などにも継承されている。

㈡、古くは、こうした場が毎日の政務の場であった。

蛇足とは思うが、この二点について、史料を示しつつ説明を加えておこう。

小墾田宮の宮殿の配置を推測させる史料は、日本書紀の推古十六年八月壬子条と同十八年十月丁酉条の二つである。推古十六年の記事は、遣隋使小野妹子を送って来日した隋使裴世清が、隋の国書を「朝庭《ミカド》」において天皇に奉呈する儀を記したもので、そこにはつぎのように書かれている。

隋使は二人の導者《ミチビキヒト》に導かれて「朝庭」に入り、信物を「庭中《オホバ》」に置いて二度再拝し、使者の趣を言上して国書を朗読した。終ると導者のひとりが国書をうけとり、すすみでる。するとひとりの大夫《マヘツギミ》が迎え出て国書をうけとり、「大門《ミカド》」の前の机の上に置き、天皇に奏上した。

これによると、「朝庭」に入るとそこには「庭」があり、そのむこうに「大門」があって、さらにそのむこうに天皇がいる。いうまでもないことだが、ここで行なわれているのは、みな口頭伝達である。

推古十八年の記事は、来日した新羅使と任那使の同様の儀式についてのもので、そこではつぎのように書かれている。場所はやはり「朝庭《ミカド》」である。

新羅と任那の使節は、それぞれ別の導者に導かれて「南門」より入り、「庭中《オホバ》」に立った。すると四人の大夫が「位《クラキ》」から立って使節の前に進み出て、「庭《オホバ》」に伏した。両国の使節は再拝して使者の趣を奏する。聞き終った四人の大夫は、大臣《オホオミ》の前に行って、その旨を大臣に伝えた。それまで「位」にいた大臣は、起ちあがって「庁《マツリゴトドノ》」の前に立ち、これを聞いた(天皇への奏上についての記述はない)。

これによると、「朝庭」には「南門」があり、ここから入ると「庭中」・「庭」があって、そこには「庁」が建てられており、大臣・大夫らははじめ「庁」のなかの「位」に坐っていた。ここでの伝達もまた、口頭である。

つぎに難波小郡宮の殿舎の配置が知られるのは、日本書紀白雉元年二月甲申条の、白雉御覧の記事である。

その日は「元会儀」と同じように、「朝庭《ミカド》」には隊仗が整えられていた。左右の大臣以下百官人は、「紫門《ミカド》」の外に四列に並んだ。四人の大夫が白雉をのせた輿をかついで進むと、左右の大臣は百官人や百済の王族などを率いて「中庭《オホバ》」にいたった。そこからは、別の四人の大夫が輿をかつぎ、「殿前」に進んだ。そこで今度は、左右の大臣が輿の前頭《マヘ》を持ち、三人の大夫が後頭《シリヘ》を持って進み、天皇の「御座《オマシ》」の前にこれを置いた。天皇は皇太子とともに、輿の中の白雉をみた。

これによると、やはり「朝庭」は広い広場であって、左右大臣以下多数の廷臣が列立している。その「朝庭」のむこうに「紫門」があり、これをくぐると「中庭」があって、そのむこうに「殿」があり、そこには天皇の「御座」がある。なお日本書紀には右の文に続けて、天皇の白雉御覧ののち、臣下を代表して左大臣巨勢徳陀古が賀詞を奏上し、これに応えて詔が下されたことが記されている。その賀詞も詔も、日本書紀に載せるものは漢文体の文章であるが、いずれも本来は、口頭による宣命体の文であったはずのものである。

また、この二年前の大化三年には、小郡宮の「礼法」という、臣下の執務規定が定められている。それは、すべての「有位者」は、毎日かならず寅の時に「南門」の外に左右に整列して待機し、日の出とともに「庭《オホバ》」に就いて天皇に再拝し、そののちに「庁《マツリゴトドノ》」に侍せよ。もし遅刻したならば、入って侍することはゆるされない。午の時になったら「中庭《オホバ》」に置いてある鍾《カネ》の音を合図に、帰ってよい。

とする。これによっても、「南門」を入ると「庭」があり、その「庭」は「有位者」(もちろんこれは冠位を授与された者の意)全員が整列できる広さをもっている。また「庭」には「有位者」たちが侍する「庁」が建ち並んでいる、ということがわかる。

これらを通じて知られることは、小墾田宮も難波小郡宮も共通して、

「南門」を入ると広い「庭」があり、そこには「庁」が建ち並んでいる。「庭」のむこうには「大門」または「紫門」があり、そのむこうに「中庭」をへだてて「殿」がある。「殿」には天皇の「御座」がある。

という殿舎の配置をもっていたということである。これは、前期難波宮の殿舎の配置とも、藤原宮・平城宮の殿舎の

配置とも、基本的に一致するものである。

そのうえで改めて注目しなければならないのは、難波小郡宮の「礼法」の内容である。その要点は三つあると思われる。第一は、毎朝、天皇に対する拝礼が行なわれたことである。これは当時「朝参《ミカドマヰリ》」とよばれた儀式である。「朝参」はこのように、毎朝行なわれるのが本来のありかたであったが、後に律令官人が増加してくると、全官人による「朝参」は毎月の朔日にのみ行なわれることとなり(儀制令5文武官条に定める「告朔」)、ついには四孟の朔日(元日、四月一日、七月一日、十月一日)だけになってしまう。第二は、この毎日の「朝参」には、すべての「有位者」が参加しなければならなかったことである。この点については、のちに改めて述べる。第三は、「朝庭」すなわち「朝堂院」には「庁」すなわち「朝堂」があり、そこが「有位者」たちの侍する場、すなわち執務の場であったことである。この点は明らかに、のちの藤原宮・平城宮のような、日常の政務は「朝堂院」外の官庁別の殿舎で行なうという形態と、異なっている。そしてまたこれは、孝徳朝にどの程度の官司制が形成されていたかという問題と、密接にかかわる事柄でもある。しかし孝徳朝が、公文書制度がいまだ存在せず、日常の政務の伝達はもっぱら口頭で行なわれた時代であったとすれば、このような執務形態の方が、かえってふさわしかったともいえるであろう。

以上三点のうち、私が最も注目したいのは、第二点である。すべての「有位者」は毎日「朝参」し、「庁」に侍すべきである、という。もちろんこの時期に、全「有位者」すなわち冠位を授与された者の総数が、どれほどのものであったかは明らかでない。ただたしかなことは、大化三年の「七色一十三階之冠」と大化五年の「冠十九階」という二度にわたる冠位の改正によって、それ以前の「冠位十二階」が行なわれていた時代にくらべれば、冠位の被授与者が著しく増加したということである。

そもそも、推古朝に定められた「冠位十二階」は、かなりかぎられた者にしか授与されなかったらしい(10)。最上の冠である「大徳冠」でも、大宝・養老令制の位階にあてはめると、四位あたりに対応するものであったから、蘇我氏本宗家の者などには授与されていない。被授与者は畿内とその周辺の出身者で、階層的には臣・連・伴造の各層にわたったとみられるが、しかしすべてのウジの人に授与されたわけではなく、その一部にかぎられていたと推定されている。

これに対して、大化三年の「七色一十三階」冠位は、「冠位十二階」の最上冠「徳冠」を「大錦冠」とし、その上に新たに大織冠・小織冠・大繡冠・小繡冠・大紫冠・小紫冠の六階を設け、また「冠位十二階」の最下位冠の下に建武冠(「初位」または「立身」とも)を新設したものであった。したがって大化三年の冠位改正の主要な目的は、それまでの「冠位十二階」では授与対象の枠外に置かれていた、いわば上級者と下級者を、授与対象の枠内に組み入れることにあった、とみてよい。それゆえ、日本書紀の記すように、この冠位改正が事実大化三年に施行されたのであるならば、これによって冠位の被授与者すなわち「有位者」が著しく増加したことは、間違いない。

ついで行なわれた大化五年の冠位改正は、大化三年冠位で新設した上位六階と最下位の冠はそのままとして、中間の六階を十二階に倍増したものであった。この冠位は、先年飛鳥京跡からこれを記した木簡が出土して、事実これの行なわれたことが確認されたことで有名だが、もし大化三年と同五年の二度の冠位改正の年紀が信じうるものであるならば、大化五年の改正は、いわば中級者の増大に対応して行なわれたものと考えなければならないであろう。

日本書紀によれば、難波長柄豊碕宮は白雉元年ころから造営が開始され、同三年に終ったという。「其の宮殿の状《かたち》、殫《ことごとく》に論《い》ふべからず」とも記されている。大化五年は、その白雉元年の前年である。直木孝次郎氏はこの点に着目されて、「小郡宮は冠位十三階の段階を示す宮であり、豊碕宮は冠位十九階の段階を示す宮である」[11]といわれたが、私もこの見解に賛成したい。ただ直木氏は、大化五年に日本書紀が「八省百官を置く」と記すのは信じ難いとされながら、

「二度にわたる冠位の制の改訂は、大化年間に官制の整備がある程度進行したことを示していると解してよかろう」(傍点早川)といわれて、難波長柄豊碕宮―前期難波宮の理解の前提として、やはり「官制の整備」を想定しておられる。

しかし私のみるところでは、本稿で述べてきたことから諒解されるように、「官制の整備」をかならずしも前提とする必要はないであろう、というのが到達した結論である。難波長柄豊碕宮―前期難波宮は、官制よりも、むしろ、冠位の授与を基調とする君臣関係の拡大と、全「有位者」が参加する国家的行事ならびに「朝参」のありかた、および口頭伝達によって行なわれる執務形態の三つの面から、理解すべきであろうと思われる。

但し、このように考えた場合でも、岸俊男氏が提起されたいまひとつの問題、すなわち前期難波宮の「朝堂院」の規模が近江大津宮・飛鳥浄御原宮に継承されなかったのはなぜか、という問題が依然として残される。しかもこの問題は、いわゆる大化改新の評価と密接にかかわっている。そこで最後に、これについての私の見通しのみを簡単に述べておくことにしたい。

私は、大化改新が、日本書紀の記述するように進行したとは、かならずしも考えていない。ことに「改新之詔」第一条の公地公民制の宣布については、強い疑念を抱いている。しかしだからといって、改新否定論者でもない。乙巳の変ののちに、たしかに政治改革は行なわれたのであるが、その改革の重点は、畿内およびその周辺に根拠をもつ諸豪族によって構成された権力――これを関晃氏にしたがって畿内政権とよぶ(12)――が、地方に割拠し独自に土地・人民を支配する地方豪族に対する支配を、いかにして強化するかということに置かれていたと考えている。

このような立場からみて、私が注目したいのは、大化元年八月に発遣されたと伝えられる「東国国司」についての、日本書紀の一連の記事である。もっとも日本書紀には東国に派遣された「東国国司」と倭国の六県に派遣された使者のことしか記述されていないが、この時期には使者は全国に派遣されたのであって、史料が残され、そしてたまた

日本書紀に記事として採用されたのが、「東国国司」についてのものであったのだと思われる。(13)
「東国国司」らはいくつかの任務を負って東国(いわゆる坂東よりも広い範囲で、だいたい中部地方以東)に赴いたが、そのひとつに、近く実施される「評」(のちの郡)制にそなえて、「評」の行政官である「評造」候補者を選定するということがあった。(14) そしてこのことをめぐって、現地ではさまざまな訴訟事件が発生したのだが、「国司」がその場で裁決することは禁じられていたので、任務が終って帰還するにあたり、「国司」らはこうした訴人を含む多数の在地の有力者をひきつれて上京したのである。そしてこのような人びとに対して、大化二年二月戊申につぎのような詔が下された。

　集《うごなはりはべ》在る国民《おほみたから》、訴《うた》ふる所《ところ》、多《さは》に在《あ》り、今将《いままさ》に理《ことわり》を解《と》かむとす、諦《あきらか》に宣《の》たまふ所を聴《うけたまは》るべし、其《そ》の疑《うたがひ》を決《さだ》めむとして、京《みやこ》に入《まゐ》りて、朝集《まうできうごなは》る者《もの》、且《しばら》く退《まか》り散《あか》つこと莫《な》くして、朝《みかど》に聚《つど》ひ侍《はべ》れ、

全国から訴訟のために上京してきた「国民」は、早々に帰国することなく、天皇の裁定があるまで「朝」につどいはべれ、というのである。

このような人びとを指して「朝集」という語を用いていることに、まず注目される。なぜならば、のちの律令法での「朝集」は、地方官である国司が、毎年定期に国務を報告するため上京して、朝廷に集ることをいい、右のような一般の人民についてこの語を用いることはないからである。そのうえさらに注目されるのは、こういう人びとに対して「朝に聚ひ侍れ」といっていることである。この「朝」は、これが天皇の命令であり、訴訟の裁定は天皇みずからが行なうと述べている以上、「朝庭」ないし「朝堂院」以外には考えられない。つまりこの時期の「朝庭」は、「有位者」のみでなく、このような「国民」の参集する場でもあったのである。これは、八世紀の史料からはうかがい知ることのできなかった、「朝庭」の使われかたの一面である。そしてこのことに呼応するように、この詔と翌三月に出さ

れた「東国国司」に関する二つの詔の宣布の対象には「諸百姓」が入っている。すなわちこの詔は、「集侍《うごなはりはべ》る卿《まへつぎみ》等《たち》、臣《おみ》、連《むらじ》、国造《くにのみやつこ》、伴造《とものみやつこ》、及び諸《もろもろ》の百姓《おほみたから》」に宣せられたのであり、「東国国司」の任務不履行を責めた三月甲子と辛巳の二つの詔は「集侍る群卿大夫《まへつぎみたち》及び臣、連、国造、伴造、幷《あはせ》て諸の百姓等《おほみたからども》」、「集侍る群卿大夫及び国造、伴造、幷て諸の百姓等」に宣せられたのであった。詔の宣布の対象に「諸百姓」が入るのは、その前後に例をみない(15)。

もっとも、このように多くの「百姓」が「朝庭」につどうということは、この時期の特殊な現象であった可能性が大きい。というのは、こののち「評造」の任命は着々とすすんだから、全国からいっせいに訴人が上京してくるというような事態は、以後は生じなかったであろうと思われるからである。難波長柄豊碕宮が造営された白雉年間とは、「評造」の任命が全国的に行なわれた時期でもあったのである。

前期難波宮の「朝堂院」の規模が巨大なものとなった理由の一つには、このようにして上京し「朝集」する地方豪族のためのスペースを確保するということがあったであろう。だがそれ以上に大きな理由は、これらの地方豪族に、つまりは畿内政権の被支配者たちに、内裏・「朝堂院」の壮大さ、その威容を実見させ、かれらを圧服することにあったのだと思われる。その意味での前期難波宮の果した機能は、藤原宮や平城宮の荘厳、そしてまた地方の「平城京・平城宮」である国府・国庁の造作の果した機能と、変らなかったであろう。ただ前期難波宮は、畿内政権による徹底した地方豪族統治の開始期に造営された「宮」であるという、歴史的に特殊な条件のもとにあったのである。

(1) 難波宮址顕彰会・大阪市立大学難波宮址研究会編『難波宮址の研究』研究予察報告第六(一九七〇年)。
(2) 財団法人大阪市文化財協会編『難波宮址の研究』第七(一九八一年)。報告篇・論考篇・史料篇の三冊よりなるが、ここ一〇年間の前期難波宮跡をめぐる研究動向は、論考篇に収める中尾芳治「難波宮跡一〇年来(一九七〇〜一九八〇年)の調査成果と研究動向」に、簡潔に整理されているので、参照されたい。
(3) 岸俊男「古都発掘――その新しい成果をめぐって――」(日本史の謎と発見4『女帝の世紀』所収、一九七八年、毎日新聞社)。

(4)　四等官制であったとする学説と、三等官制であったとする学説とがある。

(5)　本書第Ⅱ部第四章「任僧綱儀と任僧綱告牒」参照。

(6)　以下に述べる任官の儀については、本書第Ⅱ部第三章「八世紀の任官関係文書と任官儀について」参照。

(7)　宮崎市定「日本の官位令と唐の官品令」(『アジア史論考』中巻所収、一九七六年、朝日新聞社)。以下の、唐の官品令と日本の官位令の相違、唐の官品と日本の位階の相違についての記述は、この論文による。

(8)　竹内理三「律令官位制に於ける階級性」(『律令制と貴族政権』第Ⅰ部所収、一九五七年、御茶の水書房)。以下の、日本の位階＝クライの特質についての記述は、この論文による。

(9)　岸俊男「朝堂の初歩的考察」(『橿原考古学研究所論集』所収、一九七五年、吉川弘文館)、同「都城と律令国家」(『岩波講座日本歴史』2所収、一九七五年、岩波書店)、狩野久「律令国家と都市」(『大系日本国家史』Ⅰ所収、一九七五年、東京大学出版会)。

(10)　黛弘道「冠位十二階考」(『東京大学教養学部人文科学科紀要』一七、一九五九年、のち『律令国家成立史の研究』所収、一九八二年、吉川弘文館)。

(11)　直木孝次郎「難波小郡宮と長柄豊碕宮」(『難波宮と日本古代国家』所収、一九七七年、塙書房)。

(12)　関晃「律令支配層の成立とその構造」(新日本史大系第二巻『古代社会』第一章第一節、一九五二年、朝倉書店)。

(13)　以下の「東国国司」に関する記述については、本書第Ⅱ部第一章「選任令・選叙令と郡領の「試練」」参照。

(14)　薗田香融「国衙と土豪との政治関係」(『古代の日本』9所収、一九七一年、角川書店、のち『日本古代財政史の研究』所収、一九八一年、塙書房)。

(15)　天武十二年正月丙午条に「諸国司、国造、郡司及百姓等、諸可レ聴矣」という詔がみられる。祥瑞による赦と課役の免除を述べたものだが、内容のうえでは在京者にも関係があるものであるのに、地方在住者のみに宣している点に不審がある。また八世紀以後の「宣命」は、「親王、諸王、諸臣、百官人等、天下公民、衆聞宣《もろもろきこしめさへとのる》」というのを常套句とする。しかしこれは「天下公民」に伝えられればよいのであって、宣布の場に列席することを期待したものではない。

第三章　八世紀の任官関係文書と任官儀について

はじめに

平安時代のなかば以降に、除目すなわち勅任官と奏任官の任官が、どのような手順を経て行なわれ、またそのさいにどのような文書が作成されたかについては、西宮記等の公事の書ないし儀式書に詳しく記述されている。しかしさかのぼって、律令制の始行された八世紀に、それがどのようにして行なわれたかは、ほとんど知られていない。本稿はそうした事柄について考をめぐらしたささやかな覚え書きであるが、あらかじめつぎの二点についておことわりをしておきたい。その一つは、本稿で検討しようとするものは、表題に掲げた如く、任官にあたってその表面にあらわれた事柄であって、銓衡基準とか銓衡過程とかの実態にかかわる事柄ではないということである。そうした実態の解明は、政治史の課題に属すると思われるが、本稿はそのような分野にはたち入らない。いま一つは、広い意味での任官には、勅任・奏任・(官)判任・式部判補のそれぞれについて四種のものがあるが、後世の除目がそうであったように、本稿で扱う任官も勅任官と奏任官のそれに限定していることである。(官)判任と式部判補の官の任官については別途に考えたいと思う。

一　「上階官人歴名」と「神祇大輔〔副〕中臣毛人等百七人歴名」

大日本古文書編年第二四巻七四頁から七五頁にかけて、(A)「上階官人歴名」(正倉院文書続々修二四帙五裏)と題する文書が収録されている。前後をそれぞれ欠くが、「式部大丞大伴犬甘」から「介大伴首名」にいたる四三名の官名と人名を記したものである。大日本古文書編者は「コノ断簡、続日本紀ニ拠ルニ、天平十年四月ノモノニカヽル」として、天平十年四月にかけている。またこれと同じような形態の文書が、いま一つ同書の第一五巻にも収められている。同巻一二九頁から一三二頁の(B)「神祇大輔〔副〕中臣毛人等百七人歴名」(正倉院文書続々修四六帙五)と題するものがそれで、一紙のオモテとウラに「神（マヽ）大輔中臣毛人」から「右兵衛少尉阿倍上万呂」にいたる一〇七名の官名と人名が列記されている。大日本古文書編者は「コノ文書、年月日ヲ注セズト雖モ、続日本紀、公卿補任等ニ拠リテ、今姑クコノ年ニ収ム」として天平宝字五年にかけているが、そこに記されている官名が天平宝字二年八月甲子に改易された新官名でないことによって、この年次比定の誤りであることが一見して知られるものである。

この(A)・(B)二つの文書については、すでに野村忠夫氏が詳細な検討を加えておられる。[1] 氏の結論を簡単に述べれば、

㈠、(A)「上階官人歴名」は、天平十年四月庚申の任官に関する文書である。続日本紀はこの日の任官について佐伯浄麻呂(任左衛士督)以下九名を記すにすぎないが、この文書によって、この日にはさらに多くの任官があったとみるべきである。したがって文書名は「任官官人歴名(断簡)」とでも改めるのが妥当である。

㈡、同様に(B)「神祇大輔〔副〕中臣毛人等百七人歴名」は、天平宝字二年八月癸卯に行なわれた任官に関する文書である。続日本紀のこの日の条は、笠真足(任伊勢介)・大伴犬養(任右衛士督)の二名の任官を記すにすぎないが、実際に

はこの日に、この文書が記すように一〇七人の任官があったとみるべきである。

㈢、(A)・(B)の二つの文書はそれぞれ「大宝令施行下と養老令施行直後に於ける大間書的な性格の任官関係文書の写し或は聞書であろう」(傍点野村氏)と推測される。

の三点に要約できるであろう。野村氏の明快な論証とこの結論に対しては、私も全く異論がない。私は後述のように、この二つの文書を後世の「除目聞書」に相当するものと考えているから、あえて異をとなえるとすれば㈢についてだが、しかし氏と私の基本的な認識においては変るところはない。

このようにして、野村氏により貴重な八世紀の任官関係文書が発掘されたのであったが、その後これらの文書を用いて八世紀の任官・除目について論及した業績のあることを、寡聞にして私は知らない(2)。そこでまず、野村氏の驥尾に付して、この二つの文書をめぐる問題点を検討することにしたい。その場合、(A)「上階官人歴名」が前後を欠き、天平十年四月庚申の任官者の一部を残すにすぎないのに対して、(B)「神祇大輔〔副〕中臣毛人等百七人歴名」は天平宝字二年八月癸卯の任官者全員の歴名であるので、本稿では主として(B)を検討の対象としたいと思うが、(A)についてもあらかじめ以下の諸点を指摘しておくことにする。

(A)「上階官人歴名」について

(1)「式部大丞大伴犬甘」から「(越前)介大伴首名」にいたるまで、官名と人名が列記されているが、官名は全部で四五項あり、そのうち「(信濃)掾」と「(武蔵)大目」は官名のみ記して人名を記さないので、官名と人名をともに記すのは四三項となっている。

(2)大日本古文書では上・中・下三段に分けて整然と記されているかの如くに印刷されているが、マイクロフィルムによって原文書を検すると、初行は「大養徳守藤原」までであり、「広嗣」以下は次行に記されている。ついでながら、大日本古文書の不備を三箇所指摘しておく。(イ)「広嗣」の下の注記は大日本古文書では「兼式部卿」となっているが、これは「兼式部」であって「卿」字はない。続日本紀の記事も「式部少輔如ㇾ故」とするから、原文書の方がいうまでもなく正しい。大日本古文書がなぜ誤って記したのか不明だが、臆測すれば、「卿」字と「部」字の草体は酷似しているので、「 マ」一字を二重に読んでしまったのであろうか。(ロ)第四行中段を大日本古文書は「和泉佐田部子老」とするが、「佐」は原文書では「佑」である。官名として「佑」が正しいことはいうまでもない。(ハ)第一四行上段の「多比治」の「治」字の右傍に顚倒符「ㇾ」がある。したがって「多治比」とするのが正しい。

(3)この歴名に書かれている人名には、すべて位階が記されていない。またいわゆるカバネに相当するものも記されていない。(3) すなわちこの歴名では官名・ウジ・ナのみが記されている。

(4)記されている官名はすべて四等官である。またそれらはみな奏任の官である。もっとも続日本紀ではこの日に左衛士督の任官があったとするから、大宝選任令任官条の規定が養老選叙令3任官条と同じであったとみてよければ、前後の欠失部分に勅任官が記されていた可能性が大きい。左衛士督の記載位置は、野村氏が推定されたように、尾部の欠失部分であったと思われる。

(5)前欠のため、この歴名には内官は式部大丞と兵部大丞の二官しか記されていないが、その序次は職員令(官員令)のそれと同じである。また大養徳守以下の国司の記載順は、畿内・東海道・東山道・北陸道の序次に概ねしたがっているが、東山道諸国について武蔵介・掾・大目(人名不記)・少目が陸奥介の次に置かれているのが、通常の序次と異なる。

(A)「上階官人歴名」の記載についての特徴は概略以上の如くであるが、特に(3)・(4)の二点に注目しておくことにしたい。

(B)「神祇大輔〔副〕中臣毛人等百七人歴名」について

この文書については、マイクロフィルムによって知りえた原文書の形態をはじめに掲げておく。なお全項に通し番号をつけておく。

（オモテ）

(1)神大輔中臣毛人　(2)少輔忌部呰万呂　(3)大佑今木虫万呂
(4)少佑中臣槐成　(5)大志忌部諸足　(6)大政官大弁藤原御楯兼
(7)左中弁石川豊成　(8)外少記田口大立　(9)台大忠中臣浄万呂兼
(10)中務大丞阿部魚道　(11)少丞田口石足　(12)大録田辺樫実
(13)少録白鳥小田万呂　(14)侍従藤原御楯　(15)内舎人百斉文鏡
(16)掃守《加茂》浄足　(17)当麻大庭　(18)石川浄万呂　(19)佐伯人万呂
(20)无位石川弟《継》成　(21)他田人成　(22)阿倍吉備《人》　(23)阿倍山守
(24)粟田鵜養　(25)大監物佐伯三方　(26)大内記日置蓑万呂
(27)左大舎人大佑《允》巨勢津万呂　(28)大属百斉秋田　(29)少属大宅真立
(30)右大舎人大佑《允》丹比公子　(31)大属当麻乙万呂　(32)内蔵頭
安倍甲由　(33)陰陽頭藤原葛万呂　(34)佑《允》中臣志斐猪甘
(35)内匠員助牛鹿小道　(36)内薬頭難波奈良　(37)佑禾田道万呂兼
(38)主礼頭安倍有万呂　(39)式部少輔藤原久須万呂兼　(40)少丞大
伴浄足　(41)治部少丞紀家守　(42)雅楽助穂積小東人　(43)贓贖

頭土師蓑万呂　(44)主計大佑《允》志斐豊浜　(45)兵部大輔藤
原真先　(46)少輔紀牛甘　(47)少丞安倍真道　(48)石川
名足　(49)少録土師槐取　(50)造兵少令史中臣水主
(51)大蔵少輔百斉元忠　(52)大《少》丞石川望足　(53)掃守令史土師
古万呂　(54)漆部佑大原津万呂　(55)令史丸部以志　(56)宮
内大輔神名備伊吉　(57)大録中臣部牛甘　(58)大膳《主醬》安曇
浄成　(59)木工頭当麻浄足　(60)典薬■《助》味原龍口《難波奈良》
(61)内膳典膳高橋広道　(62)弾正川辺《巡察》石川垣守
(63)右京大進安倍広人　(64)少進海犬五百依　(65)津少進
船虫万呂　(66)大和守藤原真前兼　(67)伊勢介笠真足
(68)大掾安倍己知　(69)少掾田口牛甘　(70)少目佐味豊永　(71)尾張介水
海三船　(72)掾波多蓑万呂　(73)三河目葛井犬甘　(74)駿河掾飯高
島守　(75)上総大目船東人　(76)少目丹比靫負島万呂　(77)上野
介県犬吉男　(78)掾波太虫万呂　(79)下野掾石上家成
(80)美濃守上道正道　(81)越前員外介長野君足
(82)大目安倍祖足　(83)丹波守大蔵万呂　(84)介藤原小湯万呂
(85)掾紀佐良志奈　(86)丹後守藤原楓万呂

（ウラ）

(87)但馬介石川広成　(88)掾安倍浄目　(89)播磨員外介
当麻浄成兼　(90)大目坂本男足　(91)少目秦大万呂
(92)備前目大伴宅足　(93)備中少目布勢益立　(94)安芸
目陽《加》安人　(95)長門少目船諸上　(96)讃岐大目大津
上万呂　(97)土佐目穴太三宅万呂　(98)〻肥《筑》後介大原少万呂
(99)掾大原人足　(100)日向守安倍里万呂　(101)〻対《但》馬史生
日下部阿弖万呂　(102)三川史生安宿乙万呂
(103)衛門府大志日置武相志　(104)中衛府将曹中臣
志斐弓張　(105)右衛士府督大伴犬甘　(106)大尉大和斐太万呂
(107)少志小治田伯　(108)右兵衛少尉阿倍上万呂
(109)三川史生安宿乙万呂（〻〻〻〻〻〻〻〻）
（別筆）「合一百七人」

このように(B)歴名記載の項目は一〇九であるが、(60)の人名と(109)の官名と人名が墨消されているので、残る人名は別筆の記すように都合一〇七人である。文字の訂正はいずれも、前筆の文字の上に重ねて書くか、または墨消した文字の右傍に訂正した文字を書いて行なっている。

さて上述の(A)「上階官人歴名」の例にならって、この文書の記載上の特徴を挙げれば、以下の如くである。

(1)この歴名に記されている人名には、内舎人に任官した(20)(21)(22)(23)(24)の五名を「无位」とする以外は、帯する位階は書かれていない。无位は位階ではないとする観点に立てば、結局この文書には位階が記されていないことになる。この点は(A)と共通する。またすべての人名にいわゆるカバネが書かれていない。この点も(A)と共通する。要するにこの文書に記されているのは、(A)と同じように官名・ウジ・ナのみである。

(2)記されている官名をみると、それには

(イ)勅任官　(6)（右）大弁と(105)右衛士府督

(ロ)奏任官　(イ)(ハ)(ニ)を除くすべて

(ハ)准奏任官　(15)〜(24)内舎人[4]

(ニ)式部判補の官　(101)但馬史生と(102)三川史生

の四種がある。

(3)官名の記載は、まず(a)内官を記し、つぎに(b)京職・摂津職を記し、つぎに(c)諸国司を記し、つぎに(d)二国の史生を記し、最後に(e)武官を記している。

(4)(a)内官、(b)職、(c)諸国司、(e)武官のそれぞれのなかでの官職の記載順は、一、二職員令および国の序次と異なるものがあるとはいえ、全体としてみればほぼ一致するとみてよい。職員令および国の序次と異なるのは、(8)「外少記」が(6)「大政官大弁（右大弁）」(7)「左中弁」のつぎにあること、(26)「大内記」が(25)「大監物」のつぎにあること、(43)「贓贖頭（マヽ）」が(42)「雅楽助」のつぎにあること、[5](80)「美濃守」が東山道諸国の最後に置かれていることなどの諸点である。

以上が(A)歴名の場合にならって指摘しうるこの歴名の記載上の特徴であり、そしてここでも(1)・(2)の二点に特に注

目しておきたいのだが、この(B)歴名についてはさらにいま一つの重要な事柄を指摘しておかなければならない。それは、この文書が、なにかもとになる文書があってそれを写して作成されたのではなく、耳で聞いたことを筆録して作られたものであるらしいということである。そのように考えられる根拠としては、以下の点が挙げられる。第一に、原文書のマイクロフィルムをみて受ける印象では、筆跡が全体に走り書きの観が強い。第二に、この歴名の記者は官・寮・司の四等官の漢字表記の区別をあまり意識していない。(1)「神大輔」(2)「少輔」(3)「大佑」(4)「少佑」(5)「大志」は、正しくはいずれも大副・少副・大祐・少祐・大史と書くべきものであり、「輔」は省の、「佑」は司の、「志」は衛府のスケ・ジョウ・サカンの表記であるのに、これを神祇官の次官・判官・主典にあてている。同様に(36)・(38)・(43)では司の長官を「頭」と書いている。(6) 寮の判官の多くを、はじめ「佑」と書き、これを「允」に訂正しているのも、おそらく同じような意識によるのであろう。第三に、(8)「外少記」と(38)「主礼」の表記が挙げられる。正式にはこれらは少外記・内礼と書くべきものであるから、歴名の記者が誤り記したとみるべきかというと、かならずしもそうではない。まず(8)「外少記」からみると、職員令2太政官条集解の跡記は令文「大外記二人」に注して、「跡云、大外記読云二外大記司一也」という。倭名抄の大外記の和訓は「於保伊之流須豆加佐」とするのみで、「外」字をどのようによんだかを明らかにしていないが、跡記はこれを「トノオホイシルスツカサ」とよんでいる。大外記がトノオホイシルスツカサならば、少外記はトノスナイシルスツカサではないか。(7) この歴名の記者はそのよみをそのままに筆録して「外少記」と書いたのである。(38)「主礼」についても同様のことがいえる。紅葉山文庫本令義解官位令の内礼正の傍訓は「ウチノヰヤノ正」だが、内蔵寮の例から類推すれば「内」字はよまず、(8) 内礼司は単にヰヤノツカサとよまれた可能性が大きい。一方内礼司の伴部である主礼も、その字義からみてヰヤノツカサとよまれたであろう。この歴名の記者は、そうしたよみをそのまま記したのである。

以上のことは結局、この歴名が、もとになる文書があってそれを書写したものではなく、なにものかが読みあげたものを筆録してできた、文字通りの〝聞書〟であることを示しているといってよい。それではこの(B)歴名およびそれと同類とみられる(A)歴名は、どのような性質の文書なのであろうか。だが残念ながら、八世紀の史料にはこの問題を解き明かす材料はない。したがって、平安時代中期以降の除目において、どのような文書が作成されたかを知ったうえで、類推する以外に解明する方法はないのである。

二　大間書・除目・除目聞書

平安時代に、除目にさいしてどのような文書が作成されたかをみる前に、令の規定では任官をめぐっていかなる文書が作成されることになっていたかを、一見しておくことにする。

このことについて規定する令の条文は、公式令84任授官位条が唯一のものである。それによれば、「任二授官位一」にあたっては、「所二任授一之司」は官位姓名・任授時年月・貫属年紀を記した「簿」を造る。但し「任官簿」には貫属年紀を注する必要はない、とされている。そして古記を除く令集解の諸注釈は、「任二授官位一」とは任官と授位とをいい、「簿」を造る「所二任授一之司」とは、五位以上の授位にかかわる中務省と、式部省・兵部省との、三つの省であるとする。したがってこの解釈によれば、授位の場合には授位簿が、任官の場合には任官簿が造られ、それを造る官司は、授位簿は中務省・式部省の二省、任官簿は式部省・兵部省の二省であったことになる。但しこの条の古記の解釈はやや特殊であって、「任二授官位一」とは「謂任官也、授位者非也」としてこれを任官のみと解し、したがって「所二任授一之司」は式部省・兵部省の二省であるとしている。(9) ちなみに古記は、公式令のつぎの条文すなわち85授位授勲条の大宝令文「任二授官位一」（養老令文は「授レ位」）についても、「謂任官也」と同様の解釈を下している。[10]

しかしいずれにせよ、大宝令制下においても養老令制下においても、任官にさいして「任官簿」なるものが作られたことは間違いないものとみてよい。そしておそらくこれが、延喜式部式いうところの「内外諸司主典已上及諸国史生博士医師陰陽師弩師補任帳」、同兵部式いうところの「武官補任帳」に相当するものであり、のちの「諸司主典已上補任二巻〈上下〉、武官帳一巻、令外官一巻、諸国主典已上補任二巻〈上下〉」（西宮記、恒例正月、除目）などに連なるものであろう。しかしここで注意しておかなければならないのは、つぎの二点である。

第一は、公式令にいう「任官簿」の性格に関する事柄である。令文が上述の規定に続けて「若有二転任身死一、及事故以レ理去レ任者、即於二簿下一朱書注之」というように、この簿は任官後の異動を記録するために作成されたのであって、延喜式部式および同兵部式によれば、朱書注記された補任帳は正月一日と七月一日に太政官に提出されることになっている。その意味ではこれは、次回の任官の参考資料を整えるために造られるのであり、任官の行事にあたって、あるいは任官の銓衡の場において作成される文書ではない。任官を行なうにあたってあらかじめどのような文書が準備され、また行事の過程でどのような文書が作成されるかということについては、令の条文はなに一つ規定していないのである。

第二は、大宝令においても養老令においても、ある人物をある官職に任ずるにあたって、その者にそのことを告知する公文書を作成し、それを本人に授与することを定めた条項が、全くなかったということである。唐の告身は、職事官・散官・勲官を含めて、その者に官に任じたことを告知するために作成され、本人に授与されて任官の証ともされた公文書であったが、日本はこれを似て非なる位記として継受した。位記とはその字義の通り、位階を授与したことを告知し、その証として本人に交付される公文書であって、官職に任じたことを告知するものではない。日本律令制のもとでは、官職に任じたことを告知するための公文書としての官記ないし任官記は、存在しなかったのである。[11]そしてこのことは、単に令条に規定がなかっただけでなく、少なくとも勅任官と奏任官の任官については、後世「口宣案」なるものが成立するにいたるまで、そのような公文書はついに発給されていないのである。[12]

さて、前節で扱った(A)「上階官人歴名」と(B)「神祇大輔中臣毛人等百七人歴名〔副〕」が貴重である所以は、いうまでもなく右の第一の点に関係してのことである。この二つの歴名は、明らかに任官の行事に関連して作成されたものであって、公式令のいう「任官簿」とは性質を異にしている。しかしさきにも述べたように、八世紀において任官にさいしどのような文書が作成されたかを知る途が全く閉されている以上、次善の方法として、後世の除目の行事から類推して二つの歴名の性格を探る以外に残された方法はない。そこで本稿では、西宮記、恒例正月、除目の記述に基づいて、除目の行事の場においてどのような文書が作成されるかをみることにしたい。素材に西宮記をえらんだのは、いわゆる公事の書のなかではこれが古いものに属するからであって、他意はない。

西宮記によれば、除目のために準備すべき文書として、さきに挙げた「補任帳」や「闕官帳」など多種多様のものが記されているが、本稿で知りたいのは除目の行事をめぐって作成される文書なのであるから、それらはいっさい除外する。そうした立場からみて、除目銓擬の場において造られる文書の第一のものは「大間」である。通常大間書と呼ばれているものがこれで、現存する大間書によれば、[13]これにはあらかじめ神祇官・太政官以下の内官・京職・外官・武官の闕官名が、勅任官・奏任官の別なく間あきで記入されていて、除目の銓擬が終了し、任官候補者が決まると、執筆の大臣によって「入眼」される。すなわち任官候補者名が闕官名の下に記入される。その場合、これまた現存する大間書によれば、その記入はその者の位階・ウジ・カバネ・ナを以てするのが原則であって、位階とカバネが省略されることはない。

「入眼」を終えた「大間」は奏上されて「天覧」に供される。「天覧」を終った「大間」は再び銓擬の場に持ち帰られ、「除目」(「除書」「召名」ともいう)なる文書が清書される。この清書は、清書の上卿が「大間」を読みあげ、清書の参議がそれを聞きつつ書くという方法で行なわれる。すなわち「除目」(「除書」「召名」)は「大間」の記載に基づいて記されるわけだが、西宮記の記述された時期には、それには三種のものがあった。その書様を西宮記によって示せば、以下の如くである。

(イ)勅任除目(勅任召名、黄紙を用いる)

勅
太政官
大納言正三位藤原朝臣某兼
権中納言従三位源朝臣某
参議正四位下藤原朝臣某
左大弁従四位上藤原朝臣某
民部省
卿正三位藤原朝臣某兼
弾正台
尹四品某親王
東宮
傅正二位藤原朝臣某兼

上総国
太守四品某親王
大宰府
帥従三位藤原朝臣某兼
年　月　日

(ロ)奏任別紙除目（奏任別紙召名、紙屋紙を用いる）
太政官謹奏
中宮職
大夫従三位藤原朝臣某兼
其国
守位姓名朝臣名〔マヽ〕兼
陸奥国
按察使位姓名〔兼脱〕
年　月　日

(ハ)奏任除目（奏任召名、紙屋紙を用いる）
太政官謹奏
神祇官
伯位王

太政官
其弁位姓朝臣名（マヽ）
外記位姓名朝臣名（マヽ）
史位姓名
其官
某位姓名
其国
守位姓名
掾
目
年　月　日

右のうち(ロ)奏任別紙除目は、公卿の兼官・兼国を記すべきものとされている。ちなみに中右記承徳元年正月卅日条には、この日に行なわれた除目で清書された三種の「除目」の全文が載せられている。それによれば、(イ)勅任除目は「勅」と書きだし、参議・右衛門督・左兵衛督の三官を記す。いうまでもなくこの三官は勅任官である。(ロ)奏任別紙除目は「太政官謹奏」と書きだし、太皇太后宮権大夫・皇太后宮権大夫・丹波権守・播磨権守の四官を記す。これらはいずれも参議の兼官・兼国である。(ハ)奏任除目は「太政官謹奏」と書きだし、少納言以下一四〇官を記す。その記載順は、太政官、中務省以下八省とその被管、京職、諸国司、武官の順であるが、いうまでもなくこれらはすべて奏任官である。要するに中右記の記載は西宮記の記述と完全に一致する。

ところで清書された三種の「除目」は、いま一度天皇に覆奏される。しかも保元四年正月廿九日付大間書には、主税少允の任官について、いったん「正六位上中原朝臣重景寮奏」と記入したうえで、さらに「清書之時被レ止レ之」と注記してこれを抹消している例がみられるから、大間書に「入眼」されるのはあくまでも公卿による銓擬の結果の案であって、「除目」に清書されるものが最終的に決定した任官者であったことが知られる。つまり「除目」こそが、勅任官と奏任官の任官にあたって作成される、最も正式な公文書であったのである。だからこれにも、西宮記の記す書様から知られるように、任官者の官名・位階・ウジ・カバネ・ナのすべてが記されるのであって、位階とカバネが略されることはないのである(14)。

以上が、西宮記の記述から知られる、除目の議所において作成された公的な文書のすべてであるが、実はそれ以外に、いま一種の、おそらくは私的な文書が、除目をめぐって作成されていたことが、平安時代の末以降の公家の記録によって知ることができる。それは「除目聞書」といわれるもので、一例として中右記大治四年十月九日条に載せるものを示せば、左の如くである。

(前略)清書上卿新中納言雅定卿、宰相長実云々、夜半事了、史俊重送ニ聞書一、披見之処、

権少外記清原定信　　内舎人藤原政景臨時内給
　豊原貞景同　　　　平高清同
少内記藤原為業文章生　　図書属藤原弘貞寮奏
式部丞源俊高　　明法博士小野有隣
治部丞大中〔臣脱カ〕時盛院御給　　源則遠白河院御給
民部丞紀宗広　　主税頭丹波実康父譲

兵部権大輔平知信　権少輔高階忠能省奏
少録三善章清　織部佑三善惟康算挙
木工頭源雅綱頭弁譲也　少允中原広仲斎院御給
典膳中原義経明法挙　大中臣貞康明経問者生
武蔵権守橘章友　下総権守大中臣盛輔
長門権守大蔵種高　土佐権守源行輔
左近将監橘助高府奏　将監藤原顕遠
左衛門督藤実行　左兵衛権少尉平忠遠
右馬允源則遠一品禧子御給

これは左少史中原俊重(15)が藤原宗忠に書き送ったものだが、これを一見して誰しも気づくことは、この書様が、大治四年をさかのぼること約四世紀前の、(A)「上階官人歴名」(B)「神祇大輔〔副〕中臣毛人等百七人歴名」の書様に酷似していることであろう。いま、各種の記録に残されている「除目聞書」の特徴を、大間書の書様と対比しつつ記せば、次の諸点を挙げることができる。

(一)、大間書と同じように、「除目聞書」も勅任官と奏任官を区別せずに、官職の序次にしたがって官名が列記されている。武官が最後に記されるのも大間書と同じである。

(二)、しかし大間書が闕官名をすべて列記して、任官候補者の決まった官については「入眼」するが、任人の決まらない官は官名のみを残しているのに対し、「除目聞書」は任人の決定したものだけを列記している。

(三)、大間書においては、任人の官名・位階・ウジ・カバネ・ナが記されるが、「除目聞書」には官名・ウジ・ナのみが記され、位階とカバネは例外なく省略されている。

㈣、「除目聞書」にも、末尾に年月日を記したものがある。

このような特徴をもつ「除目聞書」は、私的に作成される文書であったとみられるが、しかしそれが除目の行事のどの段階で誰が作成するのかは明らかではない。右に挙げた中右記の場合は、中原俊重自身が除目の儀に陪席して書き記したのであろうか。また、除目と任官の行事の過程で、二度にわたって任人を口頭で読みあげたことがたしかめられるが、しかしそれを聞いて、「除目聞書」を造ることはできないのである。すなわち一度はすでに述べた「除目」の清書にあたって読みあげられるが、上卿は勅任除目・奏任別紙除目・奏任除目に書くべきものを別々に読むから、それを〝聞書〟するとすれば、勅任官と奏任官が区別されていなければならないのに、「除目聞書」ではこれを区別していない。いま一度はのちに述べる「唱名」であるが、これも「除目」に基づいて読まれるので、この場合も勅任官と奏任官は区別される。つまり勅任官と奏任官を区別しない「除目聞書」は、「大間」からは造ることはできるが、「除目」からは造れないのである。これら三者の関係は

大間書 → 勅任除目
大間書 → 奏任別紙除目
大間書 → 奏任除目
大間書 → 除目聞書

となるから、「除目聞書」は「除目」清書以前に書かれたとしか考えられないのだが、清書以前に大間書を読みあげた形跡はみられない。あるいは公卿たちが銓擬するのを傍聴しながら筆録するのであろうか。

もっとも私がこのように述べるのは、「除目聞書」という名称にこだわったうえでのことであって、中右記段階で

の「聞書」を文字通りの〃聞書〃と解する必要は、おそらくないであろう。もはや官名に宛字を用いたものはみられないし、末尾に年月日を記すものすらある。したがってこの時期の「除目聞書」は、「聞書」とは名ばかりの、除目の行事に関連する私的な文書として作成されたとみるのが妥当であろう。

それはさておき、前記の「除目聞書」の特徴のうちの㈠・㈡・㈢は、(A)「上階官人歴名」と(B)「神祇大輔〔副〕中臣毛人等百七人歴名」のもつ記載上の特徴とほとんど一致する。しかも(B)は文字通りの〃聞書〃であったと考えられるものである。とすれば、(A)・(B)は「除目聞書」の原初の形態を示すものであり、その形式化したものが後世の記録に残る「除目聞書」であるとみなしてよいのではなかろうか。

とはいえ、このように、八世紀の〃聞書〃と一二世紀にみられる「聞書」を結びつけることには、異論もあろう。そもそも大間書や「聞書」の存在を史料的に確認できるのは、それほど古い時期ではないのである。管見では「大間」ないし「大間書」がみられるのは貞信公記においてであり、「除目聞書」がみられるのは中右記においてである〔補注1〕。しかし記録にあらわれないということがただちにそれが造られなかったことを意味するとはかぎらない。むしろ私は、八世紀の〃聞書〃が現に存在しているという事実を重視すべきだと思う。(A)・(B)二つの歴名は、後世の「除目聞書」の先駆をなすものであって、その形態はほとんど変化することなく平安・鎌倉時代にいたるまで継承されたのである。

もっとも(B)には一つだけ後世の「除目聞書」と異なるところがある。式部判補の官である国の史生が二項存するのがそれである。そもそも後世除目といえば、それは勅任官と奏任官の任官をいうものであって、(官)判任や式部判補の官を任ずることは除目の範疇に入らなかった。したがって(B)が勅任官・奏任官とともに史生を記すのは、はなはだ奇異なことといわなければならない。それが八世紀の任官行事の特殊性を示すものなのか、あるいはまたこの〃聞書〃の記者の個人的な関心によるものなのか、全く不明である。ただ(B)の官名の記載順をみると、(a)内官、(b)職、(c)

諸国司の勅任官・奏任官を記したのちに(d)史生を書き、行を改めて(e)武官の勅任官・奏任官を記しているので、この日の任官が主として勅任官と奏任官について行なわれたものであることはたしかなようであり、(d)史生はたまたま同じ日に補任されたので併記されたのだとも考えられなくはない。だがこの点については後考をまちたい。

三 「除目」と任官儀

八世紀に、「除目聞書」の先駆ともいうべき〃聞書〃が作成されていたとすると、後世の行事から類推して、〃聞書〃のもととなる大間書も八世紀にすでに存在していた可能性が大となる。常識的にみても、八世紀の任官にあたって作成された文書が公式令のいう「任官簿」のみであったとはとうてい考えられず、なんらかの任官台帳のようなものがその都度造られたとみなければならないであろう。それではのちの三種の「除目」が八世紀に存在した可能性はどうか。それを知るためには、任官儀の変遷をみておく必要がある。

すでに述べたように、日本の律令制のもとでは、位階の授与を本人に告知するための位記の制は定められていたけれども、官職に任ずることを告知するための官記ないし任官記の制は定められていなかった。しかしそのような文書は交付されなかったとしても、なんらかの方法で、その官に任じたということを本人に知らせなければならないし、官人一般にも周知させる必要がある。勅任官と奏任官の任官の場合、このような要請によって行なわれたのが、口頭でその旨を伝達する「任官」儀であって、これを後世「唱名《メシナ》」または「召名《メシナ》」といった。西宮記にはこの「召名」について、二通りの儀式次第が記されている。その一つはこれを太政官で行なう場合の次第であって、「除目」が清書され、覆奏して天皇の裁可を経たのちに、上卿以下は太政官庁に席を移し、式部・兵部二省の官人が任人を一人ひとり前庭に召して任官のことを本人に告げる。いま一つは南殿(紫宸殿)でこれを行なう場合の次第で、天皇の面前で同様のことが行なわれる。三種の「除目」とは、実はこの「召名」の儀において読みあげるために造られた文書であったのである。

さてこの儀については、延喜式部式に「任官」としてその次第が詳しく述べられている。やや長文だがその全文を挙げよう。

任官

其日、(1)太政官預仰レ省令レ候、于レ時丞一人依レ召参入、兵部共参、大臣賜二可レ任人歴名一、其後於二建礼門以南一、唱二計任人一、参議已上不レ在二唱限一、輔已下令レ持二版位一、相率入二候承明門外一、(2)或於二太政官庁及外記候庁一唱之、事見二儀式一、(3)若於レ省唱者、大臣召レ省付二除目簿一、輔若丞受還二本局一、令二史生授レ録、丞命レ録曰、令レ召二省掌一、録称唯、命二史生一喚二省掌一、史生称唯、召二省掌一一声、省掌称唯、進就二版位一、丞命曰、率二候人一参来、省掌称唯退出、即引入、輔若丞命曰、唱之、録起称唯、開レ簿唱、被レ唱者称唯、若不レ在者、省掌代称唯、畢引退出、

(1)は「任官」が内裏において行なわれる場合について述べたものであり、(2)でその儀が太政官庁および外記候庁で行なわれることのあることを記し、(3)はその儀が式部省で行なわれる場合の式次第を記したものである。この文が式部式に載せるものであるだけに、(3)の記述が最も詳細なものとなっている。そしてそれによれば、任人は式部省掌の先導によって式部省前庭に「引入」れられ、式部録が「簿」を開いて名を「唱」するのに対し、一人ひとり「称唯」するのである。任人が不参のときは、式部省掌が「代称唯」すなわち代返する。これに対して(1)内裏で行なわれる場合については、内裏前庭に参入する以前の次第しか書かれていないが、任人は前庭参入にさきだって、建礼門以南の候所で「唱計」される。但し参議以上は唱するかぎりではないという。

この延喜式文の記述については、さしあたりつぎのような事柄を確認しておきたい。その一は、「任官」の儀の中心的行事は、任人に口頭で任官のことを告知することにあること、その二は、この儀の行なわれる場の第一は内裏であるが、太政官庁・外記候庁・式部省などで行なわれることもあること、その三は、この儀が内裏で行なわれる場合は、候所での参議以上の「唱計」は行なわれないこと、の三点である。

つぎにこの儀についての弘仁式部式の文をみると、その前半の記述が延喜式文と異なっている。

任官

其日、太政官預仰二式部一令レ候、輔以下令レ持二版位一、候二於門外一、事見二儀式一、若於レ省唱者（以下延喜式文と同じ）、

すなわち弘仁式文の述べるところは、次の三点において延喜式文の記述と異なっている。(イ)延喜式文は、原則としてこの儀が行なわれる場について、任人の候所を「建礼門以南」「承明門外」というように門号を以て示すことによって、結果としてその場が南殿(紫宸殿)前庭であることを明示しているが、弘仁式文は任人の候所を単に「門外」とするのみで、この儀の行なわれる場を明記していない。(ロ)弘仁式文では、この儀の行なわれる場は「門」内もしくは式部省とするのみで、太政官庁・外記候庁は含まれていない。(ハ)弘仁式文には候所における「唱計」と、参議以上を「唱計」から除外するという記述はない。そこでこれら三点について、若干の私見を述べることにしたい。

まず(イ)だが、弘仁式文のいう「門」とは、朝堂院南門の応天門ないし会昌門をいうものと思われる。したがって「任官」儀の行なわれる場は大極殿前庭すなわち朝庭であって、この儀には天皇が大極殿に出御するのがたてまえであったと考えるべきである。弘仁式編纂のころまでは、朝儀一般が大極殿ないし朝堂院において行なわれたとみてよいこと、それゆえに弘仁式文は単に「門」と記すのみで事足りたとみられることがこの推定の一つの理由だが、いま一つ、やや時期がさかのぼるけれども、続日本紀の慶雲二年四月辛未条につぎのような記事があるからである。

天皇御二大極殿一、以二正四位下粟田朝臣真人、高向朝臣麻呂、従四位上阿倍朝臣宿奈麻呂三人一、為二中納言一、従四位上中臣朝臣意美麻呂為二左大弁一、従四位下息長真人老為二右大弁一、従四位上下毛野朝臣古麻呂為二兵部卿一、従四位下巨勢朝臣麻呂為二民部卿一

一般に続日本紀の任官記事では、その任官の儀がどこで行なわれたかは書かれないのが普通であるから、その意味でこれは貴重な記事であるといえよう。とはいえ弘仁式の編纂から一世紀もさかのぼり、しかも宮が藤原宮であった時期のこの記事によって弘仁式文を解釈するのは、無謀であるかも知れない。しかし以下のようなことは認めてよいのではないだろうか。第一に、この任官が、大極殿とその前庭において、天皇の出御のもとに行なわれたことである。この点はなんぴとも認めざるをえない。第二に、任人は大極殿前庭に列立して、口頭で任官を正式に告知されたことである。すなわちこの場の儀を、のちの「任官」「唱名」「召名」の儀と同じものとみてよいことである。第三に、この記事にみられる官名はすべて勅任官であるが、もし同日に奏任官の任官もあったとすれば、それらの任人もともに朝庭に列立していたとみてよいことである。

第一の点に加えて、第二・第三の点を私が認めようとするのは、続日本紀にいま一つ興味深い記事があるからである。それは神護景雲二年十一月癸未条の任官記事であるが、そこにはこの日、右大弁(勅任)・勅旨少輔・勅旨大丞・中務大輔・中務少輔・侍従兼内蔵頭・宮内卿(勅任)・造法華寺長官・外衛大将(勅任ナルベシ)・左衛士督(勅任)・左衛士員外佐・左兵衛督(勅任)・左馬頭・河内介・山背守・美作員外介・長門介・大宰帥(勅任)・大宰大弐の任官があったことが記されている。もちろん続日本紀編纂者は五位以上の位階を帯する任官者を記したにすぎないから、この日に六位以下の多数の任官者があったとみなければならないが、私の注目するのはこれに続けて記されたつぎの文である。

是日、被レ任レ官者、多不レ会レ庭、省掌代レ之称唯、於レ是詔、式部兵部省掌、始賜ニ把笏一、

この日の任官の儀に、任人の多くが「庭」に参会しなかったため、式部・兵部二省の省掌が欠席者にかわって称唯した、すなわち代返した、というのである。この「庭」が大極殿前庭すなわち朝庭をいうものであり、この儀が口頭で任官のことを正式に伝達する「任官」「唱名」「召名」の儀であったことは疑いない。しかも詔を発して省掌に把笏せしめたという記述によれば、天皇が大極殿に出御していたことも疑いない。つまりこの「任官」儀は、慶雲二年四月辛未の「任官」儀と同じように、天皇が大極殿に出御し、任人がその前庭に列立して、その名を「唱」するという方式で行なわれたのである。それに加えて、この日任官したのは勅任官のみではなかった。勅任官のほかに多くの奏任官の任官者があり、かれらもまた勅任官の任官者とともに朝庭に列立したのである。ただこの日は、欠席者が異常に多かったのであった。

かくして、慶雲二年四月辛未条と弘仁式文との間に、神護景雲二年十一月癸未条を媒介させるならば、弘仁式文にいう「門」とは朝堂院の南門をいうものであり、その「任官」の儀の場が大極殿とその前庭であったということは、疑いのないものとなるであろう。〔補注2〕そしてこのように認定することによって、大宝令の施行直後から弘仁式編述のころにいたるまでの任官の行事について、つぎのように述べることが可能となる。

すなわち、大宝令においても養老令においても、勅任官と奏任官の任官にあたってその旨を公文書によって本人に告知する制は定められなかったが、しかしそれに代って、天皇の面前で口頭でその旨を本人に告知する方法が採用されていた。勅任官と奏任官の任官者に対する口頭での任官の告知は、朝堂院において行なわれる。そこでは任官者は大極殿前庭に列立し、天皇の大極殿への出御をまって、その面前で任ずる官と任ぜられる人の名が「唱」される。これが本人に対して行なわれる任官の正式な通告であり、また同時にそのことを官人一般に知らせる方法でもあった。

この儀は弘仁式部式では「任官」儀といわれ、のちには「唱名」「召名」と称されたが、その起源は史料上では大宝令施行の直後までさかのぼることができる。しかしそのプリミティヴな様態より推測すれば、このような儀の起源はさらに古く、大宝令施行以前にさかのぼるであろうし、単に公文書を発給して任官を告知する方式とこのように天皇の面前で口頭により告知する方式とをくらべるならば、天皇と臣下との君臣関係を保つうえで、後者の方式の方が、より感覚的であり、したがってより親近性の強い方式であったといえるであろう。

なおこのことに関連してぜひとも触れておかなければならないのは、公式令68授位任官条に定める「喚辞」[16]の規定である。「凡授レ位任レ官之日喚辞、三位以上、先名後姓、四位以下、先姓後名、(中略)六位以下、去レ姓称レ名」とは、まさにこのような、天皇の面前で行なわれる「唱名」にさいしての、人物の喚びかたを定めたものなのであった。またこの条文によれば、このような「唱名」は任官にさいしてだけでなく授位にあたっても行なわれるべきものとされているが、続日本紀慶雲四年正月甲午条の「天皇御二大極殿一、詔授二成選人等位一」と述べる叙位、神亀三年正月庚子条の「天皇臨軒」して行なわれた叙位、天平元年三月甲午条の「天皇御二大極殿一」して行なわれた叙位などは、そうした授位の「唱名」が現実に行なわれていたことを証するものである。そしてまたこれによって、任官を正式に告知する方法は「唱名」のみであったが、授位の告知には「唱名」と位記の交付との二重の方式が採用されていたことを知ることができるのである。日本の律令制のもとでは任官よりも授位の方が重視されていたことはすでに指摘されているが、[17]そのことはまたこのような授位と任官の告知方式の相違からもいうことができる。任官の告知が「唱名」という感覚的な方式のみで行なわれたのに対し、授位の告知には感覚的な「唱名」と官僚制的な位記の交付とが併せ用いられたのである。但し授位の場合でも、位記の交付という官僚制的な方法が重視され、「唱名」が二義的なものであったとは、かならずしもいいえない。嘗て瀧川政次郎氏は、唐の告身の書式にくらべて大宝・養老令に定める日本の位記の書式がきわめて簡略である理由として、告身と位記の機能上の相違およびそれを発給する唐の三省と日本の太政官の権能の相違とともに、「日本人の実際を尚ぶ国民性」を挙げられたが[18]、その「国民性」の背後には、右に述べたような、天皇の面前で授位を告知するという感覚的な「唱名」の行事が存在したのである。大宝・養老律令の制定者が、位記の書式は簡略なものでよしとした理由、そしてまた官記ないし任官記の制を設けなかった理由の一つには、このような伝統的かつプリミティヴな方法を重んずる意識が、当時の支配層一般の意識として存していたということが、あったのではなかろうか。われわれはえてして、大宝・養老の公式令に定める公文書の書式をみ、また正倉院文書に各種の公文書が残されていることを以て、八世紀を〃文書主義の時代〃と考え易いが、浄御原令で多少の公文書が制定されていたとしても、〃文書主義〃を全面的に施行しようとしたのは大宝令であったのであって、それ以前は、授位(授冠・授爵)にせよ、任官にせよ、いずれも口頭で本人に伝達されたのであった。その意味で、宣命による勅命の口頭宣布を含めて、八世紀およびそれ以前の時代における、〃音声の世界〃を再検討すべきもののように思われる。

いささか岐路にそれた憾みがあるので、本題にもどって、「任官」の儀のその後の変遷の過程を追うことにしよう。以上にみてきたように、八世紀においては、勅任官・奏任官の任官にさいして行なわれる「唱名」は、大極殿とその前庭において挙行されるのが原則であった。ただ天皇の大極殿への出御のないときは、式部省において行なうという便法がとられたようである。弘仁式部式に定める「任官」儀は、実はそうした状況を述べたものなのであって、それゆえに、任官の「唱名」は原則として「門」内で行なうが、式部省で行なう場合にはしかじかの次第で行なう、と記述しているのである。だがその後、弘仁式の編纂された時期から延喜式の編纂にいたる約一世紀の間に、「任官」儀は大きな変化を遂げた。㈠天皇が出御して行なう「任官」儀の場が、大極殿・朝堂院から内裏に移ったこと、㈡天皇の出御のないときにこの儀が行なわれる場に、新たに太政官庁および外記候庁が加わったこと、㈢天皇の出御のもとに行なわれる「任官」の儀には、新たに、あらかじめ候所において任人を「唱計」するという行事が加わることになったが、参議以上はそうした「唱計」から除外されたこと、以上の三点が主要な変化である。〔補注３〕

㈠は九世紀に、朝儀一般の場が朝堂から内裏へ移ったことの、象徴的なあらわれといえるだろう。同様に㈡も、やはり九世紀に、政務一般が太政官に吸収あるいは集中されたという趨勢を反映する事象であろう。それに対して㈢は、いわゆる「公卿」の政治的身分の確立という問題を考えるうえでの興味ある事例であると同時に、ここにいたってようやく「任官」儀と三種の「除目」との関係が明らかにされるのである。なぜならば、内裏式、任官式および儀式、内裏任官儀の記述によると、新たに官に任ぜられることのない参議以上は「任官」儀の開始以前に殿上公卿の座に候するが、参議以上で兼官・兼国する者は一般の任人にさきだって前庭に列立し「唱名」されることになっているからである。候所での「唱計」から参議以上を除外したのが、このように「公卿」を他と区別する事象の一環であったことは、いうまでもない。

ところで既述のように、「除目」には勅任除目と奏任別紙除目と奏任除目の三種があった。このなかで私が特に注目したいのは、奏任別紙除目である。これは奏任官の任官者のなかから、特に公卿による兼官・兼国を抜き出して記したものであって、それがことさらに「別紙」と称された理由なのであった。そうであるとすれば、奏任別紙除目とは、公卿の兼官・兼国者の「唱名」は一般の任人にさきだって行なうという行事にともなって作成されるにいたった文書とみて、誤りない。そうした行事がいつにはじまるかは不明だが、それが、候所での「唱計」を記さない弘仁式から、そのことを記している延喜式にいたるまでの間、すなわち九世紀においてであったと推測することは、許されるのではなかろうか。臆測にすぎないが、そうしたことが開始されたのは、「唱名」の儀が大極殿およびその前庭から内裏に移されたときであるのかも知れない。

このようにして、後世の公事の書によって知られる奏任別紙除目とは、公卿の兼官・兼国者を一般の奏任官の任人にさきだって「唱名」するために作成されたものであり、その起源は九世紀にさかのぼることが知られた。それが九世紀にさかのぼるものであるならば、別紙に非ざる奏任除目も、当然九世紀にさかのぼって存在した筈である。同様に、奏任除目に対する勅任除目も、九世紀には存在していたとみてさしつかえない。そしてそれらはいずれも、「唱名」の場において読みあげるために造られたものなのであった。

四　続日本紀の任官記事

然らば八世紀に、原則として天皇の面前で行なわれた勅任官・奏任官の任官の「唱名」においては、いかなる文書が読みあげられたのであろうか。私はさきに、(A)・(B)二つの〝聞書〟が存在することを理由として、八世紀にも後世の大間書に相当する文書が作成された可能性があることを述べたが、同じように勅任除目と奏任除目に類する文書が八世紀に作成された可能性があるであろうか。

このことを知るうえで、唯一の手がかりとなりそうなものは、続日本紀の任官記事である。もしその記事が、大間書に類する文書を素材として叙述されたものであるならば、勅任官と奏任官は区別されず、官名は官職の序次にしたがって列記されているであろう。またもし勅任官と奏任官が区別して記述されていれば、その記事の素材が「除目」であった可能性が大となり、その背後に勅任除目と奏任除目の存在を想定することが可能となろう。

そこでそうした観点から、続日本紀のみでなく、三代実録にいたるまでの五国史を通覧すると、任官記事の素材が一様のものであったとはいい難いことが知られる。たとえば文徳実録嘉祥三年八月庚戌条では、まず参議の相模守兼任を記し、次に奏任官の任官を記しているから、前者は奏任別紙除目により、後者は奏任除目により、記事を成したかとも考えられる。同じように文徳実録仁寿元年正月甲申条は、はじめに参議の兼国を記し、つぎに諸国司の任官を記しており、また続日本後紀承和十年二月己巳条と同十三年正月乙卯条でも、はじめに参議の任官、参議による兼官、勅任官の任官を記し、つぎに奏任官の任官を記しているから、これらの記事の素材も「除目」であったかと考えられる。だがこのような例はまれに見出されるにすぎないものであって、数多の任官記事では、勅任官と奏任官はほとんど区別されていない。したがってそれら多くの任官記事は、大間書ないしそれに類する文書を素材として記述された可能性が大きい。

続日本紀でも事情はほぼ同じである。管見では続日本紀の大宝元年以後の任官記事は九八例を数えるが、そのなかに勅任除目と奏任除目に類する素材を用いて記事を成したかと思われる記事が二つある。一つは神護景雲二年二月癸巳条で、はじめに大納言・中納言・参議の任官を記し、次に神祇大副以下の諸官を記す。いま一つは延暦元年六月壬申条で、はじめに「詔」として右大臣・大納言・参議の任官を記し、次に「又」として中宮大夫以下の任官を記す。だがこの二例の場合でも、勅任官と奏任官とを特に区別したとはいい難い面がある。というのは、奏任官(文官)に続けて記されている武官のなかには、勅任官と奏任官が混在しているからである。なお続日本紀には、勅任官のみの任官記事として、大宝元年三月甲午条(右大臣・大納言)、大宝二年五月丁亥条(参議)、大宝三年十二月己巳条(衛士督)、慶雲元年正月癸巳条(右大臣)、慶雲二年四月辛未条(中納言・左大弁・右大弁・兵部卿・民部卿)、宝亀二年三月庚午条(右大臣・内臣・大納言・中納言・中務卿・式部卿・大宰帥)、延暦二年七月甲午条(右大臣・大納言・中納言)、延暦九年二月甲午条(右大臣・大納言・参議)があることを附記しておく。但しそれぞれ同日に奏任官の任官がなかったと断言することはできない。

このように、続日本紀の任官記事に基づき、八世紀に勅任除目と奏任除目に相当する文書が存在したか否かを推定することは、結局不可能である。しかしだからといって、八世紀にそのような文書が作成されなかったといいえようか。そもそも大宝選任令任官条において、そしてまた養老選叙令3任官条において、任官に勅任と奏任の別を設けたのは、天皇の意志によって任ずる官と、太政官の議奏によって任ずる官の別を、明確化するためではなかったのか。そのような条文を設けておきながら、任官の手続面において、これを区別する方策は全くとられなかったのであろうか。

なるほど後世の除目においては、勅任官と奏任官の区別があいまいにされている一面がある。たとえば大間書には勅任官と奏任官の区別なく、闕官名が記されている。公卿の銓擬によって、これまた勅任官と奏任官の区別なく「入眼」される。そしてそのうえで「天覧」に供される。そこではもはや勅任官と奏任官の別は失われ、手続きのうえでは、勅任官(但し宣命によって任命される大臣を除く)は奏任官と同じように扱われている。[19] だがそのような時期でも、「天覧」を経たのちに清書される「除目」においては、勅任官と奏任官は厳然と区別された。勅任除目は「勅」と書きだされ、奏任除目は「太政官謹奏」と書きだされた。もちろんその勅にしても太政官奏にしても、その様式はきわめて簡略なものとなっている。しかしそれを書くことを「清書」と称したこと、「清書」された「除目」が任官を最終的に決定する正式な文書であったことに注意したい。選任令・選叙令にいう勅任と奏任の別は、このように形骸化した形でありながらも、後世に継承されているのである。そして後世の「清書」された「除目」は「唱名」の場において読みあげられた。とすれば、八世紀に天皇の面前において読みあげられた文書も、「勅」にはじまる勅任官の任官者の歴名と、「太政官謹奏」にはじまる奏任官の任官者の歴名であったと考えてもよいのではなかろうか。

なおこのことに関連して、除目抄に興味ある記事があるので、左に掲げておく。

勅任奏任黄紙白紙等事

親王任官　大臣　大中納言　参議　八省卿　東宮傅　左右近大将　左右衛門督　左右兵衛督　左右大弁　観察使

已上勅任等、天平已後大同已前、多用二白紙一、用二青紙一、或希用二黄紙一、弘仁以後嘉祥以前、多用二黄紙一、或用二白紙一、仁寿以後至二于今一、皆用二黄紙一、但先年偏記レ勅、或重記二勅任一、今既皆記レ勅、又天平宝字之間、或大納言八省卿記二太政官謹奏一、

鎌倉時代の中期に中原師弘が編述したと推定される除目抄[20]のこの記事に、いかほどの信をおくことができるか、はなはだ心もとないのであるが、八世紀に勅任除目と奏任除目が作成されていたと伝える、私のみた唯一の史料である。ともあれ私は、大胆な推測であることをみずから承知しつつも、大宝令施行以後、任官にあたって後世の勅任除目と奏任除目に相当する勅と太政官奏が作成されていたと推定する。同時にまた、既述のように後世の大間書に類する文書も八世紀に存在したと推定されるのであるから、結局のところ八世紀における任官の行事は、基本的には、儀式書等によって知られる後世の「除目」の行事と、それほど変るところはなかったのではないかと思われるのである。

(1)　野村忠夫「所謂「上階官人歴名」断簡私見」(『続日本紀研究』三—五、一九五六年)、同「所謂「上階官人歴名」補考」(『続日本紀研究』三—七、一九五六年)。

(2)　坂上康俊・武光誠「日本の任官文書と唐の告身」(『史学論叢』七、一九七七年)は、本稿と同じような関心のもとに記された論考であるが、これら二つの歴名には言及していない。

(3)　百済王の「王」がカバネに相当するものとすれば、第七行上段の「遠江守百斉王孝忠」は唯一の例外となる。しかし同じ百済王でも、第一三行下段では「陸奥介百斉敬福」として、「王」の字を省略している。この点、歴名の記者は不統一な記載を

行なったことになるが、その他の人名ではすべてカバネに相当するものが省略されているから、原則としてそうしたものは書かれなかったとみなしてよい。ちなみに、(B)「神祇大輔〔副〕中臣毛人等百七人歴名」でも、(15)「内舎人百斉文鏡」・(28)「大属百斉秋田」・(51)「大蔵少輔百斉元忠」のように、「王」字はいずれも略されている。

(4) 内舎人が勅任・奏任・判任・式部判補の四区分のいずれに該当するかについての、令集解の諸説の見解はかならずしも一致していない。まず古記は、「但内舎人一色、依二軍防令一、式部選充耳」とするから、これを式部判補の官と解したようであるが、続けて「然今行事、此亦奏任耳」として奏任官であると述べている。穴記も同様に、選叙令3任官条の令文「奏任」の下に、「内舎人軍毅亦同」とする。しかし義解は、令文「判任」の下に「謂、依二軍防令一、内舎人亦為二判任一」と注しているから、官の判任の官と解したようである。しかしここでは、古記今行事のいうところ、および後世の大間書ならびに「除目」(後述)において内舎人が奏任官として扱われていることにより、准奏任官と解しておく。

(5) 私はこの(43)「贓贖頭(マヽ)」は、「諸陵頭」または「喪儀頭」を誤り記したのではないかと推測している。刑部省被管の「贓贖頭(マヽ)」ならば、職員令の官職の序次にしたがえば、(41)治部省・(42)治部省被管・(44)民部省被管・(45)〜(49)兵部省・(50)兵部省被管のつぎ、(51)大蔵省の前に書かれるのが順当であるから、たしかにこれは職員令の官職の序次と異なっている。しかしこれを「諸陵頭」または「喪儀頭」の誤記と想定すると、諸陵寮(天平元年八月癸亥に諸陵司は諸陵寮となる)と喪儀司は治部省の被管官司であるから、この位置のままで、職員令の官職の序次と一致することになる。これに任じた者が、伝統的に喪葬関係の職務にたずさわった土師氏の一員であることも与って、私はこのように推測している。なお八世紀に入ってもなお、土師氏と喪葬関係の職務とが密接な関係を有したことについては、直木孝次郎「土師氏の研究」(『日本古代の氏族と天皇』所収、一九六四年、塙書房)参照。

(6) 但し(43)は諸陵寮の長官であった可能性もある。注(5)参照。

(7) ちなみに紅葉山文庫本令義解官位令の「大外記」の訓は、朱点は音読を指示しているが、墨点は「大《オホイ》二外《トノ》一記《シルスツカサ》」となっている。すなわち墨点は跡記と同じく「トノオホイシルスツカサ」とよんでいる。「外少記」の墨点も同様に「少《スナイ》二外《トノ》一記《シルスツカサ》」とし、「トノスナイシルスツカサ」とよんでいる。

(8) 但し倭名抄での内蔵寮の和訓は「宇知乃久良乃豆加佐」である。

(9) 黛弘道氏は、このような古記の解釈に基づいて、大宝令制のもとでは任官簿は造られても授位簿は造られなかったこと、したがってこの条の本注「其任官簿、除貫属年紀」の文は大宝令文に存しなかったであろうことを指摘しておられる。黛弘道「律令官人の序列」(坂本太郎博士還暦記念会編『日本古代史論集』下巻所収、一九六二年、のち『律令国家成立史の研究』所収、一九八三年、吉川弘文館)参照。

(10) 古記のこのような独自の解釈は、大宝令制下では任官がどのように考えられていたかを知るうえで、重要な手がかりを提供するものと思われるが、この点については後考をまちたい。

(11) 瀧川政次郎「唐の告身と王朝の位記」(『社会経済史学』二―四・五・六、一九三二年)、黛弘道「律令官人の序列」(前掲)。

(12) 後嵯峨院政以後、口宣案が授位・任官した者に発給されたことについては、富田正弘「口宣・口宣案の成立と変遷」(『古文書研究』一四・一五、一九七九年・一九八〇年)参照。

なお、官記ないし任官記に類似するかと思われる文書として、古くより、国司(および郡司)の任官にさいし、太政官が発給する「任符」なるものがあった。これは選叙令20官人至任条の「凡官人至レ任、若无二印文一者、不レ得二受代一」という規定に基づいて作成された太政官符であるが、しかしそれは、つぎに挙げる例から知られるように、任官した本人が携行するものでありながら、宛所はその者の赴任先の機関である。したがって「任符」は、赴任先の機関に対してその者の任官を告知する公文書ではあっても、本人に対して任官を告知する公文書ではない。「任符」の例として、類聚符宣抄、第八、任符に収めるものの一つを挙げておく(なお郡司の「任符」の実例については、平安遺文一二〇〇号・一三九〇号・一七〇四号・三四一三号文書等を参照)。

太政官符近江国司内(内印を踏する意)
　従四位下行右中弁平朝臣惟仲
右去年十二月十九日兼二任彼国権介一畢、国宜二承知一、官物一事已上、依レ例分付、符到奉行、
弁　　　史
　　永延三年三月二日

また延喜式部式によれば、諸司の番上官のうちで把笏を許されない舎人・使部・伴部の類には「公験」なるものが発給される。それは、

式部省

位姓名年若干、某国某郡人
右人元某色、今補二某司某色一、任為二公験一、
年月日　　録位姓名
輔位姓名

という書式のもので、これは式部判補の官の任官にあたって式部省が作成する公文書であったことが知られる。しかもこの「公験」は「仍即給与、随身為レ験」とされているから、任官した本人に対して交付されたことがわかる。すなわちこの文書はまさしく、官職に任じたことを本人に対して告知する公文書であって、官記または任官記というものである。しかし同じ番上官の任官でも、それが武官の場合に兵部省が作成する公文書は、

兵部省移某司
位姓名年若干、某京人　元某司某官
右人某月日任二某司某官一訖、仍移送如レ件、移到任用、故移、

という書式の移であって、その者の任じた官司に対して任官のことを告知するもので、本人に対して告知するものではない。

(13)　私がこれまでに一見した大間書は、以下のものである。

長徳二年正月廿五日付大間書
宮内庁書陵部所蔵和学講談所本続群書類従公事部所収(写)
保元四年正月廿九日付大間書
群書類従公事部所収
宮内庁書陵部所蔵柳原本(写)
同壬生本(写)
同伏見宮本(天文十三年写)
ちなみに伏見宮本は群書類従所収のものおよび柳原本・壬生本の祖本であって、原本を忠実に模写したものである。
嘉禄元年十二月廿二日付大間書
宮内庁書陵部所蔵庭田本(写)

享徳二年三月廿四日付大間書
　宮内庁書陵部所蔵和学講談所本続群書類従公事部所収(写)
　宮内庁書陵部所蔵柳原本(写)
明応二年三月廿五日付大間書
　宮内庁書陵部所蔵柳原本(写)
明応六年三月廿六日付大間書
　宮内庁書陵部所蔵柳原本(写)
大永二年三月廿六日付大間書
　宮内庁書陵部所蔵柳原本(写)
天文廿年三月廿七日付大間書
　宮内庁書陵部所蔵和学講談所本続群書類従公事部所収(写)

(14)　中右記承徳元年正月卅日条の「除目」には、位階とカバネを省略したものがあるが、おそらく日記に転写するさいに省いたのであろう。なお本文で述べたように、「除目」は、清書の上卿が大間書を読みあげ、清書の参議がこれを聞きつつ清書するという方法で作成される。そのさい(イ)勅任除目・(ロ)奏任別紙除目・(ハ)奏任除目はそれぞれ別の料紙に書かれるが、大間書には勅任官と奏任官が区別されずに記されているから、清書の上卿はこれを区別しつつ読みあげなければならない。西宮記によれば、(イ)勅任除目(黄紙)と(ロ)奏任別紙除目(別紙)に書くべきものについては、あらかじめ大間書のその箇所に夾算をはさんでめじるしとしておくという。

(15)　中原俊重は、中右記の大治四年八月十一日条に「左少史俊重」とみえるが、同年十二月十五日条では「右大史俊重」となっている。しかし八月十一日から「聞書」を載せる十月九日までの間に、左少史から右大史に転じた形跡はみられないので、ここでは左少史としておく。なお中原俊重が右少史に任じた(右から左への転任時期も不明)大治二年正月廿日条の中右記にも、「聞書」が載せられている。

(16)　公式令68授位任官条は、天皇の面前での喚辞を、授位任官の場合と「以外」の二つに分けて規定するが、「六位以下、去レ姓称レ名」はそのうちの「以外」の規定のなかに含まれている。しかし令釈が「去レ姓称レ名、謂授位任官幷以外並同」といい、義解が「即授位之日及以外、並皆通称也」というように、「授位任官之日」の六位以下の喚辞にも、「去レ姓称レ名」が適用された。

(17) 黛弘道「律令官人の序列」(前掲)。また唐の官品令と日本の官位令の相違についての、宮崎市定「日本の官位令と唐の官品令」(『アジア史論考』中巻所収、一九七六年、朝日新聞社)、時野谷滋「唐の官品令とわが官位令」(『律令封禄制度史の研究』序篇第一章、一九七七年、吉川弘文館)参照。

(18) 瀧川政次郎「唐の告身と王朝の位記」(前掲)。

(19) このように勅任官と奏任官の区別があいまいになった経緯については、本書第II部第一章「選任令・選叙令と郡領の「試練」」参照。

(20) 除目抄の編者とその成立年代については、時野谷滋『律令封禄制度史の研究』(前掲、文献編九、除目抄)参照。

〈附記〉 本稿の梗概を続日本紀研究会(東京)で報告したところ、鬼頭清明氏から、平城宮跡から出土した木簡のなかにも、(A)「上階官人歴名」(B)「神祇大輔〔副〕中臣毛人等百七人歴名」に類似したものがあるとのご教示をいただき、その後、氏と奈良国立文化財研究所のご厚意により、その木簡の写真をみせていただいた。近く鬼頭氏による詳細な報告が公にされる予定と伺っているが、本稿の所論ともかかわるところがあるので、簡単に私見を記しておきたい。

この木簡は第一次内裏・朝堂院の東面の側溝から出土したもので、その釈文は『平城宮発掘調査出土木簡概報(五)』に収められているが、その記載は、続日本紀神護景雲三年六月乙巳条の任官記事と、左衛士督を「右衛士督」とする以外は、一致する。したがってこの木簡がこのときの任官にかかわるものであることは、明らかである。そこで気づいた点を挙げると、(一)内蔵助を「内倉介」、葛井を「藤井」、左馬頭を「左馬司頭」、右兵衛佐を「□介」、玄蕃を「玄番」と書いているところをみると、これも“聞書”であるらしい。ことに「左馬司頭」は、ヒダリノウマノツカサノカミというよみを、そのまま漢字で表記したものと思われる。(二)位階とカバネを書いていない。このことも(A)・(B)二つの“聞書”と一致する。(三)官名の記載順に統一性がない。能登守の左に能登員外介を単に「員外介」と書いているところをみると、各段ごとに右から左へと書きすすめたものと思われるが、そのように読んでも、記載順は全く不統一といわざるをえない。念のため任人の位階をたしかめてみると、位階の序次によるのでもないことが知られる。(四)この木簡の記載の最大の疑問点は、ここに記されている任人一八名のすべてが、続日本紀の任官記事にあらわれる一八名と一致することである。つまりここに書かれている一八名はすべて、五位以上の位階を帯する者なのである。この日の任官が、五位以上についてのみ行なわれたとは考えられず、同時に六位以下の多数の任官者があったとみなければならないから、そうした任官者のなかから特に五位以上を抜き出して、この木簡を記したことになる。おそらくそのように五位以上を抜き出す材料として用いられたものが、(A)・(B)のような〃聞書〃であったのであろう。だがどのような目的で五位以上のみを抜き書きし、しかもなぜ記載順が不統一であるのか、しばらく疑問としておかざるをえない。鬼頭氏による詳報を期待したい。

「式部大□〔輔大伴益立〕□　伊賀守伊勢子老　遠江介藤井川守□〔兼カ〕　出雲□〔守〕□〔布〕勢□〔人主〕
内倉介安□〔部カ〕草万呂　美野守石上息□〔嗣〕　周方守弓削秋万呂　下総員外□〔介〕
伊与守高□〔円〕広□〔世〕　桑原王□〔兼カ〕」

「下野介当□〔麻王〕　□□〔伊伎〕守田部息万呂　□〔右兵衛〕介弓削□〔広方〕
能□〔登〕□〔守石川人麻呂〕　左馬司頭牟□〔吉脱カ〕□〔都支〕王　□〔上総員外〕介□〔武蔵不破麻呂〕
員外介□〔弓〕□〔削薩摩〕　〔左カ〕右衛士督備泉　玄番□〔助〕相模□〔伊波〕」

〔補注1〕

小右記寛仁三年十二月廿一日条に、直物除目に関するつぎのような歴名が記載されている。

除目
権大納言教通兼　権中納言兼隆　参議経通兼
権帥行成兼　左中弁定頼　右中弁経頼
左少弁資業　右少弁義忠兼　縫殿頭保季王
主税属大春日為賢　主殿頭貞利　伊勢権守藤原正忠

左兵衛佐資房
正四位下泰通造殿富門功

二人を除きウジが記されていないが、位階・カバネはすべて省略されている(最終行の「正四位下泰通」は、任官ではなく、除目にともなって行なわれた叙位を記したもの)。これを「聞書」とみてよければ、「除目聞書」の史料上の初見は小右記にさかのぼる。

〔補注2〕

旧稿でのこうした私見に対して、橋本義則氏は「「外記政」の成立――都城と儀式――」(『史林』六四―四、一九八一年)において、弘仁式文にいう「門」は、延喜式文にみられる門と同じように、内裏の門すなわち承明門とみるべきではないか、との見解を提示しておられる。

〔補注3〕

旧稿において私は、内裏式、任官式の「参議以上升二侍殿上一」、儀式、内裏任官儀の「于レ時参議已上升二侍殿上一」の文を以て、任人を含めた参議以上のすべてが「唱名」にさきだち殿上に候したと解し、したがって参議以上は「唱名」されないものとみなして、そうした観点から奏任別紙除目の生まれた理由を推定し、さらにそれに基づいて「公卿」の地位の成立、「公卿」による勅任官兼官の一般化などについての見通しを述べた。

だがそうした私の理解が妥当でないことについて、大塚章氏(名古屋大学大学院文学研究科研究生論文「弘仁・貞観期の儀式と「公卿」の成立について――叙位・任官儀を中心として――」、一九八一年、未発表)と森田悌氏(論文評、『法制史研究』三二、一九八二年)の両氏から指摘を受けた。すなわち内裏式も儀式も、後文に「若有二参議以上兼国一者、先唱レ之、不レ拠二国次一」という細字双行注があるから、公卿の兼官・兼国の者すなわち奏任別紙除目に記載される公卿も南殿前庭に列立し、「唱名」されたと解すべきである、という指摘である。

両氏の指摘の通り、旧稿のこの点に関する記述には、内裏式・儀式の文を充分に理解しなかったことによる誤りがあった。そのため旧稿を本書に収めるにさいし、第三節の後半の四分の一ほどの叙述を全面的に書き改め、記述を簡略にした。

第四章　任僧綱儀と任僧綱告牒

はじめに

日本の古代の僧官制度については、すでに多くの研究がある。しかし、その僧官が任命されるさいに、どのような儀式が行なわれ、またどのような公文書が交付されたかというようなことに言及した論考は、あまりないように思われる[1]。本稿は、大宝令が施行されて以後、僧綱すなわち僧正・僧都・律師の任命のさいに挙行された儀式と、これに関連して発給された公文書について、若干の考察をめぐらしたものである。

一　延喜式にみられる任僧綱儀

まず、九世紀において行なわれた、僧綱を任ずる儀式の次第からみることにしたい。弘仁式部式任僧綱条は、つぎのように記す。

任僧綱

弁官預定二任日一、宣二示式部治部一、其日平旦、向レ寺、

延喜式部式下の任僧綱条の記述も簡単であって、つぎのように述べるにすぎない。

任僧綱

弁官預定二任日一、宣二示省及治部一、其日平旦、向二僧綱所一、事見二儀式一、

弘仁・延喜の両式部式の記述がこのように簡単なのは、九世紀では、僧綱を任ずる儀式を挙行する主体が、式部省ではなく、太政官と治部省および玄蕃寮であったからである。したがってその儀のより詳しい記述は、延喜式では、太政官式と玄蕃式にある。やや長文だが、その両式の規定を掲げておく。

延喜太政官式任僧綱条

凡任二僧綱一者、弁官預仰二式部治部等省一、其日、遣二勅使参議、賜二宣命文一、及少納言、弁、式部輔、治部輔、玄蕃頭等各一人一、共向二僧綱所一、僧綱所預設レ座、勅使以二宣命文一授二少納言一、少納言受而就レ座、宣制、訖勅使以下還帰、若不レ遣二勅使一、直下二符治部省一、然後、太政官牒送二僧綱一、其告牒式如レ左、事見二儀式一、

（告牒式略ス、ノチニ掲ゲル）

延喜玄蕃式任僧綱条

凡任二僧綱一者、必簡二其人一、奉レ勅定之、弁官定レ日、預告二式部治部一、其日、〔平脱〕旦、僧綱請二集在京大寺入位已上僧於綱所一、設二衆僧幷勅使参議及少納言、弁官、式部、治部、寮等座一、亦設二宣命座一、衆僧依レ次就レ座、被レ任者亦在二其次一、勅使以下進就レ位、座定宣命者進就二宣命座一、以宣命、〔制カ〕其詞曰、天皇我詔旨登法師等尓白左閉〔宣脱〕登勅命乎白、大僧都登在須某法師乎、僧正尓任賜事乎白左閉登詔勅命乎白、臨レ時随レ事有レ詞、訖衆僧倶称唯、宣命者復レ位、被レ任者進二下座前一、謝二命之辱一、訖勅使以下還帰、然後、太政官牒送二僧綱一、牒式見二太政官式一、

これらによれば、僧綱を任ずる儀式は、概略以下のような次第で行なわれたことが知られる。

（一）勅を奉って僧綱の任命が決まると、弁官は任僧綱の儀を行なう日を定め、それを式部省と治部省に通知する。

このことの僧綱への通知は、治部省―(牒)→僧綱、または治部省―(符)→玄蕃寮―(牒)→僧綱のルートで行なわれたものと思われる。

(一)当日は、京内大寺の入位以上の僧が、僧綱所に請集される。

(二)僧綱の補任にあたっては、あらかじめ勅使参議が任命され、当日は、この勅使参議が宣命文を持参し、少納言一人、弁一人、式部輔一人、治部輔一人、玄蕃頭一人をともなって僧綱所へ向う。

(四)勅使らが儀場の座に着すと、勅使は宣命文を少納言に授け、少納言は宣命の座に就いて、宣制する。すなわち、宣命を読みあげる。その宣命の内容は、天皇の命令として某僧を僧正あるいは僧都・律師に任ずることを、参集した法師らに伝える、というものである。

(五)宣制が終ると、参集した衆僧は称唯する。すなわち「オオ」と答える。また、僧綱に任ぜられた僧は、謝辞を述べる。

(六)これが終ると、勅使参議以下の官人は、僧綱所を退去して宮城に帰る。

(七)勅使参議らが宮城に還帰したのちに、太政官牒が僧綱所に送られる。

(八)なお、勅使の派遣がない場合は、以上のような任僧綱儀は行なわず、太政官符を治部省に下す。

右のうち、(一)から(六)までが任僧綱儀の次第であり、(七)はそれに附随する行事、(八)は任僧綱儀の行なわれない場合の行事であるが、九世紀に(一)から(六)までに述べる任僧綱儀が事実行なわれていたことは、文徳実録および三代実録の記事によって確認することができる。但し、文徳実録の嘉祥三年七月壬寅条・同三年十二月辛亥条・仁寿元年七月丁亥条・同三年十月壬午条の四つの記事は、宣命文を記すにすぎない。しかし三代実録の記事は、宣命文とともに僧綱所に赴いた勅使参議以下の官職・姓名などを記しているので、延喜式の記す行事と、より詳しく対比することができる。そこで以下に、Ⅰ任僧綱儀の行なわれる場所、Ⅱ儀式に請集される僧、Ⅲ儀場に派遣される官人、Ⅳ宣命と宣制者、Ⅴ任僧綱を告げる太政官牒の発給、Ⅵ任僧綱儀を行なわない場合の行事、の六項に分けて、関係史料をみることにしたい。

Ⅰ　任僧綱儀の行なわれる場所

弘仁式部式では単に「寺」とのみ記すが、それが僧綱所の置かれていた寺であることは、上掲の延喜式の諸条によって明らかである。九世紀には、僧綱所は西寺に置かれていた。三代実録にみられる任僧綱に関する五つの記事、すなわち、(イ)貞観六年二月十六日癸酉条、(ロ)貞観七年九月五日癸未条、(ハ)貞観十一年正月廿七日乙酉条、(ニ)元慶三年十月廿三日己卯条、(ホ)元慶七年十月七日庚子条は、いずれもこの儀を「西寺綱所」で行なったと記している。

Ⅱ　儀式に請集される僧

三代実録の五つの記事は、このことについて記していない。延喜玄蕃式は上掲のように「請㆓集在京大寺入位已上僧㆒」とするが、儀式、巻八、任僧綱儀では「請㆓集東西両寺入位已上僧㆒」と、範囲がより狭められている。

Ⅲ　儀場に派遣される官人

三代実録の(イ)貞観六年二月十六日癸酉条と、(ロ)同七年九月五日癸未条は、勅使参議と少納言の名を記すにすぎないが、いずれもこれらが「所司」を率いて綱所に赴いたとする。(ハ)貞観十一年正月廿七日乙酉条と(ニ)元慶三年十月廿三日己卯条ではこれに弁の名（(ハ)では右少弁、(ニ)では左少弁）が加わり、(ホ)元慶七年十月七日庚子条では勅使参議・少納言・左少弁が「治部玄蕃官人」を率いて西寺綱所に向ったと記す。このうちで特に注目しておかなければならないのは(イ)貞観六年二月十六日癸酉条であって、そこでは、勅使参議源生と少納言藤原諸葛らが、「式」によって「所司」を率いて西寺綱所において僧正以下を任命し、宣命を宣したと記されている。この「式」は弘仁式をいうものであるから、これによって、弘仁式においても、任僧綱儀は僧綱所の置かれている寺で行なうこと、その儀には勅使参議と少納言および「所司」が派遣されること、またその儀では宣命が宣せられることなどの諸点が、明文化されていたことを知ることができる。すなわち、延喜太政官式・同玄蕃式に記す儀式の大綱は、弘仁式において定まっていたのである。

Ⅳ　宣命と宣制者

宣命文の雛型は、上掲の延喜玄蕃式に記されている。儀式、巻八、任僧綱儀に記すものも、あるいはまた文徳実録の四つの記事に記すものも、これと大同小異である。しかし三代実録の(イ)貞観六年二月十六日癸酉条に記す宣命文は、この日に僧綱の「位階」が制定され、僧綱の任命とともにそれの授与が行なわれたため、長文のものとなっている。(ロ)貞観七年九月五日癸未条と(ニ)元慶三年十月廿三日己卯条に記す宣命文も、延喜玄蕃式に記すものと、やや異なる。同式に「臨レ時随レ事有レ詞」という細字双行注があるのは、このような例が存するためである。参考のため、朝野群載、巻十二、内記に載せる「任僧綱宣命書様」を示せば、つぎの如くである。

天皇我詔旨止法師等尓白倍止宣勅命乎白久、今治賜布僧綱等、年﨟知徳乃次第随仁、上賜比治賜布、故是以、少僧都某乎権大僧都仁、律師某乎少僧都仁、任賜比治賜不事乎白世止、宣勅命乎白、

つぎに、延喜太政官式によれば、宣命文は勅使参議が持参し、議場でこれを少納言に授け、少納言が宣制することになっている。だが、そうした行事の細部について記述した史料は、管見では見出すことができなかった。

Ⅴ　任僧綱を告げる太政官牒の発給

延喜式では、太政官式でも玄蕃式でも、僧綱所での任僧綱儀が終了して勅使参議らが還帰したのちに、太政官牒が改めて僧綱のもとに送られると記している。また儀式、巻八、任僧綱儀にも同様の記述がある。この太政官牒の様式

についてはのちに改めて検討する予定なので、ここではその宛所についてのみ述べておこう。

この太政官牒の宛所は、僧綱である。すなわちこの太政官牒は、僧綱に任命された本人にその任命のことを伝えるために作成されたのではなく、すでに僧綱の任にある僧たちに新たな僧綱の任命を伝えるために作成されたものである。そしてこの点は、俗官の場合の「任符」と同じである。国司などの在外諸司の任官にあたって発給される「任符」の宛所は赴任先の官司であって、任官した本人宛ではない。

なお、西宮記、巻十二、臨時一(2)の僧綱召事の記述をみると、勅使参議と少納言等を綱所に派遣することと、それを行なわない場合はつぎに述べる太政官符を治部省に下すことについての記述はあるが、太政官牒の発給については全く言及していない。北山抄、巻六、任僧綱事の記述も同じである。したがって一〇世紀半ば以降には、このような太政官牒は発給されないものとなっていた可能性が大きい。

Ⅵ　任僧綱儀を行なわない場合の行事

上掲の延喜太政官式は、「若不㆑遣㆓勅使㆒、直下㆓符治部省㆒」という文を細字双行で注している。勅使参議の発遣がなく、したがって任僧綱儀が挙行されないときは、太政官が符を治部省に下すことにするという。時代の降るものではあるが、このような場合に作成される太政官符の例が、朝野群載、巻十六、仏事上に「権律師補任官符」として載せられている。左に示すのがそれである。

太政官符　治部省
伝灯大法師位覚忍
右、正二位行大納言兼春宮大夫藤原朝臣為光宣、奉㆑勅、件覚忍、宜㆑任㆓権律師㆒、省宜㆓承知㆒、依㆑宣行㆑之、符到奉行、

左少弁藤原　　　　　　　　左大史多米宿祢

永観三年正月廿九日

ところで、このような場合にも、Vで述べた僧綱宛の太政官牒が発給されるのかどうかは、さだかでない。太政官式でのこの細字双行注は勅使参議の派遣という行事について注せられたものであり、そのあとに「然後」として太政官牒の送付のことを述べているから、僧綱宛の太政官牒は、勅使参議の派遣の有無——したがって任僧綱儀の挙行の有無——にかかわらず、発給されたと解すべきであるのかも知れない。だがさきにも述べたように、西宮記・北山抄では、この太政官牒に一言も言及していないのである。そしてまた、この太政官牒の、のちに述べるような特異な様式から推すと、その発給は勅使参議の派遣と連動した行事であったようにも思われる。つまり勅使参議の派遣がないときは、太政官牒を発給せず、治部省宛の太政官符の発給のみで済まされた可能性が大きいようにも思われるのである。もしそうであったとすると、そのような場合には、太政官符を受けた治部省は、官符の旨を謄した僧綱を宛所とする治部省牒を作成してこれを僧綱所に送付し、任僧綱のことを告知したであろう。

以上、延喜式に記されている任僧綱儀の次第に依拠しつつ、九世紀に行なわれたこの儀のありかたを概観してきたが、その基本となる行事は、つぎのような諸点であることが知られた。

(1)　この儀は、僧綱所のある寺院において、多数の僧を請集したうえで行なわれる。

(2)　この儀には、勅使参議・少納言以下の官人が派遣される。

(3)　この儀では、少納言によって宣命が宣布される。

(4)　儀式が終了し、勅使参議らが還帰したのちに、太政官牒が僧綱に対して発せられる。

(5)　このような儀式が行なわれない場合は、太政官符が治部省に下される。

これら五点のうち、⑴・⑵・⑶の三点は、弘仁式においても同様の規定が存したと推定されるものである。したがってこの儀式の骨子は、九世紀のはじめころにはすでにかたまっていたとみてよい。

なお、この儀に関していまひとつ附言すると、任僧綱儀の本旨は⑴・⑵・⑶の儀式、就中⑶の宣命の口頭による宣布にあり、⑷の太政官牒の発給はあくまでも二義的なものであったことに注意しておく必要がある。そのことは、新僧綱の補任のことを口頭で本人と衆僧に告知したあとで、改めてこの公文書が作成されたことからも、知られよう。補任の口頭伝達は、俗官の場合の任官伝達と共通するものであるが(3)、僧綱の補任において、文書の発給よりも口頭伝達の方が一義的であったということは、次節以下において歴史的にもたしかめられることである。

二　大宝二年太政官処分にみられる任僧綱儀

八世紀の任僧綱儀のありかたを知ることのできる史料は、のちに検討する大宝二年正月廿三日太政官処分を除けば、続日本紀天平宝字七年九月癸卯条の「遣二使於山階寺一、宣レ詔曰、少僧都慈訓法師、行レ政乖レ理、不レ堪レ為レ綱、宜下停二其任一、依二衆所レ議、以二道鏡法師一、為中少僧都上」という記事があるにすぎない。慈訓を更迭して、代りに道鏡を少僧都に任じたというものだが、この記事について若干私見を加えれば、「使」は明らかに勅使と認めるべきものではあるが、それが、こうした異常な人事であったために特に派遣されたのであるか、尋常の任僧綱儀に倣って派遣されたのかは、この記事からは判定しがたい。同様に「詔」も、衆僧を集めて宣布されたのか、そうでないのかもわからない。「山階寺」も、おそらく綱所ではないであろう。このころ僧綱所は、のちに述べるように薬師寺にあったからである。

さて、八世紀の史料で任僧綱儀のことを詳細に述べた唯一のものは、僧尼令14任僧綱条集解令釈の引く大宝二年正月廿三日太政官処分である。この太政官処分は、二日後に行なわれる、大宝令施行後はじめての僧綱任命(4)の儀式の施行細則として制定されたものと考えられるが、それは以下のように述べている。

大宝二年正月廿三日太政官処分、任二僧綱一者、在京諸寺僧、請二集薬師寺一、仍大弁一人、史二人、式部輔一人、丞録各一人、治部玄蕃主典以上官人並集之、少弁以上大夫宣命、弁官式部左列、治部右列、

一読して知られるように、ここに述べられている任僧綱儀のありかたは、前節で述べた九世紀の行事と、いくつかの点で異なっている。

第一に、この儀は薬師寺で挙行されることになっているが、ここは「綱所」ではない。というよりも、この時期に「綱所」なるものは存在しなかったのである。続日本紀養老六年七月己卯条に載せる太政官奏によれば、それまで僧綱に任じている僧は、「居所非レ一」という状態であったという。そうした状態では法務が擁滞するというので、この太政官奏は薬師寺を以て僧綱の常住の寺院とすることを請うている。これで知られるように、薬師寺が「綱所」の機能をもつようになるのは、この養老六年七月の太政官奏が裁可されて以後のことである。なお、大宝二年正月の太政官処分のいう薬師寺は藤原京のそれ(本薬師寺)であり、養老六年七月の太政官奏のいう薬師寺は平城京のそれであって、両者異なることはいうまでもない。

第二に、請集される僧の範囲が異なる。既述のように、延喜式では「在京大寺入位已上僧」であり、儀式では「東西両寺入位已上僧」であったが、この太政官処分はただ「在京諸寺僧」とのみ述べて、なんらの限定も付していない。すなわち京にある寺院のすべての僧が請集されるのである。

第三に、派遣される官人が異なる。延喜式および儀式では、勅使参議一人、少納言一人、弁一人、式部輔一人、治

部輔一人、玄蕃頭一人であったが、ここでは、大弁一人、史二人、式部輔一人、式部丞一人、式部録一人と、治部省および玄蕃寮の四等官全員である。前者がわずか六人にすぎないのに、後者では二〇人を超える。またここに、四か月後の五月丁亥にはじめて任命される参議がみえないのは当然のこととしても、少納言が加わっていないことにも、注意しておく必要があろう。延喜式および儀式に記されている任僧綱儀は、いわば狭義の「太政官」[5]が中心となって行なう朝儀という性格が強いといいうるとすれば、大宝二年の太政官処分の記すそれは、弁官が中心となって行なう朝儀という性格が強いといえる。このことは、つぎの宣命の宣制者の相違からもいえることである。

第四に、宣命の宣制者が異なる。延喜式でのそれは少納言であったが、ここでは「少弁以上大夫」である。弁官からの薬師寺への参向者は「大弁一人、史二人」であるのに、宣制者として「少弁」が登場するのはいささか不審だが、参向者の「大弁一人」は、中弁・少弁をも含めて弁を代表するものとして挙げられたものであろうか。あるいは「大弁一人」の下に脱文があるのかも知れない。

これら四点が、延喜式制との主要な相違点である。だがそれにもかかわらず、この太政官処分の記す任僧綱儀と延喜式の記す任僧綱儀は、基本においては両者一致しているということも、忘れてはならない。それはすなわち、この儀は宮城外の寺院において衆僧を集めて行なわれる朝儀であり、その儀には宣命使をはじめ関係官司の官人が派遣され、僧綱任命のことは列立する衆僧に対して宣命を宣制するという形態で、つまり口頭による宣布によって伝達される、ということである。これらの諸点に関しては、両者は全く変るところはない。

なお、大宝二年の太政官処分の記す任僧綱儀と延喜式等に記されているそれとの間には、いまひとつの大きな相違があった。それは、後者での、勅使参議らが還帰したのち太政官牒を僧綱宛に発給するということが、前者にはいまだなかったことである。この太政官牒の発給は、次節で述べるように、養老四年五月十四日太政官奏が裁可されて以後行なわれたのであって、それ以前の僧綱の補任の伝達は、任僧綱儀における口頭による宣布のみで行なわれたのである。

三　任僧綱告牒式

僧尼令14任僧綱条集解の令釈は、前節で扱った(1)大宝二年正月廿三日太政官処分のみでなく、(2)大宝三年正月廿二日太政官処分、(3)大宝三年六月九日太政官処分、(4)和銅四年十月十日令師大外記正七位下伊吉連子人口宣、(5)(太政官)養老四年五月十四日奏[6]、(6)養老四年二月四日格の、都合六つの単行法令を引用している。そのうち、(5)はつぎのようなものである。

(太政官)養老四年五月十四日奏、任僧綱告牒式如レ左、太政官牒、僧綱、僧其乙、今擬二僧正位一、右一人擬レ官如レ右、勅、依二前件一、告二僧正其乙一、今以レ状牒、々到准レ状、故牒、

この太政官奏は、一見して明らかなように、「任僧綱告牒」と称する太政官牒の書式を定めることを奏したものである。そこで、太政官が示した書式を公文書の書式として書き直すと、左のようになる。

太政官牒　僧綱
　僧其乙　今擬二僧正位一
　　右一人擬レ官如レ右
勅　依二前件一、告二僧正其乙一、今以レ状牒、牒到准レ状、故牒、

この書式は、後掲の、延喜太政官式および儀式に記されている任僧綱告牒式から年月日と位署を除いたものと、全

く同じである。すなわち、勅使らの還帰ののちに太政官牒を僧綱に発給することは、養老四年五月十四日のこの太政官奏にはじまるのである。もっとも、このように述べると、この太政官奏は単に任僧綱告牒の書式を定めたものにすぎず、それ以前にも別の書式の太政官牒が発給されていたのではないか、との反論が予想される。そこでまず、このような任僧綱告牒式が養老四年五月という時点で定められた背景について、述べておかなければならない。

霊亀二年五月癸卯に、僧綱に「僧綱印」が与えられた(続紀)。この公印の授与は、いうまでもなく、この時期に、僧綱の寺家三綱に対する下達命令、および僧綱から俗官官司への行政上の庶務報告などが、紙に書かれた公文書で行なわれていたことを前提とするものである。だがそれにもかかわらず、この時点では、僧綱が俗官官司に提出する上申文書および俗官官司が僧綱に下す下達文書に、どのような様式の公文書を用いるかということは、まだ定められていなかった。

養老令の公式令12移式条には(7)、条文末尾に「其僧綱与二諸司一相報答、亦准二此式一、以レ移代レ牒、署名准レ省、三綱亦同」という、僧綱・寺家三綱と俗官諸司とのあいだの「報答」すなわち相互授受文書には、移式を準用した牒を用いよという附則が記されている。例を挙げれば、治部省が僧綱に宛てて出す行政命令書は、

刑部省移式部省
其事云々、故移、
年月日　録位姓名
卿位姓

という移式を準用した

治部省牒僧綱

其事云々、故牒(または以牒)、

年月日　　録位姓名

卿位姓

という牒を用いよ、というのである。

だが、僧尼令27焚身捨身条集解の古記は、

凡官司遣二僧綱一、若僧綱申二官司一公文、並為レ牒、

検二養老三年十二月七日格一、太政官牒二僧綱一、治部省牒二僧綱所一、

と記している。「凡」から「並為レ牒」(並ニ牒ニツクレ)までは、養老年間に養老令と並行して編纂された八十一例の条文と推定されるものであるが、これによって、移式準用の牒に関する規定は大宝公式令の移式条にはなく、そのことは、編纂途上の養老令の規定を先どりした養老三年十二月七日格によって採用されるところとなったものであることが知られるのである。そしてその格が、太政官と治部省が発給する下達文書の様式について指示したものであったことに、特に注意したい。俗官官司による僧綱への行政命令の伝達に牒という様式の公文書が用いられることは、この格にはじまるのであって、それ以前は別のかたちで、おそらく多くの場合、口頭で伝達されていたのである。

とはいえこれ以前に、俗官官司から僧綱あるいは寺家に宛てて下される行政命令の伝達に、全く公文書が用いられなかったわけではない。たとえば和銅二年十月廿五日付の「弘福寺領田畠流記」[8]は、養老三年十二月七日格以前に、俗官官司から寺家に宛てて公文書が発給されたことのあったことを示す、実例である。だが、延暦十三年五月十一日付「大和国弘福寺文書目録」[9]に「水陸田目録一巻二枚踏官印和銅二年」と記されているこの文書の様式は、いわゆる公式様文書のいずれとも異なり、さらにその位署は、公式様文書についての知識を以てしては理解しがたい、異様なもの

である。いささか長文ではあるが、左にその全文を掲げよう。

弘福寺川原

田壱伯伍拾捌町肆段壱伯弐拾壱歩

陸田肆拾玖町柒段参歩

大倭国　広瀬郡大豆村田弐拾町玖段弐拾壱歩
山辺郡石上村田弐拾捌町肆段壱伯肆拾陸歩
葛木下郡成相村田壱町弐段柒拾弐歩
高市郡寺辺田参町参段参拾玖歩
陸田壱拾壱町玖段壱伯弐歩
内郡二見村陸田陸段

河内国　若江郡田壱拾弐町陸段
壱伯肆拾歩

山背国　久勢郡田壱拾町弐伯参拾捌歩
陸田参拾柒町壱段弐伯陸拾壱歩

尾張国　仲島郡田壱拾町肆段弐伯捌拾壱歩
爾波郡田壱拾町

近江国　依智郡田壱拾壱町壱段参拾陸歩
伊香郡田壱拾町弐段弐伯弐拾捌歩

美濃国　多芸郡田捌町
味蜂間郡田壱拾弐町

讃岐国　山田郡田弐拾町

和銅二年歳次己酉十月廿五日正七位下守民部大録兼行陰陽暦博士山口伊美吉田主

従三位行中納言阿倍朝臣宿奈麻呂　正八位上守少史勲十等佐伯造足島

従三位行中納言兼行中務卿勲三等小野朝臣毛野　従六位下守大史佐伯直小龍

正四位下守中納言兼行神祇伯中臣朝臣臣万呂　　正八位下守大録船連大魚
正五位下守左中弁阿倍朝臣使
従五位下守左少弁賀毛朝臣使
従五位上行治部少輔采女朝臣比良夫
正五位下民部大輔佐伯宿祢石湯

まず、文書の様式を示す字句が全くない。冒頭に「弘福寺」と書くのは天平感宝元年閏五月廿日付「聖武天皇施入勅願文」[10]などと同じであるが、これは願文ではない。つぎに、署を加えているのは狭義の「太政官」の中納言三人、弁官の左中弁・左少弁・左大史・左少史各一人、治部省の少輔・大録各一人、民部省の大輔・大録各一人である。要するに寺家の管理と田畠の管理に関与するすべての官司の官人が、加署しているのである。そもそも、勅願文ならばいざ知らず、このような寺家に対して下達される公文書に、議政官である中納言が位署を加えること自体が、公式様文書についての〝常識〟からすれば、はなはだ異例であるといわざるをえない。公式令に定める公文書のなかで、議政官が署を加えるものとしては、詔書、論奏、奏事、勅授位記、奏授位記、判授位記があるが、三種の位記を除けば、いずれも一般的な意味での下達文書ではない。

このような特異な位署をもつ文書が、なぜ作成されたかということについては、私は以下の二つの理由を考えている。第一は、さきに述べたように、大宝公式令には、俗官官司と僧綱・寺家三綱が相互に報答する場合に用いる公文書について、一定の様式が定められていなかったことである。そして第二は、このことと、養老三年十二月七日格から推測されるように、この格によって太政官牒・治部省牒が始用されるまでは、俗官官司から僧綱・寺家三綱に下される日常的な行政命令の伝達には、原則として公文書は用いられず、公文書が作成されるのは特殊な場合にかぎられていたのではないか、ということである。上掲の和銅二年の「弘福寺領田畠流記」は、弘福寺が領有する田と陸田の所在地と面積を確認し、その領有を承認するために作成されたいわば証拠文書であって、これが日常的な行政命令の伝達書であったとはいい難いであろう。特殊な場合に作成された公文書であるならば、その位署がいささか特異であっても、それなりの理由のあるものとして了解できると思われる。(11)

養老三年十二月七日格によってはじまる移式転用の牒の採用は、大宝令の施行以後行なわれてきた右のような方式を改めて、日常的な行政命令の伝達にも公文書を用いることとしたことを意味する。そしてこの方式は、翌養老四年にさらに拡大されて、いわゆる「公験」の発給、すなわち得度にさいしてこれを証明する公文書の発給の開始をみるにいたる。続日本紀養老四年正月丁巳条に「始授ニ僧尼公験一」と記すのがそれであるが、僧尼令14任僧綱条集解の令釈の引く(6)養老四年二月四日格が、

養老四年二月四日格、問(12)、大学明法博士越知直広江等答、凡僧尼給ニ公験一、其数有レ三、初度給一、受戒給二、師位給三、毎レ給収レ旧、仍注ニ毀字一、但律師以上者、毎ニ遷任一有ニ告牒一、不レ在ニ収レ旧之例一也、

とするのは、得度の公験が新たに採用されることとなったことに対応して、「公験」についての定義を明確化しようとしたものであったと考えられる。(13)

以上、養老四年五月十四日の太政官奏によって任僧綱告牒の書式が定められた背景について縷々述べてきたが、それは要するに、この太政官奏は以上のような文脈のなかで理解すべきである、ということを述べたかったためである。俗官官司と僧綱・寺家三綱との間の日常的な政務の伝達に一定の様式の公文書＝牒を用いるという方式は、得度の公験の発給に拡大し、さらに任僧綱告牒の様式の制定にまでひろげられたのであった。僧綱所での任僧綱儀が終了し、勅使らが還帰したのちに、改めて任僧綱告牒と称する太政官牒を僧綱所に下達することは、この太政官奏が裁可され

てのちにはじまるのである。そしてまたこれによって、それ以前の僧綱任命の伝達は、大宝二年正月廿三日太政官処分が述べるような、薬師寺での口頭宣布のみで行なわれていたことが、確認できるのである。

そこでつぎに、本稿の最大の課題である、この任僧綱告牒の様式について検討することにしたい。

養老四年五月十四日太政官奏で示されたその書式は、この節のはじめに記した通りである。しかしそれには、年月日と位署が記されていない。太政官奏を引用した令釈が、それらを省略してしまったのである。だが幸いなことに、延喜太政官式と儀式には、それらをも含めた全文が掲記されている。それは左の如くである。

延喜太政官式任僧綱条

　太政官牒僧綱

　某位某　今擬㆓僧正位㆒

　　右一人擬㆑官如㆑右

　右〔勅〕[14]依㆓前件㆒、告㆓僧正某㆒、今以㆑状牒、牒到准㆑状、故牒、

　　　年　月　日　外記位姓名牒

　大納言位姓

儀式、巻八、任僧綱儀

　太政官牒僧綱

　某位某甲　今擬㆓官(行)僧正位㆒

　　右一人擬㆑官如㆑右

勅　依㆓前件㆒、告㆓僧正其甲㆒、今以㆑状牒、牒到准㆑状、故牒、

年　月　日　外記位姓名
大納言姓（マヽ）位

文字に若干の異同はあるが、本文の書式は養老四年五月十四日太政官奏が示すものと、全く同じである。

この任僧綱告牒式と称する太政官牒の様式上の特徴として挙げるべきものは、以下の三点である。

第一点。さきに宛所に関して述べたように、これは、僧綱に任命したことを、任命された本人に告知するために作成される公文書ではない。「勅、前ノ件《クダリ》ニ依レト、僧正某ニ告ゲヨ、今、状《カタチ》ヲ以テ牒ス、牒到リナバ状ニ准《ナズラ》ヘヨ、故《コトサラ》ニ牒ス」とする文言から明らかなように、僧綱という機関に対してそのことを伝達する――より正確にいえば、その者を僧正あるいは律師等に任ずるという勅命を僧綱からその者に伝達すべきことを命ずる――公文書である。その点ではこれは、すでに述べたように、俗官官人の場合の「任符」に類似している。事実、僧尼令14任僧綱条集解の穴記は、この任僧綱告牒を指して「僧綱任符」と称している。

第二点。この太政官牒は、勅を直接施行する公文書である。いわゆる奉勅上宣のかたちをとるものでもないし(15)、初期の太政官符にしばしばみられるような、単に「右奉勅」とする形式のものとも異なり(16)、勅にそのまま施行文言を書き加えたかたちをとっている。このことは、つぎのような「勅」と対比することによって、知ることができる(17)。

斎宮寮
頭一人従五位官助一人正六位官大允一人正七位官少允一人従七位官大属一人少属一人已上従八位官使部十人
主神司
中臣一人従七位官忌部一人宮主一人已上従八位官神部六人卜部四人
舎人司　長官一人従六位官主典一人大初位官大舎人廿人舎人十人

織〔蔵〕部司　長官一人従六位官主典一人大初位官蔵部六人
膳部司　長官一人従六位官判官一人正八位官主典一人大初位官（膳部脱）
炊部司　長一人従八位官炊部四人
酒部司　長一人従七位官酒部四人
水部司　長一人従七位官水部四人
采部司　長一人従七位官女采二人
殿部司　長一人従七位官殿部六人
薬部司　長一人従七位官医生二人
掃部司　長一人従七位官掃部六人
勅、依二前件一
神亀五年七月廿一日

これは、斎宮寮とその管下十一司の長上官の定員と相当位および番上官の定員を定めたものだが、「斎宮寮」以下「掃部六人」までの本文の全文が勅の内容であって、それに「勅、依二前件一」という勅命の文言が加えられている。したがってこれから推せば、任僧綱告牒の太政官牒は、

某位某　今擬二僧正位一
右一人擬レ官如レ右
勅　依二前件一、

という勅の冒頭に「太政官牒僧綱」の文字を、本文末尾に施行文言を、それぞれ書き加えたものであることが知られ

る。このような形式をとって勅を施行する太政官牒の例が他に存することを、私は知らない。

第三点。この任僧綱告牒は太政官牒でありながら、今日われわれが知る通常の太政官牒と、位署が全く異なる。いうまでもないことだが、今日に残されている太政官牒の加署者は、弁と史である。それは、太政官内における行政命令書の発給機関としての弁官の存在理由を示すものであって、太政官が発給する符＝太政官符、牒＝太政官牒、さらには弁官下文＝官宣旨には、すべて弁と史が位署を加えている。然るにこの太政官牒に加署する者は、大納言と外記である。つまりこの太政官牒は、一般の太政官牒と異なり、弁官が発給するものではなく、狭義の「太政官」が発給するものなのである。このような太政官牒の実例が存することも、寡聞にして私は知らない。

以上がこの太政官牒の様式上の特徴であるが、ここでは、そのうちでも最も著しい特徴である第三点について検討することにしたい。特徴の第二点は、第三点と密接にかかわる事柄であるように思われるからである。

特徴の第三点をめぐる問題としては、二つのものがあろう。第一は、大納言と外記が位署を加えるこのような様式の太政官牒は、いわゆる公式様文書の体系のなかで、どのような位置を占めるのか、という問題である。この問題は、太政官のなかの狭義の「太政官」と弁官との関係は、いかなるものであったのかという問題に通ずる事柄でもある。第二は、養老四年五月十四日の太政官奏によってはじめて「任僧綱告牒式」が示されたときの位署は、どのようなものであったのかという問題である。本来この太政官奏には年月日と位署が記されていたのであろうが、さきにも述べたように、令釈は引用するにさいしてそれらを省略してしまった。果してその位署は、延喜太政官式や儀式にみられるような大納言と外記であったのであろうか、あるいは通常の太政官牒と同じく弁と史であったのであろうか。

この二つの問題はいずれも難問であるが、とりあえず第二の問題について検討し、そのうえで第一の問題についての見通しをうることにしたい。

第二の問題に関しては、可能性のあるものとして、二つの場合が想定できる。すなわち、(A)養老四年五月十四日の太政官奏で示された「任僧綱告牒式」の位署は、通常の太政官牒と同じく弁と史であったが、その後いずれかの時期にこの牒の発給主体に変更があり、それにともなって大納言と外記が加署するようになった、と考えるみかたであり、いまひとつは、(B)この太政官牒の位署は、養老四年の太政官奏以来、一貫して大納言と外記であった、とみるみかたである。以下、それぞれの場合が考えられる理由ないし情況を述べておこう。

(A)の場合が考えられるのは、つぎの二点からである。(i)本稿の第一節と第二節で明らかにしたように、大宝二年正月廿三日太政官処分に記されている任僧綱儀のありかたと、延喜式・儀式等に記されている任僧綱儀のありかたは、著しく異なっている。前者を弁官主導の儀式といいうるとすれば、後者は狭義の「太政官」主導の儀式であったといいうる。したがってこの儀式は、大宝二年以後のいずれかの時期に、弁官が主導するそれから「太政官」が主導するそれへと転換したと考えなければならない。そしてその時期は、狭義の「太政官」、さらには外記局に政務が集中するにいたった時期ではなかろうか。(ii)外記局に政務が集中しはじめた時期を正確に量ることはむつかしいが、そのひとつの目安に外記の相当位の上昇がある。大宝・養老の両官位令での外記の相当位は、大外記が正七位上、少外記が従七位上であった。この相当位が、「外記之官、職務繁多、詔勅格令、自レ此而出」という理由で、それぞれ正六位上と正七位上に上げられたのは、延暦二年五月丁亥(続紀)のことである。このような情況を背景として、任僧綱儀は弁官の主導する儀式から「太政官」の主導する儀式に転換し、それにともなって任僧綱告牒の発給主体も弁官から「太政官」に変更されたのではないか。

この(A)の考えかたが、儀式執行の主体ならびに牒の発給主体の変更時期を養老四年以後に求めるものであるのに対して、(B)は儀式執行の主体の変更した時期を大宝二年から養老四年までの間に求めるみかたであるといえる。その(B)

の考えられる理由としては、つぎのようなことが挙げられる。(1)そもそも公文書の発給主体および様式が変更されるということは、公式様文書についての〝常識〟からみて考え難いことではないか。(2)律令公文書制度の体系は大宝令で定められたけれども、その現実における全面的な実施は和銅年間以後であったと推定される。したがって「任僧綱告牒式」が定められた養老四年は、いまだ律令公文書制度の草創期にあたるから、その時期に異型の太政官牒が存在したとしても、おかしくはないのではないか。(3)本節のはじめに掲げた和銅二年の「弘福寺領田畠流記」には、議政官である中納言三名が位署を加えている。ということは、養老四年以前に、寺家に下達する公文書に議政官が加署するということは事実行なわれていたのであるから、それを踏襲して、任僧綱告牒に大納言が位署を加えることになったと考えてもよいのではないか。(4)議政官組織の充実がはかられ、「参二議朝政一」という形態ではあっても、参議が常置されるようになるのは養老元年以後である。任僧綱儀への勅使参議の発遣、すなわち弁官主導の儀式から「太政官」主導への転換の時期をそのころに求めることも可能なのではないか。加えて、(5)弁官主導の任僧綱儀の次第を記す大宝二年正月廿三日太政官処分は、二日後に行なわれる予定の大宝令施行後はじめての僧綱の補任のために、あわただしく制定されたものではないかとも思われる。それゆえそこに記されている儀式の形態が以後ながく継承されたとは、かならずしも考える必要はないのではないか。

以上が、(A)・(B)それぞれについて考えられる理由ないし情況である。だがそのいずれもが推測にすぎないものであって、的確な根拠がひとつとしてあるわけではない。したがって(A)・(B)二つのうちのいずれを採るかは、それぞれの理由ないし情況を綜合して判断するしかないのだが、私にはどちらかといえば(B)の方が蓋然性が高いと思われる。なぜならば、いったん制定された公文書の様式が変更されることは一般論として考え難いように思われるし、また、儀式を挙行する主体の変化は、「太政官」なり弁官なりの権能がかたまる以前の、律令官制が全般的に未成熟であった時期の方が生じやすいと思うからである。なお、いったん制定された公文書の様式が全面的に改訂された事例として勅授位記があるが、これはいわゆる唐風文化が然らしめた特殊な事例であり、かつ書式は変っても発給主体には全く変更がなかった。

それでは第一の問題、すなわち大納言と外記が位署を加えるこの太政官牒は、公式様文書の体系のなかでどのような位置を占めるのか、という問題はいかがであろうか。

私はさきに、公式令に定める公文書のなかで、議政官が位署を加えるものには詔書・論奏・奏事と三種の位記があると述べた。だが、外記が加署する公文書は全く存在しない。しかも、詔書に議政官が加署することは、天皇の意志に同意することを意味するものであるし、論奏と奏事はいま問題にしている太政官牒のような下達文書ではない。そしてまた三種の位記には、式部卿の副署が必要である。要するに公式令の定める諸種の公文書の様式から、この太政官牒のような署所をもつ公文書が派生したとは考え難いのである。ただ、大納言が加署することについて参考となるかと思われるものとして、論奏と奏事がある。そしてまた太政官内の狭義の「太政官」と弁官が、それぞれ独自性を保つ別個の「官司」であったとする観点に立てば、問題はおのずから別の方向に発展する。

養老公式令の3論奏式条と4奏事式条では、論奏・奏事の本文末尾に、奏官として大納言が位署を加えることになっている。しかしこの「大納言位姓」の一行は、大宝公式令の相当条文にはなく、養老公式令で新たに加えられたと推定されるものである[18]。上奏文書と下達文書という相違はあるが、奏・宣の官としての大納言が位署を加えるという点においては共通している。「任僧綱告牒式」を制定した太政官奏の出された養老四年五月が、養老律令の編纂の進行しつつあった時期にあたることを勘案すれば、両者に通ずるものがあったのかも知れない。

しかしそれ以上に重要なのは、太政官という一司のなかにおける狭義の「太政官」と弁官との関係に関する問題であろう。

太政官に所属する諸官職の四等官構成をどのように考えるかについては、古くより議論がある。[19] しかし、太政官にも四等官制が貫徹していたという前提に立って、その官職の系列を太政大臣―左右大臣―左右弁―左右史と大納言―少納言―外記の二系列に分けて考えるにせよ、あるいはまた獄令25公坐相連条に依拠して考えるにせよ、外記を主典相当の官とみなす点では諸説一致している。問題は大納言であるが、これには次官相当の官とみなす説と四等官の系列外の品官的存在であるとする説との二つがある。だがもし旧稿[20]で推測したような律令太政官制の形成過程が認められるとすると、歴史的には、大納言はある種の長官としての機能を有する官であったとみることも、不可能ではなくなる。旧稿で推測した律令太政官制の形成過程とは、概略つぎのようなものであった。

律令制的な太政官が発足したのは天武朝においてであるが、しかしこの時期には、納言という侍奉官によって構成される「太政官」と、大弁官という官職によって構成されて六官を統轄する「大弁官」が併存していた。前者は大化前代から侍奉・奏宣の任に当った「大夫《マヘツギミ》」の組織を継承したものであり、後者は唐の尚書都省の左右丞―六部の組織を模して天武朝で新たに形成されたものである。ついで浄御原令官制にいたり、併存していた「太政官」と「大弁官」が結合され、新たな太政官が構成されたが、そのさい以下のような処置がとられた。㈠結合した「太政官」と「大弁官」の両者の上位に、新しく太政大臣・左大臣・右大臣の官を置く。㈡「太政官」の官職であった納言を三等に分け、これを大納言・中納言・小(少)納言とする。㈢「大弁官」を左弁官と右弁官に分ち、その官職を大弁・中弁・少弁の三等とする。しかしこの浄御原令制の太政官は、「太政官」と「大弁官」の統合によって成ったのではなく、両者を単に結合したものにすぎなかったから、種々の未成熟な面があった。たとえば大納言・中納言・小(少)納言が分掌の職でなかったのは、その一例である。そのため大宝令官制では、つぎのような修正がほどこされた。まず大納言と少納言を分掌の職とし、前者を侍奉官兼議政官、後者を侍奉官とする。この修正にともなって、中納言の官を廃止する。少納言の下僚として外記を新設する。詔勅起草の任と奏・宣の任とを原則的に分離するため、中務省の組織を強化し、少納言の侍従兼帯を制度化するとともに、新たに内記を置く。

以上が、旧稿で推測した律令制太政官の成立過程の概要であるが、これによれば、大宝令制以後の太政官内の大納言―少納言―外記からなる組織は、浄御原令制の大納言・中納言・小(少)納言の組織を経て、天武朝の納言によって組織された「太政官」まで、歴史的にその起源がさかのぼるものであったことになる。したがってこの組織内の最高の官職である大納言は、この組織内のみに限定して考えれば、長官としての側面を有する官であったとみることも、不可能ではない。

さてこのように、大納言を太政官内のひとつの組織の長官的存在、外記をその組織の主典的存在とみることができるとすると、任僧綱告牒と称する太政官牒の特殊な位置を理解する途もひらけてきそうである。なぜならば、公式令の定める移式によれば、移はその司の長官と主典が位署を加えることによって成立する公文書であり、これを転用した牒の署所も同じだからである。(21)つまり、任僧綱告牒と称する太政官牒は、太政官内の大納言―少納言―外記からなる組織が、勅を奉って、行政事務執行機関である弁官とは全く関係なく、養老令で定められた移式転用の牒式に基づいて、独自に作成し発給した太政官牒であったと考えることができるのである。そして、その組織がいわば「一司」として機能したかぎりにおいて、この牒は、治部省や玄蕃寮が作成し発給する治部省牒や玄蕃寮牒と、なんら変るものではなかったといえるのである。

だが、この太政官牒についてのこのような理解は、その背後に存するさらに大きな問題にかかわらざるをえない。この理解は、太政官内の一組織である大納言―少納言―外記からなる組織が、その組織独自に、太政官外の機構あるいは組織に対して行政命令書を発給すること――あるいは発給したこと――があった、と述べようとしている。では、太政官内に行政事務執行機関・行政命令書発給機関として令で位置づけられている弁官とは、いったいなにであったのか。

私は、養老四年五月という時期に、大納言と外記が位署を加え、勅を直接施行するこのような太政官牒の様式が制定されたことの背景として、本来弁官がもつべきものとして設定された右のような諸機能の、未成熟・未確立の状態を想定せざるをえない。もしこの時期にすでに、弁官が行政命令書発給機関としてその地位を確立していたならば、このような様式の太政官牒が制定されることはなかったのではなかろうか。さらにまた、類聚三代格巻十所収の天平十年十月七日太政官符を以て初見とする、勅を上卿が奉り、これを弁官に宣して太政官符・太政官牒を作成し発給せしめる、という手続きによる行政命令書発給のシステムがこの時期に形成されていたならば、やはりこのような書式の太政官牒は生まれなかったであろうと思われる。つまり、行政命令書発給機関としての弁官の機能が実質的に確立するのは、養老四年以後であったとしか考えられないのである。

やがて弁官のそうした機能が確定すれば、新たに、他に、このような様式の公文書を制定することもなくなったであろう。それでも延喜式と儀式に「任僧綱告牒式」としてこの太政官牒を載せるのは、先例遵守の然らしむるところであろうか。西宮記・北山抄がこの太政官牒に関説することのないことは、第一節で述べた通りである。

おわりに

僧綱任命の儀式のありかたと、儀式が終了してのちに発給される太政官牒の様式をめぐって、いささか考えてみた。

論じ残した事柄も多い。たとえば、任僧綱告牒の太政官牒に外記の位署のあることから連想される、これと、九世紀に入って定式化されたといわれる外記の奉ずる「宣旨」＝「下外記宣旨」との関係の有無などは、そのひとつである。しかしそうした問題の検討は別稿にまつこととして、ここでは本稿の所論に直接関係のある事柄を、ひとつだけ附記しておこう。

本稿では、弁官主導の任僧綱儀が「太政官」主導のそれに転ずる時期を、大宝二年から養老四年の間に求める立場を採った。同時にまた、「太政官」主導の任僧綱儀の大綱は、弘仁式においてかたまっていたことをも、明らかにした。とすれば、弁官主導の任僧綱儀を定める大宝二年正月廿三日太政官処分は、これを引用する令釈が執筆された延暦年間には、もはや実施されない過去の法になっていたと考えなければならないし、弘仁式に条文化されるような儀式のありかたを令釈は知っていたとみなければならない。それなのに令釈は、弘仁式条文のもととなる法令は引用せず、いわば死せる法である大宝二年正月廿三日太政官処分を引用している。この点は、どのように考えたらよいのであろうか。

この問題に関しては、私はひとつの臆説をもっている。というのは、僧尼令14任僧綱条集解の令釈が引く六つの単行法令は、すべて養老四年以前のものである。それゆえこれらの法令は、令釈みずからが諸多の法令のなかから選別して引用したというよりも、養老年間に成立したと推定され、かつ令釈が墨守して止まない師説が引用していたものを、令釈は一括して転載した可能性が大きいと思われるのである。したがって、本稿ではしばしば、養老四年五月十四日太政官奏の「任僧綱告牒式」に本来存した年月日と位署を省略したのは令釈であると述べたが、それらを省略したのは実は令釈の師説であった可能性の方が大きいと思われる。

（1）　中井真孝「奈良時代の僧綱」（井上薫教授退官記念会編『日本古代の国家と宗教』上巻所収、一九八〇年、吉川弘文館）には、本稿で扱う僧綱の任命手続きについて若干触れるところがある。しかし私見は、中井氏といささか理解を異にしている。

(2) 史籍集覧本西宮記による。故実叢書本西宮記巻十三にも同一の記述があるが、この巻十三は史籍集覧本西宮記巻十二を以て補ったものである。

(3) 俗官の任官の口頭伝達については、本書第Ⅱ部第三章「八世紀の任官関係文書と任官儀について」参照。

(4) 続紀によると、この太政官処分が出された二日後の大宝二年正月癸巳(二十五日)に、「詔」によって、智淵法師が僧正に、善往法師が大僧都に、弁照法師が少僧都に、僧照法師が律師に任命されている。

(5) 太政官は、(太政大臣・)左大臣・右大臣・大納言(・中納言・参議)の議政官と、少納言・外記および左右の弁・史の官職(ここでは長上官のみ)で構成されるが、史料上にあらわれる「太政官」の意味するものは多様であって、①全組織をいう場合、②議政官組織をいう場合、③議政官組織と少納言・外記の組織、すなわち弁・史による弁官を除いたそれ以外の組織をいう場合、④逆に弁官のみをいう場合、⑤大納言・(中納言・)少納言をいう場合、などがある。この点については、本書第Ⅰ部第二章「律令太政官制の成立」参照。これとは別に、鈴木茂男「宣旨考」(坂本太郎博士古稀記念会編『続日本古代史論集』下巻所収、一九七二年、吉川弘文館)には、⑥少納言と外記からなる組織すなわち少納言局を「太政官」という場合のあることが指摘されている。このうちで最も一般的な用法は①と③である。本稿で狭義の「太政官」といった場合、それは③、すなわち弁官以外の、弁官に対置される組織をいうものとする。

(6) 国書刊行会本令集解および新訂増補国史大系本令集解は、この部分を「養老四年五月十四日。奏任僧綱告牒式如レ左」と読んでいる。しかしこの「奏」は太政官奏の意であるから、「養老四年五月十四日奏。任僧綱告牒式如レ左」と読むべきである。なお、臆測を加えれば、(4)の伊吉子人口宣は「申ニ太政官一」で終っているので、もとの文は「申太政官太政官養老四年五月十四日奏」であったのが、令集解の転写の間に「太政官」の三字が脱落したのかも知れない。ただいずれにしても、中井眞孝氏が「奈良時代の僧綱」(前掲)において、養老四年の告牒式は「奏任」の語を冠しているから僧綱の補任は奏任扱いであったと解されたのは、刊本の読みにひきずられた理解であって、前節で述べたように(1)大宝二年正月廿三日太政官処分の述べる任僧綱儀では宣命が宣布され、その二日後の四人の僧綱の任命(注(4)参照)が「詔」で行なわれていることから明らかなように、僧綱の補任は大宝令の施行の直後から勅任扱いであった。

(7) 以下の本文に述べる、(イ)大宝公式令移式条には、移を以て牒に代える規定は存しなかったこと、(ロ)僧尼令27焚身捨身条集解の古記が引く「凡」以下の文は、八十一例文と推定されることなどについては、日本思想大系『律令』(一九七六年、岩波書店)公式令補注12bおよび本書第II部〈附論二〉「奈良時代前期の大学と律令学」参照。

(8) 大日本古文書編年七—一頁。この文書は、養老三年十二月七日格以前に俗官官司から寺家に宛てて発給された公文書の、今日知られる唯一のものである。なおこの文書の伝来等については、松田和晃「円満寺旧蔵弘福寺文書をめぐって」(『中央史学』五、一九八二年)、同「和銅二年の「水陸田目録」をめぐって」(『古文書研究』二〇、一九八三年)参照。大日本古文書はこの文書の日付を「和銅二年七月廿五日」とするが、松田氏の指摘により「十月」に改めた。

(9) 平安遺文一二号文書(一—六頁)。なお大日本古文書編年二三—六二三頁に「弘福寺領田畠流記」として収めるものが、延暦十三年「目録」と同一の文書で、その前半部分に相当するものであることについては、松田和晃「円満寺旧蔵弘福寺文書をめぐって」(前掲)参照。

(10) 大日本古文書編年三—二四〇頁〜二四三頁。

(11) 和銅二年「弘福寺領田畠流記」の署所の解釈について、一案を示しておく。まず、この文書が民部省で起草され浄書されたものであることは、ほぼ間違いない。日下に署するものが、民部大録だからである。そのため民部省の官長(官長は、長官と、長官の職掌を代行できる次官の総称)である民部大輔も位署を加えることになる。民部省の官人が起草し位署を加えたのは、いうまでもなく水田・陸田を管掌するのは民部省であるからである。治部少輔と同大録は、治部省は寺院を管掌する官司であり、また文書の交付先が寺家であるという理由で、加署したのであろう。問題は三人の中納言と左弁官所属の四官だが、前者は、弘福寺による水田・陸田の領有の承認は天皇の意志によるということを示すための加署であろう。この文書によって下された処置は、事実上の「奉勅」であったとみてよい。残る左弁官四官の署は、これが右弁官でなく左弁官であるのは、治部省・民部省が左弁官の管隷下の官司であるためであることはいうまでもないことだが、中弁・少弁・大史・少史の四官を揃えているのは、文書を起草したのは民部省ではあるが、その発給主体は左弁官であるということを示すものかも知れない。

(12) ここでは、公験にはいくつの種類があるか、という質問の文が省略されている。

(13) 続紀養老四年正月丁巳条の「始授僧尼公験」という記事をめぐっては、これを以て公験の始用を示すと解する学説と、西琳寺文永注記の引く天平十五年帳に養老四年以前の「受公験」の記事がみえることによって、養老四年以前から公験は存在していたと解する学説が対立している。この二学説については佐久間竜「官僧について」(同『日本古代僧伝の研究』所収、一九八三年、吉川弘文館)参照。私見では、養老四年以前に公験の発給はなかったとする中井眞孝氏の見解(同「僧尼令・准格律条について」『ヒストリア』五六、一九七〇年)の方が蓋然性が高いと考えているが、百歩譲っても、天平十五年帳に記すものはすべて「受戒受ニ公験一」であって、これは養老四年二月四日格で越知広江等が定義した三種の公験のうちの「受戒給二」に当り、「初度給一」ではない。それゆえ、少なくとも「初度給一」に当る得度の公験は、養老四年にはじまるとみてさしつかえないと考える。もっともこの問題は、大宝僧尼令の准格律条に、養老令と同じく、「告牒」を以て徒一年に代える規定が存したと解するか否かの問題と密接にかかわっているが、ここでは、大宝令にはそうした規定は存しなかった可能性が大きいと考えているという私見を記すにとどめておく。

(14) 新訂増補国史大系本延喜式は「右」とするが、この字は「勅」が正しい。宮城栄昌『延喜式の研究・史料篇』(一九五五年、大修館)参照。養老四年五月十四日太政官奏および儀式では「勅」である。

(15) 改めて述べるまでもなく、勅を施行する太政官牒(太政官符・官宣旨も)は、ある時期以後、奉勅上宣のかたちをとるようになる。たとえば第一節で挙げた朝野群載所収の永観三年正月廿九日太政官符を参照されたい。もしこれと同じ内容の公文書が僧綱宛に発給されるとすれば、上宣と奉勅の文は変らずに、初行が「太政官牒僧綱」となり、結文が「僧綱宜承知、依宣行之、牒到奉行、故牒」となったうえで、弁・史の位署と年月日の位置が移式の書例に変えられることになる。

(16) 山田英雄「奈良時代における太政官符について」(坂本太郎博士古稀記念会編『続日本古代史論集』中巻所収、一九七二年、吉川弘文館)が指摘するように、奉勅上宣のかたちをとって勅を施行した太政官符の初見は天平十年であるが、その時期の前後には、上宣のことを記さずに、単に「奉勅」「右奉勅」として勅を施行した太政官符がみられる。たとえば、類聚三代格巻十七所収養老四年三月十七日太政官符、同巻七所収天平十一年七月十五日太政官符、同巻十八所収天平勝宝五年十月廿一日太政官符などがそれである。なお本書第I部第四章「上卿制の成立と議政官組織」参照。

(17) ここに掲げる神亀五年七月廿一日勅は、東北大学図書館所蔵狩野文庫本類聚三代格による。同本での格文の掲記には、抄出掲記と全文掲記の二種の方法が採られているが、この勅は全文掲記である。

(18) 日本思想大系『律令』(前掲)公式令3論奏式条・4奏事式条の頭注参照。

(19) 中田薫「養老令官制の研究」(同『法制史論集』三所収、一九四三年、岩波書店)、石井良助『日本法制史概説』(一九四八年、創文社)、石尾芳久『日本古代天皇制の研究』(一九六九年、法律文化社)、柳雄太郎「太政官における四等官構成について」(『日本歴史』三二四、一九七五年）などを参照。
(20)　本書第I部第二章「律令太政官制の成立」。
(21)　但し今日知られる省・寮等の移や牒には、それ以外の四等官が位署を加えているものもある。

〈附論二〉奈良時代前期の大学と律令学

はじめに

律令制の大学のありかたについては、さきに桃裕行氏が綜合的な考察を加えられて以後諸氏の研究があり、(1)また神亀・天平の間に大学内に設けられた律令教授機関「明法科」についても、布施弥平治・利光三津夫・野村忠夫等の諸氏の論考が公にされている。(2)本稿はこれら先学の驥尾に付して、奈良時代前期に、律令学がどのように展開したかを、令制大学のありかたと、大宝・養老の二つの律令の編纂ならびに施行の過程を検討することによって、明らかにしようとしたものである。

一　養老令制の大学と律令学

はじめに、先学の業績に導かれながら、養老令に定める大学と、そこでの律令学教授のありかたを、私なりに整理しておきたいと思う。

1　大学の職員構成

令制における学問一般の公的な教授機関は、中央の式部省被管大学寮に所属する大学と、地方の大宰府所属の府学および各国衙所属の国学であった。しかしこれらのいずれもが、単に学問の教授のみを任とする機関であったのではなく、国家の要求する官吏を養成するための機関であったことは、いうまでもない。

さて養老職員令の定めるところによれば、最高の教授機関としての大学が所属する大学寮は、

(イ)　頭一人・助一人・大允少允各一人・大属少属各一人・使部二〇人・直丁二人

(ロ)　博士一人・助教二人・学生四〇〇人・音博士二人・書博士二人・算博士二人・算生三〇人

の職員によって構成される官司であった。このうち(イ)は四等官とその下僚であって、事務官庁としての大学寮に所属する事務官およびその下僚である。もっとも頭と、頭と同じ職掌を有する助とは、「簡二試学生一」を任とし（職員令14大学寮条）、毎年七月に学生に対して行なわれる「年終試」はこの両者が行なうこととされているから（学令8先読経文条）、頭・助に任ずる者には高度の学問的素養が必要であり、事実その任官例を六国史等にみると、いずれもその時代に著名な学者と目された者がこれに任じている。しかし頭・助の職務そのものは行政官としてのそれであって、学生に日常的に接してこれを教授するのが本務ではない。

これに対し、官吏養成機関としての大学に所属するものが(ロ)であるが、それは四種の教官と学生によって構成されている。

(1)　教官としての大学博士一人と助教二人。これに対応する学生四〇〇人。これはいわば大学の「本科」である。この「本科」を指して「明経科」と称し、学生四〇〇人を「明経生」と称するむきもあるが（たとえばつぎに挙げる義

解文参照）、私は後述する理由によって、そのような称呼は用いないことにする。以下に「本科」学生というのは、ここでの学生四〇〇人を指す。

(2)　教官としての音博士二人。養老令では、これに対応する学生の規定はない。その理由を義解は、「明経生（これは(1)「本科」学生四〇〇人を指す）、必先就二音博士一、読二五経音一、然後講レ義、故別不レ置レ生」（職員令14大学寮条義解）と説いている。つまり音博士から音の教授を受けるのは「本科」学生四〇〇人だというのである。養老令で音博士に対応する「音生」ないし「音学生」を置かなかった理由は、この義解の説く通りであったと思われるが、しかし八世紀末から九世紀にかけて、学生に漢音の習得が義務づけられるようになると、その専攻学生として音生が置かれるにいたった。弘仁格抄式部下に「応レ置二音生四人一事　弘仁八年四月十七日」、日本紀略弘仁八年四月丙午条に「勅云々、宜下択二年卅已下聴〔聰〕令之徒、入色四人、白丁六人一、於二大学寮一、使上レ習二漢語一」とするのがそれで、漢音専習者一〇人のうちの入色四人を「音生」としている。

(3)　教官としての書博士二人。これに対応する学生も養老職員令には規定がない。だが学令15書学生条には「凡書学生、以二写書上中以上者一、聴レ貢」として、貢人として推挙さるべき成績基準が定められているから、養老令制では、職員令に記載せず、したがって定員不定ではあったが、書学生の存在することが前提とされていたことが知られる。なおこの書学生ないし書生の定員は、弘仁三年十月二十日に三〇人と定められた（三代格弘仁四年七月六日太政官符所引弘仁三年十月廿日官符）。

(4)　教官としての算博士二人。これに対応する算生三〇人。

養老職員令に定める大学寮および大学の職員構成は以上の通りであるが、大学のそれについて、いまかりに教官と学生とが対として組み合わされている組織を「科」と称するとすると、養老令制の大学には、大学「本科」と「書科」・「算科」があり、これとは別に「本科」学生を教授対象とする「音科」があったことになる。だがこうした大学の構成をみて不審に思うのは、ここには律令を専門に教授すべき教官と、同じく律令を専門に学習すべき学生からなる組織についての規定が存しないことであろう。律令を国家の基本法とする律令国家の官吏養成機関のなかに、それを専門に教授する者も学ぶ者も特に規定されていないのは、一見いかにも不審である。そのために、なにゆえにわが国で律令学についての「科」を設けなかったかについて諸説が提示され、そのはなはだしきものは「疑、落脱不レ置乎」とまで極言するのである（考課令73明法条集解跡記）。しかし右のような大学の職員構成のもとにあっても、決して律令学の教授および学習が行なわれずともよしとされていたわけではなかった。このことは、官吏登庸試験としての考試の制度をみることによって、明らかとなる。

2　三科と考試との関係

上述のように、養老職員令には律令学を専門に教授する教官とこれを受ける学生についての規定はない。また学令においても、「本科」学生の学ぶべき周易以下の経とその注（学令5経周易尚書条・6教授正業条・7礼記左伝各為大経条）および「算科」学生の学ぶべき算経（学令13算経条）の規定はあるが、律令を学ぶべしとする規定は全く存しない。だがそれにもかかわらず、選叙令と考課令には、学生が「明法試」を経て出身する場合の貢挙資格と考試についての規定があり、この試に貢挙される学生は律令に通達した者でなければならず、その「明法試」では律七条と令三条が問われるのである。それでは大学において律令を学び、「明法試」を経て出身する学生とは、どのような学生であったのか。それはいうまでもなく「本科」学生四〇〇人のなかの、その道を志す者たちであった。そのことは、以下のような、職員令等の定める教官・学生と、学令・選叙令・考課令に定める考試ならびに叙位についての規定の対応関係をみることによって、たしかめることができる。

養老令においてその存在が定められていた学生は、上記のように(イ)「本科」学生、(ロ)「書科」学生、(ハ)「算科」学生の三種であったが、(ロ)「書科」学生と(ハ)「算科」学生の専任教官には書博士二人・算博士二人があり、またこの二種の学生に対する考試と、考試に及第した場合の叙位基準は学令15書学生条に規定されていた。「書科」学生の学ぶべき経の規定はみられないが、「算科」学生が学ぶ経は、これもやはり学令13算経条にその規定がある。これに対して(イ)「本科」学生の場合は、その専任教官は大学博士一人・助教二人であったが、学生が学ぶべき経とその注(上掲条文)、学習方法と大学博士および大学寮が行なう旬試・年終試の規定(学令8先読経文条・9分経教授条)、大学寮・式部省が学生を太政官に挙送するさいの条件(学令11通二経条・12講説不長条)等は学令に定められているけれども、考試・叙位の規定は学令ではなく、選叙令と考課令にそれがある。いま学令11通二経条・同12講説不長条を含めて、「本科」学生の挙送資格・考試・叙位の概略を述べれば、つぎの如くである。

学生は、二経以上(これについては後述)に通じて、出身することを希望したならば、大学寮が行なう試験に合格したうえで、太政官に挙送される(学令11通二経条)。但しその試験に合格しなかった者でも、秀才試・進士試に堪える才能をもつ者があれば、これも挙送される資格を有する(学令12講説不長条)。こうして挙送された学生は、秀才試・明経試・進士試・明法試の四種の国家試験のうちの一つを受験することになるが、どの考試を受験するにしても、学生は「方正清循、名行相副」う者でなければならない。それに加えて、秀才試受験者には「博学高才」、明経試受験者には「学通㆓二経以上㆒」じ、進士試受験者には「明閑㆓時務㆒、并読㆓文選爾雅㆒」み、明法試受験者には「通㆓達律令㆒」の者であることが要求される(選叙令29秀才進士条)。

さて第一の秀才試では方略策二条が試みられ、文・理ともに高ければ上上第、文・理のいずれかが高くいずれかが平らかであれば上中第、文・理ともに平らかであれば上下第、文・理ほぼ通ずれば中上第と評価されて合格となるが(考課令70秀才条)、叙位されるのは上上第(正八位上)と上中第(正八位下)のみである(選叙令30秀才出身条)。第二の明経試では、「本科」学生のすべてに必修として課せられていた孝経・論語と学生が選択した二経について、一〇問ないし一一問が出題され、経の本文および注について「弁二明義理一」であるか否かが評定の基準となる。一〇通ずれば(出題が一〇ならば全通、一一ならば不通一あるも可)上上第、八以上通ずれば上中第、七通ずれば上下第、六通ずれば中上第となるが、しかし必須の孝経・論語から出題される三問が全部不通のときは、右の条件を満たしていても不合格となる(考課令71明経条)。そしてこの試の場合も、及第して叙位されるのは上上第(正八位下)と上中第(従八位上)のみである(選叙令30秀才出身条)。第三の進士試では、時務策二条と帖試が試みられる。帖試というのは、文選上帙と爾雅について、一千言ごとに一行のうちの三字を板でかくし、諳んじたところを答えさせるもので、文選から七問、爾雅から三問が出題される。また時務策の評価基準は「文詞順序、義理慥当」か否かにあり、策文二条に及第し帖試が全通ならば甲第、策文二条に及第し帖試の六問以上が正解ならば乙第として合格となる(考課令72進士条)。合格者に与えられる位階は、甲第が従八位下、乙第が大初位上である(選叙令30秀才出身条)。第四の明法試では、律から七問、令から三問の計一〇問が試みられる。評価基準は「識二達義理一、問無二疑滞一」であるか否かで、全通ならば甲第、八以上通ずれば乙第となる(考課令73明法条)。及第して出身する者には、甲第に大初位上、乙第に大初位下が与えられる(選叙令30秀才出身条)。

　これらによって知られるように、養老令では、「本科」学生の考試と出身は考課令と選叙令で規定し、「書科」学生と「算科」学生の考試と出身は学令で規定したのであった。それゆえ、選叙・考課二令に定める秀才・明経・進士の三考試が「本科」学生を対象として設けられたものであることが明らかな以上、残る明法試もまた「本科」学生を対象とするものであったことは、自明のこととしなければならない。つまり「本科」学生四〇〇人とは、律令学で出身する学生をも含むものであったのである。

なおここで、「本科」学生が学ぶべき経について触れておこう。「本科」学生はまず孝経・論語の二経が必修である。つぎに「本科」学生は、礼記・左伝(以上大経)・毛詩・周礼・儀礼(以上中経)・周易・尚書(以上小経)の七経のうちの、少なくとも大経一・小経一ないし中経二を選択し、これに通じなければならない(学令7礼記左伝各為大経条)。だがこのような経についての学令の規定は、上述の考試法・叙位法とは、いささか整合しないかのようにみうけられる。一見して両者の対応することが知られるのは明経試であるが、他の秀才試・進士試・明法試を志す学生が何を経として学ぶべきかは、学令の規定ではかならずしも明確ではない。だがこの三試を志す学生もまた、明経試を志す学生と同様に、孝経・論語を必修とし、礼記以下七経中の二経以上を学ぶべきことが義務づけられていたと考えるべきであろう。なぜならば、学令の経に関する5経周易尚書条・6教授正業条・7礼記左伝各為大経条の三条は、大学の「本科」学生一般を対象として規定された条文であるからである。ところが上記のように、進士試と明法試の受験者には、これとは別の経の学習が要求されている。進士試の文選・爾雅と明法試の律・令がそれである。そうとすると、養老令の本意としては、進士試を志す学生には、孝経・論語と七経中の二経以上に加えて、この試にとって必須の文選・爾雅の、同様に明法試を志す学生には、孝経・論語と二経以上に加えて、この試にとって必須の律・令の学習を要求していたことになる。進士試・明法試を志す学生にとっては、考試及第後に叙位される位階は秀才試・明経試のそれよりも低かったにもかかわらず、在学中に学習すべき教科の範囲は広かったのである。

二　大宝令制の大学と律令学

養老令制における大学の構成および三「科」学生と考試との関係は、前節にみた如くであるが、大宝令でのこうした事柄に関する規定も、養老令のそれとほとんど変るところがなかったであろうと一般に推定されている。もっとも関連する諸条文で大宝令文の復原できるものは、きわめて少ないのだが。

まず大学の職員構成についてみると、⑴大学「本科」の教官は「大学博士一人・助博士二人」(学令4在学為序条集解古記)で、後者の名称は養老令と異なっていたが、定員は同じであった。しかしこれに対応する「本科」学生の数は確認できない。⑵教官としての音博士二人についての大宝令文は復原できないが、規定は存したものと推定される。「音生」に相当するものは、養老令と同じく定められていなかったであろう。⑶書博士の定員はたしかめられないが、大宝官員令にも規定されていたことが、学令15書学生条集解の古記によって確認できる。またその古記が引く神亀二年三月十四日太政官処分には「貢二書生一者(下略)」とあるので、大宝令の施行期に書生が存したこともたしかである。⑷養老令の「算博士二人、算生三十人」と全く同じ字句が大宝令に存したという確証はないが、学令13算経条の算経の規定と、同15書学生条の算生の考試に関する規定の大宝令文が、部分的にではあるが復原できるので、これも養老令と同じであったろうと推測することができる。

つぎに学令の条文では、「本科」学生の経について定めた5経周易尚書条・6教授正業条・7礼記左伝各為大経条は、字句のすべては復原できないが、当該条文が大宝令に存したことはたしかである。かつ5経周易尚書条の大宝令文には「文選爾雅亦読」という注文があったことが知られ、大宝令では「本科」学生一般に対し文選・爾雅の読習を課していたことが判明する。但し古記はこの注文について「任レ意耳、不三必令二読」との注釈を加えている。太政官への挙送資格を定めた11通二経条・12講説不長条でも、それぞれ一部の大宝令の字句が復原できるが、条文全体の復原は困難である。

選叙令(大宝令では選任令)・考課令(大宝令では考仕令)の関連条文の大宝令文復原も、事情はほぼ同じであって、考試及第者に与える位階を定めた選叙令30秀才出身条では部分的に大宝令文の復原が可能だが、同29秀才進士条の集解には全く古記が残されていないので、大宝令条文の復原は不可能である。同様に、考試の内容を定めた考課令70秀才条・71明経条・72進士条は部分的に字句の復原ができるが、73明法条には古記が残されていない。

関連する条文について大宝令文を復原する作業は、このように不満足な結果に終らざるをえないが、しかし全体としてみれば、従来一般に考えられてきたように、大宝令制もまた養老令制と基本的に変るものではなかったと推測してよいと思われる。だがこのような推測に対して、大宝令には明法試に関する規定が存在しなかったとする野村忠夫氏の見解があるので、(3) その点につき多少の私見を加えておきたい。

野村氏が、大宝令には明法試に関する規定がなかったと推定された根拠の主要なものは、以下の三点である。

㈠　令集解には、明法試に関する条文・字句についての古記の注釈が、全くみられないこと。まず(イ)考課令集解において、70秀才条・71明経条・72進士条の三条には古記があるのに、明法試について定める73明法条には古記がない。したがって大宝考仕令には明法条がなかった可能性がある。(ロ)養老選叙令で明法試について述べる条文は29秀才進士条と30秀才出身条だが、29条には古記がなく、30条でも古記は秀才・明経に言及しながら、明法については沈黙している。(ハ)養老学令で「明法」の語があるのは15書学生条の条文末尾だが、その箇所にも古記はない。

㈡　選叙令31両応出身条の古記に、次の文がある。

古記云、両応ニ出身一、謂、父蔭祖蔭、秀才明経進士等、従レ高叙耳。

古記はここでは秀才・明経・進士の三試しか挙げていない。明法家の使用する「等」字の用法はかなり厳密で、複数の事項を並記して「等」とした場合は、挙示されている事項以外のものは含まれないのが原則である。したがってこの場合の「等」には明法試は含まれないとみるべきであって、大宝令に明法試が欠けていたことをうかがわせる。

㈢ 養老学令の貢挙関係の条文をみると、秀才・明経・進士・書・算の五試については対応する条文があるのに、明法試についてのみ対応条文がない。すなわち、

明経試への挙送は11通二経条に

秀才試・進士試への挙送は12講説不長条に

書試・算試の貢挙は15書学生条に

それぞれ定められているのに、明法試への挙送については全く規定するものがない。これは養老学令の「体系的な未整備」だが、その理由は、養老の選叙・考課二令に新たに明法試の規定を加えたものの、養老令の撰定事業が藤原不比等の死によって未完成のうちに打切られたため、学令の修訂には及ばなかったという事情にあると思われる。

以上が野村氏の挙げられた主要な根拠である。そして第一点の、令集解には、明法関係の条文・字句に全く古記が存しないということは、たしかに氏の指摘された通りである。しかしそのことを理由として、大宝令には当該条文・当該字句が存しなかったと主張するためには、つぎの三点を考慮しなければならないであろう。第一は、令集解全般を通じて、その条文下、その字句下に古記が記されていなくても、大宝令にその条文・字句が存したことの確認できる例がしばしば存すること。第二は、令集解で明法関係の条文または字句に言及しないのは、ひとり古記のみではないこと。すなわち、学令15書学生条の「明法」の字句に対しては、だれひとり注釈を施していない。選叙令30秀才出

身条で明法試に言及しないのは古記だけでなく、諸説すべてがそうである。考課令73明法条に注釈を残すのは義解・跡記・穴記だが、いずれもきわめて短文である。つまり令集解に収録されている種々の注釈者は、おしなべて明法試に対しほとんど関心を示していないのである。第三に、もし野村氏の説かれるように、大宝令には明法試に関する規定が存在しなかったとしたならば、諸注釈者がそのことに言及しないことこそ、むしろ不自然なのではなかろうか。新古両令間の字句・内容の相違を論ずることは、注釈者たちの好んで行なったところであるから、古令に明法試の規定がなかったのが事実ならば、かならずやその理由が論題としてとりあげられた筈である。そうした議論が全くみられず、諸注釈者のほとんどが明法試にさほどの関心を示さなかったという事実そのものが、逆に新古両令間に差違のなかったことを物語るとすべきであろう。

つぎに、第二点は後述することとして、第三点についてみると、野村氏にやや誤解があり、また全体として大宝令に明法試の規定がなかったことを証明する材料としては不適当と思われる。その誤解とは、学令の規定について、(イ)明経試への挙送資格は11通二経条に、(ロ)秀才試・進士試への挙送資格は12講説不長条に、(ハ)書試・算試の貢挙は15書学生条に規定されているとみなされたことであって、(ハ)は問題ないとしても、(イ)・(ロ)の令文の解釈には疑問がある。なぜならば、前節で述べたように、学令12条は同11条の例外規定であって、秀才試・進士試を受験する学生のすべてをこの12条に基づいて挙送するというものではないからである。そしてこれまた既述のように、11通二経条の令意には、秀才試・明経試・進士試への挙送のみならず、「本科」学生の明法試への挙送も含まれているのであって、したがって挙送と考試との令文上の対応関係は、

学令11通二経条の定める挙送＝秀才試・明経試・進士試・明法試
学令12講説不長条の定める挙送＝秀才試・進士試の特例

学令15書学生条の定める貢挙＝書試・算試

とすべきである。

もっともこのような誤解はともかくとして、野村氏が指摘された事柄は、「養老学令の不備」の指摘ではあっても、そのことがただちに大宝令に明法試の規定が存しなかったという結論に結びつくわけではない。そのため氏は、養老令の編纂事情を傍証とされたのであるが、しかしそれは、大宝令に明法試が存在しなかったことが証明されてはじめて、その理由づけとなる性質の事柄であって、明法試の大宝令不存在の証明材料とはならないと思われる。

野村氏が挙げられた三つの理由のうちで、最も有力と思われるものは第二点であろう。「凡両応二出身一者、従レ高叙」の令文に加えられた上掲の古記文には、たしかに明法試は挙げられていないし、「等」字の一般的用法に徴して、古記の文意には秀才試・明経試・進士試以外のものは含まれていないと解さなければならない。しかしそうであるからといって、大宝令に明法試の規定がなかったために古記はこの三試しか挙げなかったのだと言いうるかといえば、それは疑問である。少なくとも野村氏とは別途の解釈を施す余地は残されていると思われる。

選叙令31両応出身条とは、考試に及第して得る位階と、父祖の蔭によって与えられる位階とに高低があった場合に、高い方の位階に叙すことを定めた条文である。ところで選叙令30秀才出身条に定める考試及第者の位階は

秀才試	上上第正八位上	上中第正八位下
明経試	上上第正八位下	上中第従八位上
進士試	甲第従八位下	乙第大初位上
明法試	甲第大初位上	乙第大初位下

である。これに対して、選叙令38五位以上条に定める蔭位の最低位は、従五位の庶子に与えられる従八位下なのであ

る。すなわち進士試甲第に与えられる位階が蔭位の最低位と一致し、進士試乙第と明法試甲乙第に与えられる位階は、いずれも蔭位の最低位より低い。上掲の古記の注釈は、この点に留意して施されたものなのではないだろうか。もちろん31両応出身条そのものは、考試及第者に与えられる位が高く蔭位が低い場合のみでなく、蔭位が高く考試及第者に与えられる位が低い場合にも適用さるべき条文である。それゆえ、五位以上の子・孫が進士試乙第・明法試甲乙第で出身することも、当然想定されていた筈である。しかし法内の理よりも実態上の解釈を重んずる古記は、現実に蔭位の高い者が低位の考試を受けることのないことを承知していたために、考試による位階と蔭位の最低位が交錯する進士試以上の三試を挙げたのではないだろうか。ちなみに同条の義解は、養老令に四試が存したにもかかわらず、秀才・明経の二試しか挙げていない。義解もまた同じ理由で、考試による位階と蔭位が等しい進士試甲第をも省いたのである。

さきにも述べたように、野村氏が挙げられた理由のうちで最も有力なものはこの古記の文である。だがそれについても右のように別途の解釈が可能であるとすれば、第一・第三の理由に対する私見をも綜合して、大宝令にもやはり明法試についての規定は存したと考えるべきものと思われる。結局、桃裕行氏以来の通説を追認した結果とはなったが、大宝令と養老令とは、大学の構成についても、考試についても、その規定は基本的に変るものではなかったと考えられる。

三　大学「本科」の性格

大宝令制においても養老令制においても、大学「本科」の学生は、秀才試・明経試・進士試・明法試のいずれかの考試に挙送される。これを教官の側からみたら、どのようなことがいえるであろうか。

大宝官員令・養老職員令に定める大学「本科」の教官は、大学博士一人・助博士(助教)二人の、わずか三名である。この三名が秀才試以下の四試を受験する学生に教授するのであるから、かれらには、孝経・論語と礼記以下七経のほかに、文選・爾雅・律・令をも教授する任に堪えることが要求されたわけである。その意味ではかれらは、いわば万能であらねばならなかった。

このようにみてくると、通常いわれているような、学令に定める教授内容を以て大学「本科」を「明経科」と称することは、令の本意に反し、そして誤解を生ぜしめる因ともなることが知られるであろう。令制大学の「本科」は、のちに「明経科」と称される経学の教授を主体とする学科のみでなく、これまたのちに分科として独立に設定される「文章科」および「明法科」の二学科をもその内部に包摂し、これらを綜合して設けられた官吏養成機関であったのであって、かりに専門教授者と専門学習者が対として組み合わされたものを「科」と称するならば、令制大学には、「文章科」「明法科」が存しなかったのと同じように、「明経科」もまた存在せず、あるのはただ大学「本科」と「書科」・「算科」だけであったのである。

こうした令制本来の大学「本科」のありかたを最もよく反映している記事として、私は続日本紀の記す養老五年正月甲戌条の詔を挙げたいと思う。この詔は「文人武士、国家所レ重、医卜方術、古今斯崇」との理由で、百僚のなかで学業にすぐれ、師範たるに堪える者に対し、絁・糸・布・鍬等を賜与すると述べたものであるが、この詔文に挙げられている三九名の人物のうちで、大学「本科」の教科目と関連を有すると思われる一一名は、つぎのように表記されている。

明経第一博士　　　従五位上鍛冶造大隅

同　　　　　　　　正六位上越智直広江
(明経)第二博士　　正七位上背奈公行文
同　　　　　　　　正七位上調忌寸古麻呂
同　　　　　　　　従七位上額田首千足
明法　　　　　　　正六位上箭集宿祢虫万呂
同　　　　　　　　従七位下塩屋連吉麻呂
文章　　　　　　　従五位上山田史御方
同　　　　　　　　従五位下紀朝臣清人
同　　　　　　　　従五位下下毛野朝臣虫麻呂
同　　　　　　　　正六位下楽浪河内

詔文が「百僚之内」から擢んでたと述べていることからも知られるように、右の一一名のすべてが、この時点で大学「本科」に所属する官人であったわけではない。個々の経歴をみると、大学頭の官歴を有する者として、「明法」の箭集虫万呂(続紀天平四年十月任)・塩屋吉麻呂(懐風藻)、「文章」の山田御方(懐風藻)・楽浪河内(続紀神護景雲二年六月男高丘比良麻呂卒伝)があり、大学博士の官歴を有する者として「明経第一博士」の鍛冶大隅(懐風藻)・越智広江(懐風藻)および「(明経)第二博士」の背奈行文(万葉集、但し懐風藻では大学助)、大学助教の官歴を有する者として「文章」の下毛野虫麻呂(懐風藻)、皇太子学士の官歴を有する者として「(明経)第二博士」の調古麻呂(懐風藻)があったことが知られるが、養老五年正月の時点で大学博士ないし助博士であった可能性のある者は越智広江のみで、他にどの人物がそれらの官職に任じていたかは特定できない。それはともかく、すでに桃裕行氏が明快に指摘されたように、この詔文にみえる「明経第一博士」「(明経)第二博士」「明法」「文章」が官名でないことは明らかである。これらはそれぞれ、「明経の道に秀でた第一位の博士」「明経の道に秀でた第二位の博士」「明法の道に秀でた者」「文章の道に秀でた者」の意であって、それは、同じ詔文に右の一一名に続けて挙げられている人々に冠せられた「算術・陰陽・医術・解工・和琴師・唱歌師・武芸」が官名でなく、それぞれの道に秀でた者の意であったのと同断である。

しかもこの詔に挙げられた人物は、実はその人物に冠せられている「明経」なり「明法」「文章」なりの道のみを専らにしていたわけではなかった。たとえば、「明経第一博士」の筆頭鍛冶大隅は、家伝下の記すところでは「宿儒」だが、嘗て大宝律令の撰定に参画した経験を有し(続紀文武四年六月甲午条)、賦役令19舎人史生条集解古記の引く神亀三年十一月十五日太政官符では「令師正五位下鍛冶造大隅」と記されていて、いわゆる「明法」の道をも兼ね修めた人物であったことが知られる。同様に「明経第一博士」越智広江も、家伝下では「宿儒」だが、賦役令19舎人史生条集解古記の引く上掲官符では「令師」、僧尼令14任僧綱条集解令釈と同21准格律条集解讃記の引く養老四年二月四日格では「大学明法博士」ないし「明法博士」の称が冠せられていて、[4]かれもまたいわゆる「明経」「明法」の二道兼学の者であったことが知られる。一方、この詔で「明法」を以て称えられた箭集虫万呂と塩屋吉麻呂の二名は、たしかに養老律令の撰定事業に参画し(続紀養老六年二月戊戌条・同天平宝字元年十二月壬子条)、また塩屋吉麻呂は職員令13式部省条集解令釈の引く問答文の法令に「明法博士」、賦役令19舎人史生条古記の引く上掲官符では「令師」とされているが、しかし家伝下では二者ともに「宿儒」であって、この二人もまたいわゆる「明経」「明法」二道兼学の者であったことが知られる。

このような、この時期の学者の二道兼学は、令制大学「本科」のありかたに、まさしく対応しているといわなければならない。大学「本科」の教官は、いわゆる「明経」の道のみでなく、「明法」「文章」の道をも修めてこれらを学生に教授すべき立場にあり、進士試・明法試を受験する学生は、「文章」あるいは「明法」の道を修めるのみでなく、「明経」の道をも修得しなければならないというのが、令制大学の「本科」のありかたであった。教官・学生をも含めて、「学者」が諸道を兼学することは、律令の定める官吏養成制度の原則であったのである。養老五年正月詔で学者に冠せられた称呼は、こうした令制大学「本科」のありかたを忠実に反映しているのであって、この詔で「明経」「明法」「文章」と称せられた学者は、その個々の道のみを修めてこれに秀でた者であったのではなく、兼学する二道あるいは三道のうちの、より秀でた一道の名称によって、このように称せられたのであった。

令制大学の「本科」の学生は、すべてまず孝経・論語と礼記以下七経中の二経以上の経学を学ばなければならない。将来明経試の受験を志す学生はこの経学の学習で足りるが、進士試受験を志す学生は経学に加えて文選・爾雅を、明法試受験を志す学生は経学に加えて律・令を学ばなければならない。そして秀才試受験を志す学生の場合は、さらに広い範囲の学習が必要であったであろう。而して、令制大学の「本科」のありかたがこのようなものであったことが知られると、つぎの二つの問題にもある程度の解答を与えることができるように思われる。その問題の第一は、日本はなぜ唐の律学の制度を継受しなかったのかということであり、第二は、神亀末年から天平初年にかけて、「文章科」と「明法科」が新たに設けられたのはなぜかということである。

唐での日本の大学寮に相当する官司は、尚書省礼部に隷する国子監であったが、この国子監のもとに、(イ)国子学、(ロ)太学、(ハ)四門学、(ニ)律学、(ホ)書学、(ヘ)算学、の六学が置かれていた。[5]もっとも唐初のころは、(ニ)律学以下三学の改廃がはなはだしかったが、少なくとも高祖の武徳初年、太宗の貞観六年から高宗の顕慶三年までの間、および中宗の神龍以降は、これら六学がそろって置かれていたとみられている。[6]この六学のうち、(イ)国子学・(ロ)太学・(ハ)四門学の三学は、いずれも経学の教授を主体とする官吏養成機関であったが、ただ学生の入学資格に、(イ)国子学の学生は「文武官三品已上及国公」の子・孫および「従二品已上」の曾孫、(ロ)太学の学生は「文武官五品已上及郡県公」の子・孫および「従三品」の曾孫、(ハ)四門学の学生は「文武官七品已上及侯伯子男」の子および庶人の子の篤学の者「俊士」(以上唐六典による)というように、父祖の政治的身分に基づく区別があった。これに対して(ニ)律学以下三学の学生には、いずれも「文武官八品已下及庶人」の子がなったが、(ニ)律学では律令格式が教授され、(ホ)書学では石経三体以下の書経が、(ヘ)算学では孫子以下の算経が教授される(唐六典)。

日本の大学の組織を、こうした唐の学校制度と比較すると、あたかも日本は、唐の(イ)国子学・(ロ)太学・(ハ)四門学の三学を統合して大学「本科」とし、また(ホ)書学を模して「書科」を、(ヘ)算学を模して「算科」を置き、他方唐にあった(ニ)律学はなんらかの理由によって置かずに、代って音博士を設けたのだとみられなくもない。だがこれまで本稿で述べてきた事柄から知られるように、組織についてのこのような単純な対比が誤りであることは明らかである。日本は、大宝令制においても養老令制においても、唐の律学に相当するものを全然設けなかったのでは決してない。いずれの令においても、唐の律学に相当するものを、事実上大学「本科」のなかに包摂していたのである。従来、「日本が唐の律学に相当する〝科〟を設けなかった理由」として、唐での律学が廃止・再置をくりかえしたためであるとか[7]、日本令の藍本となった唐令・唐格がたまたま律学の廃止時期のものであったためであるとか[8]、あるいはまた日本は中国以上に徳治政治を理想としたため、法吏・刑吏を養成する律学は軽視されてこれを置かなかったのだとかいわれてきたが[9]、こうした見解は、日本の大学「本科」には唐の律学に相当するものが包摂されているという事実を認めなかったところから生じたものであるといわねばならない。

唐で改廃がくり返された律学が、「文武官八品已下及庶人」の子を対象とする官吏養成機関であったのに対し、律学の機能を包摂した日本の大学「本科」は、五位以上の子・孫および東西の史部の子、それに八位以上の子の情願者を対象とする官吏養成機関であった（学令2大学生条、大宝令でも同じ）。とすれば、日本が律令学を軽視したのでないことは、明らかである。したがって、これはもはや、日本は唐の制度をいかに模倣したかの問題ではあるまいと思われる。日本律令の制定者たちは唐の学校制度をあえて組みかえて、律令の教授を含む大学「本科」を設けたのであるから、それはおそらく、律令制定者たちのもった律令制に対する意識の問題だというべきである。

七世紀末から八世紀初の日本の律令制定者たちの意識に、官吏養成には経学の教授を第一とするとの観念があったことは事実である。そのため孝経・論語は「本科」学生の必修とされ、そして「本科」学生はすべて七経中二経以上を学ぶべきものとされた。学生による律令学の研鑽は、この経学を修めた後に、あるいは両者並行して行なわれる。その意味ではたしかに、律令学は経学に対し従の立場に置かれている。だがこうした教育方法を通じて看取できるのは、律令学を専攻して出身する官人たるものは、狭い意味での法律専門家、単なる法吏・刑吏であってはならないという、律令制定者たちの基本的態度であろう。律令学の専攻者は、法律専門家たる以前に、徳治政治を実現するための有能な官吏であらねばならないのである。このような意識によって、一般官吏の養成は国子・太・四門の三学で、法吏・刑吏の養成は律学でという唐の学校制度をそのまま導入する案が棄てられ、日本独自の大学「本科」が形成されたのだと思われる。

つぎに第二の、「文章科」と「明法科」の分科の問題はどうか。神亀五年七月廿一日の勅によって、大学寮に新たに律学博士二人・直講三人・文章博士一人が置かれることとなり、その処遇は助博士と同じとされた（三代格四）。ついで天平二年三月廿七日の太政官奏で、明法生一〇人・文章生二〇人の定員が定まり、それらの学生は「雑任及白丁聡慧」なる者からとることとなった。また同じ太政官奏で、各道の優秀な学生一〇人（明経生四人・文章生二人・明法生二人・算生二人）を得業生として優遇することも決められた（職員令14大学寮条集解令釈所引）。そしてこれによって、

教官と学生が対として組み合わされた「科」は、

「明経科」　大学博士一人・助博士二人・直講三人・得業生四人・学生(?)人

「文章科」　文章博士一人・得業生二人・文章生一八人

「明法科」　律学博士二人・得業生二人・明法生八人

「算　科」　算博士二人・得業生二人・算生二八人

「書　科」　書博士二人・書生若干

の五科となり、大学「本科」は解体されるのである。なおこのうち「明法科」の教官律学博士の名称は、この後まもなく明法博士と改称された。

このような「文章科」「明法科」の分立と、それにともなう大学「本科」の解体がなぜ行なわれたかについては、種々の理由が考えられるであろう。文章・明法の二道がこのころ重視されるにいたったというのが最も基本的な理由であったと思われるが、それとともに、大学「本科」のありかたのなかに、これら二科の分立する芽がそもそも胚胎されていたということも、忘れてはならない。すなわち、大学「本科」の教官も、この二道を志す「本科」学生も、その負担は過重であったのである。教官は二道・三道の兼学の士であらねばならず、文章または明法の道を志す学生は経学に加えてこれら二道の一を学ばなければならない。そのため、「学者」は二道・三道を兼学すべしとの令の理念は厳として存在したとしても、現実には、文章・明法の教授および学習は不徹底なものとならざるをえない。二科がやがて分立する遠因は、このように、大学「本科」のありかたのなかに、潜在的に存したのであった。

右のことは「文章科」「明法科」の二科に通じていえることだが、「明法科」の分立には、いま一つ別の面からする理由があった。それは、日本に律令制が本格的に導入されてから約半世紀を経て、それがようやく現実社会になにほどか機能しはじめたこの時期にいたって、専門の法律学者と、専門の律令学者の養成が必要とされるにいたったということである。「明法科」の分立は、さきに述べた、狭い意味での法律専門学者の養成は不要であるとする律令制定者たちの有した理念が放棄されたことを意味するが、この理念を放棄してまでも、法律の専門学者の養成を必要とする動きが、殊に養老律令の編纂される過程において、生みだされていたのであった。つぎにこうした律令学のありかたの変化を、大宝律令の制定・施行から養老律令の編纂にいたる過程をたどることによって、知ることにしたい。

四　「令官」から「令師」へ――「明法科」成立の背景――

大宝律令の編纂から施行にいたる過程は、最近示された井上光貞氏の見解にしたがえば、概略つぎのようであった。[10]大宝令の編纂は文武四年三月以前に完了し、同月半ばにこれの読習が諸王臣に命ぜられるとともに、大宝律の撰成事業が開始された。その二か月後の六月半ば、大宝令の編纂終了にともなう編纂事業従事者への賜禄の儀があり、大宝令の完成から一年半後の大宝元年八月には大宝律の撰成作業も終って、編纂者には再び禄が賜与された。この律・令の編纂にたずさわった者は、続日本紀文武四年六月甲午条によれば、刑部親王・藤原不比等・粟田真人・下毛野古麻呂・伊岐博得・伊余部馬養・調老人・薩弘恪・土師甥・坂合部唐・白猪骨・黄文備・田辺百枝・道首名・狭井尺麻呂・鍛大角・額田部林・田辺首名・山口大麻呂の一九名であったという。だがこの一九名のなかで、律令学の専修者と伝えられる者は意外に少ない。「少治二律令一、暁習二吏職一」と伝える者は道首名一人あるのみで（続紀養老二年四月乙亥条）、のちに「令師」としてみえる鍛大角（鍛冶大隅）は、前節で述べたように養老五年正月詔では「明経第一博士」である。そして、続日本紀の大宝律令撰定事業に関する記事を除いた他の記事・資料で、多少とも律令学に関連した伝を残し伝えている者はこの二名のみにすぎず、多くは一般官人ないし渡来人系官人、その学問的素養の知られる者も経学ないし文藻にかかわる人々である。すなわち、粟田真人は「頗読二経史一」と伝えられ（釈日本紀一所引唐暦）、伊余部馬養と調老人はかつて撰善言司に任ぜられ（書紀持統三年）、うち馬養は皇太子学士、老人は大学頭の官歴を有する（ともに懐風藻）。田辺百枝は大学博士（懐風藻）、下毛野古麻呂も「博士」（天長三年十月五日「応レ撰二定令律問答私記一事」）、そして薩弘恪には音博士の官歴がある（書紀持統五年）。大宝令の大学「本科」は、このような人びとによって設置されたのである。

このようにして成った大宝律令は、まず官名位号と服制が大宝元年三月の元号公布とともに施行され、ついで同年六月に京官および畿内七道諸国に自今新令によるべき旨が宣せられた。そして翌二年二月新律のコピーが天下に頒下され、同年十月には新令のコピーも諸国に頒下されて、かくて大宝律令は全面的に施行の運びとなった。だが新律令の施行という大事業が、単に施行の旨を宣布し、コピーを頒下するのみでなし果せるものではない。新律令の趣旨を徹底し、これを疑滞なく運用させるためには、行政の当事者にこれを講説する必要があるし、運用の進行とともに諸司・官人から寄せられる疑義に対しても答えなければならない。果して続日本紀には、新令の成ったその日から、新令のコピーを諸国に頒下した大宝二年末までの間、つぎのような記事が続く。

1　文武四年三月甲子、詔二諸王臣一、読二習令文一、
2　大宝元年四月庚戌、遣二右大弁従四位下下毛野朝臣古麻呂等三人一、始講二新令一、親王諸臣百官人等、就而習レ之、〔補注1〕
3　同年六月壬寅朔、令三正七位下道君首名、説二僧尼令于大安寺一、
4　同年八月戊申、遣二明法博士於六道一〔除二西海道一〕、講二新令一、
5　大宝二年七月乙亥、詔、令三内外文武官、読二習新令一（類聚国史・日本紀略は「新律」とする）、

6　同年七月乙未、始講レ律、

そしてその間には

7　大宝元年八月丁未、撰令所処分、職事官人賜レ禄之日、五位已下皆参ニ大蔵一受ニ其禄一、若不レ然者、弾正糺察焉、

という記事もみられる。2と3にみられる下毛野古麻呂と道首名はいずれも編纂事業従事者であったが、大宝律令の撰定にたずさわった者たちは「撰令所」なる組織を構成し(7)て新律令を講説するとともに、諸司・官人から寄せられる疑義に対し「処分」を下していたのである。4にみえる「明法博士」とは、おそらくこうした組織に所属する人びとであった。この「明法博士」がのちの定員二名からなる律学博士ないし明法博士に直接連なるものでないことは、それが六道に遣わされたこと、すなわち一道一人なら六人、一道二人ならば一二人の多数であったことからも知ることができる。

大宝律令の編纂者たちは、このように「明法博士」と称されて、新律令の講説および質疑応答に努めたが、かれらはまた別に「令官」とも称されたこと、しかもその「令官」には編纂メンバー以外の者も含まれていたことが、法曹類林一九七に残されているつぎの問答によって知ることができる。

成選輩奏授判授事

選任令曰(11)、外八位及内外初位者、官判授、又曰、進ニ四階以上一者、奏聞別授、是官判授之中、当レ進ニ四階以上一者、奏聞以不、

令官藤原卿式部葛野王等曰、不ニ奏聞一、

この記事は、つぎのようなことを述べたものである。

あるとき、某司または某官人から、成選の輩のうちの奏授と判授のとりあつかいについて、つぎのような疑義が提

出された。「選任令の内外五位条は〝外八位および内外の初位は官の判授〟といっているが(養老令文は「外八位及内外初位皆官判授」)、同令の遷代条では〝一度に四階以上進める場合は奏聞して別授せよ〟といっている(養老令文は「其進加四階及計考応至五位以上奏聞別叙」)。そうだとすると、官の判授である外八位および内外の初位の者を一度に四階以上進めるときも、奏聞するのかどうか」と。この質問に対して「令官」である藤原卿と式部葛野王は、つぎのように答えた。「奏聞する必要はない」と。

養老令の「選叙令」にあたる令の篇目を「選任令」とし、養老令文の「進加四階」「奏聞別叙」に相当する字句を「進四階以上」「奏聞別授」としていることから明らかなように、質問者が引用した令文は、令集解によっては一部の字句しか復原できない大宝令文である。そうであるならば、回答者たる「令官」の一人「藤原卿」は大宝律令の編纂メンバーであった藤原不比等以外の何者でもなく、いま一人の「令官」「式部葛野王」はかの大友皇子の長子式部卿葛野王以外に比定すべきいかなる人物も存しない。その葛野王は慶雲二年十二月に卒している(続紀)。すなわちこの問答による律令条文の解釈の治定は、大宝律令の施行後間もない時期に行なわれたのであった。

大宝律令施行の直後には、律令の解釈ならびに運用をめぐるこの種の質問は集中して寄せられたであろう。上掲7の「撰令所処分」もたまたま続日本紀に記事として採用されたその類の一つであったし、継嗣令3定嫡子条集解令釈の引く「大宝三年令問」もそうしたものの一つであったろう。だがその応答にあたった者が、上掲2にみられる下毛野古麻呂や3にみられる道首名のようないわゆる学者のみでなく、大納言藤原不比等や式部卿葛野王等の政府首脳をも含む集団であったことに注目しなければならない。藤原不比等は、決して単なる名誉職として、あるいは刑部親王につぐ副総裁として、大宝律令の撰定メンバーに加わったのではなかった。不比等はみずから刀筆を執り持って科条を刪定したのである。そして施行ののちも、条文解釈の治定に「令官」として参加した。葛野王の場合は、律令の撰定メンバーにこそ加わらなかったが、かれもまた律令に習熟していた官人の一人であったことを、法曹類林のさきの記事はわれわれに教えてくれる。そしてかれのこのような事蹟を知ることによって、なぜかれが軽皇子の立太子を強力に擁護したか、その理由をも私は諒解するのである。懐風藻の伝が述べる葛野王の主張、すなわち「我国家為ㇾ法也、神代以来、子孫相承、以襲二天位一、若兄弟相及、則乱従ㇾ此興一」との主張は、かれの熱弁にもかかわらず、歴史的にみて正しいものではなかった。兄弟相承に代る嫡々相承は、決して神代以来の皇位継承法ではなく、律令法ないし「不改常典」に盛り込まれた新規の法であったのである。大宝律令の施行のさいに「令官」として法解釈の治定にあたったほどのかれは、このことを熟知していた筈であって、その意味では、葛野王はまさに、強力な律令制の推進者の一人であったということができる。而してこうした不比等・葛野王の両名の事蹟は、この時期の上級官人一般がいかに律令に通暁し、かつまたその施行にいかに熱意を以てあたったかの一端を、われわれに示してくれる。そしてまた両名は、いわば、単なる法吏・刑吏あるいは狭い意味での法律学者の養成は必要としないという令の理念を、身を以て示したのである。

大宝律令はこのようにして施行され、その背後には上級官人を含む「令官」らの積極的な活動があった。石尾芳久・井上光貞両氏は、大宝律令の編纂を、律令国家体制の創立という国家的目的に貫かれた「明白な革新的企図に導かれた目的主義的な編纂」とされたが、(12)そうした意識は、同律令の施行の過程においても貫かれていたわけである。しかし新律令施行直後の、一般官人に対する上掲の1〜6のような組織的な講説は、一時的な行事として、こうした上級官人を含む「令官」あるいは「明法博士」により集中して行なうことができるが、上級官人がいつまでもその任にとどまることはできない。その任に長くとどまるならば、いずれは本務、すなわち不比等ならば大納言の、葛野王ならば式部卿の本務に、支障を及ぼす結果を招くであろうからである。だが一方、これに対し諸司・官人が提出する法解釈上のあるいは法運用上の疑問は、律令の施行が進行するにしたがって、むしろ日常的に多発する性質のものである。それゆえ、こうした事態に対応しうる組織を、常時設けておく必要があった。このような要請に基づいて、大宝律令施行直後の「令官」に代って置かれたものが、主として律令学に秀でた学者によって組織された「令師」の集団であった。

この「令師」については、すでに虎尾俊哉氏が検討を加えておられる。(13) 氏によれば、「令師」は和銅から天平の間にのみその名称がみえ、(14) それは「令の編纂に参与したか、或いはそれに劣らぬ実力を持つ明法家のグループ」で、「令の細則の治定を主要任務」としたとされている。この虎尾氏の見解には私も全面的に賛意を表したいと思うが、氏の見解に依拠しながら、本稿の立場に立って、「令師」の出現から養老律令の編纂を経て「明法科」の成立にいたる間の、律令学のありかたの変化を私なりにたどってみたい。

「令師」の最も早い例は、(1)僧尼令14任僧綱条集解令釈の引く「和銅四年十月十日令師大外記正七位下伊吉連子人口宣、僧綱死闕幷入二師位一僧歴名者、先申二弁官一、即官与レ省相副、申二太政官一」である。伊吉子人はここにのみみられる人物で、その官歴・学歴は不明である。また「口宣」なるものの法令形式・発令形式も不明である。しかしこれによって、和銅四年という時期に「令師」が存在したこと、「口宣」の内容をみると、それは、令条ではかならずしも明確でない治部省と弁官と「太政官」（この「太政官」は弁官以外の太政官組織をいう）の三機関の統属関係を明らかにしたものであることなどを知ることができる。ついで知ることのできる「令師」またはそれに擬すべきものは、(2)同じく僧尼令14任僧綱条集解令釈の引く「養老四年二月四日格」の「大学明法博士越知直広江等」（これは既述のように僧尼令21准格律条集解讃記にも引かれていて、そこでは「明法博士越智直広江等」とする）、(3)賦役令19舎人史生条集解古記所引の神亀四年正月廿六日格の引く神亀三年十一月十五日太政官符の「得二令師正五位下鍛冶造大隅、従五位下越智直広江、正七位下塩屋連吉麻呂等申状ｰ偁」、(4)職員令13式部省条集解令釈の引く問答形式の法令にみられる「明法博士外従五位下塩屋連吉麿」の三例である。(4)の問答形式の法令が出されたのは、天平十一年正月から同十三年七月までの間であったろうと、虎尾氏は推定しておられる。そしてこれらの例によって、「令師」が和銅から天平にいたるまで継続して置かれたこと、この「令師」を「明法博士」とも称したと推定されること、(2)によれば「令師」は複数であったが、(3)によればそれが三名のことがあったこと、などの諸点を知ることができる。

ところで、(1)から(4)までの法令の形態をみると、(1)は上記のように「口宣」として宣せられたものであり、(3)は三名の「令師」の申状がそのまま太政官符によって施行され、それがさらに「格」として公布されたものであったが、(2)と(4)は次のようにやや特異な形態をとっている。

(2)の場合

養老四年二月四日格、問、大学明法博士越知直広江等答、凡僧尼給ニ公験ｰ、其数有ﾚ三、初度給一、受戒給二、師位給三、毎ﾚ給収ﾚ旧、仍注ニ毀字ｰ、但律師以上者、毎ニ遷任ｰ有ニ告牒ｰ、不ﾚ在ニ収ﾚ旧之例ｰ也、

ここでは「問」の内容は省略されているが、何者かが、僧尼に与える旧公験は、新公験を与える都度毀つのかと問うたのに対し、越知広江等は右の如く回答したが、その回答がそのまま「格」として布告されている。

(4)の場合

問、弾正尹等、有ﾚ失ニ礼儀ｰ者、式部糺正以不、

明法博士外従五位下塩屋連吉麿答、謹案ニ法令幷例ｰ、式部惣知ニ朝廷礼儀之事ｰ、如有ニ設ﾚ犯者ｰ、不ﾚ論ニ尊卑ｰ、必須ニ教道糺正ｰ、若其台家行事、縦不ﾚ合ﾚ理、式部不ﾚ得ニ輙致ニ糺弾ｰ、但是在ﾚ失ニ礼儀ｰ、糺正無ﾚ疑耳、

虎尾氏が指摘されたように、これは一見問答私記の如き形態をとっているが、実はそうではなく、おそらく太政官

の諮問に対して答えた塩屋吉麿の回答が、そのまま一個の法令となったものである。そのことは、この問答体の文章が、後述の八十一例文と推定される文章と「式部式」との間に挿入されて、令釈が引用していることによって明らかである。この問答体の文章が一個の法令であったことは、「令官藤原卿式部葛野王等」の問答がやはり一つの法令であったのと、事情は全く同じである。

こうした「令師」の集団ないし組織は、いわばのちの明法曹司の前身といえるものであり、「令師」による回答は、これまた後の明法勘文の前身をなすものであった。だが後世の明法勘文の場合、明法家の提出する勘文がそのままのかたちで公布・施行されることのなかったことを考えるならば、右の二つの問答形式の法令がいかに特異な形式のものであったかが知られよう。このことは、「令師」らの権威がいかに高いものであったかを示すとともに、八世紀前半に行なわれた単行法令の様式がきわめて多様であったことの一端をわれわれに知らしめるものであるが、この時期の「令師」らに課せられた任務には、このような、太政官をはじめとする諸司・官人に対する応答という形での、法解釈の確定ないし律令細則の治定があったのである。それとともに、(1)・(3)の如く、「令師」が自発的に行なったとみられる律令細則の治定も、並行して行なわれていた。而して、このような活動に当然ともなうものは、律令条文検討の深化であり、律令解釈学の深化である。

藤原不比等の唱導によって開始された養老律令の編纂も、こうした、律令法を現実に施行する過程のなかで深められた、律令学の進展の一過程としてとらえ直してみる必要があるように、私には思われる。大宝律令の施行後僅々二〇年を経ないうちに、なぜ新たな律令の編纂が開始されたかについて、かつて坂本太郎氏は、不比等が自家の権勢を強化しようと図って行なったものとする見解を示された。[15] また最近では、そうした理由に加えて、皇太子首皇子との関係のもとにこの律令の編纂を考える、利光三津夫・井上光貞両氏の見解も提出されている。[16] すなわち、律令の制定には、一般に、律令国家体制の創立という国家的目的と、その制定・公布権を自己の皇統に伝えるという個人的目的があったとみられるが、養老律令は後者の目的にそって、元明太上天皇と不比等が、文武の皇子でありまた不比等の孫である首皇子のもとで新律令を公布させようとして編纂されたと解するのである。私はもちろんこれら先学の見解に異をとなえようとするのではない。そうではなくて、これらの理由に加うべきいま一つの理由として、大宝律令を現実に運用するなかで、日常的に提起される疑義に対処しつつ進行した律令解釈学の深化が、新律令の編纂を促したという事情が考えられはしまいかというにすぎない。

さきにも述べたように、そもそも養老律令編纂の主唱者藤原不比等は、大宝律令の編纂事業に、単に名誉職として参加していたのではなかった。かれは、同律令施行の初期に、「令官」として条文解釈の治定という実務に参画していた。その実務にたずさわるなかで、不比等は現に施行しつつある大宝律令の不備を、自覚せざるをえなかったのではないだろうか。しかも不備・不明確な条文の発見、あるいは日本の現実政治・現実社会に不適切な規定の発見は、施行の年次を経るほどに、その量を増したと思われる。そうした状況に対応するため「令師」の集団が常置されたが、それが嘗て置かれた「令官」の名を襲わずに「令師」と称されたことが象徴しているように、「令師」らには律令学の専門学者であることが要請された。前節で述べたように、事実としては、今日知られるかぎりの「令師」は二道・三道兼学の士ではあったが、それが「令師」と称されるかぎりにおいては、律令に関する専門知識の提供が要求される。そしてこうした「令師」らによる大宝律令条文に対する検討の深まりを承けて、嘗て条文解釈治定の実務にたずさわった経験を有する不比等が、律令の修訂を志したとしても、不思議はないと思うのである。

このように考えるならば、養老律令が基本において大宝律令を継承し、結果的にその編纂が、外見的には法典編纂というかたちをとりながらも、なにゆえに官僚による「官憲的法令の蒐集」[17]に終らざるをえなかったか、あるいはまた、そうして成った養老令が、なにゆえに「多分に格の性質をもったもの[18]」とならざるをえなかったかという理由も、諒解されるのではないだろうか。そしてそのことは、養老律令の編纂と並行して行なわれた八十一例の撰定事業からも[19]、うかがい知ることができると思われる。

八十一例は、虎尾俊哉氏の研究によれば[20]、養老三年以後あまり時期を降らないころに撰定された法令集で、これに収められた法令は、令文の不備を補い、あるいは令文の解釈を明確化するためのものという性格が強く、したがって八十一例自体も、律令の施行細則集ではあるが、同時に注釈書的色彩の濃いものであったとされている。この虎尾氏の見解にも私は全面的にしたがうことにしたいが、氏が発見された八十一例文の事例以外にも、それと認めてよいものがあり、その中に八十一例と養老律令との関係を示すものが含まれているので、いささか煩雑ではあるが、それらの事例について述べておきたい[21]。

虎尾氏が発見された八十一例文は、全部で一五例であるが、私はさらに、八十一例文と認めてよいもの七例(ないし八例)、八十一例文の可能性のあるもの二例を加えたい。ただし前者の七例(ないし八例)のうちの一例(後掲の(4))は、虎尾氏が例文そのものは知られないがその存在は明らかであるとされたものにあたり、また別の一例(後掲の(6))に相当する例文は儀制令12在庁座条集解古記所引の文を以て示しておられるから、実質的に追加されるのは、前者の五例(ないし六例)と後者の二例の、計七例(ないし八例)である。而して前者の八十一例文と認めてよいものとは、(イ)公式令の終末条である89遠方殊俗条集解古記と(ロ)僧尼令の終末条である27焚身捨身条集解古記の引くものであり、後者の八十一例文の可能性あるものとは、(ハ)職員令13式部省条集解令釈の引くものである。

(イ) 公式令の終末条である89遠方殊俗条は、遠方の隣国(唐)・蕃国(新羅)その他の殊俗の人が入朝した場合どのように処置すべきかを定めた条文であるが、この条の集解の古記はつぎのような、この条文の内容とは全く関係のない文を記している。

古記云、

(1) 過所式条、大夫以下少進以上署名、准二移式条一、

(2) 凡解移送二諸司一者、主典以下史生以上、随二事軽重一相送、

(3) 其国司京職摂津等公文、以レ事隷者、皆為レ解、但諸国於二竹志大宰府一、並為レ解也、

(4) 位記署名者、不二必自署一也、

(5) 凡出レ使有レ所二申報一者、皆為レ解、

(6) 凡親王入府（マヽ）寺、前後任レ意、

右の六項のうち(1)は後述することとして、(2)〜(6)の五項は、以下に挙げる三つの理由によって八十一例文と認めてよいものである。第一に、この五項のうちの(4)と(6)は、明らかに八十一例文である。まず(4)についていえば、公式令16勅授位記式条集解の穴記は、位記の署名について「穴云（中略）署名不レ要二正身署名一、八十一例所レ云也」としている（虎尾氏はこの穴記の文を含めて一五例を挙げられた）。「（位記）の署名には本人の自署を必要としない、そのことは八十一例が云っている」と穴記はいうが、それが(4)と全く同内容であることは一目瞭然である。すなわち穴記は八十一例文中の(4)をみて、みずからの注釈をなしたのである。また(6)は、儀制令12在庁座条集解古記に、「八十一例云、親王入レ庁者、前後任レ意、但五位以上者、初必自レ前入」の文で引かれている。字句に多少の相違はあるものの、前半の内容は(6)と同一であって、(6)もまた八十一例文であったことが判明する。第二に、(2)〜(6)の五項中三項までが文頭を「凡……」とするが、虎尾氏が挙げられた一五例のなかでも三例が「凡……」としている。こうした文形は、それが編纂された法典から引用されたものであることをうかがわせる。第三に、(2)〜(6)の各文は、内容的に、公式令ない

し儀制令のいくつかの条文にまたがり、かつ令文の不備を補うという性格をもつものである。八十一例文であることの確認されたもの以外の(2)・(3)・(5)についていえば、(2)は公式令11解式条と12移式条にまたがる内容のものであるが、内官から外官への公文書の伝達方法は80京官出使条に規定されているけれども、内官相互の伝達方法は令条内に規定がないという意味で、令の不備を補うものである。同様に(3)は11解式条と12移式条の規定を補い、(5)は80京官出使条と81責返抄条の規定を補っている。そしてこうした性格は、八十一例のもつ一般的性格と共通するものである。

以上のような三つの理由によって、(2)～(6)の五項が八十一例文であることはほぼ確実と思われるが、(1)については二様の解釈が可能である。その一つは、古記は本来(1)の文を過所式条（養老令では公式令22条）の注釈として記していたが、令集解の編者惟宗直本がなんらかの理由によってこれを公式令の終末条に移記したとみることであり、いま一つは、(1)を「過所式条ノ大夫以下少進以上ノ署名ハ移式条（ノ署名）ニ准ヘヨ」とよんで、これもまた八十一例文であったために、古記はあえて過所式条には注さず、他の八十一例文とともに公式令の終末条に注したと考えることである。日本思想大系『律令』の公式令補注では、私は前者の考えを採ったが、後者の推測もかなりの蓋然性があると思うので、(1)もまた八十一例文であった可能性のあるものの一つとして加えておきたい。

(ロ) 次に僧尼令終末条の27焚身捨身条は、僧尼の焚身・捨身を禁じた条文だが、その条の集解の古記は、条文の字句の解釈を述べた文に続けて、つぎの文を記している。

古記云（中略、条文の字句についての注釈）

(7) 凡寺物在ニ畿外一者、遣ニ僧一二人一検校者、聴レ之、

(8) 凡官司遣ニ僧綱一、若僧綱申ニ官司一、公文並為レ牒、

検ニ養老三年十二月七日格一、太政官牒ニ僧綱一、治部省牒ニ僧綱所一、

この(7)・(8)の二項を八十一例文とみなす理由は、まずこの二条ともその内容がそれの記されている僧尼令27焚身捨身条と無関係であり、その条が僧尼令の終末条であることである。このことは(イ)の場合と全く共通している。つぎにこの二文もまた文頭を「凡……」としていて、編纂された法典からの引用を思わせる。そして第三に、(7)に関連する規定は僧尼令になく、その意味で令文の不備を補うものであり、(8)もまた少なくとも大宝令では僧尼令にも公式令にも規定のなかったものであった(後述)。したがってこの二文の内容も、令文の不備を補うという八十一例文一般の性格と共通する。こうした理由に基づき、この二項もまた八十一例文とみなしてよいと思われる。

(ハ) これらに加えて、八十一例文であった可能性のあるものとして私が挙げたいのは、職員令13式部省条集解令釈の引く二つの文である。やや長文だがその全文を掲げておこう。

釈云(中略、条文の字句についての注釈)

(9) 凡失二礼儀一者、三位以上者、遣二少録以上一、就二其位頭一、為二教糺一、四位者、遣二史生等一、為二教糺一、五位者、随レ状教正、不二必遣教一也、六位以下、式部召二其正身一、為二教糺一、

太政官処分、四位以上失二礼儀一者、召二其司主典以上一、令二教糺一、五位式部召二其正身一教糺、

(10)(i)凡八省相召者、随二務大少一、将得二相召一、仮令、式部向二民部一、民部向二式部一之類、随レ宜交錯相通、若須レ授二史生一之事、如レ応レ授二丞録一、亦准二事之軽重一耳、

(ii)其式部依二考選事一、得レ召二弁官史等一、自余部事、不レ得レ召二史已上一也、弁官五位以上々日、史生送耳、若有下可二勘問一事上、亦得下召二史生等一問上也、

(9)・(10)がともになんらかの施行細則集ないしは法令集から引用されたものであることは一読して知られるが、それを確認させてくれるのは(9)に続けて引かれている「太政官処分」である。この単行法令「太政官処分」の発令された

時期は全く不明だが、(22)その内容は、官人が儀式の場において礼儀を失する事態が生じたとき、式部省の官人はいかなる方法で当人を教糺するかについて定めた(9)の規定を修正したものであって、その修正された規定はその後更に修訂されて、延喜式部式には「其在二朝堂一者、四位以上遣二史生已上一、五位追二喚其身一、随レ状教喩」という条文として載せられている。つまり(9)は、その修正には単行法令が用いられることを要し、修正された規定は延喜式の条文に連なるところの、いつの時期にか制定された法であったのである。

さてこの二文もまた、文頭を「凡……」としている。また(9)の規定に相当する条文は、令条にはない。同様に(10)に相当するものも令文にはない。その意味ではこの二文もまた、令の規定を補うものである。そしてさらにつけ加えるならば、(10)の述べる事柄は、さきに八十一例文であることが確認された(2)と共通する面をもっている。すなわち(2)では京官相互に伝達する解・移等の公文書は、どのような官人が持参するかを定めたのに対し、(10)の(i)は八省がその省の政務の上で他官司の官人を召喚する場合の原則を定め、(10)の(ii)ではその召喚すべき官人が弁官に所属する者であった場合の例外を定めている。発遣すべき使者と本人の召喚という違いはあるものの、(2)と(10)が内官相互の政務伝達方法に関する規定であるという点では、共通しているのである。このような諸点を併せ考えて、また令釈がこれらをたとえば「式云」というような形で引用していないことをも勘案して、(23)いつの頃にか制定された法としてのこの二文もまた、八十一例文であった可能性がきわめて大きいと、私は考えている。〔補注2〕

いささか八十一例文の考証に深入りしてしまったが、このようなことを縷々述べたのはほかでもなく、(1)~(10)のなかに養老令の規定をさきどりしたものが含まれているからである。それは(8)であって、(8)に続けて記された上掲の古記の文によれば、太政官および治部省から僧綱への政務伝達に牒が用いられるようになったのは、養老三年十二月七日格によってであったという。(8)の八十一例文はそうした事実を承けて治定されたものだが、しかし一方、養老公式令12移式条には「其僧綱与二諸司一相報答、亦准二此式一、以レ移代レ牒、署名准レ省、三綱亦同」とあって、諸司と僧綱・三綱が相互に授受する公文書には移式を準用した牒を用いるべしと定められている。したがってもし大宝公式令の移式条に同様の規定が存したならば、養老三年十二月七日格を布告する必要もなく、(8)の如き八十一例文を治定する必要も全くない。

これによって知られることは、㈠大宝公式令の移式条には、移式を以て牒に準用するとの規定がなかったということ、㈡八十一例は養老令の規定の一部をさきどりしてこれを施行しているということであるが、さらに重要な事柄として、㈢養老律令の編纂と八十一例の撰定とは、(8)の例から知られるように、相互に密接な関連のもとに、並行して行なわれていたということを挙げなければならない。養老律令と八十一例との関係は、後者は前者の施行細則集であるという関係にとどまらず、両者一体となった一つの法典編纂事業の、二つの面をあらわすものであったのである。こう考えれば虎尾氏が八十一例の特徴として強調された「註釈書的な性格の濃厚なこと」も諒解されるのであって、八十一例とは、養老律令の編纂事業の一環として、令文を補うべき過去に発布された単行法令ないし律令細則を蒐集するのみでなく、養老律令条文を删定するなかで明らかにされた法解釈の疑義を確定し、それの律令条文に盛り込めないものをこれに収め、さらには一部に養老令の規定をもさきどりして収載した法令集であったのである。その意味では、養老律令と八十一例のいずれもが、まさに官僚による「官憲的法令の蒐集」そのものであった。

ともあれ、養老律令と八十一例が一体となった法典編纂事業が進むにつれ、律令の解釈学はさらに深化されたものと推定される。一つの臆測だが、養老令の半公的注釈書であり、義解について最も正統を踏む注釈書である令釈が、墨守して止まないその「師説」は、このころに成ったものでもあろうか。いずれにせよこのような状況のもとでは、一般官人が教養として律令を学び、片手間に解釈を施して運用の正確を期すというようなことは、おそらく不可能に近くなったであろう。嘗て大宝律令の編纂と施行のさいに示された、大学「本科」と「令官」のありかたに象徴される「狭い意味での法律専門学者の養成は望まず」との理念は、ここにいたって放棄されざるをえないものとなった。そうした理念とは逆に、まさに法律の専門家がさしせまって必要であり、その養成が緊急の要事となったのである。

こうして成立したのが、律学博士二人・明法得業生二人・明法生八人からなる「明法科」であった。律学博士(のち明法博士)はもはや経学の教授を担当する必要はない。明法生らもまた、「学者兼習」の孝経・論語はともかく、礼記以下七経の学習は義務づけられず、もっぱら律と令を学べばよい。延喜大学寮式には、律・令をいずれも一経とし、律は大経、令は小経に準ずるとする条文があるが、学令の規定を修正するこうした法改正は、「明法科」の分立とともになされたものと推定される。このことのあってから約一〇年ののち、天平十年にいたって、今日われわれが知ることのできる最古の統一的令注釈書「古記」が成ったのは、はやくもあらわれた「明法科」分立の成果の一つであったのかも知れない。

このようにして律令学は以後、専門の律令学者によって研鑽されることとなった。祖父藤原不比等の事蹟を顕彰するため養老律令を施行した藤原仲麻呂は、その施行にあたって「説令所」を設け、かれ自身法解釈の治定にあたったが(24)、後者は多分、「令官」不比等の先蹤にしたがったものであったろう(25)。むしろ養老律令の施行をめぐっては、施行直後に、専門の律令学者、恐らくは二人の明法博士を中心とした「明法曹司」なる組織が作られたことの方が、爾後の律令学の展開を考えるうえで重要のように思われる。「明法曹司」の名は天平宝字二年九月に初見し(延暦交替式)、宝亀四年(同上)・同十一年(三代格)にもその名がみられるが、条文解釈の治定はもっぱらこれに属する専門学者によって行なわれることとなったのである。しかし一部の専門学者の業と化した律令学は、平安初期の解釈学の盛行を経たのちは次第に衰退の経過をたどり、明法生が「雑任及白丁」からとられたことも与って、大宝律令制定者たちがえがいた理念からはほど遠い「小道」(類聚符宣抄九安和二年八月十一日宣旨所引十市有象解)とみなされるほどに、その学問上の地位を低下させてしまうのである。

(１) 桃裕行『上代学制の研究』(一九四七年、目黒書店、一九八三年復刊、吉川弘文館)、多賀秋五郎『唐代教育史の研究』(一九五三年、不昧堂書店)、山田英雄「律令制と学問」(『国民生活史研究』３所収、一九五八年、吉川弘文館)など。
(２) 布施弥平治『明法道の研究』(一九六六年、新生社)、利光三津夫「奈良時代における大学寮明法科」(『律令制とその周辺』所収、一九六七年、慶応義塾大学法学研究会)、野村忠夫「明法科の成立過程」(『古代学』一四―一、一九六七年)。
(３) 野村忠夫「明法科の成立過程」(前掲)。
(４) この養老四年格に「明法博士」の称がみえることを以て、利光三津夫氏は、養老以前にすでに「明法博士」と「明法生」からなる「明法科」が存在していたと推定されたが、桃裕行氏がいわれるように、この称も続紀大宝元年八月戊申条にみえる「明法博士」と同じく、正式の官名ではないとすべきであろう。この格の「大学明法博士」ないし「明法博士」は、「明法の道に長じた大学の博士」の意と思われる。なお利光三津夫「奈良時代における大学寮明法科」(前掲)、桃裕行『上代学制の研究』(前掲)参照。
(５) 以下の唐制に関する記述は、概ね多賀秋五郎『唐代教育史の研究』(前掲)による。
(６) 多賀秋五郎『唐代教育史の研究』(前掲)および利光三津夫「奈良時代における大学寮明法科」(前掲)によれば、唐代初期の六学の変遷は概略つぎの如くであった。
　高祖・義寧二年　国子監に国子学・太学・四門学を置く。このとき書学・算学も置かれたらしい。
　　武徳初　律学を置く。これで六学となる。
　　武徳年中　律学を廃す。
　太宗　貞観六年　律学を置く。
　高宗　顕慶三年　律学・書学・算学を廃す。律(学)博士は大理寺に隷せしむ。
　　竜朔二年　律学・書学・算学を復す。
　　竜朔三年　律学・書学・算学を廃す。律(学)博士は詳刑寺(大理寺を改称したもの)に隷せしむ。

中宗　神竜以前　律学を復す。書学・算学も復され、六学となる。
（7）桃裕行『上代学制の研究』（前掲）。
（8）利光三津夫「奈良時代における大学寮明法科」（前掲）。
（9）布施弥平治『明法道の研究』（前掲）。
（10）井上光貞「日本律令の成立とその注釈書」（日本思想大系『律令』解説、一九七六年、岩波書店、のち『日本古代思想史の研究』所収、一九八二年、岩波書店）。
（11）この「選任令曰」の四字を、新訂増補国史大系法曹類林は「選任今日」とするが、「今日」の二字が「令曰」の誤りであることは、下文の「又曰」という表現に徴して明白である。
（12）石尾芳久「律令の編纂」（『日本古代法の研究』所収、一九五九年、法律文化社）、井上光貞「日本律令の成立とその注釈書」（前掲）。
（13）虎尾俊哉「「例」の研究」（坂本太郎博士還暦記念会編『日本古代史論集』下巻所収、一九六二年、吉川弘文館、のち『古代典籍文書論考』所収、一九八二年、吉川弘文館）。
（14）利光三津夫氏は、律書残篇にみえる「明法師」「律師」も「令師」と同じものとみなしておられる。同「奈良時代における大学寮明法科」（前掲）参照。しかし律書残篇のこれらの記述が大宝令施行期のものであるとする確証はないし、また「明法師」の語は利光氏が指摘されたもののほかに、法曹類林二〇〇にもみえるが、それは弘仁四年十二月廿六日の右大臣宣の文中にあるものである。したがって「明法師」等の語は「明法科」の分立以後用いられるようになった可能性が大きいので、本稿では採らない。
（15）坂本太郎「養老律令の施行について」（『日本古代史の基礎的研究』下巻所収、一九六四年、東京大学出版会、該論文の発表は一九三六年）。
（16）利光三津夫「養老律令の編纂とその政治的背景」（『続律令制とその周辺』所収、一九七三年、慶応義塾大学法学研究会）、井上光貞「日本律令の成立とその注釈書」（前掲）。
（17）石尾芳久「律令の編纂」（前掲）、井上光貞「日本律令の成立とその注釈書」（前掲）。
（18）坂本太郎「大宝令と養老令」（『古典と歴史』所収、一九七二年、吉川弘文館）。

(19)　「養老二年」(続紀天平宝字元年十二月壬子条・弘仁格序)撰定の養老律令の編纂が、養老三年以降に撰定されたと推定されている八十一例の撰定と並行して行なわれたと解することについては、あるいは、異論があるかも知れない。しかし私は、坂本太郎・利光三津夫・野村忠夫等の諸氏の見解にしたがって、「養老二年」撰定説はきわめて疑問であり、それ以後も編纂事業は継続したと考えている。坂本太郎「養老律令の施行について」(前掲)、利光三津夫「養老律令の編纂とその政治的背景」(前掲)、野村忠夫「養老律令の成立をめぐる諸問題」(『古代学』一三―二、一九六六年)参照。

(20)　虎尾俊哉「「例」の研究」(前掲)。

(21)　八十一例文が、虎尾氏の指摘された事例以外にも存するということは、さきに日本思想大系『律令』(一九七六年、岩波書店)の公式令補注12ｂと89ａで述べたが、その後新たに気づいた事柄もあるので、本稿で改めて触れることにした。

(22)　太政官処分一般のもつ性格については、拙稿「太政官処分について」(彌永貞三先生還暦記念会編『日本古代の社会と経済』上巻所収、一九七八年、吉川弘文館)参照。

(23)　令釈は、(9)・(10)を引いたのちに、さきに「令師」について述べたさいに言及した「明法博士外従五位下塩屋連吉麿」の問答体の法令(四二三頁の(4))を引き、さらに続けて「式部式」を引用していて、(9)・(10)と「式部式」とを区別している。それゆえ(9)・(10)は、「式」あるいは「別式」とは異なる法令集から引用されたものであったことが、推察できる。

(24)　青木和夫「律令国家の権力構造」(『岩波講座日本歴史』3所収、一九七六年、岩波書店)。

(25)　拙稿「新令私記・新令説・新令問答・新令釈——天平宝字元年新令講書についての覚えがき——」(『続日本紀研究』二一八、一九八一年)参照。

〔補注１〕

続日本紀の大宝元年四月庚戌条の記事に関連して、清原宣賢式目抄(『中世法制史料集』別巻四二五頁、一九七八年、岩波書店)につぎのような記述がある。

始法講書者、古記云、大宝元年辛丑四月七日庚戌、新令始テ説也、親王ノ所ニハ守部ノ連大隅、諸王諸臣ノ所ニハ下毛野ノ朝〔臣脱〕古磨、百官之所、道君首名云云、

ここにいう「古記」は、古い記録あるいは古い書というような一般的な意味のものではなく、大宝令の注釈書「古記」をい

い、右の文の原文はその令私記「古記」の巻首に記されていたものと推察されるが、これによって続日本紀のいう「三人」とは、大宝律令の編纂メンバーである下毛野朝臣古麻呂、道君首名・鍛冶造大隅（神亀五年二月守部連となる）の三名であったことが知られるとともに、その三名が分担して、それぞれ親王、諸王・諸臣（五位以上）、百官人（六位以下）に対し新令を講じたことを知ることができる。

〔補注2〕

その後さらに一例、八十一例文の可能性のある法文の存在に気づいたので、紹介しておく。

職員令45正親司条集解の古記に、つぎの文がみられる。

凡親王及諸王名籍、皆於二正親司一案記、有位内親王、若有二請求〔事カ〕一者、由二宮内省一、朝参及勅召者、由二縫殿寮一、必内侍司兼知レ之也、

文頭を「凡……」としていること、またその内容も、有品内親王の請事（上申）は宮内省が管掌するが、考課にかかわる朝参と勅召は中務省被管の縫殿寮が掌り、さらに後宮の内侍司もそれを掌握していなければならないというように、令の規定を補う細則であることは、八十一例文に共通する性格をもった法文である。ちなみに延喜宮内式では、つぎのような条文として収められている。

凡親王諸王名籍者、皆於二正親司一案記、其有品内親王、若有二請事一者、申レ省、省受申レ官、即朝参及勅召者、申二縫殿寮一、又内侍知レ之、

あとがき

序文で述べたように、本書は、私がこれまでに律令太政官制および古代官僚制について考えてきた論文を集めて、一書にしたものである。したがって、いずれも日本古代官僚制の特質を解明したいという共通の課題意識のもとに書かれたものではあっても、一つ一つの論文は、その時点、時点での、私の律令官僚制に対する認識の度合、日本律令国家についての認識の度合、さらには日本古代史の総体に対する認識の度合の深浅によって、執筆した動機はまちまちであるし、関心の置きかたも違っている。そこでこれらの論文が成るにいたった経緯をふり返りながら、問題点などを指摘して、あとがきとしたい。

第Ⅰ部「律令太政官制と天皇」の第一章「律令制と天皇」は、一九七五年十一月に開催された史学会第73回大会での口頭発表を、草稿をもとに原稿に書き直したものである。その原稿は、『史学雑誌』第八五編第三号(一九七六年)に「史学会第73回シンポジウム報告」の一つとして収載されている。本書に収めるにあたっては、体裁を他の論文とあわせるため、本文中に記していた参考文献や、原稿化にさいし本文の途中に(補)として挿入した注記などを、みな(注)として章の末尾に移したが、内容にかかわる修正は行なっていない。

このときのシンポジウムは、先年亡くなられた井上光貞氏が中心となって企画されたもので、「古代の君主権――その正統性理念と機能――」を統一テーマとし、ローマ史から弓削達氏、イスラム史から嶋田襄平氏、中国史から尾形勇氏、そして日本史から私というように、四本の報告で構成されたものであった。日本史からの報告者としてなぜ私が指名されたのか、その事情は不明だが、率直にいってそうした依頼を受けたとき、その任ではないことを自覚していた私は少なからず困惑したし、くり返し辞退もした。だが結局井上氏の容れられるところとならず、止むなく引き受けたという経緯がある。

古くは関晃氏の「畿内政権論」から多大の影響を受け、新しくは石母田正氏の『日本の古代国家』(一九七一年、岩波書店)の圧倒的な影響下にあった私は、報告の一つの柱を公式令の論奏式条とすることは即座に決めることができたが、それだけでは与えられた五〇分の持ち時間を消化することはできないし、なによりも議論が一面的なものになってしまう。そこでもう一つの柱としてひねり出したのが、神祇祭祀であった。そのさい幸運だったのは、嘗て宮内庁書陵部に在職していたとき、部内の先輩・同僚とともに延喜式の輪読会を続けたことがあり、四時祭式に関する史料・文献を集めたそのときのノートが手許にあったことであった。もっともその当時は、祈年祭についても、おかしな国家祭祀があるものだという程度の印象しかもたなかったのだが、ともかくも古いノートを再検討し、なんとかまとめて二つめの柱としたのが、この報告である。

しかしシンポジウムの結果は、私個人にとっては、今想い出しても背筋が寒くなるような、惨憺たるものであった。大会準備のための検討会は何度も開かれたのだが、私の報告の二つめの柱がなかなか決まらなかったうえに、ぎりぎりになって決まったその内容は、いかにも特殊であった。他の三氏が、王権の正統性ないし正当性の拠って立つ根源を正面から論じられたのに、私の報告はいわば律令国家の権力構造論であった。そのためこのシンポジウムでは、日本史だけが浮きあがってしまい、議論がほとんどかみあわなかったのである。そのため私は、今にいたるまで、当日の大会出席者を含めて、このシンポジウムに関係された方々のすべてにおわびしなければならないと思っている。ただ、このシンポジウムが、私にとっての、律令制のもとでの天皇のありかたを考える契機となったことはたしかである。その意味で、やはり今日にいたるまで、私に貴重な体験を与えて下さった井上光貞氏をはじめとする関係者の方々への、感謝の念を忘れることはないのである。第Ⅰ部に第三章・第四章および〈附論一〉として収める論文は、そのような体験がなかったならば、おそらく生まれることはなかったであろう。

このように第一章の論文は、倉卒の間に想を練ったものであるだけに、考えは未熟であり、調査はゆきとどかず、その欠陥はおおうべくもない。いく度か補訂することを考えないではなかったが、そうこうするうちに多くの方々の批判にさらされ、ついに実現しないまま今日にいたり、本書にも旧態のまま載せることになった。〈補説〉として収めた「律令法と天皇」は、『日本歴史大系1・原始古代』(一九八四年、山川出版社)の第二編第二章第一節「律令法と天皇」の一項として執筆したものであるが、同じ趣旨のことは『講座日本歴史2・古代2』(一九八四年、東京大学出版会)に収めた「古代天皇制と太政官政治」においても述べている。本書の、特に第Ⅰ部における私の基本的な視角を明示しておくために、加えたものである。

第二章「律令太政官制の成立」は、坂本太郎博士古稀記念会編『続日本古代史論集』上巻(一九七二年、吉川弘文館)に収められたもので、本書収載論文のなかでは発表年次が最も古く、また本書の出発点ともなった論文である。この論文を執筆するにいたった経緯は序文で述べたので、くり返さない。今ふり返ってみると、自分の立てた仮説を追及するのに急で、あちこちにほころびがめだつが、良くも悪くもこれによって、「今後のみずからの課題設定の足がかりとしたい」と「はじめに」で書いた「念願」は、いちおう果されることになった。しかしそれだけに、この論文にも多くの方々から批判が寄せられ、そのためこれも旧態のまま本書に収載することにしたのだが、ここでは近江令の存否の問題にかかわる事柄についてのみ、多少の私見を述べておきたい。

この論文において、私は結局近江令否定説の立場を採った。だがそれは、単に近江令があったかなかったかという問題にとどまるものではなく、天智朝と天武朝の歴史過程をどのように評価するか、七世紀後半における律令制の形成過程をどのように把握するかという、より根本的な事柄にかかわる問題である。かりに通説的見解に立てば、体系的な法典としての近江令は天智朝で施行され、それは天武朝の全期間と持統朝の初期まで有効であったというのであるから、天武朝に行なわれたさまざまな改革は天智朝においてすでに準備されていたのであって、天武朝は単なるその実施の過程にすぎなかったということになるであろう。これに対して近江令は存在しなかったという立場に立てば、天武朝に施行されていた令などはもともとなかったということになるから、天武朝に行なわれた諸改革は天武朝独自のものであったとの評価が与えられることになり、律令制の形成過程における天武朝の意義は重大なものとなるであろう。その意味で青木和夫氏が、天武朝以後の律令官僚制の形成過程を以て近江令の存在を否定する論拠とされたのは、単なる傍証の域を超えた、本質的な問題提起であったと思う。第二章のこの論文は、こうした青木氏の問題提起の驥尾に付して成ったものにすぎないが、近江令の存否の問題に関して論ずるときは、常にこうした観点を考慮しなければならないであろう。

第三章「大宝令制太政官の成立をめぐって」は、一九七八年十一月に開催された史学会第76回大会日本史部会の個別報告として発表したものをまとめたものであって、『史学雑誌』第八八編第一〇号(一九七九年)に掲載された。本書に収めるにあたっては、誤りと認めた叙述をいくつか削除したが、そのことは(補注)に記した。

事実経過のうえでは第二章「律令太政官制の成立」から第一章「律令制と天皇」へと進んだ私のつぎの課題は、浄御原令制太政官と大宝令制太政官の質的な相違を、議政官組織の面からいま一歩明確にとらえることであった。そのための準備作業の意味もあって、その後、「太政官処分について」(彌永貞三先生還暦記念会編『日本古代の社会と経済』上巻所収、一九七八年、吉川弘文館）と、「制について」（井上光貞博士還暦記念会編『古代史論叢』中巻所収、一九七八年、吉川弘文館）の二つの論文を発表した。そしてこれらによって、律令制のもとでは、天皇の意志なり太政官の議政官組織の決定事項なりが法として定立するのに、さまざまな様態があること、太政官符はそのようにして定立した各種の法の単なる施行文書にすぎないこと、法が法として定立する種々の様態のなかには、かぎられた範囲においてではあったが、議政官組織が独自に決定しうるものが存したこと、などの諸点をたしかめることができた。このような準備作業を経て執筆したのが、この第三章の論文である。そうした意味では、上記の二つの論文、就中「太政官処分について」は、第三章の基礎となるものであると同時に、本書第I部全体の基礎ともなる論文であって、それだけに本書に収録したいとは思ったが、大筋は変らないにしても種々の誤認を含んでいて、簡単な修正では済まされないので、今回は採用しないことにした。それを書き改めて再び世に問うのは、律令公文書制度についての全面的な考察を経たうえでのことであると思っている。

第四章「上卿制の成立と議政官組織」は、本書のために新たに書きおろしたものである。とはいってもその骨子は『講座日本歴史2・古代2』（前掲）に載せた「古代天皇制と太政官政治」で述べているので、講座むけに書いたものを論文として書き直したといった方が正確である。書き直すにさいし、講座では提示できなかったデータを加え、また九世紀以後の議政官組織のありかたを見通すため、中納言が上卿に参加するにいたった経緯を書き加えた。

この論文の第二節の本文と、第三章「大宝令制太政官の成立をめぐって」の〔補注3〕で触れたことだが、私ははじめ、奉勅上宣官符の出現を、天皇権力と議政官組織との関係においてとらえることができるのではないかと考えていた。しかし、藤原仲麻呂の奉勅官符はそのような性質のものではないと気づいたことが、この論文で八世紀の上宣官符・奉勅上宣官符を再検討するきっかけとなった。そしてそのような作業を行なったことによって、ようやく第I部に収めた論文の相互の脈絡をつけることができるようになったのではないかと思っている。この章の第六節は、第Ⅰ部全体についての、現在の時点での私のいわば結論である。

〈附論一〉として収めた「長元四年の斎王託宣事件をめぐって」は、求められて書き、『講座日本思想3・秩序』(一九八三年、東京大学出版会)に収載されたものである。もとの題は「平安時代における天皇の一断面――長元四年の斎王託宣事件をめぐって――」であったが、本書ではより内容にふさわしい副題を以て題とした。平安時代の天皇制は、今日最も研究のおくれている分野だといってよいであろう。もとより私とて、それをトータルにとらえるような能力は、全くもっていない。この論文は、たまたま気づいた小右記のおもしろい記事をできるだけ正確に紹介し、あわせてかねてから心の隅にひっかかっていた愚管抄と神皇正統記の所論を考え直してみたものであるにすぎない。平安時代の天皇が、その時代の政治的社会のなかで、さらにはその時代の社会全体のなかで、どのような位置を占めていたのかを明らかにすることは、今後の日本古代史学共通の課題である。

第Ⅰ部の四つの論文が多少なりとも相互の関連を保ちつつ構成されているのに対し、第Ⅱ部「律令官僚制の特質」に収めた四論文は、文書と儀式、文書と口頭伝達、文書と官僚機構のそれぞれの接点を、個別の素材をもとに探ろうとしたものであって、その意味では同一の関心のもとに書かれたものでありながら、相互の連関性はやや乏しい。そこでここでは、それぞれが成るにいたった経緯を中心に述べることにする。

第一章「選任令・選叙令と郡領の『試練』」は、土田直鎮先生還暦記念会編『奈良平安時代史論集』上巻(一九八四年、吉川弘文館)に掲載したものである。発表年次は第Ⅱ部に収める論文のなかでは最も新しいが、構想を練り、だいたいのかたちができたのは一九七八年のことである。その年の七月、私は京都大学文学部に招かれて三〇時間の集中講義を行なったが、そのとき準備した講義案の一部が、この論文のもとになっている。律令制の形成過程を跡づけることを中心テーマとしたこの講義では、大化の「東国等国司」の検討にかなりの時間を割き、その附説として律令制下の郡領の「試練」について述べたのであった。そしてそこですでに、大宝選任令応選条の復原、その「試練」と大宝元年七月の太政官処分との関係、郡領に対する「試練」のみが弘仁式にいたるまで行なわれたことのもつ意味と「東国等国司」との関係など、この論文で扱った主要な論点はほとんど提示されていた。ただこうした論点を、選任令・選叙令の体系のなかに位置づけて考えるという視点は、いまだなかった。そのためか、なんとなく物足りなさを感じて、論文として発表するのをためらっていたのであるが、土田直鎮氏のお祝いを機会に再び検討を加え直し、ようやくこのようなかたちにまとめることができた。私がこの論文で明らかにしたかったのは、任官をめぐっての唐令と日本令の質的相違、同じ日本令での大宝令と養老令の違い、叙位と任官との関係、そして郡領の特殊性などであったが、そうした問題についての私の理解の根底には、儀式と口頭伝達との関係に関する私なりの考えと、「畿内政権論」がある。ただ、「おわりに」の最後の部分で、郡領が奏任官とされ、厳重な銓衡が行なわれた理由を、畿内政権にとって畿外の政治的諸勢力はいまだ自己と同質の「日本」ではないと意識されていた点に求め、畿内政権が地方の政治的諸集団の長と対峙する場はいわば「外交」の場であったとしたことには、異論もあろう。「畿内政権論」の立場に立つ者としての当然の理解を述べたわけだが、立場が異なれば別の理解も可能であろうからである。

第二章「前期難波宮と古代官僚制」は、第一章の論文の副産物だといってよい。これは一九八二年五月に大阪府教育会館で開催された第三回「大阪と古代史を考えるつどい」(難波宮を守る会・大阪市立高等学校教職員組合主催)での講演の草稿に加筆して、『思想』七〇三号(一九八三年)に掲載したものである。第一章の論文の副産物といったのは、考えかたが同一線上にあるだけでなく、このときすでに第一章の論文を書きあげていたからである。

難波宮を守る会の井上薫氏から講演の依頼をうけたとき、なにをテーマとして話すべきか、迷いに迷った。一時は、後期難波宮と天平期の政治情勢あたりを題材として切りぬけようかとも考えたが、それではあまりにも陳腐である。結局、難波宮問題の本命である前期難波宮を正面に据えて考えるしか方法はあるまいと腹をくくって話したのが、この講演である。もとが講演であるから、かなりかみくだいて書いてあるが、位階と官職、儀式・政務と口頭伝達、律令公文書制度など、律令官僚制の根幹にかかわる事柄についての私の基本的な理解が、最も率直にあらわれているのではないかと考え、本書に収めることにしたのである。とはいえ、文献史学者が考古学上の発掘成果に言及するということは、現段階では、所詮は〝解釈〟を加えるか、自説に有利なように〝援用〟するかのいずれかでしかない。私がこの論文で前期難波宮について述べたことなどは、発掘担当者にとっては噴飯物にすぎないのではないかとおそれている。

第三章「八世紀の任官関係文書と任官儀について」は、『史学雑誌』第九〇編第六号(一九八一年)に掲載した論文である。本書に収めるにさいして、本文の一部を削除し訂正した。

日本の律令制のもとでは、叙位を本人に告知する公文書としての位記はあったけれども、任官を本人に告知する公文書はなかったということは、古くより先学の指摘されたことであった。ところが不思議なことに、それでは任官はどのようにして本人に知らされるのかというようなことに言及した論考は、実は無かったのである。かくいう私も、そういう当然おこるべき疑問を発することさえせずに、過してきた。この論文は、些細な機会から、そういった素朴な疑問を出発点として書かれたものだが、その些細な機会というのはつぎのようなものである。

その二、三年まえ、私はある必要から中右記を読んでいた。そのときこの論文でも言及した承徳元年正月卅日条の三つの「除目」と、大治四年十月九日条などにみられる「除目聞書」の存在に気がついた。平安時代中期から鎌倉時代初期までの間の記録の総めくり——読まないで字を追いながら頁をめくることをこのようにいう——はこれまでに何回もしたことであるから、それまでそういうものの存在することに気づかなかったのが実に不思議に思えるが、事実このときはじめてその存在に気づいたというか、注目したのである。嘗て宮内庁書陵部に在職していたころ、西宮記をなめるように読んだことがあったので、前者の三つの「除目」が西宮記に記すものと同じだということは、すぐわかった。だが「除目聞書」がどういう性質のものかは、しばらくわからなかった。調べてみると、同種のものは鎌倉時代の記録にいたるまで綿々とひき続き記載されている。

そんなことがあってからしばらくのち、今度は別の目的で、大日本古文書編年の部の、これも何回めかの総めくりをした。そのとき目にとび込んできたのが(A)・(B)二つの歴名である。もちろんこれも、それまで何度も目にしてきたものである。だが目にとび込んできたのは、このときがはじめてであった。即座に私は手持ちの大日本古文書に「文書名ハ除目聞書マタハ任官聞書トスベシ」と書き入れた。『続日本紀研究』の初期のころの号にこれに関する野村忠夫氏と田中卓氏の論文があるという記憶をたぐり寄せるのには、そう時間はかからなかった。

第三章の論文は、このようなことをきっかけとして考えたことを記したものだが、私にとっては、文書と口頭伝達との関係、儀式と口頭伝達との関係などを考える契機となったものである。だが、新しい発見に気をよくして書いた論文のならいで、いくつかの勇み足がある。内裏式・儀式を誤読したことなどは、その最たるものである。

第四章「任僧綱儀と任僧綱告牒」は、『名古屋大学文学部研究論集』史学三〇号(一九八四年)に掲載したものである。これも文書と口頭伝達の接点を探ろうと試みた論文であるが、任僧綱告牒の特異な様式に関連して、太政官制の成立過程と弁官の機能の確立過程にも言及することになった。私は名古屋大学教養部に在籍していたころから大学院文学研究科で演習を担当し、大学院の諸君とともに令集解を読みすすめてきたが、僧尼令に入り、その予習をしていて、僧綱の任官にも第三章の論文で書いた俗官の任官と同じような行事があったと気づいたのが、この論文を執筆する動機となった。但し、任僧綱告牒と称する特異な様式の太政官牒が存在したことをどのように解するかについては、まだ問題が残されていると思われる。私が示したのは、一つの試案である。

〈附論二〉「奈良時代前期の大学と律令学」は、『萬葉集研究』第七集(一九七八年、塙書房)に掲載したものである。本書に収めるにあたっては、その後気づいたことを〈補注1・2〉として加えたが、記述は旧態のままである。内容は、『萬葉集研究』に掲載されたものでありながら万葉集と関係がないだけでなく、第Ⅱ部の四つの論文ともやや異質である。ただ、官吏養成機関についての検討も、律令官僚制を考えるうえでの重要な要素であるので、〈附論〉として収めることにした。

内容が他の論文とやや異なっているのと同じように、この論文が生まれた契機や私の古代史の研究生活に占める位置も、他と異なっている。私はかなり古くから、律令官僚制・律令公文書制度の解明を課題意識としてもつとともに、令集解・法曹類林からはじめて法曹至要抄・裁判至要抄にいたるまでの明法道の系譜、別のことばでいえば律令法から公家法への展開の過程を、自分なりに跡づけてみたいという願望をもっていた。これまで令集解に関する短い考証論文をいくつか発表してきたのは、そうした願望のあらわれであったし、この論文を執筆した直接の動機もそこにあった。だがあまりにも深く律令制下の公文書にのめり込んでいる現在の私には、そうした願望を果す途は遠いようである。いささか他とは異なる論文であることを認めながら、これを本書の〈附論〉に収載した所以である。

いささか回顧のみに終始し、将来への展望をおろそかにしたきらいがあるが、そもそも過去に発表した論文を集めて一書とするという行為自体が、新たな展望を模索するための第一歩であるとすれば、それもまた止むをえない。本書はそうした意味での、私の文字通りの第一歩なのである。

＊　＊　＊　＊　＊

私は、天下国家を論ずるのはきらいである。少なくとも、性に合わない。好きなのは史料のなかに埋没しての考証である。だからもし、これまでに書いてきた論文のなかでおまえ自身が好きなものはなにか、と問われたら、迷うことなく、二〇歳代の終りから三〇歳代のはじめに書いた、出雲国計会帳と伊予国出挙帳と西宮記の、三つの考証論文を挙げるだろう。史料と格闘するのは楽しいし、余計な議論に気をくばる必要もない。だいいち天下国家の議論は、観点や立場が違ったら全く別の議論が可能だし、史料の評価のしかたひとつであとかたもなく崩れてしまうおそれさえある。その点考証論文ならば、自分が正しいと確信したことは、めったにひっくり返ることはない。

そのような私が天下国家の議論にくちばしを入れるようになったのは、全く以て文書とのつきあいにその理由がある。そのつきあいは、正倉院文書からはじまった。

正倉院文書のマイクロフィルムの頒布がいつからはじめられたのか正確なことは知らないが、私が文学部に進学した一九五六年には、研究室にすでに正集のマイクロフィルムが備えられていた。それは長尺のフィルムであった。当時の研究室の助手は青木和夫氏であったが、どういうわけか青木氏は、正倉院文書がどのようなものかということさえ知らない私に、長尺を正集の巻ごとに切り離して、検索しやすいようにしてほしい、と命じられたのである。こうしてフィルムをリーダーにかけ、大日本古文書と対照しながら鋏で切り、一巻ずつケースに収納したのがそもそものはじまりであった。この作業を続けるうちに、絶対に誤りはないと信じていた大日本古文書の誤植・誤読はみつかるし、果ては天平二年度の越前国正税帳に同一記載の断簡が二つ存することを発見するに及んで、もう病みつきになってしまった。そんなことから卒業論文のテーマも正税帳を利用した「公廨稲設置をめぐる諸問題」というのにしたのだが、今だから告白するが、正税出挙や公廨稲出挙について議論するよりも、正税帳の断簡を整理し、接続や配列の考証をする方がずっと楽しかったし、おもしろかった。こうして卒業後もしばらくのあいだは、国衙上申文書の検討に熱中することになる。

だがこれは、いわば落し穴であった。私文書ならばともかく、公文書は国家機構の存在を前提としてのみありうるものである。公文書と国家権力は直結している。律令制下の公文書の様式および機能は、律令国家の権力機構とその組織を明らかにしてはじめて、解明することができるのである。そうだとすれば、もはや考証を楽しんでいるわけにはいかない。いくら性に合わないからといって、天下国家を素通りするわけにはいかない。

私が天下国家の議論は自分の性に合わないと思ったのには、実はもう一つの理由があった。今でこそお互いに忙しい身なので年に数回しかご一緒になることはないが、学生時代からずっと、助手・元助手の青木和夫氏と、卒業は同じ年だが先輩の吉田孝氏とに、親しくおつきあいいただいてきた。三人が顔を合わせることもしばしばであったが、そんなとき青木氏と吉田氏は、しらふのときであろうとお酒の席であろうと、ときおり他人さまへの悪口がはさまるくらいで、飽きもせずに天下国家を議論される。頭の回転がお二人より数段おそい私は、議論の仲間に入ったところで勝目のないことを承知しているから、もっぱら聞き役にまわるのが常なのだが、その議論がまたむずかしいのである。青木氏は寡作のかただからあまりそうした経験はないが、吉田氏の場合は、それからしばらくして発表された論文をじっくり腰を据えて読んではじめて、ああのとき吉田さんはこんなことを考えておられたのか、とわかるような始末である。私が天下国家の議論は性に合わないと思うようになったのも、あたりまえのことであったのだ。

私の古代史の勉強は、坂本太郎先生の講義と演習ではじまった。講義は日本書紀の本文批判、演習は日本三代実録の講読であった。講義は、かなり早口で話されるのを筆記するのに手が痛くなったということを除けば、楽であった。しかし演習は厳しかった。厳しかったといっても、先生が叱咤されたからではない。もともと受講生がそれほど多くなかったのに、四年生が卒業論文執筆のため学校に出てこなくなった秋口からは、三年生数名だけになってしまったのである。報告の当番は月に一度は確実に、ひどいときは二、三週間でまわってくる。当時の私の学力では、一回に国史大系本三頁の分担分を下調べするのに、二週間くらいの時間をかけなければならなかった。そのようなわけで、くる日もくる日も三代実録の下調べという生活が数か月続いたが、それが私にとっての貴重な体験であったことは間違いない。六国史という正史の正統的な学びかたを、このとき私は先生からじかに教えていただくことができたのである。

六国史を学んだもう一つの機会は、続日本紀研究会であった。この研究会は関晃氏のお宅ではじめられたと聞いているが、私が参加したときは、東京初台の菱刈隆永氏のお宅が会場になっていた。そのあと数年して、鷺の宮の青木和夫氏のお宅に座を移して続けられた。私が参加したのは文学部に進学してまもなくであったが、そのころは、メンバーの菱刈隆永・青木和夫・下川逸雄・亀田隆之・皆川完一・黛弘道・伊東すみ子・笹山晴生・吉田孝等の諸氏の交す問答は、頭の上をかすめて通るだけで、全く理解できなかった。しかし入会早々幹事役——といっても毎回駄菓子を買ってくるのが唯一の仕事だが——を仰せつかった手前、休むわけにもいかない。これもまた三代実録の演習とは別の意味での、試練の場であった。そうした問答が多少とも理解できるようになり、問答に参加するようになったのは、卒業論文を書き終えてからである。それ以後、続日本紀研究会は、私の鍛練の場となった。

もう一つの鍛練の場は、職場であった。私は卒業するとすぐ大学院に進学したが、そこは一年で中途退学し、宮内庁書陵部編修課に就職して、七年間勤務した。編修課での私の仕事は、戦前に刊行された『帝室制度史』を継承した「皇室制度史」(現在『皇室制度史料』として継続して刊行されている)編集のための史料を蒐集することであった。在職中の前半は制度編のお産の史料を、後半は太上天皇編の院政の史料を集めた。いずれの場合も、六国史からはじめて、江戸時代はおろか明治初年の典侍日記にいたるまでの古今の史料、特に記録すなわち公家の日記が、史料採取の対象である。それまでせいぜい降っても延喜式くらいまでの官撰の史書しか扱ったことのなかった私にとって、記録を、しかもそれを時代を問わずに読まなければならないということは、はじめは大変な苦痛であった。そのうえ活字化されているのはごく一部で、ほとんどが原本か写本である。それでも、当時編修課に嘱託として勤務しておられ、記録の神様といわれた故高橋隆三先生や、直属の上司の橋本義彦氏のご指導を受けながら、だんだんと読めるようになっていった。それに、古文書でも同じだと聞いているが、少し読めるようになると、不思議なことに、古写本を開かない日はかえって気分が落ちつかなくなってくる。多少の自信をもつようになったのは、西園寺公衡自筆の伏見宮本御産部類記を読んでからであろうか。公衡の字は決して悪筆ではないが、コロタイプ版管見記の公衡自筆の公衡公記をみてもらえばわかるが、たとえば隹(フルトリ)をたての棒一本ですましてしまうというように、画の省略がはなはだしいのである。一見したところでは、なんという字なのか全然わからない。私のとった戦法は、ただひたすら文字をにらむことであった。毎日毎日、同じ巻物を開いては巻き開いては巻き、巻首から巻尾までねめまわすのである。すると同じような記述の前後の関係から、これはこの字、これはあの字ということが次第にわかってくるし、このへンはこう略している、このツクリはこう略しているというような、書きくせもわかってくる。そうなればしめたもので、悪戦苦闘の末ではあったが、平安時代から鎌倉時代にいたるまでのお産に関する基本史料であるこの部類記を、何とか読み通すことができた。この体験は私にとってまことに貴重であった。公衡が読めたのだから、ほかの記録だって少し時間をかけてにらめばかならず読める、という自信をもったのが第一の収穫であったが、それ以上の大きな収穫は、書陵部在職中のこうした体験を通して、記録に対するおそれとか恐怖感といったものがほとんどなくなったことであった。本書第Ⅰ部〈附論一〉に収めた長元四年の斎王託宣事件に関する論文を書いたさいに、これほどおもしろい小右記の記事を先学が見落すはずはないと思い、先行論文を調べ、この事件に言及したものが数点あることを知った。ところが使われている史料はみな後世の編纂物である百錬抄か太神宮諸雑事記であって、小右記に言及したものでも、ただ小右記にも記事があるとの注記があるにすぎなかった。私が名古屋大学大学院で、負担過重になることを承知のうえで、令集解の演習と並行して新たに小右記の演習を開講したのは、このことを知って愕然としたからである。

本書が成るにいたるまで、というよりも私が古代史を学んできた過程において、教えや影響を受けたり、お世話になったり、啓発していただいた方々は限りなくおられる。だがそうした方々のなかでも、最近残念ながらあいついで鬼籍に入られたお二人の先生については、ぜひとも書いておかなければならないことがある。そのお二人は、石母田正先生と井上光貞先生である。

私が吉祥寺の石母田先生のお宅にはじめて伺ったのは、一九六〇年の夏の頃であった。私をさそってくださったのは、例によって青木和夫氏と吉田孝氏である。この年の『史学雑誌』の三月号に卒業論文をまとめたものを掲載してもらっていた私は、内心いささか得意であった。もちろん抜刷は先生にお送りしてある。随分とビールをご馳走になっているあいだ、これもまた例によって先生との会話のお相手は青木氏と吉田氏であった。先生は吉田氏の未発表の近業の内容をお聞きになり、しきりに褒めておられたが、そのうちにやおら私の方を向かれて、「早川君、なんのためにあの論文書いたの」とおっしゃった。これは私にとって脳天をぶち破られるようなご質問であった。考証のおもしろさに遊んでいる者には、なんのためにと問われても、答えようがない。しかしそれにもかかわらず、私の心の隅には、先生の『中世的世界の形成』に魅せられて歴史学を志したという痛みがあったからである。

石母田先生の衝撃は、その後もう一度訪れる。いうまでもなく『日本の古代国家』である。そのころ律令国家の「個別人身的支配」をどのようにとらえるかについて迷路にはまりこんでいた私は、この書が刊行されるとすぐ入手して、数日間昼夜をわかたずむさぼり読んだ。先生のご主張を上欄の空白に摘記し、自分の疑問を下欄の空白に注記しながら。そして、わかった、と思った。先生のいわれる二つの生産関係のうち、二次的生産関係としての国家と公民との関係は、要するにフィクションなのだ、と。もちろんこのような理解は、この書で示された先生の本意とは全く別のもので、私のひとりよがりな解釈にすぎないのだが、本書に収めた論文は、いずれも、このときわかったと思ったことによって書くことができたものである。それがフィクションであるのならば、もうとやかく迷うのはやめよう。これからは、現実的な問題としての、律令国家の支配機構の解明に進もう。こうして私は、「個別人身的支配」の問題をふっ切ることができたのであった。

本書で、先生からいただいたご学恩にどれだけ酬いることができたか、まことに心もとない。最初の厳しいご質問にもお答えできたかどうかわからない。ご存命であれば、再び、「早川君、なんのためにこの本作ったの」とおっしゃりそうな気がする。

井上先生には、古代史の学習においてのみでなく、公私にわたって広くまた久しくお世話になり、ご指導をいただいた。ある時期以後の私の仕事のほとんどは、先生のお世話、ご推挙によるものである。それは、日本古典文学大系『日本書紀』の頭注・補注の整理にはじまり、小学館版『日本の歴史』の『律令国家』の執筆、『岩波講座日本歴史』

の「律令制の形成」の執筆、史学会第73回大会シンポジウムでの「律令制と天皇」の報告、日本思想大系『律令』での養老令の本文校訂と訓読文の作成および公式令の注釈、そして現在進行中の続日本紀の注釈にいたるまで、節目となる仕事はどれも、先生の企画されたものに参加させていただいたことによって、成ったものである。ところがどうしたわけか、こと古代史の理解に関しては、私はいろいろの問題で先生のお説と衝突した。特に七世紀後半の理解については、すべてについて異をとなえたという結果になっている。大化改新然り、近江令然り、太政官制の成立過程然り、天武朝の評価然り。そのうえさらに、続日本紀の注釈では、庚午年籍に関する先生のお説にも異をとなえている。こうしたことは、私が先生を学問のうえでの目標として意識してきた以上、しかたないことであったとみずからを慰めるほか途はないが、先生はそのような私の七世紀後半についての理解を、容赦なさらなかった。最後まで第一線の研究者としての毅然とした態度を保たれつつ、私の論文を手厳しく批判してくださった。私家版『東大三十余年』に収められている「その後の木簡——郡と里——」(『井上光貞著作集』第六巻所収)がそれである。先生がご存命ならば、本書に対しても、かならずや厳しいご評言をくださるに違いない。もはやそれをお聞きすることのできないのは、私にとって、かぎりなく淋しいことである。

本書ができるまでにお世話になったかたはあまりにも多いので、いちいちご芳名を記すことは差し控えさせていただく。ただ私の論文は講義案が下敷になっているものが多いから、退屈な講義をじっと我慢して聞いてもらった名古屋大学文学部の学生諸君、それに集中講義での京都大学文学部の学生諸君に対しては、ぜひともお礼を申し述べなければならない。また直接ご面倒をおかけした岩波書店の松嶋秀三氏、井上一夫氏、栗田玲子氏にも厚くお礼を申し上げる。

最後に、私事にわたることではあるが、東京浅草の銀器餝職人の三代目を嗣ぐべき長男として生まれた私に、好きな途を歩ませてくれた父早川徳太郎・母ゆきの霊前に、謹しんで本書をささげる。

一九八六年八月　本書の校正を終えて

早川庄八

■岩波オンデマンドブックス■

日本古代官僚制の研究

1986 年 11 月 21 日　第 1 刷発行
2011 年 5 月 19 日　第 2 刷発行
2024 年 11 月 8 日　オンデマンド版発行

著　者　早川庄八《はやかわしょうはち》

発行者　坂本政謙

発行所　株式会社　岩波書店
〒 101-8002 東京都千代田区一ツ橋 2-5-5
電話案内 03-5210-4000
https://www.iwanami.co.jp/

印刷／製本・法令印刷

ISBN 978-4-00-731502-2　　Printed in Japan

事項索引

ア 行

カ 行

サ　行

タ　行

ナ 行

ハ 行

マ 行

ヤ 行

ラ 行

ワ 行

引用著書・論文索引

ア 行

タ 行

ナ 行

ハ 行

マ 行

ヤ　行

ラ　行

ワ　行